Bernd Beuscher

Leistungskurs Religion
Vorlesungen zur Kunst der Religionspädagogik

Produktion:
Libri Digital Service
Books On Demand
Norderstedt 2000

ISBN 3 - 8311 - 0699 - 1

Religion in Tüten, – wäre das was für Sie? Die Tauben sind schon bei Fuß. Dort wuchert es wie verrückt, einen Meter daneben wächst nichts. Goethe weiß in „Dichtung und Wahrheit" von einem „durch Predigten und Religionsunterricht trivial gewordnen Neuen Testament" zu erzählen. Daß RELIGION=MORD ist, muß sich ändern.

Das Buch versammelt Vorlesungen, die über das Wintersemester 1999/2000 und das Sommersemester 2000 an der Erziehungswissenschaftlichen Fakultät der Universität zu Köln unter dem Titel „Die Kunst der Religionspädagogik" gehalten wurden. Die Vorlesungen wurden für den Druck leicht überarbeitet und erweitert. Schlaglichter der entsprechenden Diskussionen, die im Anschluß an die Vorlesungen geführt wurden, sind jeweils angefügt. So wird wenigstens noch eine Spur der fruchtbaren Auseinandersetzungen vermittelt, für die ein Studium lohnt. Vielfache Wiederholungen und Dopplungen wurden im Druck erhalten, Vernetzungshinweise jedoch gestrichen: knüpfen Sie Ihr eigenes Netz.

Der Wunsch, daß wir uns gut und überhaupt alles nur richtig verstehen, steht als Handicap am Anfang (Kap.I). Dann kommt der Traum von einer glänzenden Bildung (Kap.II). Mit James Bond („Die Welt ist nicht genug") geht es dann zur Sache (Kap.III). In Kap.IV wird es auch politisch. Kapitel V avisiert Konsequenzen fürs Bildungsgeschäft. Im Anhang finden Sie „Rezepturen statt Patentrezepte" mit Beiträgen von Sünke Rieken und Harald Schroeter.

Paul Tillich sah sich zu einem „Entwurf einer Theologie der Kunst" gezwungen. Karl Barth träumte spät von einer Theologie des Heiligen Geistes. Dietrich Bonhoeffer hinterließ als Vermächtnis die Frage, wie wir „weltlich" von „Gott" sprechen können, anstatt „ein paar Unglückliche in ihrer schwachen Stunde zu überfallen und sie sozusagen religiös zu vergewaltigen": Der Leistungskurs Religion als Kunst der Religionspädagogik kann langsam beginnen.

Bernd Beuscher ist Privatdozent am Seminar für Theologie und ihre Didaktik an der Erziehungswissenschaftlichen Fakultät der Universität zu Köln.
Veröffentlichungen u.a.: Positives Paradox. Entwurf einer neostrukturalistischen Religionspädagogik (mit einem Anhang von Bodo Kirchhoff), Wien 1993; Religion und Profanität. Entwurf einer profanen Religionspädagogik, Weinheim 1998 (mit Dietrich Zilleßen); Remedia. Religion, Ethik, Medien. Entwurf einer Theologie der Medien, Norderstedt 1999 (vgl. www.bod.de).

Wer keine Ahnung von Religion hat,
glaubt am Ende alles.

Textur[1]

---

[1] „Textur [*lat.*] *w.*; -; -en: 1) Gewebe, Faserung. 2) räuml. Anordnung u. Verteilung der Gemengteile eines Gesteins (Geol.). 3) gesetzmäßige Anordnung der Kristallite in Faserstoffen u. techn. Werkstücken (Chem., Techn.). 4) strukturelle Veränderung des Gefügezustandes von Stoffen bei der Kaltverformung (Techn.)" (Duden Fremdwörterbuch).

I
Verstehenswut und Systemsucht:
Hermeneutica, Semiotica, Heuristica

1. Vorlesung - Seite 21
Sie wollen verstehen / Ausführliche kulinarische Metaphernrede / Blockaden und Begriffsstutzigkeiten werden als intellektuelle Probleme ausgegeben, sind aber instinktive Abwehrmechanismsen („Hartherzigkeit") / Schleiermacher kritisierte die „Wut des Verstehens / Friedrich A. Diesterweg kritisierte die „Systemsucht- und wut" / Karl Barth: „Schwer und kompliziert ist das Leben der Menschen heute in jeder Beziehung"; „Schrei nach der 'Einfachheit" / Auch die Theologie Paul Tillichs ist durchsetzt von paradoxen Leitmotiven / Hat der Habilitant Adorno von seinem theologischen Mentor Paul Tillich abgekupfert? / Kutschfahrt, Taufe (Apg 8) / Abendmahl, Gummibärchen: Rituale machen radikale Pluralitäten an den Grenzen der Verständigung ohne Verlust kompatibel. An allen Grenzen der Verständigung sorgen sie dafür, daß keiner unanerkannt bleiben muß

2. Vorlesung - Seite 33
Dreistheit und Ignoranz wittern ihre Chance und tun sich zusammen; es ist mitnichten all das Kunst, was unverständlich ist / Vorsicht mit Klischees / Religionspädagogik befleißigt sich in Theorie und Praxis, was Inhalte und Methoden angeht, einer Geradlinigkeit, eineindeutiger Redundanz und Applizierbarkeit, die sie gerne als wertkonservative Treue, Identifizierbarkeit und Stabilität in wirren Zeiten ausgibt. Will Religionspädagogik sich jedoch der Theologie jüdisch-christlicher Traditionen weiterhin verpflichtet wissen, muß das anders werden / „Zu viel an Wissen", „verwirrt", „verunsichert", „fehl am Platz": studentische Bemerkungen / Beim nichtverstehenden Hören passiert etwas, beim verstehenden Hören nichts / Umgangsformen mit dem Befremdlichen (H. Rumpf) / Fremdheitsvernichtung per Didaktik? / Zumutung von Kunst und Religionspädagogik

3. Vorlesung - Seite 43
Religionspädagogen in höherer Mission (als Verständnisstiftungs- und Welterklärungsagenten)? / „Kannitverstan" (J.P. Hebel) / Lovepare, Kirchentag, Oktoberfest / „Moral und Stil" (Th. W. Adorno) / Schlumpfhermeneutik / Man ist theorie- und komplexitätsmüde, das Problematisieren leid. Systeme locken / Komplexe Probleme führen zu einfachen, leicht verständli-

chen, falschen Antworten / Kunstlehre und Kunstregeln bei Schleiermacher / „Wären die Wege des Denkens direkter, weniger gebrochen, leichter übersichtlich, so wäre das das sicherste Zeichen dafür, daß sie am Leben, d.h. aber an der Krisis, in der sich das Leben befindet, vorbeigehen. Doktrinär ist nicht das sogenannte 'komplizierte', sondern das vielgerühmte 'einfache' Denken" (K. Barth) / Über die Fähigkeit, in Schwierigkeiten hineinzukommen (H. Rumpf) / Arbeit und Verantwortung auf die Schüler abschieben? / „Hier sehen Sie!" (Eva S. Sturm) / Wer ist eigentlich autorisiert? / Muster des Wissenserwerbs und -transfers

4. Vorlesung - Seite 53
Plus-1-Konvention / Beim Lernen müssen (neben der Dimension der Schöpfungstradition) auch die Anteile der Exodustradition erhalten bleiben / Religionspädagogik ist ein „wunderbares" Fach / Auf gewisse Fragestellungen muß man erstmal kommen (Dietrich Zilleßen) / „Wundergeschichten sollten grundsätzlich als fremde Welten gelesen werden, die wir ganz neu erkunden müssen, als wären wir die Crew von Captain Kirk" / Das Wunder *als* Wunder wird zum Zeichen eines unzureichenden Wissens / Die Wunderfrage als offene Frage versammelt unsere Fragen über Gott und die Welt / Performance und Gebet / Über den Umgang mit dem Nichtwissbaren und Unübersichtlichen / Bibelhermeneutikdidaktik: gepfeffert oder gesalzen? (Essay: Pfeffer oder Salz? Eine Zeitungsnotiz und viele Fragen)

5. Vorlesung - Seite 63
Zeitgeist verstehen: Postmoderne Moderne / „Postmoderne" ist keine Epochen-Suggestion, sondern Qualitätsvariable und Suchbegriff / Die Moderne fühlt sich alt, weil sie an ihre Grenzen geraten ist / Eine radikale Pluralität von Sprachen, Modellen, Verfahrensweisen jeweils *innerhalb* eines Ansatzes bricht sich Bahn / Ende der Selbstverständlichkeit universaler Systeme und Metaerzählungen als Welterklärungs- und Weltanschauungsmodelle monistischen Typs / Schlüsselbegriff „Struktur" / Neostrukturalismus / Lernen und Lehren in einer sich wandelnden Welt

6. Vorlesung - Seite 73
Theologische und religionspädagogische Relevanzen von Postmoderne / Der Monotheosmus der jüdisch-christlichen Traditionen zeigt sich nicht linear-kontinuierlich-stabil, sondern genuin diversifikativ-komplexitätssteigernd / Eckhard Nordhofen / Jürgen Ebach / Vielfalt ohne Willkür / Gott schwankt /

Gottesbilder sind Entzugserscheinungen / Glaube, der postmoderne Koordinaten zu loben versteht / Ordnung ist nur das *halbe* Leben / Außerordentliche Ordnungszwänge / Der entscheidende (Glaubens)Schritt vollzieht sich von der Ordnung zum nötigen (Um)Ordnen, der *vorübergehend* auch Unordnung mit sich bringt, um wieder in nötige *vorläufige* Ordnungen zu münden / Wenn „*Inter*religiosität" nicht als „*Intra*religiosität" verstanden wird, ist alle Rede von Dialog Etikettenschwindel

7. *Vorlesung - Seite 83*
„Das Ziel ist der Weg" oder *„Das Ziel ist weg"*? Von religionspädagogischen Lernwegen durch das Meer der Zeit / Religionspädagogik am liebsten als festvertäutes, exklusives Museumsschiff mit geregeltem Publikumsverkehr? / Schöpfungstradition und Exodustradition zum ersten / Gefahr lähmender Übersättigung / Das idyllische Bild von der Einfahrt in den ewigen Hafen könnte trügen / Religionspädagogik als (vor)sintflutliche Arche Noah? / Alle Schotten dicht? / Kursbücher sind gefragt / Soll man Ballast abwerfen? / St. Pauli Landungsbrücken" als „Tor zur Welt" / Mit dem Wind gegen den Wind und die Gezeitenströme *kreuzen*

8. *Vorlesung - Seite 91*
„Semiotics addresses what is first in the understanding / Semiotik hat zu tun mit der Welt der Gleichnisse und deren Performance / Es gibt keine Sprache über der Sprache / Enges und weites Sprachverständnis / Das Wort (Gottes) erschöpft sich nicht als Code / Weder umgangssprachlich noch formallogisch-sprachanalytisch und schon gar nicht *theo*logisch ist es selbstverständlich, von Gott zu reden. Theologen und Religionspädagogen tun jedoch oft so, als wäre dies das *Selbstverständlichste von der Welt* / Zweckmäßiger (Fach)Jargon hat alle Vor- und Nachteile der Schibboleth-Funktion (vgl. Ri 12,4-6) / „Verstehen" bedeutet auch, die Bedrohung des eigenen Codes in Kauf zu nehmen / das Dilemma eines altklugen und inhaltsleeren „Religionsstunden-Sprachschatzes" / „Wir wissen, daß die Sprache das eigentlich Menschliche am Menschen ist; aber wenn wir den Vorgang des Sprechens beschreiben sollen, müssen technische Metaphern wie 'Kanal', 'Sender' und 'Empfänger' herhalten" / Was sich als Sprachbenutzer ausgibt ist stets auch sprachgenährtes, sprachvermitteltes, versprochenes und (buchstäblich sich) versprechendes Medium / „Das semiologische Abenteuer" (Roland Barthes) der Theologie besteht jedoch nicht in der Vermischung säkularer und sakraler Sprachsphären, die allemal profan bleiben, sondern darin, daß nie fest-

steht, wer je und je spricht / „Wir aber bleiben auf dem Gebetsteppich unserer Terminologie." Es kommt darauf an, dies zur Sprache (langage) kommen zu lassen / Der je bestimmte Sinn des Evangeliums ist nicht an bestimmte Medien und Formen religiöser Sprache gebunden / Die Frage nach einer sinnvollen Rede von Gott, die aufgrund seiner Gott-/Fremdheit die an die menschliche Stimme gebundene Sprache in dem Maße übersteigen muß, wie sie positive theologische Aussagen über Gott zu treffen hat, war religiös immer schon präsent / Um den aus Minimalverständigungsgründen unvermeidlichen grammatikalischen und syntaktischen Konventionen noch halbwegs zu entsprechen, entwerfen dezentraler Konstruktivismus und neostrukturalistische Phänomenologie ihre Modelle vorläufig notgedrungen paradox / Eine dezentral-konstruktive Semiotik der Lücke, die Mangel und Leerstellen als Chance sieht, macht Bemühungen um klareres Sprechen und weiteres, anderes Verstehen erst sinnfähig

9. Vorlesung - Seite 109
Herder: „Schon als Tier hat der Mensch Sprache" / „Wir Menschen sind sprachlich, bevor wir sprechen lernen" / „Der Imperativ, den wir aufstellen, heißt: 'Handle sprachlich'. Nicht heißt er: 'Sprich handlungsförmig' " / Hat Theologie dann vielleicht weniger über „Glück", „Werte", „Leben", „Gott", „Glaube", „Liebe", „Hoffnung" „Heiliger Geist" zu reden als vielmehr den Anführungszeichen, in denen alles zur Sprache kommt, praktisch-theologisch durch Inszenierungen zu entsprechen? / Soll denn nur der Werbung das Exklusivrecht auf Lob- und Preisgesänge bleiben und Katastrophenjournalismus und Gerichtsreportage das Recht auf Klagerituale?

10. Vorlesung - Seite 121
Passwort: semiotisches Glossar
Formalismus / Strukturalismus / langue / langage / Synchronie / Diachronie / Signifikat / Signifikant / Neostrukturalismus / Dekonstruktivismus / Konstruktivismus / Signifikantenkette/ Shifter-Kette / Reale / Metonymie / Symbolische Ordnung / Zeichen / Metapher / Imaginäre / Kontiguität / Kontinuität / „Je"/„moi" / „Objekt klein a" / „A" / Subjekt/sujet

II
Glänzende Bildung und Erziehung:
Paideia

11. Vorlesung - Seite 135
Die Erziehungs- und Bildungswette (Pädagogik als Religion / Religionspädagogik) / Aufklärerische Wurzeln der Religionspädagogik / Erziehung als kollektives Experiment und bürgerliches Prestigeunternehmen / Der pädagogische Blick wird zum strategischen Blick in der großen Schlacht gegen das Unglück / Schlaglichter und Beispiele aus der Kinder- und Jugendliteratur der Aufklärung / Eine Kooperation gewisser pietistischer und aufklärerischer Optionen weckt und schürt den Streß der Subjekte, Meister (ihres) gelingenden Lebens zu sein / didacta / Meister Proper

12. Vorlesung - Seite 149
Pädagogische Bedürfnisse / „Aufwachsen in schwieriger Zeit" / „Mut zum Sein" / Das Seelenheil des verfassenden Bildungsbürgertums und unsägliche Verkitschungshochschätzung der „Kindlein" / „Affenliebe" / Religionspädagogik in der Wohlstandsgesellschaft leistet einen Bärendienst, wenn sie ignoriert, daß „Kinder" längst inflationär als quotenstärkender Zusatzfaktor benutzt werden / Protoreligiöse Aspekte des Kinderbildes (Katharina Rutschky) / Das Begehren der Religionspädagogik / Narzißmus beschreibt als Dynamik von Einbildung und Selbstbildung den intrinsischen Motivationskern von Bildung; als solcher ist er laut jüdisch-christlicher Traditionen Schlüssel für Gottes-, Nächsten- und Fremdenliebe / Glänzende Bildung: Was bilden wir uns ein? Und: Wie bilden wir uns ein? Lacans Spiegelphase versus kristallspiegelfixierte Lesarten

13. Vorlesung - Seite 161
„Wenn der Durst gelöscht ist, beginnt das Feuer von neuem" (Apollinaris) / satur, satt, sad / Eine Kunst der Religionspädagogik liegt darin, existentielle Fragen, die auf der Ebene der Bedürfnisse zur Sprache kommen, im Horizont unstillbaren Begehrens be- und verhandeln zu können / Zum Beispiel Janusz Korczak: Anerkennung und Würdigung von Bedürfnissen mit Horizont des Begehrens

III
Die Welt ist nicht genug:
Religio

14. Vorlesung - Seite 171
Warum um Himmels willen *Religions*pädagogik? / Die Gretchenfrage ist nicht vermeidbar / Friedrich Daniel Ernst Schleiermacher / An die Gebildeten unter ihren Verächtern und nicht an ungebildete Verehrer / Bloße Anfälle von Religion / Religion als bloße Kompilation oder Chrestomathie?

15. Vorlesung - Seite 181
So zweckmäßig eine Unterscheidung von sakral und profan im engeren Sinne ist, so sinnvoll ist ein weites und differenziertes Religionsverständnis (und Religions*pädagogik*verständnis), bei dem religiöse und profane Phänomene unterscheidbar in eins fallen / Gemeinderaum und öffentlich-gesellschaftliche Räume werden unterscheidbare Segmente bleiben. Aber diese Segmentierungen werden an gesellschaftlicher Relevanz verlieren / Der Mensch ist die Frage, aber er ist nicht die Antwort / Das Leben wird für Glaubenszwecke funktionalisiert / Religion als Gegensatz von Moral und Metaphysik / Karl Barth: Offenbarungsreligion statt Diskurstheologie? / Paul Tillich: ein weites, präzises und differenziertes Verständnis von Religion / Barths Schrei nach Distanz ist distanzlos

16. Vorlesung - Seite 191
Religionspädagogik im Verbund der (Natur)Wissenschaften / Als-ob-Theologie / Protestantische Auffassung des Erkennens / „In all diesen Bewegungen treibt die Kunst auf einen gläubigen Realismus zu: Gläubiger Relativismus" und „Gläubiger Realismus" (Paul Tillich) / Die Wahrheit ist nicht messbar. Wir werden dran glauben müssen / Das Religionsverständnis und die damit verbundenen jeweiligen Gottesbilder und Theologien sind offenzulegen und zur Debatte zu stellen / Ideologiekritisch-propädeutische Grundausbildung: Es darf stark ge/bezweifelt werden / Barth steht sich *schon stilistisch* theologisch selbst im Wege / Christlicher Glaube ist bereits christologisch „unbehauste, vagabundierende Religiosität / Protest der Religion gegen den Religionsbegriff / Vier Einwände der Religion gegen den Religionsbegriff / Etymologie von „religio" / Soll Religion Halt geben? / Feuerbach / Heimat ist Ziel nicht des Bleibens, sondern Gehens (Exodus) / Der Glaube

hält den Glauben offen / Frag*würde* / Korrelation keine neue Methode / Das Heilige ist im Profanen verborgen

17. Vorlesung - Seite 207
Von Gott aus gesehen hat die Kirche nichts voraus vor der Gesellschaft / Der Protestantismus hat ein Pathos für das Profane / Deshalb ist es vielleicht manchmal besser, von 'protestantischer Profanität' zu sprechen / Die Religion muß das Profane als Mittel zur Selbstkritik gebrauchen / Die Idee, daß wir Religion als Grundstruktur der imaginären menschliche Bedürfniswelt auch gar nicht „abschütteln" *brauchen*, uns, das Leben, Gott vielmehr darin „in Gottes Namen" kennenlernen dürfen, hält Barth nicht durch / Wer will hier eigentlich ständig „neben die Welt" treten? / Die Frage heißt: Radikales Sich-Stellenlassen in die Grenzsituation oder Sicherung gegen die unbedingte Bedrohung durch Kirche und Sakrament / Die Aussage „Gott ist" ist die Einreihung Gottes in die Gegenstandswelt; diese Einordnung ist Gottlosigkeit / Tillich protestiert *im Namen der Religion* gegen den Religionsbegriff / Im Protestantischen Prinzip siegt der göttliche Geist über die Religion / Seinem ganzen Wesen nach muß das Christentum jeden ungebrochenen Mythos ablehnen / Im Blick auf die Frage nach einem konfessorischen Religionsunterricht plädiere ich entsprechend entschieden für eine schwankende evangelische Konfession, die auf Verständigung mit anderer Konfession angewiesen ist / Blasiertheit sichert also die Selbsterhaltung durch Weltentwertung / Christologische Religion sprengt autopoietische Systemfiktionen

18. Vorlesung - Seite 223
Religion ist struktural gesehen das Übergangsphänomen allen Glaubens, aller Theologie / gerade Gegenteil von „Freiheit in der Wahl der Ideologie" / Evangelischer Rellgionsunterricht hat nicht die Aufgabe, eine Konfession neben anderen oder 'Religion' neben anderen Gegenständen zu lehren / Wesentliche Arbeitsvorgänge im Religionsunterricht lassen sich mit dem Begriff „Kritisches Verstehen" zusammenfassen / Hier ist der nichtideologische Ort der Rede von Gott / Der konfessionelle Religionsunterricht muß sich auf ein kritisch-bewegliches, diskurrierendes Konzept von Konfessionalität einlassen / Das gewagte Einüben in konfessorische Akte ist nicht gesellschaftlich zu tabuisieren, sondern u.a. als Religionsunterricht in den öffentlichen Diskurs zu integrieren / Die fruchtlosen Begegnungen zwischen den Vertretern der Position *Erstens christliche Identität und dann zweitens weitere Verständigung* und der Position *Fragmentarische Identitäten durch Verständigung als*

Glaubenswagnis und Glaubensprozession boten bisher nur Ordnungspragmatikern Gelegenheit, jurisprudente Kommentare abzugeben, um letztlich doch auf der Basis einer unter Handlungsdruck behaupteten Minimal-Übereinkunft allgemein einen engen Religionsbegriff zur Grundlage des Religionsunterrichts zu machen

19 Vorlesung - Seite 233
Ideologie als Versuch, im Blick auf Gott und die Welt Ordnung und Übersicht in die unübersichtliche Welt zu bringen / Religionspädagogen und Religionspädagoginnen können sich heute der Erwartung, „Pädagotchi", „Wertedealer" oder „Ethitainer" im Sinne funktionalisierter Religion zu sein, nur schwer entziehen / Unter welchen Bedingungen kann der Mensch „in Frag-Würde" leben / Ideologiekritik darf sich nicht in intellektueller Reflexion auf Inhalte erschöpfen, sondern wird schon im didaktischen Unterrichtssetting angelegt sein müssen / Wie ist mit dem Unwissbaren/Unüberschaubaren umzugehen? / Es geht es nicht *ohne* Ordnung; aber Ordnung ist nur das *halbe* Leben / Der Traditionalist, der Dogmatiker und der Fanatiker sind verschiedene Arten von Ideologie-Strukturen / Da, wo wir der Leere und unserer Ohnmacht begegnen, plazieren wir das Ideal, d.h. uns selbst / Die theonome These von der Rechtfertigung des Gottlosen eröffnet die Möglichkeit einer heilsamen Ent-Täuschung, die die Unvermeidlichkeit von Ideologisierung als Selbsterkenntnis entschärft / Als religionspädagogische Hauptsache ist die Einführung in einen ideologiekritischen Umgang mit der religiösen Dimension des menschlichen Lebens zu favorisieren, die das gewagte Einüben in konfessorische Akte nicht gesellschaftlich tabuisiert, sondern in den öffentlichen Diskurs zu integrieren vermag / Im Religionsunterricht hat nur der etwas zu suchen, der etwas zu suchen hat (gilt für Lernende *und* Lehrende) / Der Christ ist auch zum ständigen Ideologieverdacht gegen sich selbst verpflichtet / Ein weiter und differenzierter Religionsbegriff, der seine eigene Relativität mitschleppt, wäre ein Anti-Blockiersystem für unvermeidliche ideologische Gefahrensituationen im gesellschaftlichen Verkehr unter kritischen Witterungsbedingungen

IV
Gerechtfertigte Bildung
Gebildete Rechtfertigung:
Politeia, Didacta, Media

20. Vorlesung - Seite 243
Zur politischen Relevanz theologischer Bedingungen einer religionspädagogischen Fachdidaktik / Um ein mögliches Mißverständnis auszuschließen, muß betont werden, daß wir nicht mit dem Typus des liberalen Protestantismus übereinstimmen / Wo theologisch geredet wird, da wird implizit oder explizit immer auch politisch geredet / Entschlossenheit transzendiert das moralische Gewissen, seine Argumente und Verbote / Politik z.B. wird möglich von dem Augenblick an, wo der wesentliche Spielcharakter dieser Sache am Tage ist / Paul Tillich aus dem Exil in New York am 1. Dezember 1933 / Der Volksschule ist nur nach vorwärts zu helfen

21. Vorlesung - Seite 251
Theologie in Amerika in den Sechzigern / Praxisaufwertung" lautet heute ein neuer Schlüsselbegriff / Kann Routine allein Qualitätskriterium sein? / Wenn die Theorie falsch ist, kann die Empirie nicht richtig sein ... Es gibt keine Empirie ohne Theorie / Metaphysische Grillen und theologische Mucken didaktisierter Wissenschaft / Methode als Inhalt lesen / Doing by lerning – lebenslang

22. Vorlesung - Seite 259
Konzeptionellen Selbstdarstellungen wollen antifundamentalistisch sein, schlagen jedoch oft inhaltlich und stilistisch ins Fundamentalistische um / Von der Bibel als Fibel zu Fibeln als Bibeln? / Die didaktische Qualität entsprechender Religionsbücher liegt nicht in dem Maße eleganter Nahtlosigkeit in der Entsprechung von Text, Bild und beabsichtigter Aussage, sondern gerade in den feinen Irritationen und Brüchen des arrangierten Materials / Experimentelle Didaktik ist eben nicht willkürliche Assimilation aus dem diffusen Materialienpool zu einem Thema, sondern mit Tradition, Lehrplan und Lebenskontext folgt sie den verbindliche Spuren der komplexen Wirklichkeit unter Verzicht auf exklusiven Jargon und instrumentalisierte Symbolvorräte / Mehrwissen in Frag-Würde statt Besserwissen in Grundbescheiden, Didaktik statt Taktik, Rezepturen statt Rezepte, Leerstellen statt Fülltexte, Fragment

statt System, symptomsensibles Symbolisieren statt applikatives Symbolhantieren

23. Vorlesung - Seite 267
Wieder einmal hat kaum ein Seminarteilnehmer den Text gelesen, wieder einmal meldet sich niemand. Quälendes Schweigen, mühsame Ermunterungen, schleppende Diskussionen / In der Lehre dominieren didaktische Ambitionen, die Unterricht zum Feld strategischer Operationen und Schüler zur Betreuungsklientel degradieren / Den Dozenten oder die Dozentin will man als Hampelmann wohl gern hofieren, aber als Teamchefin nicht mitspielen lassen, weil man selber ja Chef (LehrerIn) und nicht Team (Forschungswerkstatt/Labor) sein will / Lernen und Lehren in einer sich wandelnden Welt / Bei den Studenten der Theologie/Religionspädagogik scheint die Tendenz zu fundamentalistischer Verengung zu wachsen / Manifest wider die Hüter der richtigen Antworten / Der Lehrer steht meistens im Zentrum und damit allem im Wege / stark wertende Tendenzen Aufgabenstellungen sind zu vermeiden / „Werkstattunterricht" sollte nicht ein Hammer und Hobel erinnern / Werkstattunterricht kann das Schülerinteresse gefährlich verabsolutieren, wenn er in didaktisches Laisser-faire abgleitet / Weil sich die Interessen nur gegenüber Bekanntem artikulieren können, herrscht die gefährliche Tendenz, nur im eigenen Gesichtskreis zu verbleiben / Neben allem Aufräumen Leerraum geben, dann kann das Symptomatische sehr bildend zur Sprache kommen / Lehren ist nicht Transport von Gütern, weil Lernen mehr ist als Auspacken und Einsortieren

24. Vorlesung - Seite 279
Jenseits allen reformpädagogischen Imagebluffs bergen Theologie und ihre Didaktik ein immenses gesellschaftspolitisches Bildungspotential, das weniger seiner lehrkognitiven Kenntnisgabe denn entsprechender didaktischpraktischer Umsetzung harrt / Einübung in systematisch-theologisches Arbeiten für Religionspädagogen / Statt „Salz der Erde" „Süßstoff der Schule?" / Stichwort „prinzipiell alltagstauglich" / Stichwort „Theologie in Tüten" / Stichwort „Scheinfragen" / Stichwort „Schlummerndes Problempotential" / Stichwort „Mit Freiheit umgehen" / Studentische Kommentare

25. Vorlesung - Seite 291
Der Erziehungsauftrag der Bildung wird gegenüber einem überbewerteten Lehrauftrag oft ausgeblendet / Es geht darum, zu wissen, was gespielt wird,

und zu spielen, ins Spiel zu bringen, was gewußt wird / Lukas 15,11ff.: Welcher Sohn hat verloren, welcher gewonnen? / Religionsunterricht im Sinne von Didaktik statt Taktik kann als Komplexitätsinszenierung und Dramatisierung von Lernprozessen verstanden werden / Religionspädagogik im Stile einer gerechtfertigten Bildung ist erlöst vom Streß einer „Pädagogik als Religion" / Schule als „kleines Versuchsinstitut" / Es geht nicht darum, sich Fragen bzw. in Frage zu stellen, sondern darum, daß die Schüler die Fragen, in die wir gestellt *sind*, als *ihre* Fragen mittels nichtdeterminierter (bzw. über- oder unterdeterminierter) Elemente als inneres Lernen selber repräsentieren / Theologie und ihrer Didaktik gilt aber nicht nur das Experiment als kreatives Moment im Unterricht, sondern Unterricht als experimenteller Prozeß schlechthin. Experimente bedürfen gründlicher Überlegung im Blick auf Verfahrensweisen und Materialien

26. Vorlesung - Seite 301
Theorie ist stets gewagtes Wissen und eine entspr. Praxis ist stets bewußtes Wagnis / Ideologie $\geq$ X $\geq$ Christologische Religion / Gute Lehrstellen haben Leerstellen / Laborunterricht ist kein Laberunterricht

27. Vorlesung - Seite 307
Was ist, kann ja noch werden / Reaktionen auf Zukunftsfragen machen besonders deutlich, wie mit dem Ungewußten und Nichtwissbaren im allgemeinen umgegangen wird / Der Gameboy-Klassiker TETRIS funktioniert so: gelingt es, das unwartet Zufallende geschickt dem Bestehenden zu- und beizuordnen, so wird der sich ansammelnde Ballast als Plus aufs Konto gebucht und verschwindet / „Auf alles schießen, was sich bewegt" hat tiefere und weitere Bedeutung / Man ist unsicher geworden: was ist „Science", was „Fiktion", was „Scientology"? / Gegenwart von Vergangenheit, nämlich Erinnerung; Gegenwart von Gegenwart, nämlich Augenschein; Gegenwart von Künftigem, nämlich Erwartung / Gott taugt nicht zum Kleingedruckten unserer Subsistenzgarantien, zum Mittel unserer Zukunftssorge und zum Analgetikum unserer Lebensangst / Das Ende der Welt als Anhängsel der eigenen Unzufriedenheit / Konfirmation als *Ent*sicherung des Glaubens / Traditionsbezüge sind keine Schonbezüge / Das Mögliche umfaßt jedoch nicht nur die Träume nervenschwacher Personen, sondern auch die noch nicht erwachten Absichten Gottes

Anhang:
Rezepturen statt Patentrezepte.
Vom Umgang mit Texten, Bildern und Dingen

Sich einen Begriff machen.
Zum Umgang mit Texten — 317

Sich ein Bild machen.
Zum Umgang mit Bildern/Fotos — 321

Witz an der Sache.
Zum Umgang mit Dingen — 323

Hast Du Töne?
Zum Umgang mit Musik — 329
(von Harald Schroeter)

Aufräumen und Raum geben.
Umordnen als rp Übung zwischen Ordnung und Unordnung — 351
(von Sünke Rieken)

noch offen:
Haltung annehmen.
Zum Umgang mit Inszenierungen — 367

noch offen:
Farbe ins Spiel bringen.
Zum Umgang mit Farben — 369

noch offen:
Umformen, Eindruck machen, Spuren lesen.
Zum Umgang mit Figuren und Plastiken — 371

Epilog — 373

I
Verstehenswut und Systemsucht:
Hermeneutica, Semiotica, Heuristica

1. Vorlesung

(Es wurde hingewiesen auf einen Fortbildungstag mit Dr. Jürgen Reichen zur Didaktik des Werkstattunterrichtes an der Heilpädagogische Fakultät.)

> „Ihr sollt aus Kandidaten des Himmels
> wirkliche und echte Studenten
> der Erde werden."[2]

Sehr geehrte Damen und Herren, ich gehe davon aus, daß Sie nicht nur „zum Schein" zu dieser Veranstaltung erschienen sind. Sicher: Leistungsnachweise, Seminarscheine, Qualifizierte Studiennachweise etc. (vielleicht sogar Heiligenscheine) müssen sein. Darüber hinaus jedoch nehme ich an, daß Sie gekommen sind, um zu verstehen. Sie wollen verstehen: mich, sich, Gott und die Welt. Sie und ich, Gott und die Welt, – Studentenfutter, das möglichst schnell und wenn möglich in Form von leichtverdaulichen Appetithäppchen gereicht werden soll. Oder? Aus Gründen der Fairness sei es gleich zu Beginn deutlich gesagt: dies wird hier nicht möglich sein! Und zwar nicht etwa deshalb, weil ich etwas gegen Canapés oder Fast Food hätte. Im Gegenteil:
„Stell' dir mal vor, da ist ein Platz - du weißt schon wo -, da schenkt man dir ein Lächeln und sagt: einfach gut, alles klar für den Tag, du hast die Art, die mag, einfach gut."
„Wenn es mir schlechtging und die Kargkeit der Wüste zu meiner Stimmung zu passen schien, fand ich trost in den Logos, in der vielfältigen Ikonographie des amerikanischen Wirtschaftslebens. Die gelben Bögen von McDonald's, das rot-weiße Coca-Cola-Gekrakel, der grinsende Colonel Sanders dienten mir als Wegweiser, gaben mir ein Gefühl kultureller, zeitlicher und körperlicher Orientierung. So trügerisch das auch war, wurden sie doch zu einer Art Sinnquelle. Sobald ich die Spitze eines trägen M am Horizont auftauchen sah, wurde ich ruhig und fühlte mich besser."[3]
Das ist doch eine Juniortüte wert, oder? Kontinuität bis an alle Enden der Welt, sicherer als das Amen in der Kirche. Was für eine Zusage: in all den Wirren gibt es ein Freihaus, ein Refugium, da ist ein Platz reserviert - du weißt schon wo - da bekommst du, was man für kein Geld der Welt kaufen kann: ein Lächeln, bedingungslose Anerkennung. Dieser Trailer ist ein

---

[2] L. Feuerbach in: J. Jahn (Hg.), Der Briefwechsel zwischen G. Keller und H. Hettner, Berlin 1964, VII, S. 199.
[3] Melanie McGrath, Instant Karma, Reinbek 1999, 327.

Psalm, ein Evangelium. Gehen Sie einmal in Ihrem Stadtteil morgens um sieben bei McDonalds frühstücken. Es ist rührend zu sehen, wie sich da die Kinder vor der Schule im Namen des Clowns (Ronald McDonald alias „Ich bin der Ich-Bin" ?, vgl. 2.Mose 3,14) treffen, gemeinsam den Tag beginnen, sich noch ein wenig bei den Hausaufgaben helfen. Und dann gehen sie hin in Frieden, durch das goldene M, den Pylon (im alten Ägypten der Eingangsturm zum Tempel), um ihr Tagwerk zu beginnen. Dem entspricht eine wunderschöne kurze Szene aus dem Film „Absolute Giganten" (Regie Sebastian Schipper), die von einer letzten gemeinsamen Nacht einer Junge-Männer-Freundschaft erzählt. Bevor sich die Lebenswege der drei jungen Männer trennen, betreten sie in aller Herrgottsfrühe völlig übernächtigt als einzige Kunden eine McDonalds-Filiale. Die proper-mütterliche Bedienung fragt mit einem Lächeln: „Ja bitte?" Ein kurzes Zögern, und dann sagt einer für alle: „Dreimal alles."

Jetzt geht es um die Wurst. Ein weiterer Beleg aus dem Ruhrgebiet: „Gehse inne Stadt/Wat macht dich da satt/ne Currywurst./Kommse vonne Schicht/Wat Schönret gibt et nich/Als wie Currywurst./Mit Pommes dabei/Ach dann gebense gleich zweimal Currywurst./Bisse richtig down/Brauchse wat zu kaun/ne Currywurst./Willi, komm geh mit/Ich krieg Appetit/Auf Currywurst./Ich brauch wat in Bauch/Für mein Schwager hier auch noch ne Currywurst./Willi, is dat schön/Wie wir zwei hier stehn/Mit Currywurst./Willi, wat is mit dir/Trinkse noch'n Bier/Zur Currywurst./ Ker scharf ist die Wurst/Mensch dat gibt'n Durst/die Currywurst./Bisse dann richtig blau/Wird dir ganz schön flau/von Currywurst./Rutscht dat Ding dir aus/Gehse dann nach Haus/Voll Currywurst./Aufm Hemd, auffer Jacke/Ker wat is dat ne K...... alles voll Currywurst./Komm Willi/Bitte, bitte, komm geh mit nach Hause/Hörma ich kriegse, wenn ich so nach Hause komm/Willi, Willi bitte, du bisn Kerl nach meinem Geschmack/Willi, Willi komm geh mit, bitte Willi."

(Herbert Grönemeiers Loblied auf die Currywurst; Text von Horst-Herbert Krause, Diether Krebs).

Also: ich hege keinesfalls elitäre Vorbehalte gegenüber angeblich niederen Eßkulturen. Doch derartige Angebote können in dieser Veranstaltung darum seriöser Weise nicht unterbreitet werden, weil wir es hier mit Grundnahrungs- und Lebensmitteln zu tun haben, die nicht leicht genießbar zuzubereiten sind. Alle Höhen und Tiefen des Lebens in einer Wurst: Sind wir nicht alle irgendwie arme, kleine Würstchen? Alles hat ein Ende, nur der Mensch hat zwei: woher kommen wir, wohin gehen wir? Kierkegaard protestierte:

„Wo bin ich? Was will das besagen: die Welt? Was bedeutet dies Wort? Wer hat mich in das Ganze hineingenarrt und läßt mich nun da stehen? Wer bin ich? Wie bin ich in die Welt hineingekommen; warum bin ich nicht gefragt worden, warum nicht mir Bräuchen und Regeln bekannt gemacht worden, sondern ins Glied gesteckt, als sei ich von einem Seelenverkooper gekauft? Wie bin ich Interessent in jener großen Enterprise geworden, die man die Wirklichkeit nennt? Warum soll ich Interessent sein? Ist das nicht freigestellt? Und soll ich es notwendig sein, wo ist denn der Verhandlungsleiter, ich habe eine Bemerkung zu machen?"[4]

Also bekommen Sie zwar vorgekautes Wissen serviert, aber die Suppe ist uns von woanders eingebrockt. Und Auslöffeln muß sie jeder selbst, wohlwissend, daß die Weisheit nicht mit Löffeln zu essen ist. Und da soll man sich nicht verschlucken!

Das metaphorische kulinarische Reden gibt Gelegenheit zu bemerken, daß der Veranstaltungstyp Vorlesung weder als Konsum (auch nicht als Konsum eines Siebeck-Menüs), noch als „All-you-can-eat"-Buffett, noch als „Drive-In" oder „Pizza-Taxi-frei-Haus" oder Hightech-Genfood zu verstehen ist, sondern eher als ein Kochkurs. Und ein Kochkunstkurs ist nicht mit gewissen Kochstudios zu verwechseln: Nix Maggi-Fix! Sondern es geht (der Kunst der Religionspädagogik) um Lebenskunst: Das Leben ist ein Fest, und dies ist der Kochkurs zum Gala-Dinner. Sicher wird beim Kochkurs auch probiert, genascht, verköstigt. Oftmals wird sicherlich auch die Suppe versalzen sein und Angebranntes und Verkochtes in den Schweinetrog wandern. Eine Vorlesung ist eben nicht jener Vorgang, bei dem die Notizen des Lehrers zu Notizen der Studenten werden, ohne den Geist der beiden zu passieren. Und es wird nicht allein beim „Geist" bleiben. Auf die Schweine werden wir übrigens noch öfter zu sprechen kommen, sie spielen in der Theologie eine wichtige Rolle (bei Luther als Vergleichsobjekt mit Heiligen eingedenk von Sünde: vom Schein zum Schwein: Schwein gehabt; im Gleichnis als Diskriminierung von Schweinebauern; als Verklappungscontainer für böse Geister).

„Das habe ich nicht verstanden. Können Sie das noch einmal erklären?" – Gut, kein Problem. Intellektuelle und Informationsverständigungsfragen gehen auf mein Konto und werden sofort erledigt. Ich hätte es ja auch direkt

---

[4] Die Wiederholung, in S. Kierkegaard, Die Krankheit zum Tode und anderes, München 1976, 410.

klarer – z.B. in drei Schritten statt in einem – sagen können. Ich arbeite daran.
„Ich habe Sie akustisch nicht verstanden." – Nun, ich pflege laut und deutlich zu sprechen und darüber hinaus wird es darauf ankommen, welche Sitzordnung Sie bevorzugen werden.
Es gibt Blockaden, Begriffstutzigkeiten, die werden als intellektuelle Probleme ausgegeben, sind aber instinktive Abwehrmechanismsen. „Kannst du denn nicht einmal richtig zuhören?" „Hör mir doch bitte einmal zu!" „Sieh doch!" „Verstehst du denn nicht?" „Versteh doch!" „Du verstehst mich nicht!" Kluge, gewitzte Köpfe, die ihren Matheschein bereits in der Tasche haben und es geschafft haben, zuhause ihren Videorekorder zu programmieren, verstehen plötzlich nicht, – verstehen sich, die Menschheit, Gott und die Welt nicht mehr. Für diesen Problemkomplex, der sich hier eröffnet, wird in der Bibel der Begriff „Hartherzigkeit" strapaziert. Und das hat eben nichts mit der Unterstellung eines bösen Willens oder böser Absichten zu tun. „Hartherzigkeit" ist keine Wahl, sondern Reflex. Aber Reflexe kann man trainieren. Verstehen Sie?
Sie sind gekommen, um zu verstehen. Verstehen Sie mich recht: das ist normal, allein jedoch nicht so arglos, wie es scheint. Z.B. beklagte Friedrich Schleiermacher (1768-1834) die „Systemsucht" und die „Wut des Verstehens":
„Die Systemsucht stößt freilich das Fremde ab, sei es auch noch so denkbar und wahr, weil es die wohlgeschlossenen Reihen des Eigenen verderben, und den schönen Zusammenhang stören könnte, indem es seinen Platz forderte ... Mit Schmerzen sehe ich täglich wie die Wut des Verstehens den Sinn gar nicht aufkommen läßt ... So werden die armen Seelen, die nach ganz etwas anderem dursten, mit moralischen Geschichten gelangweilt und lernen, wie schön und nützlich es ist, fein artig und verständig zu sein; sie bekommen Begriffe von gemeinen Dingen, und ohne Rücksicht auf das zu nehmen, was ihnen fehlt, reicht man ihnen noch immer mehr von dem, wovon sie schon zu viel haben ... die Hauptsache aber ist die, daß sie alles verstehen sollen, und mit dem Verstehen werden sie völlig betrogen um ihren Sinn: denn so wie jenes betrieben wird, ist es diesem schlechthin entgegengesetzt."[5]
Auch Friedrich A. Diesterweg (1790-1866) kritisierte die „Systemsucht- und wut" und die „einpaukende und oktroyierende Praxis" des Religionsunter-

---

[5] F.D.E. Schleiermacher, Über die Religion, Hamburg 1958, 36, 80/82; vgl. dazu Jochen Hörisch, Die Wut des Verstehens, Erweiterte Nachauflage, Frankfurt 1998.

richtes und favorisierte ausdrücklich „Systemlosigkeit" als didaktisches Prinzip[6]

[Zwischenbemerkung zu fehlgeleiteten Erwartungshaltungen bei Belegung des Bereichs „Systematische Theologie": Im Zeitalter von Betriebssystemen und Systembetrieben provoziert und verstärkt die Rede von „Systematischer Theologie" ein Mißverständnis, das zudem noch einem Grundbedürfnis des Menschen entspricht, nämlich einen klaren Überblick zu bekommen, indem in etikettierte Schubfächer eingeordnet wird. „Systematische Theologie" gibt es jedoch nur als permanenten Ordnungs-, Umordnungs- und (vorübergehenden) Unordnungsprozeß. „Systematik" (vom griechischen „synhistemi = zusammenstellen, „systema" = Zusammenhang) meint nicht gewaltsame Einpassung in ein vorgefertigtes Gedankengebäude („System"), sondern Suche nach Zusammenhängen und Versuch einer Vernetzung von Aussagen, einer inhaltlichen Integration der Theologie.]

Karl Barth beginnt das Theologisieren mit einem Paradox: „Wir sollen als Theologen von Gott reden. Wir sind aber Menschen und können als solche nicht von Gott reden. Wir sollen beides, unser Sollen und unser Nicht-Können, wissen und eben damit Gott die Ehre geben"[7] (wir kommen noch ausführlich darauf zurück). Schnell hatte Barth zu spüren bekommen, daß der daraus folgende „dynamische Wahrheitsgedanke" „einen Teil des Publikums", das ansonsten eher auf „das Schreckgespenst einer neuen Orthodoxie" fixiert ist, dazu führt, „in völliger Verkennung der Sachlage den umgekehrten Vorwurf allzu großer Bewegungsfähigkeit"[8] zu machen: „Einer .... hat mich mit dem Wort ... '*Einfachheit* ist das Kennzeichen des Göttlichen!' erledigen wollen ... (man) muß den Mut aufbringen, zunächst einmal auch *nicht* einfach sein zu können. Schwer und kompliziert ist das Leben der Menschen heute in jeder Beziehung. Für kurzatmige Pseudo-Einfachheiten werden sie uns zu allerletzt Dank wissen ... Ich frage mich aber ernstlich, ob der ganze Schrei nach der 'Einfachheit' etwas anderes bedeutet als das an sich ja sehr verständliche, auch von den meisten Theologen

---

[6] K. E. Nipkow u. F. Schweitzer, Religionspädagogik. Texte zur evangelischen Erziehungs- und Bildungsverantwortung seit der Reformation, Gütersloh 1994, Band 2, 94/95.

[7] K. Barth, Das Wort Gottes als Aufgabe der Theologie, in: J. Moltmann (Hg.), Anfänge der dialektischen Theologie, München 1966, 197-218, 199.

[8] K. Barth, Der Römerbrief, Zweite Auflage von 1922, Zürich 1989, XIII.

geteilte Verlangen nach einer direkten, nicht-paradoxen, nicht allein *glaubwürdigen* Wahrheit."⁹

Auch die Theologie Paul Tillichs ist durchsetzt von paradoxen Leitmotiven wie „Protestantisches Prinzip", „Systematische Paradoxie", „Positives Paradox", „Gebrochener Mythos" und „Theonomie", auf die wir im Laufe der Vorlesung noch zu sprechen kommen werden, und man kann generell sagen, daß es sich bei vielen zentralen theologischen Aussagen wie bei vielen zentralen biblischen Überlieferungen um paradoxe Thesen handelt, was eingedenk des Bilderanbetungsverbotes und der Unaussprechlichkeit des Namen Gottes auch (theo)logisch scheint. So viel kann schon jetzt vermutet werden: Die Affinität von Kunst und Religionspädagogik beruht u.a. darauf, daß beide einer gewissen Theo-Logik folgen, was eben überhaupt keine denominative Vereinnahmung bedeutet und mitnichten die „Emanzipation der Sprecher von der Zumutung, etwas zu sagen zu haben."¹⁰

Nichts anderes lehrte übrigens Adorno in seiner „Ästhetischen Theorie". „Widerspruch/Glätten", „Dissonanz/Harmonie und Geschlossenheit", „Rätsel/Verstehen", „Nichtidentität", „Bodenlosigkeit" sind Leitmotive in der „Ästhetischen Theorie" wie in der „Negativen Dialektik" (was der Habilitant Adorno da alles von seinem theologischen Mentor Paul Tillich abgekupfert hat, wäre eine interessante Frage).

„Erst wenn unsere Bilder zerbrechen, wissen wir Bescheid ... Das Bilderverbot trägt Sorge dafür, daß die Humanität des Menschen und die Göttlichkeit Gottes unserer Verfügung entzogen bleibt"¹¹ sagt Christian Link. Auch „Das Wort" kann kein Letztfundament sein, das „Wort Gottes" um Gottes Willen nicht, weil uns schöpfungsmäßig keine Sprache über den Sprachen gegeben ist. Was bleibt und worauf Verheißung liegt ist Be- und Um-Schreibung, Erzählen und erzählend aufheben, (gebrochener) Mythos und gepflegter Ritus. Dazu können Sie eine herrliches Szene z.B. in Apg 8,26-40 finden, ein vorzügliches Schlaglicht aus den Anfängen des Christentums. Saulus wütet unter den Gläubigen dieser jungen Religion. Es gibt Tote. Viele sind im Kerker. High noon, flirrende Hitze. Auf der menschenleeren, staubigen Straße von Jerusalem nach Gaza. Wie eine Fata Morgana taucht ein Cabrio am Horizont auf. Darin sitzt ein hoher Beamter der Königin Kandake von Äthiopi-

---

⁹ ebd. XV (im folgenden abgekürzt mit RB).
¹⁰ Peter Sloterdijk, Sphären II: Globen, Frankfurt 1999, 787.
¹¹ Ch. Link, Menschenbild. Theologische Grundlegung aus evangelischer Sicht, in: Bioethik und Menschenbild bei Juden und Christen, hg. V. W. Kraus, Neukirchen-Vluyn 1999, 66.

en (Nubien, der ägyptische Sudan), ihr oberster Schatzmeister. Dieser kommt soeben nach Jerusalem gereist, um anzubeten:
28Jetzt befand er sich auf dem Heimweg, saß in seinem Wagen und las den Propheten Jesaja. 29Philippus lief hin und hörte ihn den Propheten Jesaja lesen. Er fragte: 'Verstehst du auch, was du liest?' 31Er antwortete: 'Wie sollte ich das können, wenn mich niemand anleitet?' Dann lud er Philippus ein, aufzusteigen und bei ihm Platz zu nehmen. 32Die Schriftstelle, die er gerade las, lautete: 'Wie ein Schaf sich zur Schlachtbank führen läßt und wie ein Lamm vor dem, der es schert, keinen Laut von sich gibt, so tut er seinen Mund nicht auf. 33In der Erniedrigung wurde das Gericht über ihn aufgehoben. Wer kann sein Geschlecht beschreiben? Denn sein Leben ist von der Erde weggenommen.' 34Der Eunuch fragte Philippus: 'Ich bitte dich, von wem sagt dies der Prophet? Von sich oder von einem andern?' 35Da öffnete Philippus seinen Mund und verkündete ihm die frohe Botschaft von Jesus, wobei er von dieser Schriftstelle ausging. 36Während sie so des Weges dahinzogen, kamen sie an ein Wasser. 'Da ist ja Wasser', sagte der Eunuch; 'was hindert, daß ich getauft werde?' ... 39Der Eunuch zog voll Freude seines Weges weiter. 40Philippus aber fand sich in Aschdod wieder."
Wenn das kein postmodernes Szenario ist! Schauplatz ist ein Königreich am oberen Nil mit der Hauptstadt Meroe, deren Königinnen zeitweise für ihre Söhne herrschten. Es herrschen Glaubenskriege. Es spielen mit: ein Engel, ein bleichgesichtiger Christ als Anhalter auf der Straße und ein Dunkelhäutiger in einer Luxuskutsche. Ein Eunuch? Ein Kämmerer? Ein hoher Beamter? Ein Neger? Ein Proselyt (also der gegenüber dem eingeborenen Juden zum Judentum bekehrte Heide)? Ein heidnisch-nichtjüdischer Jahweverehrer? Eine Wallfahrt nach Jerusalem?
„Der Ausdruck *eunuchos* wird in der LXX (=Septuaginta=70; die Älteste griechische Übersetzung des at. Kanons; ca. 100 v.Chr.-300 n.Chr.) zuweilen für hohe Beamte gebraucht, ohne daß damit immer ihre wirkliche Verschneidung gemeint sei. Tatsächlich waren aber die hohen Beamten an orientalischen Höfen, zumal unter Königinnen, Kastraten. Das wird auch die Bedeutung des Wortes im vorliegenden Text sein. Nach 5. Mose 23,1 konnte ein 'Verschnittener' kein Proselyt werden, d.h. die Beschneidung nicht empfangen und nicht zur vollen Gesetzeserfüllung herangezogen werden. Er konnte nur zu den dem Judentum nahestehenden 'Gottesverehrern' gehören ... Lukas läßt den religiösen Stand des Äthiopiers auffallend in der Schwebe: die Bezeichnung 'Äthiopier' erweckt zwar die Vorstellung eines Heiden, aber seine

Wallfahrt nach Jerusalem und die Jesaja-Lektüre lassen ihn als dem Judentum nahestehend, da er jedoch Eunuche ist, nicht als Volljuden erscheinen."[12] Soviel zur Multikulturalität und Postmoderne der Antike. „Lukas betont, indem er den Kämmerer ein vorzügliches Bildungsgriechisch sprechen läßt, daß das Problem des Verstehens nicht intellektueller, bildungsmäßiger Art ist; vielmehr bedarf der Bibelleser einer Einführung durch einen 'des Weges Kundigen', einen Erfahrenen ... ."[13] Der weiße Anhalter erklärt dem beamteten Eunuchen einen ziemlich schrägen heiligen Text[14], worauf sie sich am Straßenrand einem Taufritual unterziehen und ihre Wege sich fröhlich trennen. Wir lernen: worüber man nicht formallogischen Klartext sprechen kann (und worüber kann man das schon), darüber kann man schwätzen, darüber kann man ein Stück gemeinsam gehen, darüber kann man die ganze Nacht durchfahren, darüber kann man sich in tradierte Riten begeben (z.B. geregelt baden gehen, im Wasser untergehen, auftauchen: Taufe). Auch das Abendmahl gehört dazu. Am Abendmahl gibt es nichts zu verstehen, verstehen Sie? Daran nimmt man teil oder nicht. Einige wollen daraus eine Exklusivveranstaltung für besonders selbstbewußte Christen machen. Das gilt fürs Zungenreden. Das ist ja auch kein Ritual, eher ein Zwang. Aber das Abendmahl ist eben gerade nicht exklusiv. Allerdings werden Zecher und Säufer, Leute, die sich vollaufen und vollfressen wollen und aus dem Abendmahl eine Verschmelzungs-, Kuschel-, Kumpel- und Wir-haben-uns-alle-lieb-Gemeinschaftsorgie machen wollen, rausgeschmissen. Das geht natürlich nicht! Anstatt fernzubleiben kommen sie und sabotieren mit Oktoberfestschunkelgeschmuse den verletzlichen, heiligen Ernst dieses Rituals an den Grenzen (sozial)integrierender Kräfte: Ich und Du, meine Welt und Deine Welt, andere Welten mit anderen Welten, Aliens mit Erdlingen, das Unheimliche mit der Anderen, gehen gemeinsam zu Tisch, zur Mensa, zum Tisch des Herrn, der als Jesus der Christus geglaubt wird. Auf dem Oktoberfest dagegen herrscht Mitschunkelzwang, Besäufniszwang, Fröhlichkeits- und Ausgelassenheitszwang (vgl. Musikantenstadl). Beim Abendmahlritual nicht. Rituale machen radikale Pluralitäten an den Grenzen der Verständi-

---

[12] Ökumenischer Taschenbuchkommentar zum Neuen Testament, hg. v. E. Gräßer u. K. Kertelge, Gütersloh 1981, Band V/1, 212.
[13] Evangelisch-Katholischer Kommentar zum Neuen Testament, hg. v. J. Blank u.a., Neukirchen-Vluyn 1986, Band V/1, 292.
[14] Im Kommentar der Jerusalemer Bibel heißt es zu dieser Textstelle: „Das Schriftzitat ist nach G wiedergegeben; es handelt sich um eine ziemlich unklare Übersetzung eines dunklen und wahrscheinlich gestörten hebräischen Textes."

gung ohne Verlust kompatibel. Das heißt: Rituale sind Kunstelemente. An allen Grenzen der Verständigung sorgen sie dafür, daß keiner unanerkannt bleiben muß und jeder Mensch das humane Mindestmaß an Anerkennung bekommt.

Ich werde hier ein Ritual einführen: für den Fall, daß wir an diese Grenzen stoßen und es schier unerträglich wird, werden wir ein Zeichen setzen und Gummibärchen miteinander teilen.

Jede Vorlesung ist Auslese. Möge Ihrer persönlichen Nach- und Spätlese reiche Frucht beschieden sein.

Die Diskussionsrunde in Schlaglichtern:

Trotz entsprechender, ausdrücklich vorbeugender Passagen der Vorlesung wurde mehrfach für „einfache Hausmannskost" plädiert und gegen McDonalds polemisiert. Zu McDonalds gehe man nur, wenn man auf die Toilette müsse. Nun genau: das gehört doch eben auch zum Lebensmenü, und es ist allgemein bekannt, das da (auch für die Notdurft) ein Platz ist - du weißt schon wo - usw. (s.o.).
„Für meine Unterrichtspraxis brauche ich einfache Hausmannskost und nicht so viel Gewürze und Curry (Fremdworte)". Nachdenken über das Verhältnis von Fremdenfeindlichkeit und Fremdworten (unerhört).
Was also als Ruf nach mehr Praxisbezug aussieht, könnte auch ein geschickter Versuch sein, vom ganz Praktischen auf eine abstraktere Ebene zu gelangen. Oft wollen Rufe nach Praxis in dem Moment ablenken, wenn die Praxistheorie zu „heiß", zu praxisrelevant wird. Dem versuchte ich praktisch gegenzusteuern: die Kommilitonin hatte laut Nachfrage am Mittag bei ihrer Mutter Hähnchen mit Kartoffeln und Gemüse gegessen. Ich hatte in der Mensa Kartoffelsuppe mit Würstchen.
„Es wird gegessen, was auf den Tisch kommt".
Die Suppe des Lebens, die uns (von woanders) eingebrockt wurde, müssen wir auslöffeln. Die Frage lautet: was haben wir da vorgesetzt bekommen? (s.o. Kirkegaard) Und: ist es bekömmlich, wenn wir z.B. den Speck oder die Zwiebeln nicht mitessen („Das mag ich nicht. Kann ich das am Rand liegen lassen?") Auf jeden Fall besteht das Lebensmenü nicht nur aus Mamas guter Küche. Klar: so gut wie „bei Muttern" schmeckt es nirgends. Und das ist ja auch in Ordnung: solange wie möglich immer wieder „von Muttern" sich bekochen lassen. Aber man kann nicht ewig vom Mutternapf zehren: das ist nicht das Leben. Es wird auch von fremden, bitteren, süßen, exotischen, neuen, ungewohnten Geschmäckern gekostet werden müssen. Und über Geschmack wird gestritten werden müssen. Das Leben ist kein Teletubbiland mit Teletubbipudding. Eine ebenso wichtige Bedeutung wie der Geschmack hat bei Lebensmitteln übrigens auch der „Biss": soft, cross, Krokant, knakkig, prickelig, locker-flockig, schmelzig. Auch ich esse immer wieder gerne Vla (den gestreiften: Vanille-Schoko). Aber Menschen können sich nicht nur von Pudding ernähren (wie die Teletubbis).
Wie kann man im Blick auf das ganze menschliche Leben (das eben nicht nur ein Honigschlecken ist) auf den Geschmack kommen?

Daß *in diesem Zusammenhang* das Thema Sonderpädagogik angesprochen wurde, lies bösen Verdacht aufkommen. Der Ansatz, Fremdworte, also Fachjargon, gegen eine sonderpädagogische Ausbildung zu favorisieren, läßt den Verdacht auf eine Arroganz zu, die nach dem Motto verfährt, für den Umgang mit geistig Behinderten sei ein Schnellkurs und ansonsten Routine eine ausreichende Qualifikation. Wenn man unter Sonderpädagogik das betuliche Füttern und Abspeisen von schlecht oder nicht funktionierenden Mitgliedern der Gesellschaft versteht, mag das stimmen. Ist Sonderpädagogik jedoch der Bereich wissenschaftlicher Forschung, wo sich die humanpädagogischen/religionspädagogischen Grundfragen besonders scharf und deutlich stellen, gilt das nicht. Nach meiner Einschätzung verhält sich die Anspruchskurve im Blick auf eine qualifizierte Ausbildung umgekehrt proportional zur Hierarchie der Bildungsstufen (Vorschulpäd-Primarpäd-Sonderpäd-Sek I-Sek II). Ohne ein gewisses Maß an Fachjargon ist die Komplexität des religionspädagogischen Berufsfeldes - vor allem was Kindergarten und Sonderpädagogik angeht - nicht zu bearbeiten.

Gerade gute Absichten und hohe Motivation können zur Falle werden, wenn sie gegen wissenschaftliche, akademische Arbeit in Anschlag gebracht werden. Die Berufsrolle von Sonder/Religions/Pädagogen besteht nicht darin, Denkmäler für Philanthropie und Humanismus zu sein, sondern die humanistische Tradition durch Bearbeitung und Erforschung ihrer Fragen aufzuheben.

Es heißt, man habe einen über den Durst getrunken, man habe sich überfressen (satt→satur→sad). „Wenn der Durst gelöscht ist, beginnt das Feuer von neuem" (Apollinaris; Lebensdurst). Der Transfer der ganzen kulinarischen Metaphernrede ist gegeben mit 5.Mose 8,3 (Die Prüfung (!) in der Wüste): „Er demütigte dich und ließ dich Hunger leiden, speiste dich mit dem Manna, das du nicht kanntest und das deine Väter nicht kannten, um dir kundzutun, daß der Mensch nicht vom Brot allein lebt, daß der Mensch vielmehr von allem lebt, was aus dem Munde Jahwes ergeht" (vgl. Mt. 4,4: Versuchung Jesu in der Wüste und Psalm 62,12: „Eines hat Gott geredet, zwei sinds, die ich gehört habe.").

Die jüdisch-christlichen Traditionen verheißen im Blick auf gelingendes Leben kein Schlaraffenland sattsamen Verstehens, sondern wollen Perspektiven und Horizonte öffnen über das hinaus, wofür der einzelne zur Zeit Verständnis (oder kein Verständnis) hat. „Wir bitten die Eltern von Adam und Eva, ihre Kinder aus dem Kinderparadies abzuholen" (Lautsprecherdurchsage bei Ikea).

2. Vorlesung

(Es wurde hingewiesen auf eine 14-teilige Sendereihe der ARD „2000 Jahre Christentum": www.2000-Jahre-Christentum.de.)

> „Es ist menschlich aufschlußreich, ob jemand mehr unter der Antinomie und der Paradoxie oder mehr unter der Plattheit leidet."
>
> Erich Heintel

Man kann Blockade- und Verständigungsproblemen auch ausweichen, indem man das Nichtverstehen einfach für cool, schräg, geil oder „fett" erklärt, wie es jetzt neuerdings heißt. „Das muß so sein, das ist Kunst." Dreistheit und Ignoranz wittern ihre Chance und tun sich zusammen. Exklusives Vernissagegeplauder. Das mag wohl manchmal (ungeplant und ungewollt) wieder vielsagend in Kunst umschlagen. Aber all das als Kunst zu deklarieren, was unverständlich ist, ist keine Kunst. Geht es – wie Ihnen sicher längst dämmert – in dieser Auftaktpassage der Vorlesung darum, daß „Kunst" auch indiziert, daß es hochaufgeladene, sinnvolle Phänomene gibt, die schieres kommunikationsanregendes Dynamit zu sein scheinen, gerade weil sie sich der Verpuffung durch Erklärungsschnelldienste verweigern, so ist der Umkehrschluß (wieder einmal) nicht zulässig: nicht alles, was unverständlich ist, ist deshalb auch schon Kunst.

Und hier eine hermeneutischer Empfehlung: es gilt vorsichtig zu sein mit Klischees. Jemand, der auf einer alten Fender Stratocaster „The House of the Rising Sun" spielen kann, ist nicht unbedingt ein Rock'n Rolling Stone. Und Pumuckelfrisur samt Piercing muß nicht zwangsläufig Punk bedeuten. Piercing hat auch viel mit Spießigkeit zu tun. Rock'n Roll und Punk sind Lebensstile. Für Rock'n Roll empfehle ich Dolby-Sourround in der S- und für Punk in der M-Klasse (430) von Mercedes ...

Daß das Unverständliche, Schräge, Paradoxe leider nur allzuoft schnell als „schick" ausgegeben und somit entschärft wird, hatte auch Karl Barth schon früh scharfsinnig erkannt, welche Scharfsinnigkeit allerdings im Blick auf seinen eigenen Stil die längste Zeit seines Lebens getrübt war:

„Wir behüten uns mit Recht vor Allem, was uns mit der Allüre des Prophetischen, mit dem Anspruch der Vertretung des '*ganz* Andern' entgegentritt. Wir sind schmerzlich gewöhnt daran, jene Allüre in sich selbst zusammenbrechen, das *ganz* Andere immer wieder kompromittiert zu sehen durch etwas *sehr* Anderes."[15]

„Es fragt sich, ob die angeblichen 'Niederungen' nicht längst zu 'Höhen' geworden sind und die Demut derer da unten zu stinkendem Hochmut, Problematik zum Idol und 'Zerrissenheit' zur neuesten Modetheologie."[16]

„Auch das Neinsagen, die Einsicht in das Paradox des Lebens, die Beugung unter Gottes Gericht *ist's nicht*, auch das Warten auf Gott, auch die 'Gebrochenheit', auch die Haltung des 'biblischen Menschen' *ist's nicht*, sofern sie Haltung, Standpunkt, Methode, System, Sache sein, sofern der Mensch sich damit von andern Menschen abheben will."[17]

Im Vorgriff auf Kapitel V sei schon einmal andeutungsweise konkretisiert: auch Gruppenarbeit, „WorkShop" und bunt bebilderte Lückentextpapers *sind's nicht* (gegenüber dem Frontalunterricht).

Daß dies genauso dem menschlichen (offenbarungs)theologischen Werkeln beschieden ist, diese Einsicht werden wir wohl bei Barth an einigen Stellen immer wieder aufblitzen sehen, um aber generell bzw. strukturell und stilistisch unterbelichtet zu bleiben. Ob die Diskrepanz zwischen Inhalt und Stil bei Barth als Bigotterie, Schizophrenie oder als Folge einer segmentiell verzerrten „Zwei-Bereiche-Lehre" Luthers einzuschätzen ist, kann und soll an späterer Stelle debattiert werden. Wir kommen ausführlich darauf zurück. Jedenfalls deutet sich bereits hier an und ich weise ein erstes Mal darauf hin, daß die „Hermeneutica und Heuristica" sich als Theologumena und Artefacte erweisen werden.

Avancieren also Dialektik und Paradoxie (wie angedeutet natürlich selbst stets wiederum nur unter Vorbehalt) als Ent-Täuschung unseres von der Aufklärung ererbten verfügungsrationalen Zugriffsgestus zu Gütekriterien jüdisch-christlicher Theologie, so stellt sich die Frage, wie sich das heute in entsprechenden religionspädagogischen Bemühungen niederschlägt: meines Erachtens überhaupt nicht. Religionspädagogik befleißigt sich in Theorie und Praxis, was Inhalte und Methoden angeht, einer Geradlinigkeit, eineindeutiger Redundanz und Applizierbarkeit, die sie gerne als wertkonservative Treue, Identifizierbarkeit und Stabilität in wirren Zeiten ausgibt. Will Religionspädagogik sich jedoch der Theologie jüdisch-christlicher Traditionen weiterhin verpflichtet wissen, muß das anders werden. Theologie gestattet

---

[15] RB 470.
[16] RB 487-489.
[17] RB 34/35.

solche Übersichtlichkeit nämlich nicht. Damit ist die Nahtstelle von Religionspädagogik und Kunst berührt. Zeigte sich Theologie (lange vor postmoderner Dämmerung) als „gewagtes Wissen", so muß ihr eine religionspädagogische Didaktik als „bewußtes Wagnis" kunstvoll entsprechen: Theologie und ihre Didaktik. Paul Tillich sprach deshalb von Schule als einem „kleinen Versuchsinstitut."[18]
Vielfache dialektisch-paradoxe Indizien bürgen jedenfalls für eine *Theologik*, die auch der Logik humaner Lebenswelt Raum läßt (zu den Ansprüchen formaler Logik später). Ich behaupte (und werde im Kapitel V von entsprechenden Versuchen berichten), daß dies religionspädagogisch in didaktischer Konsequenz nur auf experimentellen Unterricht (≠ WorkShop!) hinauslaufen kann.
Ich zitiere aus dem Fazit einer Kommilitonin zur Veranstaltung „Einführung in die Systematische Theologie", die im Stil experimenteller Didaktik durchgeführt wurde. Sie beendete ihre Hausarbeit mit folgenden „Bemerkungen zum Seminar":
„Zu diesem Seminar kann ich mich dem, was in der letzten Sitzung von einer Kommilitonin angesprochen wurde, **anschließen**. Ich hatte ebenfalls das Gefühl, daß es etwas **zu viel an Wissen** war, das hier vermittelt wurde.
Natürlich bin ich nicht mit der Erwartung in das Seminar gekommen, daß ich sofort alles verstehen werde, oder daß mir nur widergespiegelt wird, was ich aus der Schulzeit schon kenne. Ich dachte mir schon, daß es nicht leicht sein wird, aber es war immer wieder so, wenn ich dachte, einigermaßen etwas verstanden zu haben, wurde ich durch neue Aspekte und Themen die angerissen wurden und denen ich nicht unbedingt folgen konnte, wieder **verwirrt**. Deshalb bin ich der Meinung, daß es manchmal etwas zu viel an Stoff, an Information gewesen ist, um es erst einmal verarbeiten zu können. Da ich Religion jetzt auch erst im ersten Semester studiere, verfüge ich auch nicht über den Horizont, um die Themen für mich selber **ordnen** zu können. Deshalb fühlte ich mich in diesem Seminar manchmal etwas **fehl am Platz** und ging etwas **verunsichert nach Hause.**
Es war für mich deshalb auch eine schwierige Aufgabe, die einzelnen Themen für diesen Reader in zusammenhängenden Texten zu formulieren, da ich mir auch **unsicher** war, ob ich es auch **verstanden** hatte. Am schwierigsten fiel es mir etwas zum Thema Glaube zu schreiben, da ich bei dieser Sitzung gefehlt hatte, und ich, auch nachdem ich mir den Text von Tillich zum x-

---

[18] P. Tillich, G.W., Stuttgart 1962ff., Band IX, 245.

tenmal durchgelesen hatte, mir immer noch nicht **sicher** war, ihn **richtig verstanden** zu haben.
Selbst wenn ich dann teilweise dachte, ich hätte es verstanden, bestand dann doch immer noch die Schwierigkeit es in Worte zu fassen, wobei mir dann doch wieder bei einigen Sachen auffiel, daß es immer **Unklarheiten** gab.
Wenn ich jetzt nach Fertigstellung des Readers das Seminar noch einmal rückblickend betrachte, kann ich doch sagen, daß es alles in allem gut war. Es war gut, daß man nicht einfach 'vorgekautes' Wissen serviert bekam, welches man dann nur für eine Klausur auswendig lernen mußte, denn davon profitiert man nur insofern, daß man den Schein einfach erwerben kann; an Wissen hat man allerdings kaum etwas dazu gewonnen. Man hat es sich nicht selbst erarbeitet.
Obwohl ich es erst als Nachteil empfand, daß wir in Arbeitsgruppen uns zusammenfanden und dann eigentlich **auf uns alleine gestellt** waren bei dem, wie wir das Thema angehen und die Texte und Materialien auswerten, muß ich jetzt sagen, daß diese Arbeitsform mir doch sehr gut gefallen hat. Abgesehen von der **Unsicherheit**, die sie mit sich brachte, kamen wir innerhalb unserer Gruppen ins Gespräch. Wir lernten uns erst einmal kennen und versuchten dann gemeinsam unser Thema anzugehen. Wir trafen uns auch noch privat um uns auf die Präsentation vorzubereiten und diskutierten auch teilweise sehr heftig miteinander. Es ergaben sich plötzlich Fragen über die wir wohl ansonsten nie nachgedacht hätten.
Ich denke, ich hätte mich bei der bisher in den Seminaren üblichen Arbeitsform mit den Themen nicht so intensiv auseinander gesetzt, denn gerade die **Unsicherheit** hat mich dann veranlaßt die Texte wiederholt zu lesen, wobei sich dann leider teilweise neue Fragen ergeben haben, die einem aber zum Nachdenken anregen.
Ich hoffe, daß es mir wenigstens im Ansatz gelungen ist, die Zusammenhänge zwischen den einzelnen Themen verstanden zu haben, und sich durch weitere Vorlesungen und Lektüre innerhalb meines Studiums dann alles zu einem 'Bild' vervollständigen läßt."
Die von mir durch Fettdruck hervorgehobenen Begriffe und Wendungen geben die Spannweite hermeneutischer Verstehensbedürfnisse zwischen Hoffnung und Bangen wieder: ich kann mich anschließen, zu viel an Wissen, verwirrt, einigermaßen etwas verstanden haben, ordnen können, fehl am Platz, verunsichert nach Hause, unsicher, ob ich es auch verstanden hatte, immer noch nicht sicher, ob richtig verstanden, Unklarheiten, auf us alleine gestellt, Unsicherheit, Unsicherheit ... Erstaunlicher Weise ergibt sich rück-

blickend dennoch das Gesamturteil, „daß es alles in allem gut war". Und übrigens: der Reader der Studentin war auch - „alles in allem" - gut!
Sie sehen: beim nichtverstehenden Hören passiert etwas, beim verstehenden Hören nichts oder nur wenig. Das Paradigma eines hermeneutischen Anspruchs bekommt seine Chance auf Sinnstiftung nur im Kontext eines *grundlegenden* hermeneutischen Defizits. Dieser semiotische Rahmen ist jeden Verstehensbemühungen hierarchisch übergeordnet. Nicht etwa spielt sich Semiotik im semantisch-hermeneutischen Spielraum ab.
Ich habe erlebt (und diese Erfahrung ließe sich - so fürchte ich - leicht wiederholen), daß der moderierende Professor einer religionspädagogischen Fachtagung nach dem Vortragsende eines Kollegen die Gesprächsrunde eröffnete mit der Bemerkung: „Ja, meine Damen und Herren: vieles von dem, was wir da gehört haben, haben wir wahrscheinlich noch gar nicht gewußt!" Wenn man also auch offensichtlich über große Entfernungen zu Fachkongressen reist mit der erklärten Absicht, sich bestätigen zu lassen in dem, was man immer schon wußte, so sollten Sie doch den Aufbruch ins Neue und Andere wagen!
Der Pädagoge Heinrich Kupffer erklärt:
„Zur Pädagogik der Postmoderne gehört, daß man sich nicht bei Fragen aufhält, die man sich bei einigem Nachdenken auch selber beantworten könnte. Wenn man schon fragt, dann so, daß die Frage eine neue, noch unentdeckte Schicht der Wirklichkeit freilegt und dann gar keiner unmittelbaren Antwort bedarf. Gute Fragen wären etwa:"[19]
Der Pädagoge Horst Rumpf spricht vom „kaum auszuhaltenden Fremden":
„Man erwäge die Art, wie Lernen in der Alltagssprache von Belehrungseinrichtungen aufgefaßt wird. Es gehe beim Lernen darum, etwas zu beherrschen, etwas 'in den Griff zu bekommen', sich mit etwas 'vertraut zu machen' oder - deftiger und noch dringlicher - sich etwas 'reinzuziehen'." Und dann fragt Rumpf weiter: „Welche Umgangsformen mit dem Befremdlich Andringenden lassen sich in grober Typisierung unterscheiden?
1) Die Form des Neutralisierens. Das Befremdliche wird zur sachlich vermittelten Information entschärft. Der Stachel, der zu einer Selbstbewegung herausfordern könnte, ist abgetötet - man nimmt und gibt zur Kenntnis, man lernt, man speichert oder man vergißt. Es scheint zur Überlebensnotwendigkeit zu gehören, durch Einordnungsroutinen und Serialisierung das andrän-

---

[19] H. Kupffer, Pädagogik der Postmoderne, Weinheim 1990, 29.

gende Chaos hintanzuhalten. Scheinvertrautheit und Gleichgültigkeit bezeugen den Erfolg des Neutralisierens.

2) Die Form des Subsumierens. Läuft die neutralisierende Abwehr vorbewußt, so wird hier im kognitiven und affektiven Reagieren mit Bewußtsein auf etwas reagiert, was 'auffällt', also irgendwie den Rahmen des Normalen und Erwarteten verletzt: etwa die Äußerung, dieses historische Dokument, dieses Naturschauspiel oder dieser Klang. Die subsumtive Verabeitung freilich läßt keinen Hiatus zu. Es ist nichts als, heißt es dann, 'eine optische Täuschung', 'nichts als Granit', 'eine typisch gotische Madonna', 'ein Fall von Projektion'. Man sucht im eigenen Repertoire nach Inhalten, Begriffen, Erinnerungen, die sich zum blitzschnellen Überwurf eignen, damit das Widerfahrende seiner aufstörenden Opazität, seines erratisch besonderen Charakters entledigt werden kann. In der Lernkultur sieht das dann so aus, daß möglicherweise aufstörende oder erschreckende Gegebenheiten der Geschichte, der Natur, der Kunst von vornherein nur als Illustrationsfall allgemeiner Gesetzlichkeiten vorgeführt werden – oder aber, da sie zugleich mit der einordnenden Deutung, Erklärung, Wertung auftauchen: Die Auseinandersetzung mit der befremdlichen Sache selbst (sie wäre zeitraubend und risikoreich) wird eingespart, der Anschein der Berührung wird gewahrt. Fremdheitsvernichtung per Didaktik – so etwa nannte das Weinrich. Fragen tauchen nur in gebremster Form auf – als Anlässe zu feststehender Beantwortung ...

3) Die Form des Assimilierens: Der Widerstand der befremdlichen Sache gegen die in Kopf und Herz verfügbaren Einordnungsmittel wird nachhaltig spürbar – und zwar so sehr, daß wirkliche und nicht nur scheinhafte Fragen und Beunruhigungen entstehen. Die eigenen Schemata werden durch die Erläuterung, daß sie die Sache nicht mehr 'voll in den Griff' bekommen, fragwürdig. Damit sie nicht ins Leere greifen, sind sie zu verändern umzubauen und geschmeidig zu machen – und auch die Sache ist nach Kräften neu zu sehen und so in Perspektiven zu rücken, daß sie dem zu ähneln beginnt, worauf unsere Assimilationsschemata ansprechen. Dabei verblaßt die Differenz zum Fremden, beispielsweise, wenn man diese fremden Kulturen so lange salonfähig gesprochen, durchknetet, bis ihre schockierende Andersheit zu verschwinden beginnt – im Licht des Höheren, des Allgemeinen, der Menschheitsidee, die man aus dem Einzelnen destilliert hat. Kraft der Assimilierung werden alle Menschen Brüder. Daß dies nicht ganz ohne gewaltsame Züge geht, hat der Autor der Hymne, auf die soeben angespielt wurde, nicht verschwiegen. Denn es heißt auch in ihr: 'Und wer's nicht gekonnt, der

stehle weinend sich aus diesem Kreis' (der namens der Universalien Versöhnten, Verbrüderten, Vereinten). Die Liquidation der Fremdheit der vielartigen, bedrohlich unberechenbaren Natur kraft der sie homogenisierenden Naturwissenschaft ist ... auch ein Akt der Assimilation. Man ähnelt sich die Natur an, indem man etwas in ihr aufspürt, was in der kognitiven Apparatur Resonanz findet: meßbare Zahlenverhältnisse. Und man baut in sich eine kognitive Apparatur auf, mit welcher das moderne Subjekt von den situativen und affektiven Verfangenheiten mit einer verwirrenden, unsicheren, zufälligen Welt sterblicher Individuen abstrahiert und zu einem extramundanen Erkenntnissubjekt wird ...

4) Die Form des Akkomodierens. Mit Stephen Greenblatts schöner Formulierung aus seinem Buch über die Konfrontation Europas mit den Kulturen Amerikas und Mexikos ... möchte ich diese Umgangsform umschreiben als jenes 'bewegliche, verunsichernde, tolerante Staunen', das er beispielsweise bei Mandeville und Montaigne findet: ein Staunen über das Fremde, das eben nicht zur subsumierenden oder assimilierenden Vereinnahmung führt, sondern den Schrecken, die Schwebe aushält, wenn die auf Einschmelzung geeichten Gefühle und Gedanken und Gesten ins Leere greifen. In einigen der oben skizzierten Suchbewegungen ist etwas von dieser Spielart angeklungen, beispielsweise in Weinrichs Vorschlag zu einem Pakt mit der Fremdheit, in Selles unzeitgemäßem Plädoyer, die Industrieruine in Völklingen als Stachel im Fleisch der Aktualität spürbar verfallen zu lassen, statt sie als museale Trophäe dem Kulturbetrieb zu assimilieren. Diese vierte Spielart wird in Mario Erdheims kulturtheoretischen Überlegungen unter psychoanalytischem Gesichtspunkt auf den Begriff gebracht. Erdheim sieht dabei Kultur und Kunst – gerade in ihrer modernen Ausprägung – als Inbegriff dessen, was dem familial Vertrauten, Geregelten, Heimeligen entgegensteht und was den Heranwachsenden herausfordert, sich darauf als etwas Neues, Neugierweckendes und Faszinierendes einzulassen. 'Kultur ist das, was in der Auseinandersetzung mit dem Fremden entsteht, sie stellt das Produkt der Veränderung des Eigenen durch das Fremde dar' ... Und, so schreibt er an anderer Stelle, 'Kunst ist die ästhetische Form der Auseinandersetzung mit dem Fremden; ihre Modernität beweist sich mit ihrer Fremdheit' ... Die akkomodierende Umgangsform ist nicht zu verwechseln mit Schwärmerei, Irrationalismus oder Verherrlichung des Nichtwissens, es kommt ihr nur darauf an, daß das Wissen, das sehr wichtig sein kann, nicht als Waffe im Dienst der assimnilierenden und subsumierenden Energien verwendet wird, daß es, ganz im Gegenteil, in die Schwebe des Zweifels und Suchens, der

Faszination kommt. Ohne Spuren dieses sterblichen Wissens um die Vielgestaltigkeit und Unvertrautheit der Welt ... verödet Lernkultur zu einem Austausch von Informationen. In ihm ist das riskante Oszillieren zwischen Vertrautem und Fremdem stillgestellt."[20]

Rumpf arbeitet „gegen den Strom der Lehrstoff-Beherrschung (so ein weiterer Aufsatztitel von ihm: Gegen den Strom der Lehrstoff-Beherrschung. Umrisse einer neuen Lernkultur, in: Neue Sammlung 35 (1995) 3-17). „Die Empfänglichkeit wird zerstört vom Drang des Beherrschenmüssens" (4). Er kritisiert die Herrschaft der bereits zitierten „Erklärungsschnelldienste": „Die uns selbstverständlichste Aufgabe des Lehrers, der Schule und infolgedessen auch der Lehrmedien, besteht darin, dem Nachwuchs etwas beizubringen ... die Schüler sollen imstande sein, Aufgaben zu lösen, Probleme zu bewältigen, Geschehnisse zu erklären, Unverständliches zu deuten, über Schwierigkeiten *hinwegzukommen* ... Ich möchte die These verfechten, daß mindestens gleichrangig zu dieser Lehrdrift die Fähigkeit zu stehen kommen sollte, *in Schwierigkeiten hineinzukommen* ... Die Lerndrift, die inszenierte, geht unzweideutig von der kleinen Irritation hin zu der Belehrung, die die Irritation ein für allemal beilegt. Über Strategien zu verfügen, Widersprüche als scheinbare zu entlarven – das bringt Punkte und Noten ... Und es gehört zum Profi-Schüler, daß er darauf lauert, ob die Lehrperson etwas ausgebreitet hat, was eine Erklärung fordert – dann gehen die Finger hoch. Hindernisse werden aufgerichtet zu Motivationszwecken – man soll sie nehmen, die Lücken ausfüllen, die Ungereimtheiten wegschaffen. Man stelle sich nur den paradoxen Lehrvorgang vor, der darin bestünde, den Widerspruch, die Unwahrscheinlichkeit als solche herauszuarbeiten, stark zu machen, in vielen Variationen kennen und anschauen und am eigenen Leib spüren zu lernen" (9).

Sehr geehrte Damen und Herren, ehe wir uns in gegenseitigem Schulterklopfen über unsere ach so große sozialdiakonische Menschenliebe als Sonder/Religions/Pädagogen völlig eingelullt haben, werden wir mit den Witwen und Waisen, mit den Kindern, mit den Behinderten, mit den Ausländern, mit den Propheten als mehr oder weniger „kleinen Irritationen" konfrontiert. Wir können sie mit unserem Humanismus erschlagen oder durch Normalitätssiegel vereinnahmen. Oder wir stellen uns den Herausforderungen, die sie mit sich bringen. Eine Zumutung von Kunst und Religionspädagogik.

---

[20] H. Rumpf, Das kaum auszuhaltende Fremde. Über Lernprobleme im Horror vacui, in: Z.f.Päd. 44 (1998) 23.

Die Diskussionsrunde in Schlaglichtern:

Auch wenn sich „Verstehenswut" als unverständig erweist, wurde doch die Notwendigkeit von grundsätzlichen Verstehens*anstrengungen* festgehalten. Es kommt auf die Erhaltung und Pflege von Verständigungs*prozessen* gegen vielfache Arten von großem Verständnis an. So haben Erwachsene für Kinder meist jede Menge Verständnis, aber wenig Verständigungsenergie.
Die Unterscheidungen von Strategien im Umgang mit Fremden und Irritierenden durch Rumpf wurden als allgemeinanthropologische Thesen eingeschätzt. Archaischer Grundreflex auf Bedrohliches ist anthropologisch das Totschlagen. Doch: „Tyrannen sind einsam".
Kurzer Exkurs zu Hegels Kapitel „Herrschaft und Knechtschaft" in der „Phänomenologie des Geistes" / Marxismus als Versuch staatlich veranstalteter Gleichschaltung, die nicht mit Anerkennung des „fremden Antlitzes" (E. Levinas) zu verwechseln ist.
Kurzer Exkurs zur Ehrlichkeit im sozialen Umgang in der Pädagogik Janusz Korczaks.
Loveparade, Kirchentag, Oktoberfest mit Rave-, Umarm- und Schunkelzwang: Varianten assimilativer Monsterökumene?
Qualitätsmaß von Partnerschaft ist Nichtverstehenstoleranz, nicht Gleichgesinnung und Totalverständnis. Dies nicht etwa, weil das so schrill und schick ist, sondern weil an den Grenzen (am Ende des Lebens) kein Verstehen, sondern ein bedeutender Rest Nicht-Verstehen steht (Dietrich Zilleßen), kein Verfügen, sondern Fügen, kein Haben und Tun, sondern Loslassen, keine Übersicht, sondern Überblick übers Unübersichtliche, Glauben oder Verzagen.
Die Umschreibung von „Ritual" als Handlungsroutinen, die radikale Pluralitäten an den Grenzen der Verständigung ohne Verlust kompatibel machen, wurde erinnert. Ritual gerät zur Überdosis, wenn es auch noch mit Vertrautem gefüllt wird; Ritual entfaltet seine gesunde Kraft nur an den Grenzen des Vermittelbaren.
Akkomodation ist nicht besser als Assimilation, sondern das eine ist ohne das andere beeinträchtigend für menschlichen Weltumgang. Beide Anteile müssen im Spiel miteinander sein: Assimilation / Schöpfungstradition / Taktik und Akkomodation / Exodustradition / Experiment. Später werden wir dieses „Spiel" im Blick auf religionspädagogische Fachdidaktik als „experimentelle Didaktik" erläutern.

3. Vorlesung

(Aus aktuellem Anlaß wurde mit Schleiermacher ein kurzer Kommentar zur Einigung zwischen Vatikan und Lutherischem Weltbund in Fragen der Rechtfertigungslehre gegeben: „Aber wenn der Rausch der ersten Begeisterung vorüber, wenn die glühende Oberfläche ausgebrannt ist, so zeigt sich daß sie den Zustand in welchem die Andern sich befinden nicht aushalten und nicht teilen können ..."[21]; vgl. *Die Zeit* Nr. 45 vom 4.11.1999: „Augsburger Religionsfrieden".)
Am Anfang (oder jedenfalls unmittelbar danach) ist das Bedürfnis zu verstehen: sich selbst, den andern, Gott und die Welt. Gerade Religionspädagogen tun sich hier besonders hervor als Verständnisstiftungs- und Welterklärungsagenten in höherer Allvernetzungsmission. Sie lassen nichts und niemanden im Regen stehen, nichts und niemanden ohne Anschluß, lassen keine Frage offen, nie und nimmer zu wünschen übrig und am besten erst gar keine Zweifel aufkommen, sie bleiben keine Antwort schuldig und nehmen es in Gutmütigkeit und Demut noch mit jedem auf.
Den versteckten Schlüssel zur Lösung dieser rätselhaften Gutverstehenbeseeltheit liefert vielleicht eine Wendung Janusz Korczaks, der einmal bemerkte: „alles zu verstehen - heißt alles zu verzeihen."[22] Könnte es also bei dem Projekt der Verständlichkeit und Selbstverständlichkeit hintergründig und unterschwellig um Schuld und (Selbst)Entschuldigungsversuche gehen? Um die Verheißung möglicher unschuldiger Religion, unschuldiger Pädagogik, unschuldiger Politik, unschuldiger Partnerschaft? Daß alles „ganz einfach" sein soll, – klingt da nicht schon das „unschuldig" mit: einfach und unschuldig versus kompliziert und verdorben?
Lassen Sie uns noch einmal zurückkommen auf die kühne These einer der vorangegangenen Vorlesungen, die lautete: beim nicht- (oder miß-) verstehenden Hören passiert etwas, beim verstehenden Hören nichts oder nur wenig. Hören (und verstehen) Sie dazu die schöne Geschichte vom „Kannitverstan":
„Der Mensch hat wohl täglich Gelegenheit, in Emmendingen und Gundelfingen so gut als in Amsterdam, Betrachtungen über den Unbestand aller irdischen Dinge anzustellen, wenn er will, und zufrieden zu werden mit seinem

---

[21] F.D.E. Schleiermacher, Über die Religion. Reden an die Gebildeten unter ihren Verächtern, Hamburg 1958, 115.
[22] Janusz Korczak, Verteidigt die Kinder!, Gütersloh 1978, 15.

Schicksal, wenn auch nicht viel gebratene Tauben für ihn in der Luft herumfliegen. Aber auf dem seltsamsten Umweg kam ein deutscher Handwerksbursche in Amsterdam durch den Irrtum zur Wahrheit und zu ihrer Erkenntnis. Denn als er in diese große und reiche Handelsstadt voll prächtiger Häuser, wogender Schiffe und geschäftiger Menschen gekommen war, fiel ihm sogleich ein großes und schönes Haus in die Augen, wie er auf seiner ganzen Wanderschaft von Tuttlingen bis nach Amsterdam noch keines erlebt hatte. Lange betrachtete er mit Verwunderung dies kostbare Gebäude, die sechs Kamine auf dem Dach, die schönen Gesimse und die hohen Fenster, größer als an des Vaters Haus daheim die Tür. Endlich konnte er sich nicht enthalten, einen Vorübergehenden anzureden. 'Guter Freund', redete er ihn an, 'könnt Ihr mir nicht sagen, wie der Herr heißt, dem dieses wunderschöne Haus gehört mit den Fenstern voll Tulipanen, Sternenblumen und Levkoien?' — Der Mann aber, der vermutlich etwas Wichtigeres zu tun hatte und zum Unglück gerade soviel von der deutschen Sprache verstand, als der Fragende von der holländischen, nämlich nichts, sagte kurz und schnauzig: 'Kannitverstan' und schnurrte vorüber. Dies war ein holländisches Wort, oder drei, wenn man's recht betrachtet, und hieß auf deutsch soviel als: Ich kann euch nicht verstehen. Aber der gute Fremdling glaubte, es sei der Name des Mannes, nach dem er gefragt hatte. Das muß ein grundreicher Mann sein, der Herr Kannitverstan, dachte er und ging weiter. Gaß' aus, Gaß' ein kam er endlich an den Meerbusen, der da heißt: Het Ey, oder auf deutsch: Das Ypsilon. Da stand nun Schiff an Schiff und Mastbaum an Mastbaum, und er wußte anfänglich nicht, wie er es mit seinen zwei einzigen Augen durchfechten werde, alle diese Merkwürdigkeiten genug zu sehen und zu betrachten, bis endlich ein großes Schiff seine Aufmerksamkeit an sich zog, das vor kurzem aus Ostindien angelangt war und jetzt eben ausgeladen wurde. Schon standen ganze Reihen von Kisten und Ballen auf- und nebeneinander am Lande. Noch immer wurden mehrere herausgewälzt, und Fässer voll Zucker und Kaffee, voll Reis und Pfeffer, und salveni Mausdreck darunter. Als er aber lange zugesehen hatte, fragte er endlich einen, der eben eine Kiste auf der Achsel heraustrug, wie der glückliche Mann heiße, dem das Meer alle diese Waren an das Land bringe. 'Kannitverstan', war die Antwort. Da dachte er: Haha, schaut's da heraus? Kein Wunder, wem das Meer solche Reichtümer an das Land schwemmt, der hat gut solche Häuser in die Welt stellen und solcherlei Tulipanen vor die Fenster in vergoldeten Scherben. Jetzt ging er wieder zurück und stellte eine recht traurige Betrachtung bei sich selbst an, was er für ein armer Mensch sei unter so viel reichen Leuten in der Welt. Aber als er eben dachte: wenn ich's doch nur auch einmal so gut bekäme, wie dieser Herr Kannitvestan es hat, kam er um eine Ecke und erblickte einen großen Leichenzug. Vier schwarz vermummte Pferde zogen einen ebenfalls schwarz überzogenen Leichenwagen langsam und traurig, als ob sie wüßten, daß sie einen Toten in seine Ruhe führten. Ein langer Zug von Freunden und Bekannten des Verstorbenen folgte nach, Paar und Paar, verhüllt in schwarze Mäntel und stumm. In der Ferne läutete ein einsames Glöcklein. Jetzt ergriff unseren Fremdling ein wehmütiges Gefühl, das an keinem guten Menschen vorübergeht, wenn er eine Leiche sieht, und er blieb mit dem Hut in den Händen andächtig stehen, bis alles vorüber war. Doch machte er sich an den letzten vom Zug, der eben in der Stille ausrechnete, was er an seiner Baumwolle gewinnen könnte, wenn der Zentner um zehn Gulden aufschlüge, ergriff ihn sachte am Mantel und bat ihn treuherzig um Exküse. 'Das muß wohl auch ein guter Freund von euch gewesen sein', sagte er, 'dem das Glöcklein läutet, daß Ihr so betrübt und nachdenklich mitgeht.' 'Kannitverstan', war die Antwort. Da fielen unserem guten Tuttlinger ein paar große Tränen aus den Augen, und es ward ihm auf einmal schwer und wieder leicht ums Herz. 'Armer Kannitverstan', rief er aus, 'was hast du nun von allem deinem Reichtum? Was ich einst von meiner Armut auch bekomme: ein Totenkleid und ein Leintuch, und von allen deinen schönen Blumen vielleicht einen Rosmarin auf die kalte Brust, oder eine Raute.' Mit diesem Gedanken begleitete er die Leiche, als wenn er dazu gehörte, bis ans Grab, sah den vermeinten Herrn Kannitverstand hinabsenken in seine Ruhestätte und ward von der holländischen Leichenpredigt, von der er kein Wort verstand, mehr gerührt, als von mancher deutschen, auf die er nicht acht gab. Endlich ging er leichten Herzens mit den anderen wieder fort, verzehrte in einer Herberge, wo man Deutsch verstand, mit gutem Appetit ein Stück Limburgerkäse, und wenn es ihm wieder einmal schwerfallen wollte, daß so viele Leute in der Welt so reich seien und er so arm, so dachte er nur an den Herrn Kannitverstan in Amsterdam, an sein großes Haus, an sein reiches Schiff und an sein enges Grab."[23]

Die Sehnsucht, daß alle sich gut verstehen, ist (im Gegensatz zum biblischen Babel-Mythos und zur Hermeneutik der Theo-Logie insgesamt) als eine Art „Monster-Ökumene" (P. Sloterdijk) in „gewissen Kreisen" verwirklicht. Wir sind schon auf Loveparade, Kirchentag, Oktoberfest (Musikantenstadl) zu sprechen gekommen, und die Beispiele ließen sich erweitern. Z.B. durch die

---

[23] Johann Peter Hebel, Werke (hg. v. Allexander Heine), Essen o.J., 489-492.

blaue Welt der Schlümpfe. Hier schlumpft sich alles, – Sie verstehen schon, was ich schlumpfe. All diese „gewissen Kreise" zeichnen sich gleichermaßen durch einen eigenen „Slang" aus, der sie exklusiv macht (darauf kommen wir noch ausführlich zu sprechen). Versuchen z.B. Erwachsene den Slang von Jugendkulturen nachzuahmen, blamieren sie sich.
Bei Adorno findet sich zu diesem Thema ein interessanter Kommentar: „Moral und Stil. – Man wird als Schriftsteller die Erfahrung machen, daß, je präziser, gewissenhafter, sachlich angemessener man sich ausdrückt, das literarische Resultat für um so schwerer verständlich gilt, während man, sobald man lax und verantwortungslos formuliert, mit einem gewissen Verständnis belohnt wird. Es hilft nichts, alle Elemente der Fachsprache, alle Anspielungen auf die nicht mehr vorgegebene Bildungssphäre asketisch zu vermeiden. Vielmehr bewirken Strenge und Reinheit des sprachlichen Gefüges, selbst bei äußerster Einfachheit, ein Vakuum. Schlamperei, das mit dem vertrauten Strom der Rede Schwimmen, gilt für ein Zeichen von Zugehörigkeit und Kontakt: man weiß, was man will, weil man weiß, was der andere will. Beim Ausdruck auf die Sache schauen, anstatt auf die Kommunikation, ist verdächtig: das Spezifische, nicht bereits dem Schematismus Abgeborgte erscheint rücksichtslos, ein Symptom der Eigenbrötelei, fast der Verworrenheit ... Der vage Ausdruck erlaubt dem, der ihn vernimmt, das ungefähr sich vorzustellen, was ihm genehm ist und was er ohnehin meint. Der strenge erzwingt Eindeutigkeit der Auffassung, die Anstrengung des Begriffs, deren die Menschen bewußt entwöhnt werden, und mutet ihnen vor allem Inhalt Suspension der gängigen Urteile, damit ein sich Absondern zu, dem sie heftig widerstreben. Nur, was sie nicht erst zu verstehen brauchen, gilt ihnen für verständlich; nur das in Wahrheit Entfremdete, das vom Kommerz geprägte Wort berührt sie als vertraut. Weniges trägt so sehr zur Demoralisierung der Intellektuellen bei."[24]
Die Schlumpfgemeinde ist eine einzige „Du weißt schon, was ich meine"-Großveranstaltung. Allerdings: während im Jargon kirchlicher Exklusivkreise von „Gott", „Heiliger Geist", „Gnade" usw. die Rede ist, ist der Code bei den Schlümpfen auf einen nicht uncharmanten Minimalismus reduziert: alles „schlumpft" eben. Das macht auch einen großen Teil der Lust am Rechnen gegenüber dem Denken aus, alles schlumpft sich so schön: „Drei mal drei sind neune, - du weißt schon, was ich meine ...".

---

[24] Th. W. Adorno, Minima Moralia, Frankfurt 1983, 128.

Das Experimentelle des Labors, das der Wut des Immer-schon-Verstandenhabens in probehaften (Miß)Verstehensprozessen querläuft, meint aber nicht ungefähres Mainstreamgelaber. Laborunterricht ist kein Laberunterricht.

Die Sache ist einfach kompliziert. Mit dem Kompliziert-Komplexen ist es ganz einfach. Aber mit dem Einfachen, Simplen, Elementaren, ist es kompliziert (davon handelt die religionspädagogische Elementarisierungsdebatte) und es gibt (gerade auch unter Religionspädagogen) die Neigung, Komplexität mit Blasiertheit zu begegnen. Zur Zeit ist m.E. in Deutschland das Risiko des Unsinnes viel geringer als das der Blasiertheit oder Seichtheit.

In dem Syndikats-B-Movie „Payback" mit Mel Gibson sagt ein Mafiosi: „Wenn du etwas nicht verstehen kannst, dann beseitige es." Das ist der Anfang allen Faschismus (s.o. Hegel-Exkurs). Die Menschen möchten gerne leicht fertig sein; nicht zu schwer („light"), denn sie wollen so bleiben wie sie sind („du darfst") bzw. so bleiben, wie der gegenwärtige Stand ihrer totalitären Selbsteinbildung es ihnen vorgibt. So kann man mit dem Komplizierten ein Geschäft machen, indem man verspricht: ich machs euch simpel. Was folgt ist Klartext, Klartext von Ideologie: Ausländer, Behinderte, Irritierendes (Religionspädagogen?): weg und raus!

Man ist theorie- und komplexitätsmüde, das Problematisieren leid. Systeme locken, die Vermählung des Anorganischen mit dem Organischen (Kevin Kelly) verspricht Erleichterung allerorten. Denksport nur noch auf den Spielfeldern der Rätselecken. Philosophen, Theologen, Religionspädagogen: es gibt ja auch wirklich nichts anstrengenderes, als immer nur eigentlich zu sein (Nietzsche: „Man geht zu grunde, wenn man immer zu den Gründen geht").

Aber Religionspädagogik und Theologie bewegen nicht etwa selbstgemachte Probleme, die nur daraus entstehen, daß man nicht in der Lage ist, einfach und klar den christlichen Glauben zu bekennen. Das sogenannte und vielbeschworene „einfache und klare Bekennen" ist nicht einfach und klar und war es noch nie (Jesus: wer ist dieser? Was soll das? Jünger / Apostel / Verfolgung). Das fängt schon damit an, daß Privatsache unversehens Politikum wird. Was soll das sein: „einfaches bekennen"? Vokabular rezitieren? Button ans Revers und an den Kofferraum kleben?

Die didaktische Plus 1 Konvention als Anspruchsmaß für Unterricht soll nur für die Schüler gelten. Für Lehrende, Studenten, Religionspädagogen und andere Weltverbesserer gilt: alles was nicht selbstredundant und selbstverständlich ist, mögen wir nicht, können wir nicht leiden. Wir wollen uns immer nur verdoppeln. Komplexe Probleme führen so zu einfachen, leicht verständlichen, falschen Antworten.

Die Bibel ist aber nicht leicht zu verstehen. Vielleicht noch nicht einmal schwer. Das könnte ein Indiz dafür sein, daß sie etwas mit Leben(skunst) zu tun hat. Schleiermacher nennt deshalb

„das vollkomne Verstehen einer Rede oder Schrift eine Kunstleistung, die eine Kunstlehre oder Technik erheischt, welche wir durch den Ausdruck Hermeneutik bezeichnen ... Alles Verstehen einer Rede oder Schrift ist, weil dazu eine selbsttätige Produktion gehört nach Gesetzen, deren Anwendung nicht wieder auf Gesetze zu bringen ist, eine Kunst."[25]

Und später:

„Alle Vorschriften der praktischen Theologie können nur allgemeine Ausdrücke sein, in denen die Art und Weise ihrer Anwendung auf einzelne Fälle nicht schon mit bestimmt ist (vgl. § 132), d.h. sie sind Kunstregeln ... Daher können sie, wie alle Kunstregeln, den Künstler nicht bilden, sondern nur leiten."[26]

Dem entspricht weiterer O-Ton Barth:

„Das Weltbild *ohne* Paradox und *ohne* Ewigkeit, das Wissen *ohne* den Hintergrund des Nicht-Wissens, die Religion *ohne* den unbekannten Gott, die Lebensauffassung *ohne* die Erinnerung an das uns entgegengestellte Nein! hat viel für sich. Die Einfachheit, Geradlinigkeit und Ungehemmtheit vor allem, die verhältnismäßige Sicherheit und Ausgeglichenheit, die weitgehende Übereinstimmung mit der 'Erfahrung' und mit den Erfordernissen des praktischen Lebens, die wohltuende Unklarheit und Dehnbarkeit aller Begriffe und Maßstäbe, der liberale Ausblick auf unendliche Möglichkeiten, der sich da bietet – das alles wird diesen Boden immer wieder zutrauenerweckend machen".[27]

Aber „Denken ist, wenn es echt ist, Denken des Lebens und darum und darin Denken Gottes. Gerade im Blick auf das Leben muß es so verschlungene Wege gehen, in so unerhörte Fernen schweifen. Gerade in der verwirrenden, kaleidoskopartigen Bewegtheit und Gespanntheit seiner Linien und nicht anders wird es dem Leben gerecht. Denn das Leben *ist* nun einmal nicht einfach, nicht direkt, nicht eindeutig ... Wären die Wege des Denkens direkter,

---

[25] Friedrich Schleiermacher, Kurze Darstellung des theologischen Studiums zum Behufe einleitender Vorlesungen von 1811 (Kritische Ausgabe hg. v. Heinrich Scholz, Darmstadt 1973), 53 (§ 132 und Zusatz).

[26] ebd. 102 (§ 265 und Zusatz).

[27] RB 26.

weniger gebrochen, *leichter* übersichtlich, so wäre das das sicherste Zeichen dafür, daß sie am Leben, d.h. aber an der Krisis, in der sich das Leben befindet, vorbeigehen. Doktrinär ist nicht das sogenannte 'komplizierte', sondern das vielgerühmte 'einfache' Denken, das immer schon zu wissen meint, was es doch nicht weiß. Echtes Denken kann *darum* die oft gewünschte Geradlinigkeit nicht haben."[28]

Ist Schulleben auch Lebensschule (und unter diesem Anspruch tut es die Kunst der Religionspädagogik nicht), so fällt die Übertragung leicht. Ich zitiere noch einmal ausführlich Horst Rumpf:

„Die uns selbstverständlichste Aufgabe des Lehrers, der Schule und infolgedessen auch der Lehrmedien, besteht darin, dem Nachwuchs etwas beizubringen ... die Schüler sollen imstande sein, Aufgaben zu lösen, Probleme zu bewältigen, Geschehnisse zu erklären, Unverständliches zu deuten, über Schwierigkeiten *hinwegzukommen* ... Ich möchte die These verfechten, daß mindestens gleichrangig zu dieser Lehrdrift die Fähigkeit zu stehen kommen sollte, *in Schwierigkeiten hineinzukommen* ...Die Lerndrift, die inszenierte, geht unzweideutig von der kleinen Irritation hin zu der Belehrung, die die Irritation ein für allemal beilegt. Über Strategien zu verfügen, Widersprüche als scheinbare zu entlarven – das bringt Punkte und Noten ... Und es gehört zum Profi-Schüler, daß er darauf lauert, ob die Lehrperson etwas ausgebreitet hat, was eine Erklärung fordert – dann gehen die Finger hoch. Hindernisse werden aufgerichtet zu Motivationszwecken – man soll sie nehmen, die Lücken ausfüllen, die Ungereimtheiten wegschaffen. Man stelle sich nur den paradoxen Lehrvorgang vor, der darin bestünde, den Widerspruch, die Unwahrscheinlichkeit als solche herauszuarbeiten, stark zu machen, in vielen Variationen kennen und anschauen und am eigenen Leib spüren zu lernen.[29]

Nicht um jeden Preis Ent-Täuschungen ersparen und Lernende in Schwierigkeiten bringen sind ungewöhnliche pädagogische Maximen. Wir werden später noch ausführlich untersuchen müssen, ob – und wenn ja: wie – es didaktische Intention sein kann, Schüler und Schülerinnen in Schwierigkeiten kommen zu lassen. Eine erste verbesserte Formulierung schon direkt an dieser Stelle: es wird nur darum gehen können, als Lehrer und Lehrerin mit Schülern und Schülerinnen gemeinsam in einer Atmosphäre der Solidarität in Schwierigkeiten (des Lebens) zu geraten, d.h. gemeinsam den Hunger ken-

---

[28] RB 448.
[29] H. Rumpf, Gegen den Strom der Lehrstoff–Beherrschung. in: Neue Sammlung 35 (1995) 8, 9, 14/15.

nenzulernen. Bei der didaktischen Favorisierung von Aneignungsorentierung gegenüber Vermittlungsorientierung kann es nicht darum gehen, die Arbeit und Verantwortung auf die Schüler abzuschieben, sondern sozialpolitisch in schwierige, konfessorische Verantwortungsprozesse (samt entsprechender, gewagter, vorübergehender, pragmatischer Festlegungen) hineinzugeraten: gesellschaftlich-religiös Farbe bekennen zu müssen, wie es so schön künstlerisch heißt.

Eva S. Sturm bemerkt in ihrem Buch mit dem Titel „Im Engpass der Worte" (Berlin 1996): „Eine der am häufigsten verbalisierten Wortfolgen vor künstlerischen Arbeiten ist wahrscheinlich der Ausspruch 'Hier sehen Sie!'" (235). Dies entspricht der bezaubernden Gewinnformel „Das ist alles ganz einfach"/"Die Sache ist einfach die". Und diese erklärende Grundgeste ist paradigmatisch auch für viele Ansätze der (Religions)Pädagogik. Trauen Sie ihnen nicht. Sie lügen. Beten Sie lieber morgens mit Janusz Korczak: „Gib mir, o Herr, ein schweres, aber schönes, reiches, würdiges Leben."[30]

Befugte und unbefugte Sprecher unterscheiden sich laut Eva Sturm durch gewisse „Wichtigkeitsdiskurse", die durch folgende Merkmale gekennzeichnet sind:
- Bekundungen der Emphase (pompöse sprachliche Verdoppelungen)
- Volltönende Bezeichnungen des ganzen Unternehmens
- Einräumung des Rechtes auf Korrektur anderer Diskurse
- Formulierung des Monopols auf Deutungs-Kompetenz (Schutz vor „Abweichungen" (vom „Urtext", von „Urgemeinde", vom „Original", „Rückfall", „Gefahr")
- Ton der Evidenz („nichts ist einleuchtender als das")
- Gleichungen nach der Logik des Dazugehörens („ist ganz einfach jenes", „was soll es sonst bedeuten als"
- Selbstkritik.

Die New Yorker Künstlerin Andrea Fraser erhebt in diesem Sinne Kritik am institutionalisierten Museumskunstbetrieb, indem sie im Habitus einer beamteten Aufseherin Führungen („Gallery-Talks" und „Museum-Highlights-Tours") anbietet, in denen sie die sichernde, feststellende Vereinnahmung, Lähmung und Abtötung der kreativen Prozesse, die Kunst in Gang bringen könnte, bewußt macht und ad absurdum führt.

Eva Sturm skizziert auch „Gesagt-Geschrieben-Muster", Muster des Wissenserwerbs und -transfers, die nicht nur im Blick auf schulische oder uni-

---

[30] Erich Dauzenroth, Janusz Korczak. Leben und Werk, Gütersloh 1981, 67.

versitäre Lernprozesse, sondern auch im Blick auf Prozesse z.B. biblischer Traditionen höchst interessant scheinen.

„Muster 1: *Anderes (anderes) Wissen* wird als Text vor einer künstlerischen Arbeit vorgelesen. — Zum Beispiel gehen zwei Personen gemeinsam mit einem Katalog durch eine Ausstellung und lesen nach, was über die Werke geschrieben steht.

Muster 2: Auswendig gelerntes *anderes (anderes) Wissen* wird vor einem Werk wiederholt. — Zum Beispiel erzählt ein „Führer" was er über die ausgestellten Stücke gelernt hat.

Muster 3: Erinnerte oder gelesene Fragmente aus *eigenem (anderem)* bzw. *anderem (anderem) Wissen* mischen sich in ein von einem Subjekt in Anwesenheit einer künstlerischen Arbeit entwickeltes *eigenes (anderes) Wissen*. — Zum Beispiel begegnet ein Diskursspezialist künstlerischen Arbeiten, die er schon öfters mit Worten durchquert hat und entwickelt in ihrer Gegenwart ein Wissen.

Muster 4: Ein *eigenes (anderes) Wissen* wird erinnert und wiedererzählt. — Zum Beispiel entwickelt ein Subjekt zuerst alleine ein Wissen und erzählt es dann noch einmal.

Muster 5: Ein schriftlich entwickeltes *eigenes (anderes) Wissen* wird vorgelesen. — Zum Beispiel schreibt ein Subjekt etwas über ein Werk, um es dann öffentlich hörbar zu machen.

Muster 6: Ein *eigenes (anderes) Wissen* wird entwickelt und mit einem *anderen (anderen) Wissen* konfrontiert. — Zum Beispiel, Subjekte denken über Werke nach bzw. unterhalten sich über sie und werden anschließend mit tradiertem Wissen bekannt gemacht.

Muster 7: Ein *eigenes (anderes) Wissen* wird entwickelt und mit einem anderen *eigenen (anderen) Wissen* konfrontiert. — Zum Beispiel zwei Subjekte unterhalten sich über ein Werk, ohne explizit auf ein *anderes (anderes) Wissen* zurückzugreifen.

etc."[31]

In alledem bleibt die Frage: wie und von woher wird über das „richtige Verstandnis" und Wahrhaftigkeit entschieden?

---

[31] Eva S. Sturm, Im Engpass der Worte, Berlin 1996, 160.

Die Diskussionsrunde in Schlaglichtern:

Zum Stichwort „Lebensproblematik": ob denn das Leben so problematisch sei? Wo liegt das Problem am Leben? Macht die Kirche / die Religionspädagogik nicht erst die Probleme, die sie zu lösen vorgibt? Take it easy? Don`t worry, be happy? Always look on the bright side of life?
Ein Schlaglicht aus einem Konfirmationsgottesdienst wurde geschildert. Der Pastor zu den Konfirmanden: es gäbe eine einfache Methode, um sicher durchs Leben zu kommen: in einer Hand fest die Bibel, an der anderen Hand ein Gemeindeglied (Paten?).
Ein Student schilderte den allgemeinen Schrecken, als während seiner Hospitation in einer Klasse der dritten Jahrgangsstufe ein Kind sich meldete und laut und vernehmlich sagte: „Einen Gott gibt es doch gar nicht."

4. Vorlesung

(Eine Kommilitonin der SMD warb für Gesprächsabende in den Räumen der Freien Evangelischen Gemeinde.)

„Ein begriffener Gott ist kein Gott."
(Gerhard Tersteegen)

Ich bin in meinem Studium immer der „Plus-1-Konvention" gefolgt (manchmal auch – notgedrungen - der „Plus-2- oder Plus-3-Konvention) nach der Maxime: Da, wo du alles verstehst, da brauchst du nicht hingehen (oder nur ab und zu zur Selbstbestätigung). Das ist ja schon dein Level. Zum Lernen gehe ich dahin, wo noch etwas zu wünschen übrig gelassen wurde, wo ich (noch) nicht verstehe und setze darauf, daß es dort etwas zu verstehen gibt. Vielleicht war alles nur heiße Luft und Unsinn. Nun ja, aber die Option auf Lernen ist diese Risikoinvestition wert. Studium kann ja nicht bedeuten, so zu bleiben wie ich bin, wie das dürftige Margarinereklameversprechen lautet. In die Stammkneipe oder in die Disko geht man, damit man sich drin spiegeln kann. Das ist in Ordnung. Aber ein Studium ist das Privileg zu lernen und Horizonte zu erweitern.

Mit Bezug auf thologische Traditionen geht es darum, daß in jeglichem Lernen (ob im Vorschulkindergarten oder in der Hochschule) neben der Dimension der Schöpfungstradition auch die Anteile der Exodustradition erhalten bleiben. Ist dies gewährt, zeigt sich Religionspädagogik als ein „wunderbares" Fach. In diesem Sinne könnte man den Forschungsansatz Dietrich Zilleßens kennzeichnen, was an exemplarischen Überschriften und Titeln seiner zahlreichen Veröffentlichungen leicht ablesbar ist. Bereits 1979 schrieb er über die „Grenzen der Planbarkeit von Unterricht" (EvErz 31/1979, 276-298), 1990 über „Sinnvolle problematische Erfahrung" (JRP 7/1990, 277-295), 1993 über „Ethisches Lernen im Religionsunterricht. Wieviel Wert haben Werte?" (JRP 9/1993, 51-71), 1995 über „Die Haltlosigkeit der Symbole und die Zufälligkeit der Bildung" (in: B. Dressler (Hg.), Symbole und Metapern, Rehburg 1995, 9-14). Auf solche Titel bzw. Fragestellungen muß man erstmal kommen. Zum Thema Wunder weise ich Sie auf einen wundervollen Aufsatz von Stefan Alkier und Bernhard Dressler hin: Wundergeschichten als fremde Welten lesen lernen. Didaktische Überlegungen zu Mk 4,35-41, in: B. Dressler, M. Meye-Blanck (Hg.), Religion zeigen. Religionspädagogik und Semiotik, Münster 1998, 163-199. Dort heißt es:

„Wunder finden nicht statt, sie werden ausgeklammert. Wenn nicht gleich ganz auf biblische Texte im Religionsunterricht verzichtet wird, wird die Bibel *selektiv* gelesen. Was sich nicht *unserem* neuzeitlichen Wahrnehmungshorizont einfügen läßt, gilt als unvermittelbar. Nicht viel anders verhält es sich, wenn dem Problem scheinbar nicht ausgewichen wird, Wundergeschichten also im Unterricht zum Thema werden: dann nämlich wird ihr gordischer Knoten regelmäßig so zerschnitten, daß sie schlicht nicht als *Wunder-*, sondern als Symbolgeschichten oder gar als 'Gleichnisse' ausgegeben und behandelt werden. Die Speisungsgeschichten werden zu jederzeit wiederholbaren Teilungsgeschichten, der Seewandel Jesu wird verkürzt zum Seewandel des Petrus und dieser dann als Vertrauensgeschichte gelesen, die Sturmstillung wird zu einer Angststillungsgeschichte. Die Wundergeschichten werden zum Vehikel, sie werden instrumentalisiert für ethische, (sozial- oder tiefen)psychologische und häufig auch schlicht dogmatische Botschaften, deren gemeinsamer Nenner darin besteht, den Schülerinnen und Schülern zu vermitteln, daß die Lehrenden mit dem *Wunder*, das die jeweilige Geschichte erzählt, nichts anzufangen wissen. Dem entspricht ja das gute theologische Gewissen, sich mit der Unterscheidung zwischen dem 'Mirakel' – als der unakzeptablen Durchbrechung von Naturgesetzen – und dem 'eigentlichen Wunder' – der Entstehung des Christusglaubens – in bestem Einklang mit den Altmeistern der historisch-kritischen Exegese zu befinden. Es stellt sich die berechtigte Schülerfrage: Warum müssen wir dann diese Wundergeschichten behandeln und reden nicht gleich darüber, wie *wir* so die Welt sehen?

...

Daß aber auch ein (nur scheinbar) bibeltreuer Fundamentalismus, der die biblischen Erzählungen als historische Berichte im Sinne der Neuzeit liest, den Wundergeschichten nicht gerecht wird, zeigen die nicht zu harmonisierenden Unterschiede zwischen den Evangelien deutlich an. Die weise Entscheidung der Alten Kirche, vier Evangelien in den Kanon aufzunehmen, die sich zum Teil in ihrer Darstellung deutlich widersprechen, bewahrt die Leserschaft, die von der Weltsicht der Aufklärung geprägt ist – und das sind auch die sogenannten Fundamentalisten - vor jenem reduktionistischen Verfahren, das ganz auf Identität und Vereinheitlichung im Sinne *eines* 'historischen' Berichtes zu setzen gewohnt ist.

...

Wie aber kann ein semiotisches Wunderverständnis jenseits von Metaphorisierung und Rehistorisierung didaktisch umgesetzt werden? Texte, und damit

auch Wundergeschichten, sollten grundsätzlich als fremde Welten gelesen werden, die wir ganz neu erkunden müssen, als wären wir die Crew von Captain Kirk ... (Es) scheint eine Wissenschaftsgläubigkeit noch relativ ungebrochen zu sein, die im alltäglichen Gebrauch technischer Produkte abgestützt wird und sich lebensweltlich in der Meinung niederschlägt, daß alles, was nicht mehr gewußt werden kann, auch nicht mehr geglaubt werden darf ...
Das Wunder *als* Wunder wird zum Zeichen eines unzureichenden Wissens ... Wenn wir Texte als fremde Welten lesen, dürfen wir aber nicht davon ausgehen, daß unsere Enzyklopädie, mit der wir die Tageszeitung lesen, den Bibeltexten angemessen ist ... Wir dürfen in die biblischen Geschichten nicht unser kulturelles Wissen, nicht unsere Rationalismen und auch nicht unsere Empfindungen eintragen, wenn die biblischen Erzählungen wirklich *biblische* Erzählungen bleiben sollen und wir sie nicht unnötigerweise erzählen lassen, was wir eh schon wissen und immer schon gedacht haben ...
Ziel der Diskussion der Wunderproblematik im Schulunterricht ist nicht die Verkündigung, sondern zu lernen, sich mit anderen begründet auszutauschen. D.h. für die Wunderfrage konkret zu erkennen, daß ihre Beantwortung abhängig ist davon, was wir auch ansonsten über Gott und die Welt denken ... Der Markustext erweist sich als eine geschickte Strategie, seine Botschaft den Lesenden nicht nur mitzuteilen, sondern sie von ihnen selbst als ihre eigene Antwort konstruieren zu lassen. Der Erzähler des Markusevangeliums ist ein geschickter Schachspieler, der viele Züge seiner Spielgefährten – den Lesern – im voraus zu berechnen weiß, weil er sie ihnen selbst geradezu unausweichlich nahelegt ... Die Wunderfrage als offene Frage versammelt unsere Fragen über Gott und die Welt. Das wichtigste Ziel schulischen Religionsunterrichtes ist es, daß Schüler zu eigenen religiösen Fragen kommen. Das Wunder der Sturmstillung, wie es das Markusevangelium erzählt, erfüllt genau dieses Funktion, die Antworten der Jünger zu öffnen und sie mit einer offenen Frage auf die Suche zu schicken. Antworten auf Fragen, die man nicht gestellt hat, behält man bestenfalls bis zur nächsten Klassenarbeit – eine wichtige und notwendige schulische Leistung. Fragen, die sich uns selbst stellen, halten uns wach unser Leben lang."
„Wenn in Religionsbüchern überhaupt Wunder zur Sprache kommen, dann überwiegend so, daß ihr anstößig-fremder Bruch mit dem aufs Berechenbare reduzierten, szientistischen Wirklichkeitsverständnisses unserer Zeit übersehen oder überspielt wird ... Es gilt der bereits 1957 von Ernst Käsemann formulierte Konsens, daß der 'traditionelle kirchliche Wunderbegriff' als

'zerschlagen' gelten kann ... Inzwischen zeichnet sich als neuer Konsens ab: Die neutestamentlichen Wundergeschichten sind zwar nicht, jedenfalls nicht immer, historische Berichte, wohl aber schlägt sich in ihnen die historische Faktizität der Wundertätigkeit Jesu nieder ... Die Faktizität der Wunder bleibt aber eingeschränkt auf die Glaubwürdigkeitskriterien unseres Weltbildes ... Den Gleichnissen widerfährt als Metaphern Gerechtigkeit (d.h. der 'Inhalt' ist nicht hinter der Metaphernsprache zu finden und gesondert von der 'Form' zu thematisieren. Gleichnisse sind in ihrer Bildsprache, auf der Ebene ihres Textes, zu erschließen, statt ihnen mit der Frage, was sie uns eigentlich sagen wollen, eine kognitiv-diskursiv formulierbare Intention zu unterstellen. Indem Gleichnisse in Predigt und Unterricht analog zur ästhetischen Autonomie von Kunstwerken verstanden werden, gewinnen sie als biblische Texte gewissermaßen wieder ihre Dignität zurück), die Wundergeschichten werden als Metaphern mißachtet ... Überwiegend stößt man auf eine mehr oder weniger sublime Entmythologisierung in der Form einer Metaphorisierung der Wundergeschichten. Speisungswunder werden zu Teilungsgeschichten mit moralischem Skopus – und als solche wiederholbar; Seewandel ist ein Vertrauenssymbol, die Sturmstillungsgeschichte eigentlich eine Angststillungsgeschichte usw."[32]

Wunder sind Performances, aber nicht jede Performance ist ein Wunder (wir werden darauf in Kapitel V zurückkommen). Die Jünger klagen: Warum können wir keine Wunder machen?" (vgl. Markus 9, 14-29). Kunst versus Künste: wir Lehrer wollen (wie die Jünger) gerne (be)zaubern! Zauberei und Wunder (Taktik und Didaktik) meinen aber Verschiedenes. Wunderbare, gerechtfertigte Didaktik geschieht nur durch Beten und Fasten (vgl. Markus 9, 29). D.h. es ist auf jeden Fall nicht machbar. So sehen wir uns wunderbar zur Offenbarung der religionspädagogischen Leitfrage geführt, in der Dimensionen von Theologie, Kunst und Didaktik gemeinsam wurzeln, nämlich der Frage, wie mit dem Nichtwissbaren und Unübersichtlichen umzugehen ist. Hier sei nur kurz angedeutet, worauf wir später im Blick auf Fragen nach Ideologien, nach der Zukunft und nach UFO-Phänomenen noch ausdrücklich zurückkommen werden. Reaktionen auf Zukunftsfragen machen besonders deutlich, wie mit dem Ungewußten und Nichtwissbaren im allgemeinen umgegangen wird. Die populäre und flotte Forderung nach Zukunftsfähigkeit überspielt die Frage nach dem Nichtwißbaren, die in ihr schlummert. Diese wiederum ist aber im Grunde die Frage nach dem Tod. Über das Nichtwiss-

---

[32] Bernhard Dressler, Finden Wunder nicht statt? in: ZPT 1 (1999) 46-55.

bare gibt es keine Beruhigung durch Viel- und Mehrwissen, auch nicht durch Mutmaßungen, verzweifelte Für-wahr-halte-Leistungen oder Wahrscheinlichkeitshochrechnungen. Solch krampfhafte Gewaltanstrengungen sind heuristisch keine vielversprechende Forschungshaltungen. Gelassenheit eingedenk des Nichtwissbaren (Nichtplanbar-Kontingenten) entscheidet sich daran, ob mein Lebensstil (mein Glaubensstil, mein Unterrichtsstil) Elemente, Strukturen, Rituale enthält, die dem Nichtwissbaren entsprechen.
Zur Frage nach dem Umgang mit dem Fremden nun ein Essay zu einem verblüffenden Schlaglicht aus der Zeitung:

Pfeffer oder Salz?
Eine Zeitungsnotiz und viele Fragen

alium - der Knoblauch
aliud - das andere
alienum - das Fremde

Karl Barth bemerkte einmal: „Lektüre von allerhand ausgesprochen *weltlicher* Literatur, der Zeitung vor allem, ist zum Verständnis des Römerbriefes dringend zu empfehlen" (RB 448). Ich blättere beim Frühstück in einer großen deutschen Tageszeitung („für Politik und christliche Kultur"). Ein kurzer Beitrag von gerade einmal 11 Sätzen plus Überschrift fällt mir auf: „'Bibel-TÜV' im peppigen Gewand". Welche Würze liegt in dieser Kürze?
Der Artikel berichtet wohlwollend von einer Aktion des Bibellesebundes. Bibel lesen finde ich gut. Also: noch einen Toast und noch ein Ei und weiterblättern? Über dem Beitrag ist eine Abbildung. Sie ist größer als der eigentliche Text samt Überschrift. Zwei ca. 10jährige Jungen sind dort fotogerecht postiert vor einer resopalcleanen PC-Kulisse. Kommentar: „Interessierte Jugendliche informierten sich im Bibel-Shuttle-Bus an den zahlreichen Personalcomputern." Schlüsselwort „Information": ob es den Jungens um Informationen geht? Und wenn es einfach Neugier, Technikfaszination (die Kombination Bus und PC) oder Langeweile wäre, die sie treibt? „Shuttle-Bus birgt viele Informationen rund um die Bibel", – eine Art, die Bibel in den Mittelpunkt zu stellen, die meinen religionspädagogischen Ansprüchen nicht genügt. Dann spiele ich lieber wie xmillionen andere das preisgekrönte Multimediaspiel Myst/Riven, wo es darum geht, verlorene (interaktive) Verbindungsbücher zu finden und wieder Zugang zu verlorenen Paradieswelten zu bekommen. Mein Anspruch lautet, daß das Alltagsgeschehen der Bibel im

Alltagsgeschehen heute Fortsetzung findet, von mir aus auch beiläufig und randständig.

„'Bibel-TÜV' im peppigen Gewand": an „Bibel-TÜV" stören mich (trotz der Anführungszeichen) drei Dinge: das Technische, die Überwachung und der Verein. „Sascha und Frank versuchen sich gerade am 'Bibel-TÜV' und überprüfen ihr christliches Fachwissen." Daß die beiden „sich versuchen" leuchtet mir sofort ein, aber „christliches Fachwissen": welches Fach soll das sein? Wo bleibt der Glaube und wo die Theologie?

Im Artikel ist auch von „kirchernden (!) Freudinnen" (!) die Rede: „Tanja und Alessandra amüsieren sich prächtig: Immer wieder kirchern die beiden Teenies, stecken die Köpfe zusammen und tuscheln. Die witzigen Comics, die Bibelstellen rund um das Thema 'Sex' zitieren, gefallen den Freudinnen offensichtlich gut." Na Bravo, jetzt also auch Manga-Pornos beim Bibellesebund?

Die Comics aus der christlichen Szene taugen deshalb leider fast alle nichts, weil sie zwanghaft die Beweislast mitschleppen nach dem Motto: hey, schau an, ich bin fromm und hab' trotzdem Humor. Und nun muß auch noch Unverklemmtheit demonstriert werden. „Bibelstellen rund um das Thema 'Sex'" (in Anführungsstrichen). Auch wenn das Thema (wieder) nur umkreist wird: welche Bibelstellen sollen das sein? Ich würde Tanja und Alessandra gerne fragen, worüber sie sich wirklich so prächtig amüsieren.

Dies alles wird als „lockere Form" bezeichnet. Wenn irgendetwas nicht locker ist, dann ist es doch wohl Sex, oder? Und was soll die Form sein? Ist damit das „peppige Gewand" gemeint? Hat der Shuttle-Bus vielleicht eine bunte Lackierung? Oder besonders viel PS? Sind Schrauben locker? Oder sollen wir etwa Computer mit „lockere Form" assoziieren? Wie man locker mit dem PC umgeht wäre wohl ein spannendes religionspädagogisches Thema! Die T-Shirts der Jungen haben deutlich sichtbare Bügelfalten. Der Pressesprecher des Bibellesebundes wird zitiert: „Durch den peppigen Bus finden wir auch Zugang zu den Kindern und Jugendlichen, die kaum noch mit der Bibel konfrontiert werden." Der Bus wurde mit ganzen Schulklassen besucht. Der Omnibus als USB (Universal-Serial-Bus)-Schnittstelle?

Obwohl zu meiner Konfirmationszeit Bibeln auch nicht gerade als cool galten, machten wir uns schon damals lustig über die albernen Ausgaben im Jeans-Einband. Zu offensichtlich der Versuch, Inhalte durch äußerlichen Schnickschnak aufzupeppen. Heute würde ich sogar sagen, daß derartige Verpackungs/Verkaufsstrategien das tragische Vorurteil von der uninteressanten Bibel geradezu bestärken: wenn sie es nötig haben, dieses Buch so aufzumotzen, dann scheint ja wirklich nichts Besonderes drinzustehen.

Also scheinen Korrelation und Elementarisierung weiterhin offene Fragen religionspädagogischer Fachdidaktik zu sein. Sind die Schlüssel zu ihrer Lösung theologischer Natur?

Immer, wenn ich in einer Hotelschublade eine Bibel finde, freue ich mich. Finde ich (wie gesagt) gut. Aber man sollte Bibeln ansonsten nicht verschenken, im Gegenteil. Die Bibel ist nicht leicht zu verstehen (s.o.). Vielleicht noch nicht einmal schwer. Das hat vielleicht damit zu tun, daß sie etwas mit dem Leben zu tun hat. Und wer am verdursten ist, wer überlebenswichtiges Salz braucht, pfeifft jedenfalls auf Pfeffer.

Weniger Schleim, und mehr Salz als Pfeffer, bitte. Und über den Knoblauch sprechen wir ein andermal.

Die Diskussionsrunde in Schlaglichtern:

Es wurde nachgefragt zum Horizont des Nichtwissbaren: ob sich die Irritationen vielleicht nicht etwa motivierend und fruchtbar, sondern (als Frustrationen und Enttäuschungen) vielmehr lähmend auswirken könnten.
Zunächst wurde anläßlich dieser Rückfrage eine große und offensichtlich verbreitete Angst bewußt, Lernende zu ent-täuschen, sie mit „Sperrigem" und Unbequemem zu konfrontieren.
Schnell wollten sich einige Kommilitonen und Kommilitoninnen aus dieser unangenehmen und schwierigen (prophetischen) Situation freischlagen, indem sie ihren missionarischen Eifer entdeckten. Plötzlich war (auf dem Hintergrund des Bibel-Shuttle-Busses) in ebenso klarer wie vordergründiger Unterscheidung von Christen und Nichtchristen von Evangelisierungs- und Bekehrungsstrategien die Rede. Es fiel die Wendung, vielleicht müsse man „die Nichtchristen auf die Sache hinstoßen".
Es erfolgte eine Intervention mit der Frage, was eigentlich gerade das Thema der Diskussionsrunde wäre. Ist „diese Geschäftigkeit um die Verbreitung der Religion (nicht) nur die fromme Sehnsucht des Fremdlings nach seiner Heimat, das Bestreben sein Vaterland mit sich zu führen, und die Gestze und Sitten desselben"[33], wie Schleiermacher scharfsinnig fragt? Daraufhin folgte eine Debattierphase über das Verhältnis von Verpackung und Inhalt („Mogelpackung"). Verschiedene Marketingstrategien wurden favorisiert, bis jemand auf die Message jedes Mediums hinwies: jede Verpackung *ist* immer schon Inhalt, und Inhalt ohne Verpackung ist leer. Wohl gibt es verschiedene Image-Strategien (Aldi versus René Lezard).
Das Stichwort „Ehrlichkeit" brachte zur Besinnung auf den Gang des Gespräches: konfrontiert mit der unangenehmen Frage nach dem unterrichtlichen Umgang im Horizont des Nichtwissbaren und Unübersichtlichen, der nichts anderes als die Didaktikversion der Frage nach unserer nackten Geworfenheit in diese Welt und unserer nackten Sterblichkeit ist, wurde nach „Lendenschurzen" (missionarischer Selbsteifer) gegriffen.
Die Frage nach notwendiger und (sowohl dem Leben als auch didaktisch) angemessener heilsamer Ent-Täuschung[34] blieb vorerst offen.
„Normal ist der Tod."[35]

---

[33] F.D.E. Schleiermacher, Über die Religion. Reden an die Gebildeten unter ihren Verächtern, Hamburg 1958, 106.
[34] vgl. dazu Bernd Beuscher, Heilsame Enttäuschungen in Theologie und Psychoanalyse, Marburg 1987.

Keiner der vierzig Vorlesungsteilnehmer (zukünftige Lehrer und Lehrerinnen) kannte das weltweit erfolgreichste Computer Ambiente-Adventure-Spiel „Myst" bzw. dessen Nachfolger „Riven" (Firma: BrØderbund), bei dem Bücher eine zentrale Rolle spielen (Verbindungsbücher, Verlorenes Buch). Die Spielstory hat eine starke Anlehnung an biblische Traditionen. Trotz Komplettlösungsbüchern ist die Lösung des Spieles noch sehr schwierig (Bibel).

---

[35] Th. W. Adorno, Minima Moralia. Reflexionen aus dem beschädigten Leben, Frankurt 1983, 65.

5. Vorlesung

(Auf verschiedene aktuelle Zeitungsartikel zum „Augsburger Religionsfrieden" wurde hingewiesen.)

> Es gibt kein richtiges Leben
> ohne das falsche.[36]

Unter dem Stichwort Postmoderne Moderne geht es im folgenden darum, Zeitgeist zu verstehen. Und wenn man nicht naiv davon ausgeht, kurz einmal aus dem Zeitgeist austreten zu können, um einen distanzierten Einschätzungsblick zu werfen, ist auch dies wieder ein unmögliches Unterfangen. Wir haben keine Chance; also nutzen wir sie. Wir nähern uns damit den angekündigten gesellschaftlichen Gebieten der Bildung, Erziehung und Religion. Zunächst verfolgen uns auch hier Verständnisblockaden. So erklären die Herausgeber eines Sammelbandes mit dem Titel „Prozesse postmoderner Wahrnehmung. Kunst-Religion-Pädagogik"[37] dort direkt auf der ersten Seite des Vorwortes, daß „sich ein durch das 'Post' nahegelegtes Mißverständnis von „Postmoderne" als Epochenbegriff angesichts der gegenwärtigen, allerdings epochalen, nachneuzeitlichen Irritationen aufdrängt" (15). Daß sie mit dieser Einschätzung richtig liegen, belegt postwendend eine insgesamt sehr wohlwollende Rezension von Rainer Volp in der Theologischen Literaturzeitung (12/1998, 1254), wo es heißt: „Wer diesen Anspruch vor Augen hat, sollte 'Postmoderne' besser nicht als Epoche, sondern als wissenschaftstheoretisches Paradigma abrufen." Nun: eben dies war das explizit erklärte Projekt des rezensierten Buches.

Was genau kann eine sinnvolle Rede von „Postmoderne" sein und inwieweit ist dies für eine Kunst der Religionspädagogik von Bedeutung?

„Das Postmoderne wäre dasjenige, das im Modernen in der Darstellung selbst auf ein Nicht-Darstellbares anspielt; das sich dem Trost der guten Formen verweigert, dem Konsensus eines Geschmacks, der ermöglicht, die Sehnsucht nach dem Unmöglichen gemeinsam zu empfinden und zu teilen; das sich auf die Suche nach neuen Darstellungen begibt, jedoch nicht, um sich an deren Genuß zu verzehren, sondern um das Gefühl dafür zu schärfen, daß es ein Undarstellbares gibt. Ein postmoderner Künstler oder Schriftstel-

---

[36] „Es gibt kein richtiges Leben im falschen" (Th. W. Adorno, Minima Moralia. Reflexionen aus dem beschädigten Leben, Frankfurt 1983, 42).
[37] B. Beuscher, H. Schroeter, R. Sistermann, Prozesse postmoderner Wahrnehmung. Kunst-Religion-Pädagogik, Wien 1996.

ler ist in derselben Situation wie ein Philosoph: Der Text, den er schreibt, das Werk, das er schafft, sind grundsätzlich nicht durch bereits feststehende Regeln geleitet und können nicht nach Maßgabe eines bestimmten Urteils beurteilt werden, indem auf einen Text oder auf ein Werk nur bekannte Kategorien angewandt würden."[38]

„Postmodern" kann somit als zentrale Gegenwartskategorie bezeichnet werden, die zugleich jede Zentralität sprengt. Inzwischen besteht Übereinkunft darin, daß es kein „postmodernes Credo"[39] zu formulieren gibt, was aber andererseits vielleicht auf ein allzu naives, theologisch ungebildetes Credo-Verständnis schließen läßt.

Und noch einmal: insofern „Postmoderne" mit dem Fortschrittsglauben der Moderne aufräumt, kann auch eine „Epochen-Suggestion"[40] dieses Begriffes nur als Mißverständnis verstanden werden. Das „Post-" wäre also glücklicher für den Aspekt der „Nach-Neuzeitlichkeit" angebracht gewesen, zumal „postmodern" prinzipiell synchron veranlagt ist, worin allerdings bereits auch postmoderne Selbstironisierung und Selbstwidersprüchlichkeit angelegt ist.

Handelt es sich also nicht um die Markierung auf einem Zeitstrahl, so kann „Postmoderne" als Qualitätsvariable dienen. Es gilt zu dokumentieren, welche Determinanten für diese Variable benannt werden können, so daß sie auch im Kontext von Religionspädagogik sinnvoll in Kraft treten kann. „Postmoderne" kann wie oben mit Lyotard angedeutet nicht als gesicherter Wissensbestand gelten, auf den dann zum Beispiel religionspädagogisch nur noch Bezug zu nehmen sei. Es ist ein „Suchbegriff"[41], so daß jeder Ansatzbereich seine Perspektiven von „postmodern" vorab deklarieren muß. Damit deutet sich ein erster praktischer Effekt der „Variable Postmoderne" an: sie hält im Experiment das Methodenbewußtsein wach und damit das Forschungsspiel auf dem laufenden.

---

[38] Jean-François Lyotard, Postmoderne für Kinder, Wien 1987, 29/30.
[39] Heiner Keupp u. Helga Bilden (Hg.), Verunsicherungen, Göttingen 1989, 51.
[40] Wolfgang Welsch, Unsere Postmoderne Moderne, Berlin 1986, XVI.
[41] Hans Küng, Theologie im Aufbruch, München 1987, 16-19.

Gesellschaftliches

Die Konstruktion des (Mode)Begriffs „postmo-dern" verrät mit der vorangestellten Silbe „post" die Sehnsucht, signifikante Phänomene der Moderne schon hinter sich gelassen zu haben. Versuche, eine Bilanz der Postmoderne zu ziehen[42], bestätigen diese Sehnsucht und verdecken sie zugleich. „Postmodern" ist somit zunächst Ausdruck und Abkürzung einer Klage: die Moderne fühlt sich alt, weil sie an ihre Grenzen geraten ist. Werte zu schützen sowie Veränderungen gesellschaftlicher Maßstäbe rechtzeitig erkennen und entsprechend vorsorgend kontrollieren zu können, war der Stolz einer eingebildeten verfügungsrationalen Stellung des Menschen im Kosmos von Kant bis Star-Treck. Heute gehen selbst die meisten Science-Fiktions allerdings „Zurück in die Zukunft" und träumen in allem postmodernen Tohuwabou von Zeit-Räumen, wo innen und außen, oben und unten, männlich, weiblich, sachlich, gut und böse, Subjekt und Objekt, Naturwissenschaft und Glaube, Kopie und Original (noch und wieder) klar getrennt erscheinen oder wenigstens prinzipiell unterscheidbar sind.

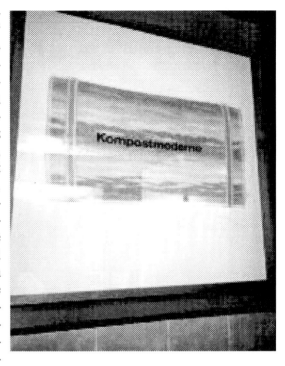

Die Krise hatte sich angekündigt. Zu Beginn dieses Jahrhunderts attestierte Sigmund Freud der Menschheit zwei große Kränkungen ihrer naiven Eigenliebe: die Erde ist nicht Mittelpunkt des Weltalls (Kopernikus), und die Krone der Schöpfung hat eine animalische Natur (Darwin). Freud zählte seine psycholo-

---

[42] Post-Moderne. Eine Bilanz. Sonderheft Merkur 9/10 (1998).

gische Forschung als dritte große Kränkung, da sie dem Ich nachweist, daß es nicht einmal Herr ist im eigenen Haus.[43]

Als Milleniumbilanz kann ergänzt werden, daß die ungebrochene Zuversicht der Phase der Erfindungen und Welt(raum)eroberungen verstört wurde durch Weltkriege bzw. Dauerkriege in der Welt, durch Auschwitz, Hiroshima, Tschernobyl, durch gentechnologische Überforderungen sowie vielfache und komplex miteinander verwobene Countdowns ökologischer Crashs und technologischer Abstürze. Die Vokabel „Auschwitz" soll dabei gerade nicht der Hörgewohnheit Vorschub leisten, hier würde noch aus der „Hölle" eine ethische Instrumentalisierung für religionspädagogische Zwecke gewonnen. „Auschwitz" ist deutscher Index dafür, daß das menschliche Herz trotz und bei aller Zivilisationskultur Abgrund *bleibt*, was allein erhellt, warum Demokratie und öffentliche Diskursforen gerade auch im Blick auf vorletzte und letzte Fragen (Religionsunterricht) keine Instrumene, kein Luxus, sondern sozusagen „Starkstromsicherungen humaner Gesellschaft" sind (und Sicherungen sind dazu da, ab und an durchzubrennen).

Eine Pluralität von Sprachen, Modellen, Verfahrensweisen jeweils *innerhalb* eines Ansatzes bricht sich Bahn. Damit ist eine Radikalität von Pluralität erreicht, von der die kritisch gemeinte Anzeige „bunter Vielfalt nebeneinander" gerade keine Ahnung hat. Dem ebenso viel- wie falschzitierten *„anything* goes" steht im Original ausdrücklich die Betonung „anything *goes, is going*" gegenüber.[44] Stets charakterisiert man Postmoderne als „*Anything* goes" und klagt deshalb: rien ne va plus! Dabei hatte Paul Feyerabend *ausdrücklich* anders betont: „anything *goes, is going*" hieß es kursiv betont bei ihm, und er verwahrte sich verzweifelt gegen „Sonntagsleser, Analphabeten und Propagandisten", die ihm immer wieder in entgegengesetzter Betonung „Anarchie" unterstellten. „Anything *goes, is going*" statt Toyota-Affengebrüll: „Nichts ist unmöglich! *Anything* goes!" Eine leichte Akzentverschiebung, doch plötzlich weht ein ganz anderer Wind! Sofort verschiebt sich die Perspektive: statt zynischer Gleichgültigkeit, die z.B. Schüler und Schülerinnen der eigenen Willkür überläßt, eröffnet sich im Anschluß an die Exodustradition der religionspädagogische Horizont zugemuteter persönlicher Lebensentscheidungen (s.u. agape alias entschlossene Beliebigkeit).

---

[43] vgl. dazu Bernd Beuscher, Heilsame Enttäuschungen in Theologie und Psychoanalyse, Marburg 1987.
[44] Vgl. Paul Feyerabend, Erkenntnis für freie Menschen, Frankfurt 1979, 66/67; 86-88.

„Zentren werden ihren Peripherien untergeordnet, Hauptströmungen von ihren Stauwassern überflutet, Kerne von denselben Schalen zersetzt, die einst zu ihrem Schutz erdacht wurden. Organisatoren werden aufgefressen von allem, was sie zu organisieren versuchen, und Originale verlieren ihre Originalität und prägende Kraft. Und alles, was für seine Größe und Stärke wertgeschätzt wurde, sieht sich auf einmal überrannt von Mikroprozessen, die einst als zu klein und unbedeutend galten, um überhaupt zu zählen."[45]

„Postmoderne" heißt: man ist unsicher geworden. Was ist „Science", was „Fiktion", was „Scientology"? Man weiß nicht mehr, was man davon (be)halten soll. Viele Politiker und Pädagogen verfallen einem Identitätswahn, der nicht nur bei Jugendlichen als Fremdenhaß seine Kehrseite zeigt. „Wo *Alles* fremdartig ist!"[46] wollen sie das Eigene im Fremden betonen und nichts davon wissen, wieviel Fremdes im Eigenen ist. In (selbst)destruktiver Gewalt entlädt sich der seit der Aufklärung stetig angewachsene Streß der Subjekte, Identität, Sozietät, Kontinuität und Pietät leisten zu sollen.

Es entwickelt sich eine Flucht in die Zukunft als Euphorie, die sich auf EDV-gestützte Hochtechnologien kapriziert. Die betörende faschistische Idee, das Fremde, Fremdkörper buchstäblich aus der Welt zu schaffen, wird übrigens durch den witzig geltenden Spruch „Ausländer raus aus dem Internet" gerade nicht konterkariert, was an der humannarkotisierenden Wirkung des Internets liegt, worauf ich an dieser Stelle nicht näher eingehen kann.[47] Jedenfalls ist die Multimedia-Welt der EDV-Technologien wie unsere postmoderne und multikulturelle Lebenswelt eine komplexe und verwirrende Welt, aber sie wird vorgestellt als eine Welt, in der klare, eindeutige und allgemeingültige, für jeden verbindliche, jederzeit abrufbare Gesetze herrschen. Wenn etwas nicht funktioniert, dann hat das einen behebbaren Grund. Dieser Traum erfasst alle.

Und im Kontext dieser Konstellation wollen Sie den Beruf des Religionspädagogen ergreifen. Herzlichen Glückwunsch!

„Postmoderne" ist also Index für den gesellschaftlichen Phänomenkomplex, der mit der Wendung vom Ende der Selbstverständlichkeit universaler Systeme und Metaerzählungen als Welterklärungs- und Weltanschauungsmodelle monistischen Typs charakterisiert wurde. Peter Sloterdijk spricht von universalistischen Geschöpfen, die sich in der Zugluft ihrer immanenten Pa-

---

[45] Saddie Plant, Nullen und Einsen, Berlin 1998, 53/54.
[46] Karl Barth, Der Römerbrief (Zweite Auflage von 1922), Zürich 1989, XXIX.
[47] vgl. dazu B. Beuscher, Remedia. Religion, Ethik, Medien. Eine religionspädagogische Theologie der Medien, Norderstedt 1999.

radoxien leicht erkälten.[48] Weitere postmoderne Fakoren sind die bereits genannte radikale Pluralität und der damit verbundene Verzicht auf Gesamtdeutungsambitionen samt jeglichem abschließenden Vokabular sowie die Einsicht in die Unmöglichkeit von Außenstandorten. Diese Faktoren werden unter dem Stichwort „postmodern" allgemein gesellschaftlich als „Verunsicherungen", „Identitätsstörungen" und „Orientierungsschwierig-keiten" beklagt. Daraus folgt zwangsläufig eine große Anziehungskraft ideologischer Images mit ihren verschiedenen Mechanismen totaler und sicherer Alles-Erklärung. Angesichts der vielfältigen gesellschaftlichen und wissenschaftlichen Umbruchphänomene gewinnen weltanschauliche Orientierungsfragen zunehmend an Bedeutung. Religionspädagogen und Religionspädagoginnen können sich deshalb heute der Erwartung, „Pädagotchi", „Wertedealer" oder „Ethitainer" zu sein, nur schwer entziehen. Es wird eine religionspädagogische Hauptfrage sein, unter welchen Bedingungen der Mensch „in Frag-Würde" leben kann anstatt sich der Lebenskomplexität durch Blasiertheit zu entziehen. Dazu darf sich Ideologiekritik nicht in intellektueller Reflexion erschöpfen, sondern wird schon im didaktischen Unterrichtssetting angelegt sein müssen.

Der grundsätzliche Verzicht auf „Gesamtdeutungsambitionen" führt als Konsequenz mit Tillich gegen Barth zur Gelassenheit eines „Positiven Paradox"[49], das gerade die „Paradoxie einer Meta-Erzählung namens 'Ende der Meta-Erzählungen'"[50] zu meiden versteht.

„Dies spätestens ist der Punkt, wo eine theologische Grundierung dieses postmodernen Denkens durchscheint. Das Absolute ist in ihm nicht schlechthin ausgeschlossen – nur 'gibt' es das Absolute nicht. Es kann es nicht 'geben', weil das Absolute darin vergegenständlicht und zu einem Endlichen herabgesetzt wäre. Das Absolute, das Unendliche ist strikt als Nicht-Darstellbares, als Unfaßliches zu wahren – und gerade als solches wirksam. Genau so stellt es – komplementär zum 'Tod Gottes' – einen entscheidenden Antrieb postmodernen Denkens dar."[51]

---

[48] Peter Sloterdijk, Sphären II. Globen, Frankfurt 1999, 400.
[49] vgl. dazu Bernd Beuscher, Positives Paradox. Entwurf einer neostrukturalistischen Religionspädagogik, Wien 1993.
[50] Wolfgang Welsch, a.a.O., 22.
[51] Wolfgang Welsch, Religiöse Implikationen und philosophische Konsequenzen 'postmodernen' Denkens, in: Religionsphilosophie heute, hg. v. Alois Halder u.a., 1988, 126.

Schlüsselbegriff eines postmodernen theoretischen Ansatzes, der bemüht ist, seine Objekte durch seinen Zugriff nicht zugleich zu zerstören oder zu verfremden, ist „Struktur". Dieses Muster verträgt sich gut mit neuesten Ahnungen von den „letzten Dingen", die mit „strings" oder „Sphärenschwingungen" benannt werden. Denn Struktur ist zu verstehen als eine fragmentarische Ganzheit, die im Hinblick auf die *Prozesse* der Zusammensetzung erkennbar wird, also nichts Statisches. „Struktur" hat nicht den Charakter irgendeiner beliebigen statischen Form, sondern stellt sich dar als Organismus von Transformationen. Inspiriert durch Derrida ergeben sich jedoch weitere Konsequenzen, die verhindern, daß „Struktur" Zentralismus auf höherer Ebene wiederholt:

„Die Struktur oder vielmehr die Strukturalität der Struktur wurde, obgleich sie immer schon am Werk war, bis zu dem Ereignis, das ich festhalten möchte, immer wieder neutralisiert, reduziert: und zwar durch einen Gestus, der der Struktur ein Zentrum geben und sie auf einen Punkt der Präsenz, auf einen festen Ursprung beziehen wollte. Dieses Zentrum hatte nicht nur die Aufgabe, die Struktur zu orientieren, ins Gleichgewicht zu bringen und zu organisieren – es läßt sich in der Tat keine unorganisierte Struktur denken –, sondern es sollte vor allem dafür Sorge tragen, daß das Organisationsprinzip der Struktur dasjenige in Grenzen hielt, was wir das Spiel der Struktur nennen könnten. Indem das Zentrum einer Struktur die Kohärenz des Systems orientiert und organisiert, erlaubt es das Spiel der Elemente im Innern der Formtotalität. Und noch heute stellt eine Struktur, der jegliches Zentrum fehlt, das Undenkbare selbst dar. Doch das Zentrum setzt auch dem Spiel, das es eröffnet und ermöglicht, eine Grenze."[52]

Das führt unweigerlich zu der Frage: „Wie aber nun, wenn der Struktur in Wahrheit das Zentrum fehlte? ... Was wäre, wenn sich nachweisen ließe, daß Strukturen in Wahrheit kein organisierendes Zentrum besitzen? ... Alsdann stünden wir auf dem Boden einer Theorie, die nicht von innerhalb der Grenzen des klassischen Strukturalismus spräche, sondern diese Grenzen überträte. Wir stünden auf dem Boden dessen, was ... mit 'Neostrukturalismus' bezeichnet wird."[53]

Gewendet ergibt sich die religionspädagogische Frage: Wie aber nun, wenn sich *Wahrheit als Struktur* dezentralistisch zeigt? Diese Überlegungen sind

---

[52] Jacques Derrida, Die Struktur, das Zeichen und das Spiel der Wissenschaft vom Menschen, in: Peter Engelmann (Hg.), Postmoderne und Dekonstruktion, Stuttgart 1993, 114/115.
[53] Manfred Frank, Was ist Neostrukturalismus, Frankfurt 1988, 76.

unterwegs zu einem Strukturalismus unter Aufgabe jeglicher (immer schon Ich-erschlichener bzw. Ich-erschleichender) Zentren. Gelegenheit zu erwähnen, daß „Dekonstruktivismus" sein „De-„ nicht primär von „destruktiv", sondern von „dezentral" hat! Neostrukturalismus ist somit eine einheitliche Theorie, die nicht vom Standpunkt des narzißtischen Ich aus formuliert ist. Das Ich gefällt sich dann weder als „Herr" noch als „Knecht". Es herrscht weder das ungebrochene Streben und Irren, noch das gebrochene Resignieren. Das Ich läßt sich ein auf die Passage, die Tour, das Flanieren, das Wandern („wandern", mhd. „wanderen" bedeutet eigentlich „wiederholt wenden"; Buße tun) im Übergangselement Welt. Folgende Parameter bilden dabei das Gelände bzw. den Spielraum: – Gelassenheit (Konfirmation als Entsicherung des Glaubens) – Angewiesenheit (das/der/die Fremde als Spiegel der (Selbst)Erkenntnis: Gemeinde) – Getriebenheit (Angst als Index von Welt: Unruhe des Herzens) – Getrostheit (Paradox der Gnade).[54]

„Kann die Verschiedenheit des Einen, kann der Übergang zu radikaler Vielheit, in der das Eine nur Eines neben Anderen ist, theologisch fruchtbar gemacht, ja überhaupt mitgemacht werden? Und sind alle Religionen dazu gleichermaßen in der Lage? Oder wäre gerade hierzu eine bestimmte Religion – etwa die christliche – in besonderer Weise befähigt? ... Es gilt künftig Phänomene religiöser Profanität ins Auge zu fassen."[55]

Schließen möchte ich für heute mit einer Passage von Horst Klaus Berg zum Thema „Lernen und Lehren in einer sich wandelnden Welt". Seine Ausführungen verstärken hoffentlich die in Ihnen bereits dämmernden Ahnungen, was „Postmoderne" und „Neostrukturalismus" mit Ihrer religionspädagogischen Ausbildung und Ihrer Unterrichtspraxis zu tun haben. Auf letztere werden wir (auch mit Berg) im V. Kapitel ausführlich zurückkommen.

„Die gewohnte, mehr an der Vermittlung von Inhalten ausgerichtete Ausbildung wird zunehmend unzeitgemäß. Sie setzt ja im Grunde voraus, dass die Inhalte unverändert bleiben – eine Annahme, die sich angesichts der „ewigen Wahrheit" der biblischen Überlieferung scheinbar von selbst versteht („scheinbar"!: denn ewiggleich oder ewigverschieden bleibt ewig alles anders, B.B. mit Herbert Grönemeier). Veränderungen werden im Rahmen eines solchen Konzepts nur als Anpassungen der Vermittlungsstrategien als notwendig erachtet, etwa im Blick auf bessere lernpsychologische Aufberei-

---

[54] Bernd Beuscher, Positives Paradox. Entwurf einer neostrukturalistischen Religionspädagogik, Wien 1993, 144.
[55] Wolfgang Welsch, Religiöse Implikationen, a.a.O., 128/129.

tung der Inhalte. Ein solcher Ansatz aber lässt nicht nur die Unverfügbarkeit und Offenheit der Inhalte außer Acht – davon war bisher die Rede; sie übersieht auch, daß es zu tiefgreifenden Veränderungen in der Rezeption des Christentums, insbesondere der biblischen Tradition, gekommen ist. *Zuerst zeigen sich Veränderungen bei den Studierenden selbst.*
Bei den Studenten der Theologie/Religionspädagogik scheint die Tendenz zu fundamentalistischer Verengung zu wachsen. Als eine Ursache erkenne ich die Furcht, im Dickicht differenzierter wissenschaftlicher theologischer Arbeit den sicheren Stand zu verlieren. Der Rückzug auf die 'einfachen Wahrheiten' scheint Orientierung und Halt zu bieten. Verengte Sichtweisen und Neophobie sind die Folgen. Ebenso lässt sich zunehmend beobachten, dass Studenten ihre theologischen Informationen aus Trivialquellen beziehen, nicht selten aus sehr schlichten religiösen (auch: evangelikalen) Schriften, aber auch aus Vorbereitungs-Heften für die Kinder- und Jugendarbeit. Dies scheint ein Indiz dafür zu sein, daß sie in der wissenschaftlichen Theologie und Fachdidaktik nur wenig Anleitung zur Auseinandersetzung mit dem Christentum bzw. zur sachgerechten Vorbereitung von Unterricht finden. Auch die – hinreichend bekannte und oft beklagte – mangelnde Bereitschaft von im Beruf arbeitenden Religionspädagogen und Theologen, sich durchgehend an der erlernten Wissenschaft zu orientieren, weist in die gleiche Richtung: Theologie und Religionspädagogik zeigen sich nicht als hilfreiche Grundlegung und Unterstützung ihrer Arbeit, sondern als Ballast, den man so schnell abwirft, wie 'Hans im Glück' den Mühlstein! Als Konsequenz aus solchen und ähnlichen Beobachtungen ergibt sich mir die Aufgabe, Plausibilität im Blick auf die wissenschaftliche Theologie und Religionspädagogik aufzubauen, vielfältige Bezüge zum gegenwärtigen und künftigen beruflichen Leben zu knüpfen."[56]

---

[56] Horst Klaus Berg: Ausbildung im Spannungsfeld von Hermeneutik und Didaktik, in: RpB 42 (1999) 69-73.

Die Diskussion in Schlaglichtern:

Es wurde nachgefragt, ob die mehrfachen Milleniumbezüge der Vorlesung nicht doch Indiz für ein Epochenverständnis von Postmoderne sein könnten. Trotz dieser scharfen Beobachtung wäre es jedoch im Sinne der dargelegten postmodernen Qualität selbstdisqualifizierend, derartige Zeitgeistdiagnotik schon historisch festzuschreiben, während man sozusagen selbst noch live mitten im Geschichtsprozeß steht. Hier muß es bei allen prophetischen Anklängen dabei bleiben, auf neonaive Agenda- und Evaluationseuphorien mit Epoché zu reagieren. Hilfreich vielleicht eine Fundstelle bei Jochen Hörisch, Ende der Vorstellung. Die Poesie der Medien, Frankfurt 1999, 167:
„Alles ... ist jetzt ultra", schrieb nicht etwa ein postmoderner Denk-Desperado graffitiselig an die Ruinenwand einer exzentrischen Metropole, sondern kein anderer als Goethe am 6. Juni 1825 in einem Brief an seinen musischen Freund Zelter: „Alles transzendiert unaufhaltsam, im Denken wie im Tun. Niemand kennt sich mehr, niemand begreift das Element worin er schwebt und wirkt ... Junge Leute werden viel zu früh aufgeregt und dann im Zeitstrudel fortgerissen; Reichtum und Schnelligkeit ist was die Welt bewundert und wornach sie strebt; Eisenbahnen, Schnellposten, Dampfschiffe und alle möglichen Fazilitäten der Kommunikation sind es worauf die gebildete Welt ausgeht, sich zu überbieten" (Hamburger Ausgabe der Goethe - Briefe Bd.4, S. 146) ... Die Diagnose 'Posthistoire' meint folglich, daß bei allen abenteuerlich schnellen Veränderungen doch das Reservoir an Möglichkeiten, Politik, Wirtschaft, Recht, Wissenschaft und Religion zu betreiben, erschöpft ist. Geschichte ist selbst dann entteleologisiert und enttheologisiert, wenn militante und fundamentalistische Bewegungen mit Verve Teloi und Theoi beschwören ... Lyotard hat die Diagnose 'Posthistoire' auf eine an schlagkraft schwer zu überbietende Formel gebracht: Wir leben im Zeitalter des Endes der großen Erzählungen, die uns versprechen, alles könne und werde schlechthin neu werden."
Adornos Aphorismus vom „richtigen" bzw. „falschen Leben" wurde auf theologische Hintergründe befragt („Sündenfall"/"transmoralischer Sündenbegriff).

6. Vorlesung

Allgemeingesellschaftliche Aspekte der Postmoderne führten gegen Ende der letzten Vorlesung bereits zu theologischen und religionspädagogischen Relevanzen. Manische Gleichgültigkeit, panischer Fundamentalismus oder Ideologien verschiedenster Art sind als Reaktionsmuster angesichts der postmodernen Konstitution der Moderne verbreitet. Noch ist es ein Stück Weges, bis wir ausdrücklich auf die Unterscheidung von Religion und Ideologie zu sprechen kommen werden. Aber schon jetzt ist hervorzuheben, daß in zentralen theologischen Passagen der jüdisch-christlichen Traditionen stets eine starke Spannungstoleranz zugemutet und durchgehalten wurde. Entsprechend vielsagend scheint z.B. die Themenabfolge der beiden letzten *Merkur*-Sonderhefte: auf die „Bilanz der Postmoderne" folgte „Nach Gott fragen". Aus dem letzteren Heft sei eine vorzügliche und deshalb etwas längere Passage des Beitrages von Eckhard Nordhofen (Leiter der Deutschen Bischofskonferenz) zitiert.

Nordhofen fasst dort den Grundgedanken der jüdischen Aufklärung in dem Satz zusammen „Ein selbstgemachter Gott ist kein Gott", und er fährt fort:

„Die Durchmusterung der entscheidenden Offenbarungserzählungen ergibt regelmäßig, daß der, der sich offenbart, ein verborgener Gott, ein Deus absconditus ist. Wenn von seiner Anwesenheit die Rede ist, dann ist diese Präsenz eine, die sich verhüllt. Dabei gehen die biblischen Erzähler oft an die Grenze des erzähllogisch Möglichen. Der Widerspruch wird bewußt inszeniert und installiert, das ist das Prinzip der Wunder- und Offenbarungsgeschichten. So etwa bei der bekanntesten, der Berufungsgeschichte des Mose. Plötzlich steht er vor einem Dornbusch, der brennt und nicht verbrennt. Im Verbrennen, der rasantesten Transformation von Materie in Energie in der Welt eines Hirten, wird die Zeit sinnenfällig.

Solche Transformationsprozesse sind irreversibel wie der Zeitpfeil, der keine Umkehrung kennt. So hebt der Verstoß gegen den zweiten Hauptsatz der Thermodynamik die Koordinate der Zeit auf, die für Kant eine reine Anschauungsform unserer Wirklichkeit ist. In derselben Szene am Sinai (Exodus 3, 2ff.) muß Mose seine Schuhe ausziehen, 'denn der Ort, wo du stehst, ist heiliger Boden'. Die Zeichen der Heiligkeit sind Zeichen der Ausgrenzung. Sie entziehen dem Boden der Tatsachen sein absolutes Recht und konstituieren eine Ästhetik der Andersheit.

Die Dialektik und Widersprüchlichkeit der Offenbarung im Modus der Bestreitung nimmt oft kuriose Züge an. In Exodus 33 äußert Mose den Wunsch, die Herrlichkeit Gottes zu sehen. 'Wenn meine Herrlichkeit vorüberzieht, stelle ich dich in den Felsspalt und halte meine Hand über dich bis ich vorüber bin. Dann ziehe ich meine Hand zurück und du wirst meinen Rücken sehen. Mein Angesicht aber kann niemand sehen.' Dieser Gott offenbart sich, indem er vorführt, wie er sich entzieht. Gott ist, wie er im zweiten der Zehn Gebote, dem Bilderverbot, einschärft, nicht darstellbar, aber er ist auch nicht sagbar im emphatischen Sinn. Der installierte Widerspruch in der Geschichte vom brennenden Dornbusch leitet die zentrale Offenbarungsgeschichte, die des 'Gottesnamens', ein. Namen haben Dinge in der Welt und Menschen. Namen dienen der Identifizierung, machen kenntlich und fungibel. Der Gott, der aus der Kritik an den selbstgemachten Göttern stammt, aber hat keinen Namen wie diese. Hätte er einen, könnte er mit ihnen in eine Reihe gestellt oder gar mit ihnen verwechselt werden. Alle Dinge in der Welt haben Namen, doch Gott ist kein Ding in der Welt, er ist vor-weltlich, er ist der Schöpfer der Welt und somit auch in der Welt. Wie soll man von einem solchen Gott reden?

Mose hat von der Stimme aus dem Dornbusch des Widerspruchs den Auftrag erhalten, die Israeliten in die Freiheit zu führen. Wie soll er seinen Auftraggeber bezeichnen? 'Da werden sie mich fragen: Wie heißt er? Was soll ich ihnen darauf sagen? Da antwortete Gott dem Mose: Ich bin der Ich bin da.' (Exodus 3, 13 f.) Die bestimmungslose, pure Anwesenheit ist die letzte Stufe vor dem Nichts. Die affirmative Theologie hat, ohne schon immer usurpatorisch (usurpieren: widerrechtlich Gewalt an sich reißen, B.B.) zu werden, die Zusage der Anwesenheit gerne bundestheologisch gedeutet: 'Habt keine Angst, ich bin bei euch und werde immer bei euch bleiben'. Das muß nicht falsch sein, kann aber dazu verführen, das Element von Bestreitung zu übersehen, das in der Antwort an Mose zweifellos enthalten ist. Mose will einen Namen wissen, statt dessen hört er ein Hapax, eine Singularität. Der von sich sagt 'Ich bin da', macht damit die sprachlogisch allgemeinste denkbare Aussage, ein ontologisches X ohne jede weitere identifizierende Bestimmung. Der Neuplatoniker Porphyrius, gestorben um 305 in Rom, ist für seine 'Definitionsbäume' bekannt geworden. Schon Sokrates und Platon war es ja um Definitionen gegangen, und der Neuplatonismus führt vor, wie durch *privative Negationen* vom Besonderen zum Allgemeinen vor- beziehungsweise zurückgeschritten werden kann. Eine privative Negation ist eine solche, die von einer Bezeichnung eine Bestimmung wegnimmt. Sie ist streng zu unterscheiden von einer Negation, die ablehnt. In der äußersten Armut an Bestimmungen kann der 'Ich bin da' emphatisch geliebt und bejaht werden. Wer von negativer Theologie redet, meint meist die privative Negation, riskiert aber Mißverständnisse. Daher ist die Rede von privativer Theologie dem herkömmlichen Sprachgebrauch, wo von der *theologia negativa* die Rede ist, vorzuziehen.

Die präziseste Bezeichnung einer Sache oder Person ist zweifellos der Name, ein 'dieses da', auf das mit dem Finger gezeigt werden kann. Wird von einem Namen eine Bestimmung weggenommen *(privatio),* landen wir in einer höheren Allgemeinheitsklasse. Was nicht Sokrates ist, ist vielleicht ein Athener, was kein Athener ist, ist vielleicht ein Mann, wenn kein Mann, so doch vielleicht ein Mensch, ein Lebewesen, ein Stück Materie usw. Die sprachlogische Skala spannt sich vom Eigennamen über eine Skala abnehmender Bestimmtheit bis zum puren X der Anwesenheit. Dieses reine X der Anwesenheit wird aber in Exodus 3, 15 als 'Name' ausgerufen: 'Das ist mein Name für immer und so wird man mich nennen in allen Generationen.' Das sprachlogische Gegenteil eines Namens wird somit zum Namen. Ein solcher 'Name', der seiner Bedeutung nach nirgendwo nicht ist, ist eine Singularität. Er hat den größten denkbaren Begriffsumfang und den kleinsten denkbaren Begriffsinhalt. Er bildet auch eine eigene ontologische Klasse. Innerhalb der Realität, in der die Dinge ihren Namen haben, kann er nicht benannt werden. Er ist ein Etwas, das die Realitäten umgreift und ihnen vorausgeht. Das hat zur Konsequenz, daß für ihn auch ein semantischer Sonderweg beschritten werden muß. Das Tetragramm JHWH kommt einem Bilderverbot für den Namen gleich. Dieses Bilderverbot für den Namen ist das Seitenstück für das Bilderverbot für das Kultbild, wie es in der Geschichte vom goldenen Kalb konstituiert wird.

Der privative Monotheismus begründet ein Bestreitungsdenken, das sich in vielen Lebensbereichen manifestiert hat. Hierher gehört zum Beispiel das Zeichen des Sabbats. So wie aus dem normalen Boden der Tatsachen am Sinai ein heiliger Boden herausgesprengt wird, auf dem Mose seine Schuhe ausziehen muß, so wird aus dem Kontinuum der Tage ein heiliger Tag herausgesprengt. Ein Tag, der den Index 'anders' trägt. Seine Alterität wird privativ markiert. Normalität wird weggenommen. 'An ihm darfst du keine Arbeit tun. Du, dein Sohn und deine Tochter, dein Sklave und deine Sklavin, dein Rind, dein Esel und dein ganzes Vieh und der Fremde, der in deinen Stadtbereichen Wohnrecht hat. Dein Sklave und deine Sklavin sollen sich ausruhen wie du' (Deuteronomium 5, 14).

Arbeit heißt Zwecke verfolgen. Während die Götter des Polytheismus allesamt Verlängerungen menschlicher Interessen und Zwecke sind, ist der Tag des anderen Gottes ein Tag ohne Zwecke. Zweifellos hat der Sabbat – später der Sonntag – als arbeitsfreier Tag sich als außerordentlich nützlich für die Rhythmisierung des Lebens erwiesen. Er dient der Wiederherstellung der Arbeitskraft, er ist ein Reflexionsraum für einen Alltag, dessen Probleme, sieht man sie erst einmal vom Abstand her, lösbarer werden. Diese sekundären Funktionalisierungen verkennen aber den ursprünglichen privativen Sinn, der in der Bestreitung der finalen Sinnhaftigkeit der menschlichen Arbeit steckt. Der Tag des Herrn ist der Tag, an dem der Mensch auf die normale selbstfabrizierte Sinngebung verzichtet. Der Sabbat ist die Installation von Offenheit. Von der Paradiesgeschichte bis zur Apokalypse des Neuen Testaments predigt der privative Monotheismus den Verzicht auf absoluten Sinnbesitz. Den menschlichen Machbarkeits- und Allmachtsphantasien wird etwas weggenommen. Die letzten Dinge, die Eschata, gehören nicht dem Menschen, sie gehören Gott. 'Ich bin da' ist der Name dafür, daß dem Menschen die letzten Dinge nicht gehören. In ihm spricht sich der 'eschatologische Vorbehalt' aus.

Die kulturellen Folgen dieses privativen Monotheismus können kaum überschätzt werden. Daß da eine singuläre Realität ist, deren Name das polare Gegenteil eines normalen Namens ist, hat Konsequenzen für seine Kalkulierbarkeit, Verstehbarkeit und Instrumentalisierbarkeit. Homers Welt der vielen Götter ist weitaus befriedigender erklärt als eine monotheistische. Gut und böse kann Homer problemlos auf ihre jeweiligen göttlichen Urheber zurückführen. Stößt Odysseus ein Unglück zu, war meist Poseidon der Urheber, überirdische Hilfe wird ihm von Athene zuteil. In diesem Sinn ist die polytheistische Welt kosmisch, das heißt wohlgeordnet. Sie kann mit der Befriedigung betrachtet werden, mit der wir eine Rechenaufgabe betrachten, die am Ende aufgeht.

Der Monotheismus dagegen ist unbefriedigend und ungesättigt, er ist privativ. Das literarisch eindrucksvollste Buch der Bibel ist die Geschichte von Ijob dem Gerechten. Auch sie installiert ein Bilderverbot, genauer ein Gottesbilderverbot. So wie die Kinder Israels am Fuße des Horeb aus ihren Schmuckstücken ein Kalb verfertigten, um den Gott in ihrer Mitte zu besitzen, so haben die Freunde Ijobs sich einen Gott gemacht. Gott ist für sie gleichbedeutend mit der Idee 'Wohlverhalten gegen Wohlergehen', eine Art moralischer Weltformel. Sie sind empört, daß Ijob auf seiner Gerechtigkeit besteht, obwohl er ins Elend geraten ist. Wieder bekommt das Gesicht Gottes feindliche Züge. Ijob klagt: 'Warum verbirgst du dein Angesicht und siehst mich an als deinen Feind?' (13, 24) 'Seine Pfeile umschwirren mich, scho-

nungslos durchbohrt er mir die Nieren, schüttet meine Galle zur Erde. Bresche über Bresche bricht er mir, stürmt wie ein Krieger gegen mich an'. (15, 13f.)
Das Buch Ijob ist wahrscheinlich der poetisch stärkste Text des privativen Monotheismus. In ihm wird die Explosion des Gotteskalküls in panoramatlscher Dehnung von allen Seiten besichtigt. Es ist ein religionskritisches Buch, denn wieder sind es die 'Frommen', die Freunde Ijobs, die sich, indem sie Gott zu einer moralischen Funktion machen, selbst zu Gottesbesitzern gemacht haben. Und wieder wird das Rätsel installiert. Leibniz wird es das Theodizeeproblem nennen: Wie kann ein Allmächtiger und Allgütiger zulassen, daß der Gerechte leidet? Diese Frage ist äußerst realistisch, denn sie deckt sich mit der Erfahrung nahezu aller Menschen. Ijob wird – wie allen Menschen – die Antwort verweigert. Diese Verweigerung ist die Botschaft der Lehrerzählung. Dieser Monotheismus ist die Religion der nicht aufgehenden Rechnungen."[57]
Und aus demselben Heft noch eine kürzere Passage von Jürgen Ebach:
„Vor allem nimmt Israel in der Wüste Gott wahr im Kontrast zur umgebenden Wirklichkeit. Im Dunkel der Nacht wird er erkennbar in einer Feuersäule, in der Helligkeit des Tages dagegen als dunklere Wolke. Das Kontrastbild ist transparent auf eine Grundfrage nch Gott. Er kommt hier nicht in den Blick als Garant dessen, was ist und wie es ist, sondern in einer Gegenerfahrung, denn das, was ist, ist nicht alles ... Wo alles hell ist, in der Herrschaft der 'Aufklärung' (enlightment), wäre Gott wahrnehmbar in einer Wolke ... Zuweilen kommt mir auf dem Weg ein mordlustig aussehender Hund entgegen. Während ich angstvoll dem Unheil ins Auge sehe, ruft die Stimme eines (dem Hund nicht selten ähnlich sehenden) 'Herrchens': 'Der ist lieb.' Und zuverlässig folgt als weiterer Satz: 'Der tut nichts.' Die vertraute Wortwahl erlaubt realsatirisch verblüffende Rückschlüsse auf die Rede vom 'lieben Gott'. Lieb sein heißt: Nichts tun ... Der 'liebe Gott' ist 'lieb' – nicht nur solange er nichts, sondern weil er nichts tur. Vor dem 'lieben' Gott muß man keine Angst haben – er tut nichts."[58]

---

[57] Eckhard Nordhofen, Die Zukunft des Monotheismus, in: Merkur 53 (1999) 839-842 (Sonderheft Nach Gott fragen. Über das Religiöse).
[58] Jürgen Ebach, Gott wahr-nehmen, in: : Merkur 53 (1999) 784-794 (Sonderheft Nach Gott fragen. Über das Religiöse); ein weiterer vorzüglicher Aufsatz aus diesem Merkur Sonderheft sei empfohlen: Ernstpeter Maurer, Unterwegs zu einer Theo-Logik, ebd. 983-989; ausführlichere Darlegungen finden Sie bei B. Beuscher u. D.

Die vielleicht bekannteste Passage postmoderner Theo-Logie findet sich in Apg. 17,16ff („Vom unbekannten Gott"). Paulus ist in Athen. Es gibt heftigen Streit mit epikureischen und stoischen Philosophen (von „stoischer Ruhe" keine Spur). Schließlich gehen sie auf den Aeropag. „Dürfen wir erfahren, was das für eine neue Lehre ist, die du verkündest? Du gibst uns ja seltsame Dinge zu hören ... Alle Athener und die dort ansässigen hatten ja für nichts mehr Zeit, als Neuigkeiten zu erzählen oder zu hören ... 'Ihr Männer von Athen, ich finde, daß ihr in jeder Hinsicht sehr religiös seid; denn als ich umherging und eure Heiligtümer betrachtete, fand ich auch einen Altar mit der Inschrift: Dem unbekanten Gott. Was ihr da verehrt, ohne es zu kennen, das verkünde ich euch'."

Es ist keine Frage, daß die biblisch-christlichen Überlieferungen unterschiedliche, komplexe Gottesvorstellungen beinhalten. Die Theologie der jüdisch-christlichen Traditionen ist vor aller möglichen äußeren Bezugsvielfalt „intraplurale Theo-Logie". Der Monotheosmus der jüdisch-christlichen Traditionen zeigt sich nicht linearkontinuierlich-stabil, sondern genuin diversifikativ-komplexitätssteigernd. Keinesfalls kann „Pluralismus als verspätetes und ungewohntes theologisches Thema" aufgefaßt werden.[59] Im Blick auf Gott sind wir fassungslos. Mit Gott läßt sich nicht rechnen, schon gar nicht feste. Wohl kann man sich auf Gott (hin) verlassen. Die israelitische Tradition hatte Fremdheit als ein entscheidendes Attribut Gottes wahrgenommen. Jürgen Ebach gibt dies Anlaß, jenseits der Kategorien „Fliegenbeinzähler" oder „Feuilletonist" auf dem (Eigen)Sinn theologisch sachgerechter „Vielfalt ohne Willkür" zu beharren mit Psalm 62,12 als Motto: „Eines hat Gott geredet, zwei sinds, die ich gehört habe."[60] „Exegese hat mit dem zu tun, was 'da steht' – und das ist ich Problem. Dabei ist, was 'da steht', in den meisten Fällen völlig klar ... Weil man in den meisten Fällen zwar weiß, was da steht, in weit weniger Fällen aber weiß, wie man es zu verstehen hat, deshalb gibt es, seit es die Texte gibt, auch den Streit um die Auslegung."[61] „Vielfalt ohne Willkür" kann man auch kurz mit „Beliebigkeit" (agape) umschreiben, einer

---

Zilleßen, Religion und Profanität. Entwurf einer profanen Religionspädagogik, Weinheim 1998.

[59] vgl. dazu Karl Ernst Nipkow, Bildung in einer pluralen Welt. Band 2: Religionspädagogik im Pluralismus, Gütersloh 1998, 22.

[60] vgl. dazu J. Ebach, Die Bibel beginnt mit „b". Vielfalt ohne Beliebigkeit, in: ders., Gott im Wort. Drei Studien zur biblischen Exegese und Hermeneutik, Neukirchen-Vluyn 1997, 85-114.

[61] Peter Schwagmeier, Texte verspielen, in: Theologica 1/1999, 16.

Wendung, die meist negativ als Kritik postmoderner Phänomene gebraucht wird. Und doch markiert sie (im Gegensatz zu Willkür oder x-Beliebigkeit) den entscheidende ethisch-konfessorischn Dreh- und Angelpunkt unseres Wissens, nämlich den Zusamenhang von Wahrheit und Methode" (H.-G. Gadamer, 1960) und „Erkenntnis und Interesse" (J. Habermas 1968) als in Natur- wie Geisteswissenschaften stets „*gewagtes* Wissen". So gibt sich „die Kirche mit ihrer Theologie als gott-kundig" und postmodernetauglich aus, *indem* „im RU Fragen verhandelt (werden), die sich nicht verrechnen lassen."[62]

Überlieferung darf nicht als unumstößlicher Inhalts- und Dogmenbestand benutzt werden, sondern bedarf der Auseinandersetzung. Positionen müssen immer wieder gewonnen werden; sie sind nicht als unumstößlicher Halt festzustellen. Ihre Entschiedenheit ist nicht absolut, nicht unbedingt und rigide. Sie wissen um ihre Relativität. Das heißt: Beziehungen zu Traditionen haben zu berücksichtigen, daß Tradition aus dem Schwanken entstanden sind und wieder zum Schwanken kommen können. Gott schwankt (Jona).[63]

Jona will dem schwankenden Gott sein Vertrauen entziehen. Der König von Ninive dagegen setzt auf ihn: „Vielleicht schwankt Gott noch mal". Konsequenz kann etwas Unbarmherziges an sich haben. Der Glaube an den schwankenden Gott wurde den Niniviten zur Rettung, der unerschütterbare Glaube an den konsequenten Gott Jona beinahe zum Verhängnis. Auch Abraham, der die Fremde und den Fremden kennenlernte, kennt den schwankenden Gott: er fängt mit ihm den Handel um Sodom an (Gen. 18,16b-33). Und auch Hiob schwankt. Er steht zu Gott in verläßlichem Vertrauen angesichts schärfster, unerbittlicher Konflikte und Fragen (Hiob 27). Er stellt sich entschieden den Argumenten seiner Freunde entgegen und antwortet ihnen mit klarer Rede. Und er streitet und hadert mit Gott, klagt ihn an, protestiert gegen ihn (Hiob 30,19-23). Er verzweifelt, liegt darnieder, resigniert, ist enttäuscht, schreit, weint (Hiob 30,24-31). Der entschieden-schwankende Hiob wird von Gott gerechtfertigt.

Es ist offenbar, daß Gott nicht offensichtlich ist. Jochen Hörisch nennt dies eine „kreuzliberale Einsicht".[64] Gottesbilder sind Entzugserscheinungen

---

[62] Identität und Verständigung: Standort und Perspektiven des Religionsunterrichtes in der Pluralität" von 1994, 84 u. 27, im folgenden abgekürzt mit IuV.

[63] vgl. dazu B. Beuscher u. D. Zilleßen, Religion und Profanität. Entwurf einer profanen Religionspädagogik, Weinheim 1998, 64-78.

[64] Jochen Hörisch, Ende der Vorstellung. Die Poesie der Medien, Frankfurt 1999, 218.

(2.Mose 33,20-23). Sie bringen in Bewegung. Gerade in dieser Bewegung entsprechen sie Gott, der sich bewegen läßt, der sich herabläßt. Auch der Höchste steigt vom Thron herab. Dementsprechend vielfältig sind die Gottesbilder: Ein Gott des „lebenslangen Lernens", Gott, der in der Entfremdung, Trennung, in der Spannung von Sund leben läßt (Gen 1, Röm 1), Gott, der der tödlichen Entropie totalitärer Verfügungsrationalität vorbeugt (Gen 11), Gott, der brennen läßt, ohne zu *ver*brennen (2.Mose 3,2), Gott, der sich subversiv ausweist als „Ich bin der *Ich-Bin*" (2.Mose 3,14), ein Feind des lebensmüden Festlegens auf immer und ewig (2.Mose 20,3-5; 1.Kön 19,4; Hiob 7,15; Jona 4,3; Mk 2,1-12); ein Gott, dessen Festsetzungen von Anfang an durch einen Absturz und Bruch gekennzeichnet sind und der über die Zäune und Mauern der Festsetzungen springt (2.Mose 32,19; Ps 18,30; Mk 2,27), ein Gott, der aus Knechtschaft befreit (2.Mose 12-15; 2.Mose 15,21; Mk 5,1-20), ein Wegegott, eine Wolke, eine *Feuer*säule (1.Mose 12,1; 2.Mose 13,21-22; 4.Mose 9,15-23); „Eine Gestalt habt ihr nicht gesehen. Ihr habt nur den Donner gehört" (5.Mose 4,12). „Mein Angesicht kannst du nicht sehen; denn kein Mensch wird leben, der mich sieht" (2.Mose 33,20). „Bin ich nur ein Gott, der nahe ist, spricht der Herr, und nicht auch ein Gott von ferne her?" (Jer 23,23) Es ist ein Gott der Übergänge und Aufbrüche (Hebr 11, 8-16), der Spiegelungen und Schwankungen, ein Säuseln, eine „unhörbare Stimme" (1.Kön 19,12; Lk 24; Apg 2,1-13), ein Gott, bei dem man das Nachsehen hat (2.Mose 33, 20-23), der aber am Leben interessiert ist (1.Mose 8,21-22; Mk 10,14; 17-27). Ein Gott, der durch Bäche und Krisen führt (1.Kön 17,3; Mk 9,24), der Hinken macht (1.Mose 32,24-26), kein Gott auf Biegen und Brechen, ein Gott, der in den Lücken Wege glücken läßt (2.Mose 14,21-22; Mk 8,34-36). Ein Gott, der Wohlgefallen hat am „Risikofaktor Mensch".
„Gott" taugt nicht zum Kleingedruckten unserer Subsistenzgarantien, „zum Mittel unserer Zukunftssorge und zum Analgetikum unserer Lebensangst."[65] In der Inhomogenität der Gottesbilder des einen Gottes der jüdisch-christlichen Traditionen kommt zum Ausdruck, wie das Leben uns als Glauben in den Dialog nimmt. Gerade im Kontext interkultureller bzw. interreligiöser Auseinandersetzungen ist es wichtig, das Fremde u. Schwankende dieser Theologie nicht zu verhelen. Wenn „*Inter*religiosität" nicht als „*Intra*religiosität" erkannt und verstanden wird, ist alle Rede von Dialog Etiketten-

---

[65] K. Rahner, Jenseits von Optimismus und Pessimismus, in: Hoffnung in der Überlebenskrise? Salzburger Humanismusgespräche, hg. v. O. Schatz, Graz 1979, 181.

schwindel. Dabei „beläßt mich das Evangelium auch meiner kleinen 'konfessionellen' Wahrheit in ihrer geschichtlichen Form."[66]
Insofern eine entsprechende Religionspädagogik den Kontakt mit dem Fremden als ihr Paradigma anerkennt, ist sie mehr als menschlicher Selbstentwurf. Während einer ideologischen Schutzhaft der Werte Wertewandel bedrohlich erscheinen muß, sprach Paul Tillich konstituitiv-integral von „Wesen und Wandel des Glaubens", eines Glaubens, der postmoderne Koordinaten protestantisch-kulturell zwar nicht anzubeten, aber zu loben versteht. Dieser (anstrengenden, verantwortungsvollen) Beliebigkeit (agape) folgt auch keine gesellschaftspolitische Lähmung, Politikverdrossenheit oder sonstige (Theorie)Müdigkeiten, sondern mit Paul Tillich „Entschlossenheit".
„Ein integratives Lehramtsstudium setzt eine Überprüfung und Erneuerung der theologischen Lehre voraus".[67] Nur wenn Theologie die Auseinandersetzung mit den Bereichen Neostrukturalismus, (De)Konstruktivismus, semiotische Hermeneutik und phänomenologische Ästhetik im Zusammenhang der jüdisch-christlichen Traditionen leistet, wird sich eine entsprechend gebildete Religionspädagogik naiven Erwartungshaltungen künftig widersetzen können. Dann wird ihr in den anstehenden interkulturellen und interreligiösen Auseinandersetzungen des postmodernen Kontexts im Blick auf sozialen Umgang und Kommunikationsfähigkeit eine wesentliche gesellschaftliche Bedeutung zukommen.

---

[66] Oskar Hammelsbeck, Evangelische Lehre von der Erziehung, München 1950, 43.
[67] Im Dialog über Glauben und Leben. Empfehlungen zur Reform des Lehramtsstudiums Evangelische Theologie/Religionspädagogik im Auftrag des Rates der EKD, Gütersloh 1997, 79.

Die Diskussion in Schlaglichtern:

| katholisch | Pelikan | Nesquik |
| evangelisch | Geha | Kaba |

7. Vorlesung

Schiff ahoi!

"Das Ziel ist der Weg" oder "Das Ziel ist weg"?
Von religionspädagogischen Lernwegen „durch das Meer der Zeit"[68]

Als metaphorischen Rahmen für die Darstellung von Religionspädagogik nutze ich im Folgenden das Bild von der Seefahrt bzw. vom Seeweg, weil das Meer als „schwankender Boden" die postmoderne Situation zwischen ersehnten Standpunkten auf einem unerschütterlichen Boden fester Tatsachen und befürchtetem Absinken in bodenlose Abgrundtiefen sehr gut veranschaulicht. Während also die Arche Noah nach Rückgang der Sintflut wieder auf trockenem Land strandet, bleibe ich mit meiner Bildrede mit der Religionspädagogik auf hoher See. Nachteil dieser Bildrede ist, daß sich das entsprechende Vokabular dem Lebensbereich einer reinen Männerwelt verdankt. Dies wiederum gibt jedoch den Frauen die Chance zu kritischer Distanz für anstehende Debatten.

Wildwasserfahrten sind „in" und sehen auch spritzig und rasant aus. Gerade die, welche Religionspädagogik am liebsten als festvertäutes, exklusives Museumsschiff (mit geregeltem Publikumsverkehr) sähen, leisten sich gerne mal solche Abwechslungen. Aber mit dem Leben auf hoher See hat das nichts zu tun. Das religionspädagogische Schiff ist kein Museumsschiff. Sind auch manchmal Renovierungsarbeiten nötig, so kann es doch nicht zeitlos-ewig auf dem Trockendock bleiben oder vor Anker liegen. Doch „fortschrittliche" oder „rückständige" Schiffsmodelle sind deshalb gegenüber idealtypischen vorzuziehen, weil 'fortschrittlich' oder 'rückständig' nur das Schiff sein kann, das in Fahrt, das unterwegs ist. Idealtypische Modellbaudidaktiken dagegen sind zwar zeitlos schön anzusehen und lehrreich (man kann sie sogar sammeln), auch kann man sie an ruhigen Tagen auf einem Teich ausprobieren, aber „mit Mann und Maus" auf rauher See benutzen kann man sie nicht. Also: lassen wir das Schiff der Religionspädagogik zu Wasser und drehen wir eine Runde. Anker lichten!

---

[68] vgl. Mundorgel, Lied Nr. 50 (Ein Schiff, das sich Gemeinde nennt).

Religionspädagogik: *vor Anker gehen und Anker lichten*

Die Sehnsucht nach der Geborgenheit eines Heimathafens muß mitnichten erst religionspädagogisch geweckt oder konfirmiert werden. Die Suche nach *Halt, Geborgenheit, Heimat, Grund, Beruhigung, Gewißheit, Sicherheit, Ordnung, Orientierung und Trost* (nennen wir es „Wortfeld A") ist ein natürliches-religiöses Bedürfnis. Alle diese genannten Momente sind entwicklungspsychologisch sogar lebenswichtige Faktoren: ohne Liegezeiten und Vorräte-Bunkern ist keine Passage möglich. Kurskoordinaten, Orientierungs- und Ankerpunkte sind beim Navigieren nicht zu verachten, sondern wünschenswert. Die Betonung liegt aber auf „*beim Navigieren*". Navigieren steht nämlich für den *Kontext* aller in Wortfeld A genannten Bedürfnisse (nennen wir es „Wortfeld B"): *Fremdsein, Heimatlosigkeit, Suche, Verunsicherung, Aufbruch, Unruhe, Umordnen, Geduld, Sehnsucht*. Alle von uns veranstalteten (Kurz)Urlaub-, Jet-Set-, Trecking-, Wohnmobil- und Renovierungsaktivitäten können nicht darüber hinwegtäuschen, daß unser Leben ein „Geworfensein", eine Suche, ein Pilgern, ein Streben, Irren und Wandern ist. Beiden Wortfeldern entsprechen in der Bibel Schöpfungstraditionen (Wortfeld A) und Exodustraditionen (Wortfeld B). Wichtig ist die Verhältnisbestimmung der angeführten Wortfelder A und B, die auf Ausführungen Henning Luthers zurückgehen.[69] Die Stillung der Bedürfnisse gemäß Wortfeld A würde *für sich alleine* nur zu einer lähmenden Übersättigung führen (satur ⇨ satt ⇨ sad), die sich dann durch allerlei künstliche Aufregung Entlastung zu verschaffen versucht. Lebensfördernd werden die Faktoren von Wortfeld A erst im übergeordneten Zusammenhang von Wortfeld B. Im Bilde gesprochen: zwar kann man nicht immer auf dem Wachposten oder am Ruder stehen, man muß auch (*im schwankenden, fahrenden Boot*) essen und schlafen. Aber es kommt im Sinne unserer Bildrede vom Schiff auf der Fahrt durch das Meer der Zeit darauf an, daß sie anderen Lebensentwürfen, die einen Ausstieg, ein von-Bord-Gehen oder ein an-Land-Ziehen oder ein festes Vertäuen als Lösung propagieren, widerspricht. Eben war einmal vom Trockendock die Rede. Ich meine, daß sogar dieses Bild korrigiert werden muß: selbst notwendige Instandsetzungsarbeiten sind am fahrenden Schiff (vielleicht mit halber Kraft voraus, vielleicht auf einem *Schwimm*dock) vorzunehmen. Es ist also bei religionspädagogischen (interkulturellen, interkonfessionellen und *inner*konfessionellen) Auseinandersetzungen zu fragen, ob Wortfeld A auf Kosten

---

[69] Henning Luther, Religion und Alltag, Stuttgart 1992, 19.

von Wortfeld B favorisiert wird, oder ob beide Wortfelder zugunsten des Lebens miteinander im Spiel sind. Wer zu stark dem idyllischen Bild von der Einfahrt in den ewigen Hafen nachhängt, geht unter und kommt nie an.

Religionspädagogik: *vorsintflutlich oder postmodern?*

Anstatt sich des bedingungslosen nachsintflutlichen Neuen Bundes, den Gott mit Noah stellvertretend für alle Menschen geschlossen hat (vgl. Gen 8 und 9), zu erfreuen und jetzt erst recht – *nämlich ohne lähmende Vernichtungsängste* – die große Fahrt zu wagen, scheint das Schiff, das sich Religionspädagogik nennt, lieber die exklusiven Zeiten der Arche Noah zurückzusehen. Das Schiff, das sich Religionspädagogik nennt, will nur zu oft (vor)sintflutliche Arche Noah sein, geschlossene, heile Gesellschaft. Und die widrigen Umstände – eigentlich im Neuen Bund als Weltzustand und menschliche Herzenssache bejaht, beschlossen, gesegnet und mit einem Regenbogen symbolisiert– werden doch wieder verneint, abgelehnt und nach außen projiziert und bekommen den stigmatisierenden Erkennungsnamen: „Babel" (die Globalisierung der Pluralisierung) heißt nun abfällig (und irreführend) „Postmoderne". Man trauert: Was waren das doch für schöne Zeiten, als klare Verhältnisse herrschten. Draußen das weite Meer, drinnen eine schöne Sozietät, alle Mann an Bord und alle Schotten und Luken dicht. Draußen Welt-Raum, drinnen Gemeinde-Raum; nur für die Brieftauben mußte man ab und zu kurz ein Fensterchen lüften. Wenngleich es auch eng war, so hatte doch alles seine Ordnung und seinen Platz. Das Wasser stieg langsam, die Bösen ersoffen, das Schiff trieb unsinkbar so vor sich hin. Und heute? „Postmoderne Orientierungslosigkeit!" Die Wellen schlagen hoch. Das Schiff wird durch Nieten zusammengehalten. Wie soll einer da nur ruhig schlafen? Kapitäne, Steuermänner, Lotsen, Leuchttürme, Wachttürme und Kursbücher sind gefragt (die gibt's dann auch wie Sand am Meer). Radar müßte man haben, mit dem man den ganzen Nebel und das Dunkel durchschauen kann, wenn möglich kombiniert mit einem Satellitennavigationssystem (einem „Super-Mastkorb" sozusagen, der vom Schiff losgelöst ist, also selbst nicht mitschwankt). Das wär's: von einem fixen Außenstandort jederzeit die Fahrtposition sicher bestimmen können. So stellen wir uns Gott vor, wenn *wir* Gott wären. Doch während wir Menschen so Gott träumen, wurde Gott Mensch, d.h. er sitzt ja längst mit im Boot, und manche bedauern das. Unsinkbare Boote sind im Angebot. Und trotzdem sinken immer wieder Schiffe. Waren sie überladen? Soll man Ballast abwerfen? Etwas oder jemanden (blinde Passagiere?!) über Bord werfen? Z.B. „Die Medien" oder „Medienmacher"? Sind die Luken etwa nicht dicht? Ist vielleicht nicht genug abgeschottet? Müssen wir (uns) mehr am Riemen reißen? Müssen wir womöglich den Kurs (schon wieder!) korrigieren? Das dauernde Drehen am Ruder bringt das Boot jedoch nur ins Schlingern. Und Schiffe benötigen einen sehr großen Manövrierradius, haben auch sehr große Bremswege. Nicht wenige sind seekrank. Einige wollen aussteigen. Die meisten schütten das Kind mit dem Bade aus. Viele haben bereits Rettungswesten an. Der Kampf um die Plätze in den Rettungsbooten hat begonnen. Man befürchtet „Schiffbruch in den Stürmen der Postmoderne". Für Schwimmkurse sei es jetzt zu spät, heißt es. Nur die kleine Planschtruppe im Bordpool hat von alledem noch nichts gemerkt ...

Aber weil die Stürme nicht „draußen" sind, sondern „auf und in dem Boot" und *dies auch* seine Ordnung hat (nämlich die, die in Gen 8 und 9 „noachitischer Bund" heißt), darum erleben nostalgische, selbstgerechte, lebensmüde, vorsintflutliche Arche-Noah-Träume Schiffbruch und ihren Untergang. Man konnte das im Kino lernen: mit „Titanic" (als eine Art inverser Arche Noah - Tradition) geht der Traum von der Religionspädagogik-Gemeinde als heile Hausboot-Family baden. „Titanic" ist die Sintflut der Arche Noah selbst. *Diese* Sintflut ereignet sich als Sinnflut und Sinnenflut: eben nicht Werteverlust oder Wertemangel, sondern inflationärer Wertemarkt und Ästhetizismus bis zur Anästhesie bewirken scheinbare Gleichgültigkeiten. Nicht Hafen, Selbstversenkung, Autopilot oder Fernsteuerung, sondern Navigationskunst (Scheidung der Geister) ist jetzt gefragt. Also geradeaus? Backbord? Steuerbord? Alle schreien durcheinander. „Im Schiff, das sich Gemeinde nennt, fragt man sich hin und her: Wie finden wir den rechten Kurs zur Fahrt im weiten Meer? Der rät wohl dies, der andre das, man redet lang und viel." Rufe nach gemeinschaftlichem Ausstieg häufen sich: „Alle Mann über Bord!" Die Stimmung ist panisch. Immer öfter ist man bereit, diesen Rufen blind zu folgen.

Religionspädagogik: *in See stechen, auf Kreuzfahrt gehen*

„St. Pauli Landungsbrücken" sind „das Tor zur Welt". Aufbruch mit unbekanntem Ziel? Das Mundorgellied besingt als Ziel „Gottes Ewigkeit". An diesen Worten gibt es viel zu rütteln. Aber kann man „Gottes Ewigkeit" konkretisieren und profan übersetzen mit „Der Weg ist das Ziel"? Anstatt endlos und formelhaft über das Ziel zu streiten bliebe hier immerhin die Herausforderung, den nächsten (Glaubens)Schritt zu tun, es zu wagen, einen Kurs einzuschlagen. Hier ist im Gegensatz zum willkürlichen Rumsurfen („Willkür" als ein Sich-treiben-lassen *im Netz!*) entschlossener Liebe gefragt: agape alias „Beliebigkeit". Die Wendung „Der Weg ist das Ziel" dient in diesem Sinne eben nicht dazu, zu kaschieren, daß das Ziel weg ist, sondern gibt zu und leugnet nicht, daß uns niemand die Entscheidung für ein Ziel und die Kursbestimmung und das Navigieren abnimmt.

> *„In einem alten Buch über die Fischer der Lofoten lese ich: Wenn die ganz großen Stürme erwartet werden, geschieht es immer wieder, daß einige der Fischer ihre Schaluppen am Strand vertäuen und sich an Land begeben, andere aber eilig in See stechen. Die Schaluppen, wenn überhaupt seetüchtig, sind auf hoher See sicherer als am Strand. Auch bei ganz großen Stürmen sind sie auf hoher See durch die Kunst der Navigation zu retten, selbst bei kleineren Stürmen werden sie am Strand von den Wogen zerschmettert. Für ihre Besitzer beginnt dann ein hartes Leben."*
>
> B. Brecht

Es führt meines Erachtens weder weiter, alle Maschinen zu stoppen, noch ohne Ziel „volle Kraft voraus" zu fahren. Besser wäre vielleicht ein Segelturn. Sein Fähnchen in den Wind zu hängen muß nicht so schlecht sein, wie es das Sprichwort immer meint. Mag das Fähnchen (z.B. als nötiges, erkennungsdienstliches konfessorisches Etikett) auch im Wind mit dem Wind flattern, so kann man jedoch gegen den Wind und die Gezeitenströme *kreuzen*.

Wer „hart am Wind" kreuzt, wird manchmal kräftig angefaucht. Mitunter wird auch „Schiffeversenken" gespielt. So hieß es zum Beispiel einmal nicht zimperlich im Zusammenhang symboldidaktischer Diskussionen unter der Überschrift „Vorort fröhlicher Unerfahrenheit. Anmerkungen zu einem Aufsatz von Dietrich Zilleßen: Die von Zilleßen gezimmerte Schaluppe braucht Stürme nicht erst zu befürchten, sie muß bereits als abgewrackt gelten" (Katholischen Blätter 120 (1995) 330-345).

Allerdings hat der keine Ahnung, der meint, er käme ohne Karte, Kompaß, Schlaf und Proviant aus, das Meer und die Winde würden ihn schon ans Ziel treiben und man könne sich von Luft und Liebe ernähren. Andererseits ist die Karte nicht das Meer, High-Tech-Ausrüstung ersetzt nicht Expeditionsmut, Ortungssatelliten können vom Himmel fallen und Schokoriegel und Wasser sättigen nur vorübergehend. Auch ist manche Kommandobrücke so hoch, daß man von dort das Schiff gar nicht mehr sehen kann.

Die Diskussion in Schlaglichtern:

Verschiedene Analogisierungsmöglichkeiten der Bildrede von der Fahrt auf hoher See wurden im Blick auf die Religionspädagogik deatilliert durchgespielt. Andere Bilder (Wüste, feste Burg, Wanderschaft, Window-Welt) wurden probiert und im Blick auf Chancen und Gefahren eingeschätzt.

8. Vorlesung

„Es scheint mir schwierig, nicht blöde von der Sprache zu sprechen."[70]

„Semiotics addresses what is first in the understanding".[71] Das kommt auf das Verständnis des Verstehens an. Der Begriff „Semiotik" ist im folgenden als weiter und differenzierter Theoriebegriff im Blick auf die Komplexität und Mehrdimensionalität der Menschenweltphänomene gebraucht: Religionspädagogik mit semiotischem Horizont entspricht einer Theologie der Mächte und Gewalten, womit sie der Psychoanalyse nahesteht, die jedoch in ihrem Sprachspiel bemüht ist, (warum auch immer) ohne eine Erklärung zum Woher der Hoffnung auszukommen. Charles W. Morris unterschied in seiner Zeichentheorie drei Relationen: *Syntaktik* (von Zeichen zu Zeichen: Satzlehre/Grammatik), *Semantik* (von Zeichen zu Objekten: das Bedeuten der Zeichen) und *Pragmatik* (von Zeichen zu Zeichenverwendern: wie verwenden Interpretanden Zeichen). Man könnte sagen, Semiotik erforscht, daß und wie Semantik und Pragmatik zusammenhängen. Dabei kommt das Symbolische symptomatisch (als Versprechen) ins Spiel über den Doppel- oder Mehrsinn der Worte, wenn z.B. der großgeschriebene „Weg" und das kleingeschriebene „weg" nicht unterschieden werden (denn weg sein wollen wir doch alle). Semiotik hat zu tun mit der Welt der Gleichnisse und deren Performance[72]: „Die Gleichnisform dient nicht der bildlichen Einkleidung auch in 'eigentlicher Rede' aussagbarer Sachverhalte; sie macht vielmehr deutlich, daß die von Jesus angesagte Gestalt der Gottesherrschaft anders als in metaphorischer Rede offenbar gar nicht zur Sprache gebracht werden kann" (TRE Band 15, 201). Auf diese Weise ist „das zur Sprache Kommen der Basileia ein ausgezeichneter Modus ihres Kommens".[73] „Jesu Gleichnisse können nicht wie direkte Informationssprache mechanisch angeeignet werden. Sie wecken Erinnerungen ... und setzen damit einen Gedanken- oder besser Erfahrungsstrom in Bewegung ... [und überspringen] die Distanz, in der der Hörer einer Information sich seine Entscheidung noch überlegen kann ... Es

---

[70] Jacques Lacan, Encore, Weinheim 1986, 19.
[71] vgl. Artikel „Semiotik (Religionsphilosophisch und systematisch-theologisch)", in: Theologische Realenzyklopädie, Berlin 2000, 110.
[72] Vgl. dazu Hans Weder, Die Gleichnisse Jesu als Metaphern, Göttingen 1978.
[73] Eberhard Jüngel, Paulus und Jesus. Eine Untersuchung zur Präzisierung der Frage nach dem Ursprung der Christologie, Tübingen 1979.

läßt sich ... nie abschließend formulieren, was das Gleichnis besagt ... Fast in jedem Gleichnis gibt es sehr auffällige, wenn auch nicht unmögliche Züge ... Jesu Gleichnisse vermitteln also gerade nicht die jedermann einsichtige, allezeit gültige Wahrheit ... Wie die Erzählung betont auch die Gleichnissprache die Unverfügbarkeit Gottes" (TRE Band 16, 715f.). „Alle nichtmetaphorische Rede von Gott wäre nicht einmal uneigentliche Rede von Gott"[74], sondern Aussage über ein Wesen, das der Mensch mit seinen Definitionen feststellen könnte, also über einen Götzen.

Außerdem verwende ich im folgenden terminologisch die Begriffsdifferenzierung von faculté de *langage*=humanes Talent, Begabtheit, Befähigung zu sprachlichem Weltumgang als übergreifender Aspekt von *langue*=konkrete Einzelsprache und *parole*=Sprechakt (vgl. das semiotische Glossar VL 10).

Jede Skizze verspricht Objektivität, suggeriert einen Außenstandort. Aber es gibt keine Sprache über der Sprache. Dies könnte als mitlaufender Index formal erinnert werden durch Arbeit mit Textspalten im Sinne einer semiotischen Synopse. Entsprechend sind die folgenden Abschnitte als „Linke Spalte" und „Rechte Spalte" betitelt. Diesen (im weiteren Verlauf aus drucktechnischen Formatgründen) imaginär vorzustellenden Spalten) entsprechen zwei verschiedene Sprachverständnisse, zwei Auffassungen von Sprache, zwei idealtypisch umschriebene „Sprachanschauungen". Um die unvermeidliche Objektivitätssuggestion etwas zu kompensieren, ist in den (imaginären) Spaltenrubriken ausdrücklich hervorgehoben, daß „Sprachanschauungen" zugleich „Weltanschauungen" sind. Das bedeutet: wenngleich sich die im folgenden skizzierten Auffassungen von Sprache als enges und weites Sprachverständnis sprachwissenschaftlich ergänzen, so *konkurrieren* sie als Weltanschauungen.

Diese Unterscheidung zweier „Sprachanschauungen" bzw. „Weltanschauungen" ist m.E. der Schlüssel für eine fruchtbare Untersuchung der Frage, ob und wie sich Wort-Gottes-Theologie und christliche Verkündigung im Zeitalter der elektronischen Medien verändert. Auf der Weltanschauungsebene knüpfe ich im folgenden an sprachphilosophische und sprachtheologische (und wie ich meine fundamentaltheologische) Arbeiten z.B. von Hamann, Herder, Bultmann, Liebrucks, Fuchs, Ebeling, Jüngel an und favorisiere die hierarchische Überordnung einer weiten und differenzierten Sprachauffassung über eine enge (letztere ist in der weiten enthalten). Nachdem diese fundamentalen sprachtheologischen Forschungen als historisch abgeschlos-

---

[74] P. Ricoeur/E. Jüngel, Metapher, München 1974.

sen gelten sollen und durch analytischen Zeichen-Trick vieler Art zeitweise verdrängt oder dominiert werden, scheint mir mit den neuen, digitalen Medien jetzt erst die Stunde ihrer Bewährung gekommen.
Das Menü eines entsprechenden „Medienplayers" sähe dann ungefähr so aus:

„Weltanschauung 1" Enge Sprachauffassung	Übergangsfeld ≤Hermeneutik/Semantik⇔Semiotik≥	„Weltanschauung 2" Weite und differenzierte Sprachauffassung
Code:		Langage:
ABC religiöser Sprache		Namenlose Unruhe des Herzens
	Raum für Notizen betreff	
„Zeichen-Trick-Effekte"	**− Evangelium (Wort Gottes)** **− Lob der Lücke**	„Zeichen und Wunder"
„Wut des Verstehens" (F.D.E. Schleiermacher)	**− Semiotisches Glossar** − ...	Verstehen heißt im Einzelfall auch, die Bedrohung eigener Codes in Kauf zu nehmen[75].
„Systemsucht- und wut" (F.A. Diesterweg)		
Verstehen von Sprache		Verstehen durch Sprache

, wobei das mittlere Übergangsfeld dem Regler entspricht, der (in Gedanken während der Lektüre) versuchsweise mehr oder weniger nach links oder rechts ausgesteuert werden kann, existentiell je und je nach Belieben entschieden (agape!) ausgesteuert werden muß bzw. „von woanders" je und je ausgesteuert wird.
Technisch-metaphorisch gesprochen könnte man sagen: einer ganz linken Pegeleinstellung entspräche das schrille Pfeifen einer Rückkopplung, einer ganz rechten Pegelstellung weißes Rauschen. Eine mittlere Einstellung wäre nur flach und dumpf, ohne Höhen und Tiefen. Hermeneutik/Semantik tendieren mehr oder weniger in Richtung enge Sprachauffassung/Weltanschauung 1, Semiotik tendiert mehr oder weniger in Richtung weite und differenzierte Sprachauffassung/Weltanschauung 2.
Entsprechende Einschätzungen der Kompatibilität des „Christentum als Religion des Wortes" mit digitalen Multimediawelten werden, je nachdem, ob

---

[75] vgl. Artikel „Semiotik (Praktisch-theologisch)", in: Theologische Realenzyklopädie, Berlin 2000, 136.

im Horizont von Weltanschauung 1 oder 2 argumentiert wird, völlig anders lauten, z.B. je nachdem, ob „Evangelium" (Wort Gottes) als Medium (Mittel zum Zweck) festgeschrieben ist oder möglicherweise Medien auch als Evangelien (Worte Gottes) zur Sprache gebracht werden bzw. lesbar gemacht werden können. M. McLuhan schrieb vom „Medium als Massage": „'Das Medium ist die Botschaft' (die Doppeldeutigkeit des englischen Wortes wird, erscheint es gedruckt, auseinandergelegt: 'Message' ist auch 'Massage', Botschaft ist Massage)"[76]. D.h. sind „Inhalt" und „Form" auch theoretisch trennbare Aspekte, so sind beide jedoch in kommunikativen Liveprozessen nie separat wirksam. Medienvermittelter Ausdrucksstil und -form sagen womöglich etwas anderes als lexikalische Bedeutungsauskünfte entsprechender Nomenklaturen angeben. Und das läßt sich zurückverfolgen vom multimedialen Internetgottesdienstshowevent über die Verstärkeranlagen in den Gotteshäusern[77], über die frequenzreduzierte Kommunikation in der Telefonseelsorge bis zum weihevollen Singsang in der Stimme des Pastors (Wolf, der Kreide gefressen hat). Wir werden darauf zurückkommen.

Die im folgenden strapazierte These lautet: Das Wort (Gottes) erschöpft sich nicht als Code. Die Message/Sender-Empfänger/langue/parole - Dimension ist in der Massage/Impact/Langage - Dimension enthalten. Diese These ist nicht neu. Aber sie ist im Blick auf die elektronischen Medien neu zu bedenken. Im folgenden soll es darum gehen, ehe wir fragen, was passiert, wenn wir den Medienstecker anschließen (plugged/unplugged), *anhand der Sprache* (in einem umfassenderen und differenzierteren Sinne) grundlegend-abgründige und zentrale dezentrierende Fragen theologischer Wissenschaft paradigmatisch *zur Sprache zu bringen*.[78]

---

[76] Dieter Baacke, Medientheorie als Geschichtstheorie, in: M. McLuhan u. B. R. Powers, The Global Village. Der Weg der Mediengesellschaft in das 21. Jahrhundert, Paderborn 1995, 11; vgl. M. McLuhan, Die magischen Kanäle / Understanding Media, Basel 1994.

[77] Es wäre m.E. eine Untersuchung wert und ist bisher übersehen, daß ein sehr hoher Anteil von Jugendlichen erste Bühnen- bzw. Bühnentechnikerfahrung in Kirchen und Gemeindehäusern macht (Krippenspiel, Vorlesen, Vorsingen, Konfirmation, Jugendgottesdienst).

[78] „Die hier gebrauchte Wendung „zur Sprache bringen" ist jetzt ganz wörtlich zu nehmen" (Martin Heidegger, Über den Humanismus, Frankfurt 1949, 52).

Linke Spalte: Enge Sprachauffassung / Weltanschauung 1

> Mit dem Computer sprechen
> wie mit einem Freund:
> das ist die Zukunft!
> (IBM-ViaVoice)[79]

Mit der Sprache ist es eine verrückte Geschichte: meint man, ganz greifbar nah an konkreter Praxis zu sein, sieht man sich plötzlich mit wissenschaftstheoretischen Abgründen konfrontiert. Verstiegen in die Wolkenkratzer ontosemiologischen Jargons plötzlich Weisheit wie gedruckt in der Buchstäblichkeit des Volksmundes. Weder umgangssprachlich noch formallogisch-sprachanalytisch und schon gar nicht *theo*logisch ist es selbstverständlich, von Gott zu reden. Theologen und Religionspädagogen tun jedoch oft so, als wäre dies das *Selbstverständlichste von der Welt*. Man jongliert fröhlich selbst- und gottesbewußt mit den Vokabeln einer exklusiven Sprache und fordert entsprechend Klartext, daß manch einem ganz kleingläubig zumute wird. So kündigte die SMD-Gruppe an der Kölner Universität kürzlich selbstironisch einen Abend an zum Thema „Kanaanäisch für Fortgeschrittene". Man spürt schon das Problem, aber weiß man eine Lösung? Karl Ernst Nipkow erinnert, er habe schon vor Jahren als „plurale Hermeneutik" dargelegt, daß es verschiedene, klar zu trennende Sprachen gäbe: die Insidersprache, wo man ganz unkompliziert Klartext reden könne („Hermeneutik des schon gegebenen Einverständnisses"), die Sprache für Außenstehende und die für ganz Fremde[80]. Doch scheint mir dies alles nur in einem sehr engen Horizont von „Sprache als Code" thematisiert. Dies gilt übrigens ebenso für gesellschaftskritische Annoncen, z.B. für folgende Feststellung von H.M Enzensberger: „Jeder dritte Bewohner unseres Planeten kommt ohne die Kunst zu lesen und ohne die Kunst zu schreiben aus ... Der Begriff des Analphabetentums ist nicht alt. Seine Erfindung läßt sich ziemlich genau datieren. Das

---

[79] Schleiermacher beklagte die „Wut des Verstehens" (F.D.E. Schleiermacher, Über die Religion, Hamburg 1958, 36, 80/82), und auch Friedrich A. Diesterweg kritisierte die „Systemsucht- und wut" (vgl. K. E. Nipkow u. F. Schweitzer, Religionspädagogik. Texte zur evangelischen Erziehungs- und Bildungsverantwortung seit der Reformation, Gütersloh 1994, Band 2, 94/95). Das Faszinierende an Spracherkennungsprogrammen ist die Tatsache, daß sie „Wut des Verstehens" mit „Systemwut" (als Kommunikation getarnt) kombinieren.

[80] Karl Ernst Nipkow, in: KatBl 124 (1999) 176-182.

Wort erscheint zum ersten Mal in einer englischen Schrift aus dem Jahre 1876 und breitet sich dann rasch über ganz Europa aus. Gleichzeitig erfindet Edison die Glühbirne und den Phonographen, Siemens elektrische Lokomotive, Linde die Kälte Maschine, Bell das Telefon und Otto den Benzinmotor. Der Zusammenhang liegt auf der Hand"- jedenfalls was Lesen und Schreiben als Entzifferung des alphabetischen Codes betrifft.

„Wort und Sprache sind jene Medien, durch die der Mensch in geistige Verbindung zu seiner Umwelt tritt" heißt es bei B. Klappert im Artikel „Wort" im Theologischen Begriffslexikon zum Neuen Testament (S. 1407). Beinahe wäre diese Bildrede („in Verbindung zur Umwelt treten") für den Horizont der rechten Spalte (weite Sprachauffassung / Weltanschauung 2) zu veranschlagen gewesen, allein der Aktionsaspekt des dort zielgerichtet agierenden Individuums verhindert das. Sprache gilt hier nämlich als Mittel für (theologische) Zwecke. Ein Viel- und Berufssprecher wie Peter Sloterdijk kommentiert dies ironisch: „Die Spitzenbegegnung zwischen Jenseits und Diesseits spielt sich jetzt und für alle Zeit auf Vertreterebene ab. Der Absender hat sich *post christum resurrectum* ohne Rest an den evangelischen Prozeß ausgeliefert und ist seit seinem Rückzug aus dem Fleisch ganz Nachrichtenwesen (Verkündigung), ganz Mediengesellschaft (Kirche), ganz Informationsverarbeitung (Theologie) geworden."[81] So wird Sprachlichkeit (langage) harmlos: nur Worte, die tun nichts, - how to do nothing with words.

Zweckmäßiger (Fach)Jargon hat alle Vor- und Nachteile der Schibboleth-Funktion (vgl. Ri 12,4-6): „Religiöse Gruppen haben die Tendenz, ein spezifisches Idiom auszubilden, das, ob nun dem einzelnen bewußt oder nicht, die Identitätsbildung begleitet, indem es homogenisierend nach innen wirkt und zugleich distanzierend nach außen."[82] Aber „Verstehen" (angesichts des Anderen, vgl. E. Lévinas) bedeutet auch, die Bedrohung des eigenen Codes in Kauf zu nehmen. Hans Blumenberg versteht selbst „die Ausschweifungen der Sprachanalytik" als Symptome von „Bergungsbedürfnissen" und beschreibt eine entsprechende „Behaglichkeit im theoretischen Gehege."[83] Auch Sloterdijk benennt (selbstvergessen?) ein „Schwingen im Eigen-Gerede" als „basale klimabildende Funktion von Gesellschaft".[84] Im ersten

---

[81] Peter Sloterdijk, Sphären II: Globen, Frankfurt 1999, 680.
[82] Albrecht Beutel, Sprache und Religion. Eine fundamentaltheologische Skizze, in: Pastoraltheol. 83 (1994) 2-23, 5.
[83] Hans Blumenberg, Höhlenausgänge, Frankfurt 1996, 62.
[84] Peter Sloterdijk, a.a.O., 149.

Band der Anselm Christlein - Trilogie von Martin Walser findet sich eine entsprechende Notiz:
„Mit Lissa in der Kirche. Konnte nicht beten ... Die feierliche Amtssprache in der Kirche klang fremd. Kunstgewerbe-Vokabular. Luft aus einem Föhn. Glauben die Frommen, Gott höre sie nur, wenn sie beten, er habe keine Ahnung von den Worten, die sie sonst denken und sagen? Man kann sich nicht vorstellen, daß der Pfarrer erlebt hat, was er in der Predigt erzählt. Mein Leben ist in der Gebetssprache nicht mehr unterzubringen. Ich kann mich nicht mehr so verrenken. Ich habe Gott mit diesen Formeln geerbt, aber jetzt verliere ich ihn durch diese Formeln."[85]
Hier sind u.a. frömmigkeitsgeschichtliche, theologische und religionspädagogische Problematik sprachlich als Frage nach der Sprache miteinander verdichtet.
Geht es bei der Frage nach einer theologisch möglichen und religionspädagogisch angemessenen Sprache mitnichten nur ums „Amt am kirchlichen Wortschatz", um das „Wächteramt am Wort" / das „Pflegeamt am Wort"[86], so zeigte sich theologische und religionspädagogische Thematisierung von Sprache jedoch bisher überwiegend allein in verschiedenen Ansätzen zu ihrer zweckdienlichen Funktionalisierung. Schon früh lassen sich im Sinne rational-zentrierter Sprache religionspädagogische Bemühungen um „Sprachbesinnung versus Sprachverfall"[87] und biblische Sprachlehre als Propädeutik nachweisen, die den sprachphilosophischen Horizont älterer und grundsätzlicherer Forderungen nach „nicht-religiöser Interpretation"[88], nach symbolisch-gebrochenen Glaubensweisen[89], nach „sprachlicher Befreiung"[90] vergessen zu haben scheinen oder zumindest nicht viel damit anzufangen wissen.
Gleichzeitig ist das Problembewußtsein durchweg sehr hoch. G. Kittel, I. Baldermann, H. Grosch und H. Halbfas vertraten die Auffassung einer biblischen Sprachlehre als Propädeutik. G. Kittel verwies auf eine nicht näher er-

---

[85] Martin Walser, Die Anselm Christlein-Trilogie, Band 1 (Halbzeit), Frankfurt 1960, 354.
[86] Friso Melzer, Unsere Sprache im Lichte der Christus-Offenbarung, in: Probleme der religiösen Sprache, hg. v. M. Kaempfert, Stuttgart 1983, 42-44.
[87] Frank Weidmann, Religionsunterricht als Sprachgeschehen, Zürich 1973.
[88] vgl. Dietrich Bonhoeffer an Eberhard Bethge am 5.5.1944.
[89] vgl. Paul Tillich, Offenbarung und Glaube (Schriften zur Theologie II), G.W. Band VIII, Stuttgart 1970, 131, 139-148; ders., Sein und Sinn, G.W. Band XI, Stuttgart 1969, 134-137.
[90] vgl. Hubertus Halbfas, Das dritte Auge, Stuttgart 1982, 49.

klärte „begründete hermeneutische Einsicht (...), die darum weiß, daß wir die Botschaft der Bibel nur in ihrer eigenen Sprache haben und bewahren können und daß alle Versuche, so etwas wie ihren Sinn herauszuheben und im Gewand heutiger Sprache zu vermitteln, nicht ohne einen erheblichen Substanzverlust vor sich gehen."[91] Zugleich beklagte sie explizit das Dilemma eines altklugen und inhaltsleeren „Religionsstunden-Sprachschatzes", schimpfte über „die Flut der immer viel zu früh kommenden 'richtigen' Antworten" und verwies auf die „leeren Formeln" einer „Sprache Kanaans (...) für feierliche Gelegenheiten".[92] Ihre Option, diesem Problem durch eine am Beispiel der Psalmen erarbeitete immense intellektuelle Apparatur (in Kooperation mit dem Deutschunterricht) abzuhelfen und die Hoffnung, säkularisierte Welt könnte vielleicht durch kontinuierliche Sprachgewöhnung wieder zu einer (beiläufig als besser und einheitlicher imaginisierten) Welt der Bibel zurückfinden, blieb allerdings Nostalgie. So erweisen sich evangelistisch-missionarische Ansprüche nicht selten als Selbstzuspruch der Art, wie man sich selbst im dunklen Keller Mut zuredet, statt den Keller zu erhellen, und die „Geschäftigkeit um die Verbreitung der Religion (ist) nur die fromme Sehnsucht des Fremdlings nach seiner Heimat, das Bestreben sein Vaterland mit sich zu führen, und die Gesetze und Sitten desselben"[93], wie Schleiermacher scharfsinnig formulierte.

Ist wohl in verschiedenen Favorisierungen des Erzählens die Performance einer Sprachlichkeit des menschlichen Weltumgangs (langage) implizit wohl durchaus noch gewärtig, kommt diese aber selbst trotz vorhandenem sprachphilosophischem Horizont bis auf vereinzelte Ausnahmen nicht ausdrücklich zur Sprache. Ingo Baldermann resignierte: „Wir wissen, daß die Sprache das eigentlich Menschliche am Menschen ist; aber wenn wir den Vorgang des Sprechens beschreiben sollen, müssen technische Metaphern wie 'Kanal', 'Sender' und 'Empfänger' herhalten."[94] Was hier immerhin noch mit scharfem Problembewußtsein als Mangel empfunden und beklagt wird, soll dann

---

[91] Gisela Kittel, Die Sprache der Psalmen, Göttingen 1973, 13.
[92] ebd. 13/14.
[93] F.D.E. Schleiermacher, Über die Religion. Reden an die Gebildeten unter ihren Verächtern, Hamburg 1958, 106.
[94] Ingo Baldermann, Die Bibel - Buch des Lernens. Grundzüge biblischer Didaktik, Göttingen 1980, 21.

Tugend sein⁹⁵. Während der idealistische Bluff-Effekt dezisionistischer Verfügungshermeneutik (also das naiv subjektzentrierte Zeichen-Setzen und Sinn-Machen) in der Linguistik längst verpufft ist, wurde damit begonnen, derartige Geschichten unter Ausblendung von Referentenbezügen als formallogische Aufgaben für Programmierübungen kontextfreier Grammatiken auch für die Theologie in Anschlag zu bringen und „Code (als Regelsystem zur Verknüpfung von Zeichen)"⁹⁶ zu empfehlen: „Nicht die 'Bedeutungstiefe von religiösen Symbolen', sondern die offene Kommunikation christlicher Zeichen dürfte der angemessene Inhalt religionsdidaktischer Bemühungen sein"⁹⁷. Mit der Schlüsselmetapher (Code) soll nun auch in der Theologie herme(neu)tisch abgeschlossen werden, und beim entsprechenden Aufschließen der Welt wird dann vergessen, daß Hermeneutik so nur sich selbst entschlüsselt: Selbsthermeneutisierung. Derartig schlüssige Hermeneutik will autopoietische Systeme stilisieren, die sie ausdrücklich geschickt „offen" nennt, wobei Anschlußfähigkeit und Kompatibilität gemeint sind. Dies schlägt leicht in semiotische Verklärung um: „Eine aneignende Semiose der Interpreten mit offenem Ausgang gehört zum Zeichenprozeß im Neuen Testament. Andererseits ist nicht die unbegrenzte Offenheit der Zeichenlektüre intendiert, sondern ihre angemessene Decodierung im Anbruch des Reiches Gottes"⁹⁸. So läuft es letztlich⁹⁹ auf Sprachverfügung im Namen der Unverfügbarkeit von Wahrheit hinaus, was logosmäßig zum Himmel schreit. Denn sich selbst dazwischenzureden *bleibt* Sprachverfügung, eine gute Gelegenheit daran zu erinnern, daß Luther sich als Theologe mit semiotischem Horizont den verführerisch klärenden, linguistisch-semantischen Codeinstrumentalisierungen Zwinglis sperrte.

---

⁹⁵ Ich beziehe ich mich in den folgenden Passagen mehrfach kritisch auf eine Broschüre des Bonner Religionspädagogen Michael Meyer-Blanck: Vom Symbol zum Zeichen. Symboldidaktik und Semiotik, Hannover 1995.
⁹⁶ ebd. 42.
⁹⁷ ebd. 72.
⁹⁸ ebd. 108.
⁹⁹ vgl. ebd. 124/125.

Beredtes Zeugnis idealsprachlicher und normalsprachlicher Ansätze gleichermaßen gibt ihr Motiv, hinter bzw. vor die Sprache kommen zu wollen und damit vielleicht an ihr vorbei. Idealsprachlich-analytische Logistiken gleichen „dem Vermögen der Taube, zu glauben, sie könne im luftleeren Raum besser fliegen als in der Luft"[100], wie es mit poetischer Präzision bei Bruno Liebrucks heißt. „Das linguistische Manifest des Paulus I Kor 14,6-12 ist näherhin Vermahnung hypertropher 'Linguisterie'", erinnnert Lacan.[101] Die

> „Gott darf gelöscht werden, zumindest im Computer. Das hat jetzt einer der führenden Rabbiner Israels bekanntgegeben. Mosche Schaul Klein veröffentlichte eine Entscheidung in der Computerzeitschrift Mahscheva Tova, die sich an orthodoxe Juden richtet. 'Die Buchstaben auf dem Computerschirm bestehen aus Pixeln, das heißt aus Lichtpunkten', erläutert ein Assistent des Rabbiners. 'Selbst auf der Festplatte ist es nichts als eine Ansammlung von Einsen und Nullen.' Das gedruckte Wort Gott, auf hebräisch Elohim, muß dem jüdischen Glauben zufolge aufbewahrt oder rituell beerdigt werden."
> *Meldung der FAZ vom 6. Januar 1999 (Dreikönigstag; Associated Press)*

Rücksicht normal- oder alltagssprachlicher Pragmatiken auf Benutzer verfehlt nämlich ebenfalls die Provokation der Sprache (langage): was sich als Benutzer ausgibt ist stets auch sprachgenährtes, sprachvermitteltes, versprochenes und (buchstäblich sich) versprechendes Medium.
„Nihil extra usum" spricht Meyer-Blanck (Gebrauchtes Lateinisch).[102] Mit der Frage nach dem Gebrauch soll die zentrale Frage nach dem Woher des Sprechens „im Banne der sogenannten symbolischen 'Teilhabemetapher'" (ebd.) erledigt sein. Soll hier mit Nietzsche bewiesen werden, daß wir Gott auch dann nicht los werden, wenn wir nicht mehr an die Grammatik glauben? Jedenfalls wird Luthers Rat, dem Volk aufs Maul zu schauen, nicht als Theologumenon oder wenigstens mit sprachursprungsphilosophischer Ahnung, sondern als semiotischer Motivations-Zeichen-Trick verstanden. Dem Volk aufs Maul schauen meint anderes als dem Volk nach dem Munde zu reden. Meyer-Blanck hofft: die „allgemein-säkulare, kommunikationstheoretische Sicht dürfte Jugendlichen gerade helfen, sich theologischen Inhalten ohne Angst vor institutionellem Dogmatismus zu nähern".[103] Eberhard Jüngel lehnte dies als irrig ab, wenngleich er auch Verständnis äußerte für „das

---

[100] Bruno Liebrucks, Sprache und Bewußtsein, Frankfurt 1970, Bd. 4, 92.
[101] J. Lacan, Encore, a.a.O., 20.
[102] M. Meyer-Blanck, a.a.O., 85, 86, 89, 125.
[103] ebd., 118.

Verlangen der Theologen ... , die Operationalität des Glaubens wieder zu entdecken, über den man in positiven Begriffen Rechenschaft ablegen kann."¹⁰⁴ Derartig motiviert wurde in der Theologie eine der Scholastik, dem Buchdruck und der historisch-kritischen Exegese verpflichtete, von Hamann und Herder beeinflußte Wort-Gottes-Theologie eines Fuchs,

> *„Er lernte, sich mit den Vögeln zu verständigen, und entdeckte, daß ihre Gespräche unglaublich langweilig waren. Sie drehten sich allesamt um Windgeschwindigkeiten, Spannweiten, Kraft-Gewicht-Relationen und zu einem beträchtlichen Teil um Beeren."*¹⁰⁵

Ebeling und Jüngel zunächst durch Ansätze bzw. kritische Rezeption „linguistischer Theologie" (E. Güttgemanns, I.U. Dalferth) beerbt, die sprachanalytisch mit offiziöser Orientierungsrhetorik aufräumen wollten. Dem kam ganz andere Medienpraxis dazwischen: @ kommt immer gut an. Nun wird im Internet längst unbesonnen und selbstvergessen zugleich „Computermission" betrieben. Theologischer Fundamentalismus fühlt sich in einer Umgebung vorprogrammierter Abläufe wohl.

„Die kommunikativen Prozesse, in denen es um den Gebrauch von Zeichen geht, werden *funktionalisiert*. Bei Meyer-Blanck bleiben die semiotische und die theologische Sicht von Symbolen *nebeneinander* stehen; eine in sich stimmige semiotisch orientierte Symboltheorie, die sich zugleich theologisch wie pädagogisch verantworten läßt, ist von vornherein nicht zu erwarten. Die Semiotik hat nur für die Didaktik Bedeutung. Die Konzeption führt zu einer Spaltung von funktional angelegten religiösen Lernprozessen, in denen die Wahrheitsfrage (der Lernenden) keinen Platz hat, und theologischen Diskursen - wie soll das in der Praxis realisierbar sein? - , letztlich zu einer Spaltung von Didaktik und Theologie."¹⁰⁶

---

¹⁰⁴ Eberhart Jüngel, Metaphorische Wahrheit. Erwägungen zur theologischen Relevanz der Metapher als Beitrag zur Hermeneutik einer narrativen Theologie, in: P. Riceur u. E. Jüngel, Metapher. Zur Hermeneutik religiöser Sprache, München 1974, 92.
¹⁰⁵ Douglas Adams, Das Leben, das Universum und der ganze Rest, Zweitausendeins 1982, 207.
¹⁰⁶ Peter Biehl, Festsymbole. Kreative Wahrnehmung als Ort der Symboldidaktik, Neukirchen-Vluyn 1999, 13.

An Appellen zu Sprachdisziplin mangelt es derweilen nicht. Und doch bleibt der Satz gültig: „Deine Sprache verrät dich." Was die Mägde im Palast des Hohenpriesters Petrus entgegenhalten, gilt für die sprachliche Präsentation des Evangeliums ebenso. Es geht nicht an, entsprechendes Populärwissen der Transaktionsanalyse (Sachaspekt, Beziehungsaspekt, *Selbstoffenbarungsaspekt*, Appellaspekt[108]) zu ignorieren. Meyer-Blanck sieht in der Sprachmischung, die „alle Katzen grau" werden ließe, die Riskantheit von Semiose.[109] „Das semiologische Abenteuer" (Roland Barthes) der Theologie besteht jedoch nicht in der Vermischung säkularer und sakraler Sprachsphären, die allemal profan bleiben, sondern darin, daß nie feststeht, wer je und je spricht (eine Anspielung auf die französisch basierte Ich-Differenzierung zwischen Je und moi, siehe Anhang) und was ge-, be- und versprochen wird. Ist Sprachlichkeit (langage) auch point of no return, so ergab der „linguistic turn" das Verstummen der Sprache angesichts ihrer Zurichtung. Die „Verhexung unsres Verstandes durch die Mittel unserer Sprache"[110] (L. Wittgenstein) zeigt sich als Verhexung, die dadurch bewirkt wird, Sprache nur als Mittel zum Zweck anzusehen. Wittgensteins frühes Verdikt, den Rest zu verschweigen („Worüber man nicht sprechen kann muß man schweigen") verspricht vielsagende Ambiguität, wenn man zwischen den Zeilen hört, daß sich das Unaussprechliche im Schweigen zeigt („Es gibt allerdings Unaussprechliches. Dies zeigt sich", Schlußwendung des Traktats). Außerdem gilt: worüber man nicht schweigen kann, darüber muß man sprechen. Desweiteren wird theologisch vielfach vergessen, daß die Sprachkörper auch Körpersprache beherrschen, neben der Wortwahl z.B. durch Duktus, Gestus, Habitus, Tremolo und Stil,

> *Ein Kollege hielt Tillich vor: „Von den Engländern hat man gesagt, daß, wenn sie 'Gott' sagen, sie 'Kattun' meinen. Von Ihnen, Herr Tillich, möchte man behaupten, daß, wenn Sie 'Kattun' sagen, Sie 'Gott' meinen. Warum sagen Sie nicht lieber gleich Gott?" Tillich antwortete darauf mit großem Ernst: Solange die Menschen das Wort 'Gott' nicht mehr verstehen, werde ich 'Kattun' sagen, vorausgesetzt, sie verstehen, daß ich ihnen etwas von 'Gott' sagen will."*[107]

---

[107] Renate Albrecht und Margot Hahl (Hg.), Paul Tillich; Ein Lebensbild in Dokumenten, Stuttgart 1980, 173/174.
[108] vgl. Friedemann von Thun, Miteinander Reden, Band 1, Reinbek 1993, 13/14, 99ff.
[109] M. Meyer-Blanck, a.a.O., 104.
[110] Phil. Unters. I, hg. G.E.M. Anscombe/G.H. von Wright/R. Rhees Schr. 1 (1960), 296, § 109, 342.

die gegebenenfalls jeden Inhalt sabotieren. So oder so gilt: „Wir aber bleiben auf dem Gebetsteppich unserer Terminologie."[111] Es kommt darauf an, dies zur Sprache (langage) kommen zu lassen. Karl Barth sagte 1922 in einem Vortrag: „Wir sollen als Theologen von Gott reden. Wir sind aber Menschen und können als solche nicht von Gott reden. Wir sollen beides, unser Sollen und unser Nicht-Können, wissen und eben damit Gott die Ehre geben."[112] Eine erste theologische Konsequenz dieses Barth-Theologumenons wäre es vielleicht laut Robert Gernhardt, sich mehr auf das Nichtsagen des Sagbaren zu besinnen.

„Das Wort" kann kein Fundament sein, das „Wort Gottes" um Gottes Willen nicht, weil es schöpfungsmäßig keine Sprache über den Sprachen gibt. Was bleibt ist die Be- und Um-Schreibung, verbindliche Tradition, Confessio, anerkannter, gebrochener Mythos. Der je bestimmte Sinn des Evangeliums ist nicht an bestimmte Medien und Formen religiöser Sprache gebunden. Jargon ist nur Entgegenkommen und Zugeständnis durchs Inkommensurable. Gottesrede (Theologie) ist auch nicht daran als Gottesrede zu erkennen, daß sie die einmal ergangene Gottesrede (Bibeltexte) wörtlich nachbuchstabiert.

> *„Während ich mich den Religiösen gegenüber oft scheue, den Namen Gottes zu nennen, – weil er mir hier irgendwie falsch zu klingen scheint und ich mir selbst etwas unehrlich vorkomme (besonders schlimm ist es, wenn die anderen in religiöser Terminologie zu reden anfangen, dann verstumme ich fast völlig und es wird mir irgendwie schwül und unbehaglich) – kann ich den Religionslosen gegenüber gelegentlich ganz ruhig und wie selbstverständlich Gott nennen."*[113]

Ob Gott spricht oder Gottes Wort benutzt wird, ist jedenfalls nicht äußerlich am Jargon identifizierbar: Auf vielem steht zwar „Herr!, Herr!" drauf, aber es sind vielleicht Zugehörigkeitsbedürfnisse oder Staralluren drin. Und auf manchem steht wohl „McDonalds", „Coca Cola", „Metallica" oder „Tote Hosen" drauf und dran, und Gott spricht hier? - wer weiß. Es kann jedenfalls nicht Sinn von Theologie, von Predigt und Religionsunterricht sein, daß Menschen „in einer übel verstandenen Kunstsprache nur

---

[111] Ulf Weißenfels, Von der Sprachlosigkeit unseres Wissens und der Unwissenheit unserer Sprache, in: WzM 35 (1983) 282-291, 284.
[112] Karl Barth, Das Wort Gottes als Aufgabe der Theologie, in: J. Moltmann (Hg.), Anfänge der dialektischen Theologie, München 1966, 199.
[113] Dietrich Bonhoeffer an Eberhard Bethge, in: Widerstand und Ergebung, München 1970, 305-307.

einige unpassende Worte herlallen wollen, die nicht ihr eigen sind"[114] nach dem Motto „friß Vogel, oder stirb."[115] Es wird darum gehen, semantische securitas (Vokabelbeherrschung) nicht mit semiotischer certitudo (kommunikative Kompetenz) zu verwechseln.

Rechte Spalte: Weite Sprachauffassung / Weltanschauung 2

> „Die Sprache ist der dem objektiven Gedanken hinzutretende Mensch."[116]

„Eine ... integrative Sprachkonzeption ist freilich bislang nur Postulat."[117] Dabei bedürften laut Lacan „die Grundlagen des Sprechens gerade auf den Gebieten ..., wo dessen Gebrauch ... an Unaussprechliches grenzt, mehr denn je der Untersuchung: dem der pädagogischen Bemutterung, dem der wohlwollenden Samariterdienste und dem der Herrschaft durch Dialektik"[118].
„Wort und Sprache sind jene Medien, durch die der Mensch in geistige Verbindung zu seiner Umwelt tritt" (B. Klappert, s.o.). Aber das sprachliche Durchschreiten im Übergangselement Sprache gleicht eher einem getriebenen Streben, Irren und Wandern, das nicht recht weiß, wie die Orte heißen, nach denen es sucht. Dabei werden dessen Wege durch andere Welten durchkreuzt, durchquert und phasenweise begleitet, ohne die Begleitung ganz fassen oder feststellen zu können (Emmaus). Doch „Sprache nicht als Mittel von Propaganda zu verwenden, sondern als etwas zu respektieren, das dem Sprechenden widerfährt, ist nicht besonders populär."[119]
Es ginge darum, im Sinne einer Theosemiotik „Sprachkritik als universales Vorgehen" zu verstehen"[120]. „Sprachlicher Weltumgang" ist zu verstehen als Bildrede eines humanen, umfassenden Kommunikationsbegriffs. Grundfrage

---

[114] F.D.E. Schleiermacher, Über die Religion. Reden an die gebildeten unter ihren Verächtern, Hamburg 1958, 78/79
[115] Dietrich Bonhoeffer, Widerstand und Ergebung, München 1970, 312.
[116] W. v. Humboldt, zitiert bei Leo Weisgerber, Das Menschheitsgesetz der Sprache, Heidelberg 1964, 20.
[117] I. U. Dalferth, Religiöse Rede von Gott, Münster 1981, 159.
[118] J. Lacan, Schriften I, Frankfurt 1975, 79.
[119] Bodo Kirchhoff, Freud wieder ernst genommen: *Das Ich ist nicht Herr im eigenen Haus*. Ich denke da, wo ich nicht bin. Unter dem Eindruck von Jacques Lacan: Die Kastration ist (k)ein Märchen, in: B. Beuscher, Positives Paradox, a.a.O., 211.
[120] Erich Heintel, Artikel Sprachphilosophie TRE (im Erscheinen).

ist dabei die Problematik der Aufnahme der Botschaft des Anderen. Diese Problematik muß mitnichten zu einer „Anti-Hermeneutik"[121] führen. Wo Hermeneutik an ihre Grenzen stößt, beginnt Semiotik (im oben erklärten, umfassenden Sinne; Sloterdijk spricht vom „Energeto-Semantiker"). Semiotik: Phänomene auf der Schwelle zwischen Semantik und Energetik. Der Sprachprozeß ist nicht rationalisierbar. Schon Hamann hatte entsprechende Komplexität reduziert auf den Satz „Vernunft ist Sprache/Logos!" Alle Optionen auf Ideologiekritik haben in dieser dezentrierenden Vor-Läufigkeit der Sprache ihre conditio sine qua non als strukturales „Protestantisches Prinzip" (P. Tillich). Ontotheologischem Logozentrismus versteht dezentraler Logos anthropotheologisch zu widersprechen (Theonomie alias Theologie).

Sprache kann nicht erst in syntaktischer Dimension, sondern schon im Blick auf die Einzelbegriffe als Inbegriff und Sinnbild von semiotischen Dekonstruktionsprozessen gelten. Dekonstruktivismus bzw. Neostrukturalismus nehmen Sprache, d.h. das Sprechen des Begriffs – gen. subj. und obj. – als Bild jeder komplexen Organisation von Wirklichkeit. Die Komplexität ergibt sich vor allem daraus, daß das Autorenzentrum des Sprechens ständig entzogen wird/ist, wofür mythisch das Kürzel „Babel" steht (vgl. Gen 11), eine Not, die Pfingsten als Tugend gefeiert wird: wenn es auch keine direkte „stairway to heaven" gibt, so gibt es ein zerstreuendes und unterhaltendes Übergangselement. Dem (Babel-)Projekt, Signifikanz phallisch festzustellen, dem freundlich lockenden „Terror des Konsens" (Jacques Derrida) und der „Monsterökumene" (Peter Sloterdijk), wird so theonom gewehrt.

Die Frage nach einer sinnvollen Rede von Gott, die aufgrund seiner Gott-/Fremdheit die an die menschliche Stimme gebundene Sprache in dem Maße übersteigen muß, wie sie positive theologische Aussagen über Gott zu treffen hat, war religiös immer schon präsent.[122] In den Bibelwissenschaften ist die

---

[121] Jean Laplanche, Die Psychoanalyse als Anti-Hermeneutik, in: Psyche 7 (1998) 605 ff.

[122] Eugen Biser sah „im Namen 'Gott' die radikalste aller religiösen Sprachbarrieren" (E. Biser, Religiöse Sprachbarrieren. Aufbau einer Logoaporetik, München 1980, 366); die Relevanz des eschatologischen Vorbehaltes aller Theologie werde in ihrer Sprachaporetik greifbar. Im jüdischen Kulturkreis ist dafür Moses Maimonides (M. Maimonides, The guide of the perplexed I, Kap.. 46, übersetzt von S. Pines, Vorwort zu L. Strauss 1, Chicago 1963, 97ff.), im islamischen Al-Ghazali (Al-Ghazali, The ninety-nine beautiful names of God, in: D. B. Burrell u. N. Daher, The Islamic texts soc., Cambridge 1992) und im christlichen Ps.-Dionysius Areopagitas „De divinis nominibus" repräsentativ.

Frage nach den Namen Gottes ein zentrales und umfassendes Thema.[123] Daß die Juden das heilige Tetragramm der hebräisch-konsonantischen Schriftzeichen J-H-W-H mündlich als „Adonaj" lasen bzw. eine Tradition pluralistisch-monotheistisch von „Elohim" zu sprechen pflegte, geschah sicherlich nicht (wie es im Brockhaus-Lexikon zur Bibel heißt) „infolge übertrieben ängstlicher Befolgung des 3. Gebotes (Ex 20,7)", sondern eher aus Respekt vor der Sache und Gründen wissenschaftlicher Seriosität. Nichtsdestotrotz ist das „Unaussprechliche" als solches immer schon ausgesprochen, wie auch im Ausgesprochenen stets Unaussprechliches wirksam ist.

Hat Theologie in letzter Zeit auch mit Sprache (langage) wenig am Hut, so passieren laut Heidegger dem „Haus des Seins" als „Ek-sistenz" in der „Hut" der „Sprache"[124] als Übergangselement Umordnungen, die den kleinen Neffen Freuds ausrufen ließ: „Wenn jemand spricht, wird es heller!"[125] Die Heimtücke liegt nicht in der Baufälligkeit des Hauses, sondern in der Frage, ob das Ich Herr im eigenen Haus ist, was Luther und Freud bekanntlich verneinten. Um den aus Minimalverständigungsgründen unvermeidlichen grammatikalischen und syntaktischen Konventionen noch halbwegs zu entsprechen, entwerfen dezentraler Konstruktivismus und neostrukturalistische Phänomenologie ihre Modelle vorläufig notgedrungen paradox, und holen damit unabsichtlich theologisch-prophetische Elementarkompetenz im Sinne konfessorischer Glaubenssprünge ein, wofür bei Tillich der Fachbegriff „Entschlossenheit" steht[126]: hier steh ich nun, ich kann nicht anders, - *subjektivistisch ohne Ich-Zentrum*, also *„von woanders"*, wie es bei Lacan stereotyp heißt.

Als Radikalisierung von Phänomenologie versus erkenntnistheoretischem Voyeurismus wendet dezentraler Konstruktivismus seine Konzeption auf sich selbst an, was eben gerade nicht auf ein schwaches Selbstbewußtsein hinweist, und es ergibt sich Stimmigkeit ohne Redundanz: auch der Konstruktivismus ist ein Konstrukt. *Konstruktivismus ist ein Konstrukt von woanders* und keine tetragrammimitierende Barockkonvolute (J-H-W-H→AΩ →@). Das bedeutet z.B., daß „der Schriftsteller eher eine Schreibkraft als ein Autor"[127] ist, was dem Bochumer Bibelwissenschaftler Jürgen Ebach

---

[123] vgl. dazu Paul Ricoeur, Gott nennen, in: B. Casper (Hg.), Gott nennen. Phänomenologische Zugänge, Freiburg 1981, 45-79.
[124] M. Heidegger, Über den Humanismus, Frankfurt 1949, 51/52.
[125] S. Freud, Studienausgabe, Band I, Frankfurt 1969, 393.
[126] P. Tillich, G.W. III, Stuttgart 1965, 69.
[127] Bodo Kirchhoff, a.a.O., 209.

Anlaß gibt, jenseits der Kategorien „Fliegenbeinzähler" oder „Feuilletonist" auf dem (Eigen)Sinn sachgerechter „Vielfalt ohne Willkür" zu beharren mit Psalm 62,12 als Motto: „Eines hat Gott geredet, zwei sinds, die ich gehört habe."[128] Nicht „Wer hat das Sagen?", sondern „Wo ist das Sprechen? Wo ist die Sprache?"[129] und „Wer spricht?" fragt entsprechend hintergründig Lacan und zitiert mehrfach die paradoxe neutestamentliche Aufforderung, wer Ohren habe zu hören, der solle hören.

Gottes Anwesenheit sollte *im Entzug* durch Text, heiligen Text, präsent und kommunikabel gemacht werden. Der heilige Text, mit dem Finger Gottes auf Steintafeln geschrieben, zerbricht als erstes einmal, - analog zum Zermalmen des Standbildes. Bilder sollten nicht festgestellt, festgeschrieben, fundiert und fundamentiert werden. Dem entspricht die einzige überlieferte Stelle in den Evangelien, wo Jesus etwas schreibt. Jesus schreibt angesichts klarer Gesetzeslage (Exegese) stumm gebückt in den Staub des Tempelbodens (Joh 8,5). „Wir erfahren nicht, was er schreibt, nur daß er schreibt. Er schreibt Gegenschrift, sie wird nur kurz zu lesen und bald verschwunden sein."[130]

Eine dezentral-konstruktive Semiotik der Lücke, die Mangel und Leerstellen als Chance sieht, macht Bemühungen um klareres Sprechen und weiteres, anderes Verstehen erst sinnfähig.[131] Alfons Reckermann gibt dazu einen resümmierenden Doppelpunkt: „Sprache ist eine absolute Wahrheitsbedingung des Denkens, da sie die überkommen Formen des verdinglichten Bewußt-

---

[128] vgl. dazu Jürgen Ebach, Die Bibel beginnt mit „b". Vielfalt ohne Beliebigkeit, in: ders., Gott im Wort. Drei Studien zur biblischen Exegese und Hermeneutik, Neukirchen-Vluyn 1997, 85-114.

[129] J. Lacan, Das Ich in der Theorie Freuds und in der Technik der Psychoanalyse, a.a.O., 351.

[130] Eckhard Nordhofen, Die Zukunft des Monotheismus, in: Nach Gott fragen, Sonderheft Merkur 9/10 (1999) 844.

[131] „Das göttliche Inkognito bleibt bei aller Klarheit und Eindeutigkeit des Evangeliums streng gewahrt ... Kirchlich ist jeder menschliche Apparat zur Herstellung, Aufrechterhaltung und Ordnung der Beziehung zu Gott ... Gleichnis der unverbrüchlichen Einheit der Wahrheit ist die fatale klappernde Systematik ... (Der Christ) wird keinen Standpunkt beziehen ohne die heimliche Absicht, ihn möglichst rasch wieder zu räumen, wenn der taktische Zweck (denn darum bloß kann es sich handeln!) erreicht ist. Er wird nie aufbauen, ohne zugleich Zurüstung zum Abbau zu treffen. Er wird immer bereit sein, alles zu tun gegen die gefährliche Stabilität seines eigenen Wortes ... (K. Barth, Der Römerbrief, Zweite Auflage Zürich 1922, 246-350). Aber dafür braucht eben kein Karl Barth (destruktiv) zu sorgen, dafür ist (dezentral/von woanders) längst gesorgt!

seins überwindet (W. Benjamin, Th. W. Adorno), die Denkgewohnheiten der onto-theologisch grundverfaßten europäischen Metaphysik in ihren Grund destruiert (M. Heidegger), alles Denken und Handeln auf die Bedingungen von 'Sprachlichkeit' verpflichtet (B. Liebrucks) oder auf eine sprachanaloge 'Grammatik' des Wirklichkeitsverhaltens überhaupt verweist (Strukturalismus)."[132]

Eröffneten sich schon Schleiermacher „von Seiten der Sprache angesehen" Phänomene wie „Oszillation der Persönlichkeit" oder „Einheit durch Pluralität"[133], so geht es mit Worten Bruno Liebrucks' um den Realidealcharakter, um Sprachlichkeit von Schrift schon als Ziffern schlechthin, und damit umgekehrt auch darum, daß das Unbewußte buchstäblich wie eine Sprache strukturiert ist (J. Lacan, S. Leclaire). Das von K.-O. Apel geforderte „Leibapriori der Erkenntnis" - H. Timm sprach vom „Eintritt ins Fleisch" unter Verweis auf die „Körperlichkeit des Textes" versus „logozentrischer Übersteigerung der grammatikalischen Matrix"[134] - manifestiert sich also nicht erst in der Tinte, dem Schreibgerät (Mont Blanc / Apple Powerbook) oder bibliophilen Leinenausgaben, sondern „die Leiblichkeit steckt im 'lich' von 'Sprachlichkeit" (Liebrucks).

Unterbrechung

---

[132] Alfons Reckermann, Sprache und Metaphysik. Zur Kritik der sprachlichen Vernunft bei Herder und Humboldt, München 1979, 8/9.
[133] F. Schleiermacher, Ethik 1812/13, 383/384.
[134] Hermann Timm, Sage und Schreibe. Inszenierungen religiöser Lesekultur, Kampen 1995, 31.

9. Vorlesung
Fortsetzung

1769 verfasste Johann Gottfried Herder erfolgreich eine Preisschrift der Königlichen Akademie der Wissenschaften Berlin. Seine „Abhandlung über den Ursprung der Sprache"[135] vermittelte die einseitig rationalistischen bzw. sensualistischen Ansätze seiner Diskursgegner Johann Peter Süßmilch und Bonnot de Condillac. Ahnen läßt sich die Brillanz und Brisanz seiner Ausführungen alleine schon anhand des ersten und einem der letzten Sätze dieser Schrift, welche lauten: „Schon als Tier hat der Mensch Sprache" und: „Der Ursprung der Sprache wird also nur auf eine würdige Art göttlich, sofern er menschlich ist." Herder hat so genial – und im Blick auf das von ihm eingesetzte theologische Begriffsinstrumentarium auch konsequenter als alle nachfolgenden Denker – die „paradoxe Lösung" für das Problem in einer Art sprachtheologischer Performance vollzogen. Weil wir also ein Gespräch *sind* (Hölderlin)[136], „scheint ein Nashorn, das stumme Tier, zu sagen: ich bin ein Nashorn" (Adorno).

Was im theologischen Jargon mit „sola fide", „Gnade", „Sund und Gericht", „simul justus et peccator" und „getrostem Verzweifeln an sich und seinen Werken", mit „Dankespsalm" und „Klagelied" gemeint ist, läßt sich auch profan formulieren in buchstäblicher Lesung einer Wendung aus dem Volksmund. Noch ehe wir laut etwas zu sagen haben, sind wir beim Namen gerufen. Unser „guter *Ruf*" erfährt jedoch im Laufe der Zeit Irritationen und Befremdungen; seine anfängliche, identitätsgarantierende Totalität nimmt Schaden, wird *ruiniert*. Dies hält eine Spur der Erinnerung daran wach, daß nicht wir das Leben aus uns heraus veranstalten (auto-nom), sondern daß wir Medium des Lebens sind: *es lebt sich*. Dann aber kann auch alle falsche *Scham* fallen: angesichts von Tod und Sünde völlig ungeniert nach dem Leben fragen, was – déja vus – hinausläuft auf die Redeweise: „Ist der Ruf erst ruiniert, lebt sichs völlig ungeniert."

„Wir Menschen sind sprachlich, bevor wir sprechen lernen."[137] „ 'Der Mensch spricht also, aber er tut es, weil das Symbol ihn zum Menschen gemacht hat', formuliert Lacan und betont damit, daß das Werden und Sein des

---

[135] J. G. Herder, Abhandlung über den Ursprung der Sprache, Stuttgart 1966.
[136] *Daß ein Gespräch wir sind* wird sinnfällig bei Ereignissen wie z.B. der Cebit: Tausende Menschen im gleichen Raum kommunizierten gleichzeitig friedlich, – nicht miteinander, sondern mit Handy-Gesprächspartnern.
[137] B. Liebrucks, Irrationaler Logos und rationaler Mythos, Würzburg 1982, 318.

Menschen fundamental in einem Symbolischen Universum verankert ist."[138] „Deshalb müssen wir noch einmal auf die Struktur der Kommunikation in der Sprache zurückkommen und definitiv das Mißverständnis der Sprache als Zeichen (langage-signe) zerstreuen, das eine Quelle von Verwirrungen des Diskurses und von Fehlentwicklungen des Sprechens darstellt."[139] Es ist auch im Blick auf die aktuelle Medienrevolution von entscheidender Bedeutung, „daß man Sprache nicht mit den verschiedenen somatischen und psychischen Funktionen verwechselt, von denen sie beim sprechenden Subjekt eher schlecht als recht begleitet wird. In erster Linie deswegen, weil die Sprache samt ihrer Struktur existiert, bevor ein beliebiges Subjekt in einem bestimmten Moment seiner geistigen Entwicklung in sie eintritt."[140] Gründete in letzter Zeit theologisches Interesse an Sprache in dem Schluß, daß Sprache ein subjektgeleitetes Tun und Handeln ist, so liegt ein neues Interesse wieder auf dem Aspekt, daß jedes Tun und Handeln und jede Praxis auch eigensinnig spricht und sprechen läßt und auch alles Denken immer schon eigensinnige Sprachpraxis ist. Bedeutet Verdrängung nach Habermas, etwas von Sprache fernzuhalten[141], so kann es als eine theologische Aufgabe bezeichnet werden, den Menschen und „das, was ihn unbedingt angeht" (P. Tillich) von der Sprache her vielfältig buchstäblich zu Worte(n) kommen zu lassen, was im theologischen Sprachspiel nur umgekehrt *klingt* (vom Wort her zur Sprache bringen). Es geht im Sinne einer weiten und differenzierten Sprachauffassung darum, „den Menschen auf den Stand der Sprachlichkeit seines Bewußtseins zu bringen ... Verhalte dich sprachlich ... Nimm deine Sprachlichkeit in dein Bewußtsein auf, vor allem dort, wo du handelst."[142] „Der Imperativ, den wir aufstellen, heißt: 'Handle sprachlich'. Nicht heißt er: 'Sprich handlungsförmig'."[143] Für die Theologie bedeutet dies eine Akzentverschiebung weg von Verfügungsrationalität und elementaren Inhaltskatalogen („sprich handlungsförmig") zugunsten von Performance, Inszenierung, Drama und Stilkategorien („handle sprachlich").

---

[138] Gerda Pagel, Lacan zur Einführung, Hamburg 1991, 44.
[139] J. Lacan, Schriften 1, a.a.O., 139/140.
[140] ders., Schriften II, Olten 1975, 19.
[141] Jürgen Habermas, Erkenntnis und Interesse, Frankfurt 1975, 274.
[142] B. Liebrucks, Sprache und Bewußtsein, a.a.O., Bd. 2, 4.
[143] ders., Irrationaler Logos, a.a.O., 347; es erfolgt also eine Umkehrung von J.L. Austins Programmatik „How to Do Things with Words" (1955) zu „How to Do Words with Things".

So klagte Karl Barth (allerdings erst recht spät[144]) darüber, daß sein Werk „statt als Glosse als Text" aufgefaßt wurde.[145] Man kann auch von Gott nicht nicht kommunizieren: „Von Gott wird geredet."[146] Die Frage ist nur wie. Das führt dazu, nach einem angemessenen Sprachstil zu fragen, welche Frage auf einen guten Bruch-Stil[147] (nicht Stilbruch!) hinausläuft. Freilich gilt mit Karl Barth: „Auch das Neinsagen, die Einsicht in das Paradox des Lebens ... auch die 'Gebrochenheit' *ist's nicht*, sofern sie Haltung, Standpunkt, Methode, System, Sache sein will ..."[148], womit Barth übrigens – ob selbstbewußt oder nicht, lasse ich hier offen – Probleme seines eigenen Oevres im Blick auf die Adäquatheit von Form und Inhalt kommentiert. Jochen Hörisch rezensierte: „Argumente sind unfein. Warum? Schon einfach deshalb, weil sie - anders als Bonmots, Sottisen, Fragmente, Aphorismen, Allusionen, essayistische Geistesblitze und Ironien - vom anderen Zustimmung, wenn nicht Unterwerfung fordern. Und schon geht der Kampf los, den man sich erspart, wenn man jenseits von Gut und Böse darauf achtet, daß man Mindestansprüchen an Stil standhält ... Stilbewußtsein ist ein Vorwarnsystem zur Verhinderung

---

[144] Die Grenze von hermeneutischer Semantik auf der Syntaxebene der Grammatikeffekte und energetischer Semiotik ist markiert durch die Stilkategorie. Genau das hatte ein junger katholischer Kollege von Karl Barth schon 1922 durchschaut, der in seiner Rezension des Barthschen Römerbriefkommentars prompt schrieb: „Gerade um das auszudrücken, was der ‚Römerbrief' in Wahrheit sagen wollte, mußte Barth anders reden lernen, als er im ‚Römerbrief' geredet hat. Der ‚Römerbrief' ist das, wogegen er selbst am schärfsten wettert und blitzt: ‚religiöse Genialität'. Sein Schreien ‚nicht ich! Sondern Gott!' lenkt alle Blicke auf *ihn*, statt auf Gott. Sein Schrei nach Distanz ist distanzlos" (H. U. v. Balthasar, Karl Barth, Darstellung und Deutung seiner Theologie, Köln MCMLXII, 92.)
[145] K. Barth, Das Wort Gottes und die Theologie, Ges. Vorträge I, München 1924, 99f.
[146] I. U. Dalferth, Religiöse Rede von Gott, a.a.O., 17.
[147] vgl. dazu Gregor Maria Hoff, Aporetische Theologie. Skizze eines Stils fundamentaler Theologie, Paderborn 1997: „Aporetische Theologie ist damit als ein wesentlicher Stil von Theologie zu charakterisieren ... Diesbezüglich wäre Aporetische Theologie eher als das bleibend aufgegebene Unternehmen einer Dekonsruktion der Theologie von ihrem Grund her anzugeben" (185/186); vgl. auch Lambert Wiesing, Stil statt Wahrheit. Kurt Schwitters und Ludwig Wittgenstein über Ästhetische Lebensformen, München 1991.
[148] RB 35.

von Moraldiskursen ... Wir Postmodernen leiden nicht so sehr an einem Mangel an Moral als vielmehr an einem Mangel an Stil."[149]

Anhand von Paul Virilio hebt Jochen Hörisch die prototheoretische Qualität von Beobachtungen, Thesen und Assoziationen hervor, nämlich „eine phänomennahe (und theorieferne!) Aufmerksamkeit und eine große assoziative Kraft. Unterhalb der Schwelle eingespielter Wahrnehmungen und Analysen spüren Assoziationen Zusammengehöriges auf – und zwar gerade die (peinlichen) Zusammenhänge, die von den Pseudothesen systematisierender Reflexion eher verdrängt werden. Virilios Essays animieren dazu, ohne Furcht vor Kategorienfehlern die naiven und verbotenen Kinderfragen zu stellen, die den Großtheorien das Fürchten lehren können. Etwa die, ob die Theorie der kommunikativen Kompetenz auch für diejenigen gilt, die kaum je den Walkman ablegen, oder für die, die ihre Autos in rasende 200-Watt-Quadrophonieanlagen verwandeln (um vom Fluglotsen und U-Boot-Kommandanten zu schweigen)? Oder ob die Elementarbegriffe von Raum und Zeit wirklich elementar sind, ob sie wirklich apriorische Formen unserer Anschauung bezeichnen? Haben nicht vielmehr Eisenbahnen, Autos, Flugzeuge, andere Drogen, Telephone, Fernsehgeräte, Faxleitungen, Internet und E-mail dafür gesorgt, daß selbst die letzten Apriori sich historisch verflüssigen und man allenfalls noch auf Philosophiekongressen plausibel als Kantianer seine Vorstellung haben kann? Weil er zu solchem Dreinreden ermuntert (und weil er häufig genug Standards des Argumentierens und Belegens zugunsten eines geradezu enthemmten Assoziationsflusses ausblendet), ist Virilio ein Enfant terrible der postmodernen Theorie-Szene."[150]

Dabei kommt es aber als alles entscheidender Punkt darauf an, daß Bezugsgröße jeglicher Inszenierungen nicht der Reflex aufs Selbst bleibt, um „denkerisch neben seine eigenen liturgischen Vollzüge" zu treten und „mit dem eigenen Unbewußten umzugehen."[151] Sondern es ist die zentrale Frage, ob und wie die Passion des Störenden, Ärgerlichen, Verunsichernden, Unbequemen, Fremden, Sperrigen, Anderen, Beiläufigen, des Abgespaltenen und nicht Approbierten gegen Selbstinstinkte und Selbsthermeneutisierung Asyl und Redezeit bekommen kann. Und dazu eignen sich profane Multimedien auch.

---

[149] Jochen Hörisch (unveröffentlichtes Manuskript).
[150] ders., Ende der Vorstellung. Die Poesie der Medien, Frankfurt 1999, 168/169.
[151] M. Meyer-Blanck, Inszenierung des Evangeliums, Göttingen 1997, 92, 44, 155.

Hat Theologie dann vielleicht weniger über „Glück", „Werte", „Leben", „Gott", „Glaube", „Liebe", „Hoffnung" „Heiliger Geist" zu reden als vielmehr den Anführungszeichen, in denen alles zur Sprache kommt, praktisch-theologisch durch Inszenierungen zu entsprechen? Muß Theologie auch Sprachschule (langage) sein, sprachlich Experimental- und Buchstabierübung sein über (nicht unwichtige) griechische und hebräische Lese- und Schreib- und Winwordtechniken hinaus? Könnte so Sprache (langage) als theologisches Problem vielleicht als praktisch-theologisch inszenierte Sprach- *und* Sprechperformance Verständigungschance sein?

Paul Celan hat in seinem Psalm („Die Niemandsrose", 1963) die auffallend selten ausgespielte Möglichkeit praktiziert, frei von „Purpurworten", also frei von Chiffren des wahren Lebenssinns, zu loben. Er verwirft nicht, daß *Niemand* an die Stelle Gottes getreten ist, sondern lobt *Niemand*: *„Gelobt seist du, Niemand".* Celan setzt der modernen Versuchung, Transzendentalformeln-Verlust durch Dezisionismen und Fundamentalismen aller Art zu kompensieren, eine Ethik der Sprache gegenüber, die umso stärker verpflichtet, als sie weiß, daß sie grundlos ist. Ist also vielleicht die skrupulöse Rede die theologisch angemessenere, was demnach auch theologisch/religionspädagogisch zu beherzigen wäre? Keine Lieder, keine Gebete, keine Verse mehr?

> *Paul Celan: Psalm*
>
> *Niemand knetet uns wieder aus Erde und Lehm,*
> *Niemand bespricht unseren Staub.*
> *Niemand.*
>
> *Gelobt seist su, Niemand.*
> *Dir zulieb wollen*
> *wir blühn.*
> *Dir entgegen.*
>
> *Ein Nichts*
> *waren wir, sind wir, werden*
> *wir bleiben, blühend:*
> *die Nichts-, die*
> *Niemandsrose.*
>
> *Mit dem Griffel seelenhell,*
> *dem Staubfaden himmelswüst,*
> *der Krone rot*
> *vom Purpurwort, das wir sangen*
> *über, o über*
> *dem Dorn.*

Kein Theologie hat wie Friedrich Schleiermacher mit vergleichbarer Konsequenz die traditionellen christlichen Tröstungen in Frage gestellt. Die Lehren von der Auferstehung der Toten und der ewigen Seligkeit hat er mit einer Unbedingtheit kritisiert, die viele philosophische Aufklärer weit hinter sich läßt. In seiner Glaubenslehre (1822), dem Grunddokument neuprotestantischer Theologie, kommt Schleiermacher nur in einem kurzen Schlußkapitel sozusagen der Vollständigkeit halber auf die Eschatologie zu sprechen. Und zwar handelte es sich dabei nicht um erkenntniskritische Einwände oder allgemein philosophische Skepsis, sondern um eine fromme Skepsis. Bei Schleiermacher stehen sich nicht kritische Vernunft und traditioneller Offenbarungsglaube gegenüber, sondern zwei verschiedene Formen christlichen Glaubens, zwei Glaubensstile. Das Ergebnis seiner Dogmenkritik ist das Ende aller gegenständlichen Hoffnungsbilder. Was bleibt aber dann noch zu sagen?

Am 1. November 1829 mußte Schleiermacher seinen einzigen Sohn beerdigen. Der neunjährige Nathanael war plötzlich an Scharlach erkrankt und nach drei Tagen gestorben. Schleiermacher hatte spät geheiratet und war erst mit 52 Jahren Vater des ersehnten Sohnes geworden. Er legte den letzten Dienst an seinem Sohn nicht in fremde Hände, sondern suchte selbst nach tröstenden Worten. Was würde der berühmte Berliner Theologe, Philosoph und gefeierte Prediger, dieser zierliche, leicht bucklige Mann, sagen?

In der Grabrede für seinen Sohn fallen theologische Epochenwende und persönliche Krise in einem Moment zusammen. Wie schon im eingangs zitierten Romanzitat Martin Walsers zeigt sich auch hier das ganze Drama neuzeitlicher Theologie. Schleiermacher kommt in seiner Beerdigungsansprache ohne jeden Bezug auf die alte Ikonographie des ewigen Lebens aus. Es ist ein gebrochener Trost, den Schleiermacher seinen Zuhörern und sich selbst zuspricht. Keine Erlösungsgewißheit, die sich vom Sterben nicht anfechten läßt. Diese Ehrlichkeit – so schwer sie auch scheint – wird dem Leben sicher mehr gerecht als ideologische Stilisierungsstrategien, die den Fall und den Tod verleugnen, verdrängen, wegreden. Aber noch einmal sei mit Barth betont: „Auch das Neinsagen, die Einsicht in das Paradox des Lebens, die Beugung unter Gottes Gericht *ist's nicht*, auch das Warten auf Gott, auch die 'Gebrochenheit', auch die Haltung des 'biblischen Menschen' *ist's nicht*, sofern sie Haltung, Standpunkt, Methode, System, Sache sein will, sofern der Mensch sich damit von andern Menschen abheben will."[152]

Das Bedürfnis, artikuliert in Lied, Text und Tanz zu klagen und zu loben, ist legitim. Soll denn nur der Werbung das Exklusivrecht auf Lob- und Preisge-

---

[152] RB 35; im Blick auf Barth ginge es allerdings darum, daß er diese inhaltliche Einsicht stilistisch ständig unterlief, wie Hans Urs von Balthasar sofort erkannt hatte (vgl. dazu B. Beuscher, D. Zilleßen, Religion und Profanität, Weinheim 1998).

sänge bleiben und Katastrophenjournalismus und Gerichtsreportage das Recht auf Klagerituale? Ist es denn nicht auch ein Segen, angesichts der menschlichen Hinfälligkeit einige Worte als Geländer des Daseins, als „Übergangsobjekte" mitbekommen zu haben? Auch ist nichts gegen spontane herzhafte Jodler und Juchzer zu sagen. Und ist es denn nicht auch beglückend, Dank und Kummer eine schöne Form geben zu können? Sind die lebendigen (Symbol)Begriffe schlecht geworden? Wie konnten aus lebendigen (Symbol)Begriffen Formeln werden, „frommes Gelaber", „frommdeutscher Slang" („klares Zeugnis") oder „profane language"? Weh dem, der für alles die passenden Worte parat hat. Und wehe dem, der keine Worte mehr hat.

Ob skrupulös oder euphorisch, ob poetisch oder formallogisch, ob mit Barth oder mit Basic, – es muß sprachlich/sprechend spürbar werden, daß Sprache kein Gestell ist, an dem wir die Dinge aufhängen wie Tiere zum Ausschlachten (Bruno Liebrucks), sondern daß „ein Gespräch wir sind" und *im* Gespräch wir sind von woanders.

Manfred Frank schließt seine Vorlesungen zum Neostrukturalismus mit dem Satz: „Wir sollten uns, unter diesen Umständen, einmal die Frage vorlegen, ob die Literatur uns angst macht, wenn sie uns den Notanker der Semantik aus der Hand schlägt."[153] Machen uns deswegen auch die elektronischen Medien angst?

Das bald dreißig Jahre alte bon mot von Helmut Thielicke: „Die Bibel ist der Liebesbrief Gottes an uns und keine Reklamewurfsendung" klingt heute weniger kitschig. Hermann Timm sprach von einer „Flaschenpost". Wichtig ist die SpaceBar, denn die Leertaste ist die größte auf der Klaviatur des Lebens. Den Zwischenräumen und Lücken ist Platz einzuräumen. Denn die Lücke ist der Ort, wo Sinn zünden kann (vgl. VL 10 Semiotisches Glossar).

Ausblick: Wie sich nun das Wort Gottes nützlich machen kann[154]

Alles was Modem hat lobe den Herrn.

Oft muß sich Theologie von Nichttheologen auf zentrale Fragen hinweisen lassen: „Ein Prediger, der sich darauf beschränkt, zu überlegen, wie ein Medium die Zahl seiner Zuhörer vergrößern kann, verfehlt die zentrale Frage: In

---

[153] Manfred Frank, Was ist Neostrukturalismus, Frankfurt 1984, 606.
[154] vgl. dazu Bernd Beuscher, *Remedia. Religion, Ethik, Medien.* Entwurf einer religionspädagogischen Theologie der Medien (Habilitation), Norderstedt Libri (Book on Demand) 1999 (vgl. auch www.bod.de, *link Autoren, link Bernd Beuscher*).

welchem Sinne verändern die neuen Medien das, was mit Religion, mit Kirche und selbst mit Gott gemeint ist?"[155]
„Natürlich können wir das Fernsehen zu dem Zwecke verwenden, um an einem Gottesdienst teilzunehmen. Was uns dabei aber, ob wir es wollen oder nicht, genau so stark 'prägt' oder 'verwandelt' wie der Gottesdienst selbst, ist die Tatsache, daß wir an ihm gerade *nicht* teilnehmen, sondern *allein dessen Bild* konsumieren. Dieser Bilderbuch-Effekt ist aber offensichtlich von dem 'bezweckten' nicht nur verschieden, sondern dessen Gegenteil. Was uns prägt und entprägt, was uns formt und entformt, sind eben nicht nur die durch die 'Mittel' vermittelten Gegenstände, sondern die Mittel selbst, die Geräte selbst: die nicht nur Objekte möglicher Verwendung sind, sondern durch ihre festliegende Struktur und Funktion ihre Verwendung bereits festlegen und damit auch den Stil unserer Beschäftigung und unseres Lebens, kurz: uns."[156]
Z.B. findet beim Chatten eine Verschriftlichung der Sprache gegenüber dem Schwätzchen beim Metzger oder am Telefon statt. Im Online-Chat fungiert Sprache als Schrift, d.h. das gesprochene Wort realisiert sich im Schreiben als Zeichen von Zeichen. Und zugleich fungiert Schrift im Online-Chat als interaktiv modellierbares und kontextuell situiertes Schreiben von Sprache, d.h. das geschriebene Wort wird nicht länger als Zeichen eines authentischen, selbst vermeintlich nicht mehr zeichenhaften Zeichens mißdeutet, sondern als Zeichen von Zeichen von Zeichen usw., d.h. als unendlicher semiotischer Verweisungszusammenhang verstanden. Allerdings ist dieser Umstand beim Chat nicht vertuscht und verborgen wie beim nicht sichtbaren Predigtmanuskript oder gar beim Ablesen vom Teleprompter. Die Verschriftlichung der Sprache und die Versprachlichung der Schrift als Effekt einer umfassenden Verbildlichung der Schrift bzw. Verschriftlichung des Bildes wäre m.E. also als semioenergetischer, sprachlicher Weltumgang zu begrüßen. Unsere Gehirnstrukturen werden sich ändern:

---

[155] Neil Postman, Das Technopol, Frankfurt/M. 1992, 27; Postman spricht von „unsichtbaren Technologien". Die sprachlichen Konventionen z.B. sind selbst solche unsichtbaren Technologien. Er bringt ein Beispiel: Zwei Priester sind sich nicht sicher, ob es zulässig ist, gleichzeitig zu rauchen und zu beten. Beide schreiben dem Papst. Der eine fragt: Ist es erlaubt, beim Beten zu rauchen? - Nein! Das Gebet soll die ungeteilte Aufmerksamkeit haben. Der andere schreibt: Ist es erlaubt, beim Rauchen zu beten? - Ja! Denn ein Gebet sei immer gut.
[156] Günther Anders, Die Antiquiertheit des Menschen, München 1992, Bd. 1, 100.

„Kinder sind es heute gewohnt, Informationen auf komplexe Weise aufzunehmen: zum Beispiel durch Bilder, geschriebene und gesprochene Wörter und Musik zugleich ... Haben wir zum Beispiel in der Schule noch von links nach rechts geschrieben, sausen die Kleinen heute mit dem Cursor auf dem Bildschirm umher, von rechts nach links, von unten nach oben und wieder zurück. Das Entscheidende: für das Hirn sind das alles völlig verschiedene Arbeitsgänge! Um die vielen Infos aufnehmen zu können, muß es sich neue Vernetzungen schaffen ... Unser Nachwuchs denkt schneller, kreativer, in ungewöhnlichen Bahnen, mehr in Bildern, er betrachtet die Dinge stets von mehreren Seiten, kann besser kombinieren."[157]
Es ging und geht in der Theologie um den Umgang mit theologischer Sprach(ver)störung. Daß das Wort Gottes nicht zur Fremdsprache (parole/langue) wird (und Religionsunterricht nicht zur dritten Fremdsprache), wiewohl es genuin Fremd-Sprache (langage) ist und bleibt, läßt sich nicht verhindern durch direkten Verfügungszugriff auf der Ebene von langue/parole, durch frommdeutsche Wörterbücher und kanaanäische Vokabeltrainingsprogramme oder Sprachtabus, sondern mit Konzepten, die im Horizont von langage ansetzen.

Also:
Raus mit der Sprache **aus** der Theologie im Sinne einer Auslöschung alter oder sperriger Worte zugunsten modischer Aktualisierung auf der Ebene von langue/parole? - Nein!
Raus mit der Sprache **in** der Theologie im Sinne des Erwerbs von Schlüsselwörtern der Traditionen und termini technici des Faches? - Ja!
Vor allem aber jedoch *Raus mit der Sprache* **in** der Theologie auf der Ebene von langage, um das Lied, das laut Joseph von Eichendorff in allen Dingen schläft (Schläft ein Lied in allen Dingen) zum Klingen zu bringen.
WinWord: ein Schreiben in Sand?[158] Im Gegensatz zu humaner Kommunikation ist Sprache als Kommunikationsmittel nach dem Sender-Empfänger-Modell etwas, das nicht versagt, wenn man es beherrschen will. Gewinnende Worte menschlicher Kommunikation jedoch müssen bei aller Deutlichkeit hinreichend überhörbar, auch hinreichend un- und mißverständlich sein. Denn beim nichtverstehenden Hören passiert etwas, beim verstehenden Hören nichts oder nur wenig.

---

[157] D.B. Linke, in: Familie&Co spezial: Computer, 40.
[158] Das Silizium der Computer-Chips wird aus Kohle und Quarzsand hergestellt.

Folgende Passage Rudolf Bultmanns zu Problemen analogen theologischen Redens erhellt prophetisch heutige Probleme multimedial gesendeten theologischen Redens:
„Versteht man unter ‚von Gott' reden ‚*über Gott*' *reden,* so hat solches Reden überhaupt keinen Sinn; denn in dem Moment, wo es geschieht, hat es seinen Gegenstand, Gott, verloren ... Denn jedes ‚Reden *über*' setzt einen Standpunkt außerhalb dessen, worüber geredet wird, voraus ... Es gibt eine Frömmigkeit als „Flucht vor Gott", wo „der Mensch gerade der Wirklichkeit entfliehen will, in der er einzig Gottes Wirklichkeit erfassen kann. Es ist ja wohl verständlich, daß der Pseudo-Gott des Schöpferischen oder des Irrationalen die menschliche Gottessehnsucht bezaubern kann; denn er verheißt dem Menschen, daß er von sich selbst loskomme. Aber diese Verheißung ist ein Mißverständnis und ein Betrug; denn in dem der Mensch *so* von sich selbst loskommen will, entläuft er Gott – wenn anders Gott die seine konkrete Existenz bestimmende Macht ist, – und läuft sich selbst in die Arme, – wenn anders die Gedanken des schöpferischen Urquells und des Irrationalen menschliche Abstraktionen sind und die Erlebnisse, derer der Mensch sich in solchen Zuständen getröstet, höchst menschliche Vorgänge."[159]
Probleme multimedial gesendeten theologischen Redens heben also Problemen analogen theologischen Redens leider nicht antagonistisch auf, wie manche vielleicht hoffen, sondern überlagern, verstärken und kaschieren sie. Die Gesetzmäßigkeiten und Strukturen der von Bultmann scharfsinnig beobachteten Frömmigkeit als „Flucht vor Gott", getrieben von der fixen Idee, der Wirklichkeit der konkreten Existenz zu entfliehen und von sich selbst loszukommen, gelten auch für die Erwartungen, mit denen Menschen EDV-Dinge („Gadgets") aufladen. Medien/Internet verheißen, von einem sicheren Außenstandort aus „drin sein" zu können, - außen sicher sein, „in" und bei sich sein zugleich.
Für theologische (Medien)Arbeit und Wortfeuerwerke bleiben zwei Regeln: Erst wissen, was gespielt wird. Dann spielen, was gewußt wird. Und: Laßt Medien phantasiereich *sprechen, zur Sprache kommen,* anstatt Sprechen und Sprache nur an (Phantasie)Verstärker anzuschließen oder den Worten elektronische Flügel zu verleihen. Das wäre der Paradigmenwechsel von „Winword" alias „Word für Windows" (=*Textverarbeitungsprogramm*) zu

---

[159] R. Bultmann, Welchen Sinn hat es, von Gott zu reden? in: Theologische Blätter IV, 1925, 129-135.

„WinWord" alias „Word as Windows". Das Wort als Fenster zur humanen Welt des Reich Gottes: die Welt geht DEOnline. Gehen Sie mit.
„Was ich im Sprechen suche, ist die Antwort des anderen. Was mich als Subjekt konstituiert, ist meine Frage. Um vom anderen anerkannt zu werden, spreche ich das, was war, nur aus im Blick auf das, was sein wird. Um ihn zu finden, rufe ich ihn bei einem Namen, den er, um mir zu antworten, übernehmen oder ablehnen muß."[160]
Mein Versuch, im Blick auf aktuelle Zeitphänomene möglichst klar zu einer dezentralen konstruktiven Semiotik von Theologie zu formulieren, ging stillschweigend davon aus, daß sich Texte in Kontexten unweigerlich selbst destabilisieren. *Jeder* Vortrag ist *Probe*vortrag:
„Ich halte Ihnen keinen Unterricht *ex cathedra*. Ich glaube, es ist unserem Objekt, der Sprache und dem Sprechen, nicht angemessen, daß ich Ihnen hier etwas Apodiktisches vortrage, das Sie bloß zu registrieren und in Ihre Tasche zu stecken brauchen. Allerdings, wie die Dinge so gehen, gibt es mehr und mehr Sprache in unseren Taschen, und sie überflügelt sogar unser Gehirn, was keinen großen Unterschied macht - man kann immer sein Taschentuch darüber legen."[161]

---

[160] J. Lacan, Schiften I, a.a.O., 143.
[161] ders., Das Ich in der Theorie Freuds und in der Technik der Psychoanalyse, Olten 1980, 398.

Die Diskussion in Schlaglichtern:

Die Relevanzen der verschiedenen Sprachdimensionen bzw. deren Anerkennung wurden ausführlich abgewogen. Dabei wurde besonders auf das Verhältnis von Idiom/Fachvokabular und existentieller Ausdrucksfähigkeit (vgl. Schleiermacher-Episode) eingegangen.
Die „Formulierungshilfen zur Begründung der Noten" vom Staatlichen Prüfungsamt wurde von den Studenten und Studentinnen mit Erstaunen zur Kenntnis genommen.

10. Vorlesung

Passwort: Semiotisches Glossar[162]

> „Wenn neuere Texte aus Frankreich für ausländische Leser mitunter allzu mysteriös klingen, so kann dies auch daran liegen, daß die eigenen Resonanzflächen zu schmal oder zu unelastisch sind."[163]

Jedes Fach hat legitimer- und notwendigerweise spezifisches Vokabular, welches gelernt werden muß. Das Idiom dient dazu, mit fachspezifischen Komplexitäten adäquater umzugehen. Es ergeben sich dabei aber verschiedene Versuchungen. Einmal besteht die Versuchung, sich der anstehenden Komplexitäten durch Begriffs-Zauber und Zeichen-Trick zu entziehen und die eigene Unsicherheit durch exklusiven Insiderjargon zu übertönen (und dabei Außenseiter zu diskreditieren). Dabei spielt keine Rolle, ob dies in Form geschwollener Glossolalie als Art „großartiger mentaler Erbsensuppe"[164], in Form euphorischer formallogischer Nüchternheit oder als skrupulöse Rede à la Celan stattfindet. Die beiden letzten Varianten sehen vielleicht etwas intellektueller-schicker aus. Dann gibt es aber auch die Versuchung zu dem Kurzschluß, mit der Ignorierung entsprechender Begriffsfelder auch die damit verbundenen existentiellen Lebenswelten loswerden zu können und sich der Komplexität durch Blasiertheit entledigen zu können.

Lacan ging vom **Formalismus** zum **Strukturalismus** über[165], indem er nicht nur die Sprache in ihrer formalen Gesetzlichkeit (**langue**), sondern die Sprache insgesamt in ihren verschiedenen strukturalen Funktionen (**langage**) erforschte. De Saussure gab dem Aspekt der **Synchronie** Vorrang vor dem der **Diachronie**. Dies unter anderem ermöglichte als strukturales Prinzip eine Art systemimmanenter bzw. -relativer Bedeutungswertrelevanz: ein Zeichen ist

---

[162] Hans-Joachim Metzger, der Übersetzer der Seminare Lacans, sprach „von sachte gewagtem Jargon" (vgl. J. Lacan, Das Ich in der Theorie Freuds und in der Technik der Psychoanalyse, Olten 1980, 417).

[163] B. Waldenfels, Phänomenologie in Frankreich, Frankfurt 1987, 13.

[164] Peter Glaser, Das Innere der Wir-Maschine, in: M. Waffender (Hg.), Cyberspace, Hamburg 1991, 203-237, 233.

[165] vgl. Elisabeth Roudinesco, Jacques Lacan. Bericht über ein Leben, Geschichte eines Denksystems, Köln 1996, 412.

nur durch seine Unterschiede von anderen Zeichen im System identifizierbar und nicht durch Referenz auf Objekte oder Sachverhalte. Lacan radikalisierte diese revolutionäre symmetrische Polarisierung von **Signifikat** (Bezeichnetes / Verfolgtes) und **Signifikant** (Bezeichnendes / Be*stimm*bares / Lautbild) durch Saussure, indem er dem Signifikanten relativen Vorrang gab.[166]

Laut Hegel galt als Ort für Wahrheit nicht mehr das „Urteil" nach Maßgabe aristotelischer Syllogistik, sondern der Begriff im unendlichen Kontext seines Lebens: „Das Element des Wahren ist der Begriff"[167]. Lacan reduziert dies noch auf den Buchstaben, indem er den Buchstaben auf den Begriff brachte und umgekehrt: der (platonische) Geist (im Gestell aristotelischer Satzkonstruktionen) ist tot, es lebe der Buchstabe. „Sicher, man sagt, der Buchstabe tötet und Geist macht lebendig. Wir schließen uns nicht aus von dieser Konvention ... aber wir fragen auch, wie der Geist ohne den Buchstaben leben könnte."[168] So widerfährt der Symmetrie der synchronen Strukturen eine Dezentrierung. Weiteres kommt hinzu: eine Achtung der Materialität der buchstäblichen Ordnungen (vgl. Judentum/Midrasch) soll den üblichen Dualismen vorbeugen, als deren Scharnier sich das Subjekt ausgibt. Dieser **Strukturalismus** unter dem Vorrang des **Signifikanten** als „das Drängen des Buchstabens im Unbewußten"[169] bedeutet somit dessen dezentrale Durchführung. Galt der Begriff „**Struktur**" als Anzeichen für die Konzentration auf Zusammensetzungsprozesse und Beziehungsgeschehen, so nahm (phänomenologischer) **Neostrukturalismus** bzw. (erkenntnistheoretischer) **Dekonstruktivismus** darüber hinaus noch das Imaginäre aller strukturorganisierenden Zentren - sei es als Ich-Identität, als System, als Natur oder Gott - in den Blick. **Strukturalismus** und **Konstruktivismus** sind phänomenologische und erkenntnistheoretische Variante *eines* Forschungsansatzes. **Konstruktivistische** Ansätze sind erkenntnistheoretische Analogien zu **strukturalphänomenologischen** Ansätzen, und **dekonstruktivistische** Ansätze sind erkenntnistheoretische Analogien zu phänomenalen *neo***strukturalistischen** Umordnungsprozessen. *Neo*strukturalismus repräsentierte den Versuch, Transformationsprozesse ohne Zentrum, zu denken: Gestaltprozesse ohne feststellbaren Veranstalter. Analog zu dieser phänomenologischen For-

---

[166] Bezeichnender Weise spricht Meyer-Blanck vom „Funktionszusammenhang Zeichen", für den sich „die Termini 'Signifikant', 'Signifikat' und 'Referent' eingebürgert" hätten (a.a.O. 50).
[167] G.W.F. Hegel, Werke in zwanzig Bänden, Band 3 Frankfurt 1980, 15.
[168] J. Lacan, Schriften II, a.a.O., 34.
[169] ebd. 15.

schungsentwicklung verwies das **konstruktivistische** Paradigma erkenntnistheoretisch darauf, daß wir keine Erkenntnis von einer objektiven Wirklichkeit haben können, sondern nur von unserer „Erfahrungsorganisation". Ein *pseudonaiv-systemischer* **Konstruktivismus** (bei aller Achtung: Luhmann) erschlich unter diesem Stichwort noch stillschweigend und implizit Ich als Wurzel dieser Konstruktionen. **Radikalere konstruktivistische Ansätze**[170] machen zwar ernst mit der *Subjektivität* von Beobachtungszentren. Aber erst ein *dezentraler* **Konstruktivismus** geht insofern konstruktivistischen Ansätzen an die Wurzel und konsequent über sie hinaus, als er die Fälligkeit von De-Re-Konstruktionsprozessen *selbst noch für Subjektivität* veranschlagt, und sei es die Subjektivität einer Selbstvorstellung Gottes im heiligen Tetragramm. Dies bezeichnete ich als eine Nahtstelle von **Neostrukturalismus** bzw. **Dekonstruktivismus** und Theologie im Rahmen jüdisch-christlicher Traditionen. Die entscheidende Frage an **Konstruktivismus** wie **Dekonstruktivismus** gleichermaßen lautet, ob sie subjektwillkürzentriert sind oder theonom. Auf jeden Fall ist dies der Zeitpunkt, Hörgewohnheiten zu ändern: **Dekonstruktion** hat ihr „De" nicht der Destruktion entliehen, womit doch wiederum nur ein idealistisch-autopoietisches Willkürsubjekt erschlichen wäre (Adorno sprach von „Unverschämtheit" und Lacan von „Wahnsinn"), und Heidegger derartig linear-destruktiv festgestellt wäre, wie er gar nicht eingestellt war. **Dekonstruktion** hat ihren erkenntnistheoretischen „De"-Index von der *De*zentralität der **neostrukturalistisch** beobachteten Umordnungsprozesse. Das Paradox vernunftkritisch operierender Vernunft ist aufgehoben in/durch diese® Dezentralität des Subjekts. **Dekonstruktion** kommt von „dezentral" und nicht von einem den Konstruktionsbegriff nur negativ doppelndem „destruktiv"; das ist die heuristische Pointe.

---

[170] Die Wendung „radikaler Konstruktivismus" geht auf Ernst von Glaserfeld zurück; vgl. dazu ders., Wissen, Sprache und Wirklichkeit. Arbeiten zum radikalen Konstruktivismus, Braunschweig 1987; ders., Einführung in den radikalen Konstruktivismus, in: P. Watzlawick (Hg.), Die erfundene Wirklichkeit. Wie wissen wir, was wir zu wissen glauben? Beiträge zum Konstruktivismus, München 1985, 16-39; G. Bentele, Wie wirklich ist die Wirklichkeit? Anmerkungen zu Konstruktivismus, Realismus und Realismus in den Kommunikationswissenschaften, in: W. Wunden (Hg.), Wahrheit als Medienqualität (Beiträge zur Medienethik Bd. 3), Frankfurt 1996, 121-139, 124; G. Rusch, Erkenntnis, Wissenschaft, Geschichte. Von einem konstruktivistischen Standpunkt, Frankfurt 1987, 194-213.

Im Gegensatz zu formallogischen Schematismen, die Wahrheitswertetafeln leicht als Wahrheitstafeln suggerieren, ließ Lacan zur Sprache kommen, indem er unter anderem Matheme und Grapheme zu inszenieren pflegte. Den Vorrang des **Signifikanten** vor dem **Signifikat** skizziert er als S/s („Signifikant über Signifikat"), wobei sich im Bruchstrich „der Einschnitt zeigt, mit dem die moderne Linguistik beginnt."[171] Das, was zählt, spielt sich im Zähler durch **Signifikanten** (Äußerungen, Verlautbarungen, Bemerkungen, Nennprozesse, Notizen) ab. **Signifikant** ist z.B. „ein bestimmter Geruch, ein bestimmtes Wort, ein bestimmtes Knistern, ein bestimmter Körperteil, ein bestimmtes Zeichen – bestimmt immer von *anderswoher*, zum Beispiel durch die Mutter (aber was heißt schon Mutter; auch das kann alles mögliche sein)."[172] Nach Lacan ist die Vorstellung, „daß das **Signifikante** der Funktion entspreche, das **Signifizierte** vorzustellen", die exakte Definition für „Illusion"[173], und „das Verhältnis des **Signifikanten** und des **Signifikats** (ist) weit davon entfernt, eineindeutig zu sein, wie man in der Mengentheorie sagt. „Das **Signifikat**, das sind nicht die ganz rohen Dinge, schon da gegeben in einer auf die Bedeutung hin offenen Ordnung. Die Bedeutung, das ist der menschliche Diskurs, sofern er immer auf eine andere Bedeutung verweist"[174]: Hypertext als Leben des Begriffs/**Signifikantenkette**. Das benennbare andere, meine neuen Erfahrungen, verdecken dabei zugleich die in jeder Benennung namenlosen Konnotationen.

Diesen Verweisungskontext nennt Lacan eine „Kette" mit einem bedeutungsschwangeren Gleiten: „Man kann also sagen, daß der Sinn in der **Signifikantenkette** *insistiert*, daß aber nicht ein Element der seine *Konsistenz* hat in der Bedeutung, deren es im Augenblick gerade fähig ist. Es drängt sich also der Gedanke auf, daß das **Signifizierte** unaufhörlich unter dem **Signifikanten** gleitet."[175] Lacan assoziiert dazu die Laufschriften elektronischer Wandzeitungen am Timesquare und in Las Vegas: „Es handelt sich um eine Folge von Abwesenheit und Anwesenheiten oder vielmehr um die Anwesenheit auf dem Grund der Abwesenheit, der durch die Tatsache, daß eine Anwesenheit existieren kann, konstituierten Abwesenheit. Es gibt keine Abwesenheit im **Realen**. Abwesenheit gibt es nur dann, wenn Sie annehmen, daß

---

[171] J. Lacan, Schriften II, a.a.O., 21.
[172] Bodo Kirchhoff, Freud wieder ernst genommen, in: B. Beuscher, Positives Paradox, Wien 1993, 210.
[173] J. Lacan, a.a.O., 22.
[174] J. Lacan, Die Psychosen, Weinheim 1997, 142.
[175] ders., Schriften II, a.a.O., 27.

es eine Anwesenheit geben kann da, wo es keine gibt. Ich schlage vor, im *in principio* das Wort zu situieren, insofern es die Opposition, den Kontrast schafft. Das ist der ursprüngliche Widerspruch von 0 und 1."[176] Dabei ist „die Leidenschaft des Spielers [...] ja nichts anderes als die an den **Signifikanten** gerichtete Frage nach dem *automaton* des Zufalls."[177]
Heute gibt es digitale Programme, die dieses Kettengleiten auch für Bilder auf den Begriff bringen: ein beliebiger Vorrat an Bildern wird dadurch zu einem neuen Gesamtbild generiert, indem den Einzelbildern aus dem Vorrat die Funktion von Pixeln zugeteilt werden, aus denen das neue Gesamtbild dann besteht. Bilder sind immer aus *Bildern als Pixel* generiert (vgl. Poster für den Film Truman-Show). „**Signifikat**" ist der Bedeutungseffekt, der als fließender blinder Fleck in den **metonymischen** Lücken und Löchern des assoziativ-unbewußten Gleitstroms von **Signifikant** zu **Signifikant** fehlzündet. „Das **Signifikat**, das ist der Effekt es **Signifikanten**."[178] Alles ist Schiebung, und aufgeschoben ist aufgehoben im vierfachen Wortsinne (auflesen, verwahren, in die Höhe heben, auflösen).
„Das Mögliche umfaßt jedoch nicht nur die Träume nervenschwacher Personen (=das **Imaginäre**, B.B.), sondern auch die noch nicht erwachten Absichten Gottes (=das **Symbolische**, B.B.)."[179] Gerade in diesen Leerstellen und Lücken liegen also Chancen für glückende Lehre. „Heilung" und „Evangelium" werden entsprechend als Fremd-Ressourcen vorgestellt, die ihrer ideologischen Assimilation harren. Lacan spricht von „Heilung als Verwirklichung des Subjekts durch ein Sprechen, das **von woanders** kommt und es durchquert."[180] Und: „Es ist etwas anderes, was ich ein **Evangelium** nennen würde. Es ist die Ankündigung, daß die Geschichte eine andere **Diskursdimension** aufrichtet und die Möglichkeit eröffnet, vollständig die Funktion des Diskurses als solchen zu unterwandern."[181] Davon unterscheidet Lacan

---

[176] ders, Das Ich in der Theorie Freuds und in der Technik der Psychoanalyse, a.a.O., 396.
[177] ders. Schriften 1, a.a.O., 39.
[178] ders., Encore, 38.
[179] Robert Musil, Der Mann ohne Eigenschaften, Reinbek 1981, 16.
[180] J. Lacan, Das Ich in der Theorie Freuds und in der Technik der Psychoanalyse, a.a.O., 296.
[181] ders., Encore, a.a.O., 35; „In diesem Genre, die Evangelien, kann man nicht besser sagen. Man kann nicht besser von der Wahrheit sagen. Genau daraus resultiert, daß es Evangelien sind. Man kann gar nicht besser die Dimension der Wahrheit spielen lassen, das heißt besser die Realität zurückstoßen ins Phantasma" (ebd. 116). Walter

narzißtische Unternehmen wie z.B. Vorlesungen halten. Er beschreibt „den Unterschied zwischen der Spiegelfechterei eines Monologs, dessen bequeme Phantasien dazu verleiten aufzuschneiden, und der harten Arbeit eines Diskurses ohne Ausflüchte, den die Psychologen nicht ohne Humor und die Therapeuten nicht ohne List mit dem Namen 'freie Assoziation' geschmückt haben."[182] Also: „Was fällt uns eigentlich ein?" „Wie kommen wir nur darauf?" Goethe ließ Mephisto „vom Kribskrabs der Imagination" sprechen: „Die Stringenz der freien Assoziation im Rahmen des autonomen **Symbolischen** hebt sich ab von der **imaginären** Trägheit scholastischen Assoziatismus."[183]
Die Differenzierung von **Metapher** und **Metonymie** ist im Werk Lacans nicht immer strikt durchgehalten. Anläßlich einer Analyse der Rhetorik der Neujahrsansprache von Gerhard Schröder brachte Andreas Platthaus in der FAZ als Unterscheidungsversuch ein schönes Beispiel. So hat die Bildrede von einem überquellenden Briefkasten eine metonymische und eine metaphorische Dimension: „als Metonymie steht er für den Toten in einer Wohnung, der den Briefkasten nicht mehr lehren konnte (eine Ersetzung der Ursache durch die Wirkung), als Metapher bezeichnet er die Achtlosigkeit der anderen Nachbarn, die es selbst dann, wenn der Besitzer des Briefkastens nicht verstorben sein sollte, an der für eine soziale Gemeinschaft nötigen Aufmerksamkeit fehlen lassen: nicht nur der Briefkasten ist voll, auch das Maß."[184] Insgesamt kann man festhalten, daß sich quer zur **Kontiguität** (zeitlicher Zusammenfall verschiedener Erlebnisinhalte) und Kontamination **metonymischer Shifter-Ketten** in kontinuierlicher Dimension **Metaphern** aufbauen können. Für beide gilt als Prinzip: „Üb Ersetzen" (im Gegensatz zu „üb er Setzen", Hermann Timm). Lacan verweist auf die Lust der Kinder am (oftmals klanggeleiteten) **metonymischen** Sprachspielen und Lesen von Wort zu Wort („*Wort für Wort* "[185]), – auf eine immer ausstehende Bedeutung anspielen, welche assoziative Spontanproduktion nicht nur schulisch gemeinhin als „Blödsinn" gelten soll. **Metaphorik** dagegen ist semantisch kul-

---

Magaß brachte das Gleiche in semiotischem Jargon zur Sprache: „Der Herr der Welt ist eine Textkonstituente geworden und kommt nun aus der Syntax nur noch zu dem Preis heraus, daß er über neue Texte in neue Zeichensysteme eingeht" (W. Magaß, exempla ecclesiastica. Beispiele apostolischen Marktverhaltens. Mit einer Bibliographie zur Analyse der Kirchensprache, Bonn 1972, 46).
[182] ders. Schriften 1, a.a.O., 86.
[183] ebd. 51.
[184] A. Platthaus, in: FAZ 3 (2000) 49.
[185] J. Lacan Schriften II, a.a.O., 30.

tivierte Wortschatzarbeit, die aber gleichwohl auch ihren Effekt aus **metonymischer** Kontamination ziehen. „Das Wort ist nicht Zeichen, sondern Bedeutungsknoten."[186] Ist das **metaphorische** Verdichten (*„Ein Wort für ein anderes"*[187]) kunstvoll auf der Stelle verweilend auch häufig der Versuch, das **metonymische** Entgleiten zu bremsen und festzustellen, was los ist, so kann **Metaphorik** auch getrieben werden bis hin zum katachrestischen Kollaps, der sich meist in Gewöhnung zeigt (Lexikalisierung: „Fuß des Berges"), der wieder in **Metonymie** übergeht: **metaphorisierende** Knotenstellen implodieren zu **metonymisierenden** Löchern. Die **Metapher** nimmt jedenfalls den Weg über intellektuelle Passagen: „Die Metapher aber ist immer eine Unterbrechung des Vorstellungsganges und eine stete Zerstreuung, da sie Bilder erweckt und zueinanderstellt, welche nicht unmittelbar zur Sache und Bedeutung gehören, und daher ebeno sehr auch von derselben fort zu Verwandtem und Fremdartigem herüberziehn"[188], - metaphérein: anderswohin tragen. Die **Metonymie** bezieht dabei unbewußte Umwege über Sinne ein; beide treffen sich im Unendlichen, welche Integration den „Realidealcharakter von Sprache" (Bruno Liebrucks) ausmacht. Der Poesiebegriff einer poetischen Praktikotheologie lebt vom Zusammenspiel metonymischer und metaphorischer Elemente. Lacan nutzt deswegen die Möglichkeit des Französischen, um das Pronomen der ersten Person singularis zweifach auszudrücken: **„Je"/"moi"**. Nie komme ich zu mir als dem **„Je"-Ich** (das Ich-Ideal nach Lacan) hinter allem (z.B. dem Glanz im Auge der Mutter, Kohut), das mich mir als „totale Form des Körpers" als ganz vorspiegelt, sondern erreiche alleine imaginäre Dimensionen eines **„moi"-Ich** (Ideal-Ich nach Lacan, Körperbild) als schmollend-reflektierender Trotzrest, welches spekuläre Gesetz optischer Täuschung für alle Erkenntnis gilt („Spiegelstadium", 1. Kor. 13,12 / Ex 33, 17-23 wir sehen nun durch einen dunklen Spiegel). Kann ich mich also auch noch so schön reden hören, so verhöre ich mich ständig und unerhört.

Generell gilt also eine signifikantenevozierte, doppelwirksame Signifikatsdialektik. Einmal ist das „andere", welches das **„moi"** als selbständiges Wesen gewahrzuwerden glaubt, nur anderes-seiner-selbst (alter ego, Lacan nennt es **„Objekt klein a"**). Ein Andermal passiert dem/das Gleiten der Si-

---

[186] ebd. 166.
[187] ebd. 32.
[188] G.W.F. Hegel, Vorlesungen über die Ästhetik, hg. v. H.G. Hotho, Bd. I Sämtliche Werke, Stuttgart 1953, 539.

gnifikanten ein Fremdimpuls **von woanders**, wobei die Intentionslinie des Begehrens gebeugt und die Willkür gekreuzt wird. Dann schlägt Gemeintes=**a/moi** anteilig um in Kontamination=**A/Je**.
Weil Gespräch stets zugleich Selbstgespräch ist, gilt das auch für den Selbstbezug. Idealistische Ich-Identität generierte phono- bzw. logozentrisch nach dem Tetragrammvorbild von Ex 3,14 ein autopoietisches System: den Automat eines **Signifikats**, das zugleich sein eigener **Signifikant** ist („Herr Selbstverständlich"[189]). Die Option des Selbstbewußtseins, kurz und schmerzlos zu sich selbst zu kommen, ist aber ein Versprechen, das nur unter Narkose gehalten werden kann. Das **Subjekt** ist sub-jektum, „**sujet**". Es herrscht also auch die „Dominanz des **Signifikanten** über das **Subjekt**."[190] „Ich ist ein Anderer."[191] Anstatt „Dialog" und „Kommunikation" soziolinguistischer Engführung zu unterwerfen, ergibt sich Ich als Effekt eines Gesprächs, weniger eines, das wir führen, sondern eines, das wir *sind* „mit allem, was geschieht, vom ersten Atemzug und den Lallübungen des Kleinkindes an bis zum letzten Gedicht."[192] „Das **Subjekt** ist in Bezug auf das Individuum dezentriert. Das ist es, was *Ich ist ein anderer* meint."[193] Sprache als „Haus des Seins"[194] hat also ihre Heimtücke: Prozesse dekonstruktiver Semiotik sind praktisch-theologisches „*Abenteuer*, das heißt, etwas, *was mir zustößt* (was mir vom **Signifikanten** widerfährt) ... ein persönliches, aber nicht subjektives Abenteuer, da in ihm die Verschiebung des Subjekts inszeniert wird, und nicht sein Ausdruck."[195] Das, was Lacan „das volle Sprechen" nennt[196], offenbart gerade „den Entzug, der in der Sprache waltet."[197] Lacan erkennt diesen Mangel als Chance, wenn er feststellt, daß das „**Subjekt** ab

---

[189] J. Lacan, Schriften I, a.a.O., 104.
[190] ebd. 60.
[191] A. Rimbaud, Prosa über die Zukunft der Poesie, Schlußsatz des Briefes an Paul Demeny vom 15. Mai 1871; Hegel spricht von der „Vermittlung des Sichandersdens mit sich selbst" (vgl. ders., G.W., Frankfurt 1970, Bd. III: Phänomenologie des Geistes, 94f.).
[192] B. Liebrucks, Sprache und Bewußtsein, a.a.O., Band 2, 246.
[193] J. Lacan, Das Ich in der Theorie Freuds und in der Technik der Psychoanalyse, a.a.O, 16.
[194] M. Heidegger, Über den Humanismus, Frankfurt 1949, 5, 51/52.
[195] Roland Barthes, Das semiologische Abenteuer, Frankfurt 1988, 8.
[196] J. Lacan, Schriften 1, a.a.O., 93.
[197] Hermann Lang, Die Sprache und das Unbewußte. Jacques Lacans Grundlegung der Psychoanalyse, Frankfurt 1973, 283.

Ursprung von Teilung markiert sei, woraus die Linguistik jenseits der Scherze der Kommunikation Kraft nimmt."[198]

Nicht „Wer hat das Sagen?", „Wie kann ich mich selbst unterbrechen?" und „Wie mache ich mich verständlich?", sondern „eine richtige Antwort zu finden auf die Frage: Wer spricht? wenn es um das **Subjekt** des Unbewußten geht"[199] ist der Punkt, an dem die Geister sich scheiden. „Daß das Unbewußte radikal die Struktur von Sprache hat"[200] nannte Jacques Lacan „**symbolische Ordnung**". „Mein Sagen, daß das Unbewußte strukturiert ist wie eine Sprache, ist nicht vom Feld der Linguistik"[201] präzisierte er und weiter: „Ist die Struktur der Sprache im Unbewußten erkannt, stellt sich die Frage nach ihrem **Subjekt**"[202]. Das **Symbol** ist „jenes Sprechen, das im **Subjekt** ist, ohne das Sprechen des **Subjekts** zu sein"[203]. Noch immer - wenn auch nicht mehr lautstark, so doch noch viel wirksamer stillschweigend - wird hier über das Image wissenschaftlicher Seriosität entschieden. So wäre die Habermas'sche Theorie des kommunikativen Handelns nie so populär geworden, hätte sie nicht vor dem Glatteis semiotischer Shifterketten begrifflich haltgemacht (Habermas sprach ja noch klassisch-metaphorisch vom „Dickicht der Lebenswelt"). Gleiches gilt für Luhmann: die schier unwiderstehliche Faszination seiner Systemtheorie, die m.E. in keinem Verhältnis zu deren heuristischen Früchten steht, liegt in der Wirkung, die die „Vermählung des Geborenen mit dem Gemachten" (Kevin Kelly) auf ein gestreßtes Subjekt macht, daß á la Münchhausen Identität, Kontinuität, Sozietät und Pietät leisten soll.

So wird häufig unter dem Stichwort „**Symbol**" dem magischen Nimbus von ontotheologischen Fetisch-Dingen mit linguistischem Spektakel als Gegenzauber begegnet (=Zeichentrick). Aber im definitorisch nicht schlichtbaren Streit zwischen **Symbol** und **Zeichen** kämpfen zwei Modelle zentrierter Verfügungssprache gegeneinander, welcher Kampf sich erst mit der Einsicht in die Dezentralität der Sinninstanz erübrigt. Daß **Symbole** zeichenhaft wirken und **Zeichen** symbolisch, liegt an einem unverfügbaren, dezentralen, nichtfeststellbaren Faktor, der je und je **von woanders** zufällt. Erst in der Passion solcher Zufälle, die nicht Feld meiner Willkür sind, sondern Raum einer x-

---

[198] J. Lacan, Radiophonie/Television, Weinheim 1988, 9.
[199] J. Lacan, Schriften II, a.a.O., 174.
[200] J. Lacan, Schriften 1, a.a.O., 182.
[201] ders., Encore, Weinheim 1986, 20.
[202] ders., Schriften II, a.a.O., 173.
[203] ders., Das Ich in der Theorie Freuds und in der Technik der Psychoanalyse, Olten 1980, 219.

Be*liebig*keit (agape), wird die Abwehr gelassen und Sprache kommt ins Spiel. Bisher ist jedoch das symbolische wie das semiotische Paradigma imaginär vereinnahmt: „Es gibt eine Trägheit des **Imaginären**, die wir eingreifen sehen in den Diskurs des **Subjekts**, die ihn stört, den Diskurs, die bewirkt, daß ich nicht merke, daß ich, wenn ich jemandem gut will, ihm übel will, daß, wenn ich ihn liebe, ich selbst es bin, den ich liebe, oder daß ich, wenn ich mich zu lieben glaube, genau in dem Moment einen anderen liebe. Es ist gerade die dialektische Übung der Analyse, diese imaginäre Verwirrung aufzulösen und dem Diskurs seinen Diskurs-Sinn zurückzugeben. Es geht darum, ob das **Symbolische** als solches existiert oder ob das **Symbolische** bloß das zweitgradige Phantasma imaginärer Koaptationen ist."[204] Diese Frage nach der Dezentrierung („**von woanders**"), theologisch gesprochen *die* theologische Frage nach Theonomie, ist laut Lacan die Frage, um die sich alles dreht:

„Die Kopernikanische Revolution ist mitnichten eine Revolution ... Die Tatsache, diesen beherrschenden Punkt auszuwechseln, ihn von der Erde oder der Sonne besetzen zu lassen, (ist) nichts an sich, was das subvertieren könnte, was der **Signifikant** *Zentrum* konserviert von sich selbst ... Sicher, es ist jetzt evident, daß die Sonne auch nicht mehr Zentrum ist und daß sie auf einem Spaziergang ist durch einen Raum, dessen Statut immer heikler festzulegen ist. Was im Zentrum bleibt, das ist diese liebe Gewohnheit, die macht, daß das **Signifikat** schlußendlich immer den gleichen Sinn bewahrt. Dieser Sinn ist gegeben durch das Gefühl, das jeder hat, weil er Teil seiner Welt ist, das heißt, seiner kleinen Familie und alles dessen, was sich darum dreht. Jeder von Ihnen – ich rede sogar für die Linken – sind Sie hier mehr, als Sie glauben, dem verhaftet, und zwar in einem Maße, das zu erfassen Sie gut täten ... Das **Signifikat** findet sein Zentrum, wohin Sie es auch bringen mögen ... Es ist nicht, das Zentrum auszuwechseln. Es dreht sich ... – es dreht sich als Ellipse, und das stellt bereits die Funktion des Zentrums in Frage."[205]

Entsprechend tragen alle Kriterien des Symbolverständisses bei Paul Tillich deutliche Merkmale des dezentralen passivisch-Kontingenten, und dieses dezentrale Muster ist der Anteil bzw. Anknüpfungspunkt (symballein) von **Signifikant** und **Signifikat**[206]. Erst dezentral-kontingent fallen Worte und Taten als Vertun und Versprechen ineins. Kann üblicherweise alles, was wir

---

[204] ebd. 389.
[205] ders., Encore, a.a.O., 47.
[206] vgl. P. Tillich, G.W., Stuttgart 1970, Bd. 8, 139ff.

sagen, gegen uns verwendet werden, beginnt nun alles, was wir verwenden, zu sprechen. Sicher kann man auch das Gleiten als solches feststellen: aus Ausrutschern Surfen machen aus Taumeln und Schwanken Tanz oder theologisch formuliert den „quergestrichenen Christus" (E. Güttgemanns) reinstallieren als letztinstanzlichen Inbegriff des freischwebenden **Signifikanten**. Aber kann man kann nicht ständig tanzen und „die Mythe log" (Gottfried Benn 1886-1956) vielleicht doch nicht.

Die Diskussion in Schlaglichtern:

Statt Diskussion erfolgte in der Hauptsache ein Meditieren des Bildes vom Shifter-Gleiten der Signifikantenkette. Weiterhin erfolgten vielfache Versuche, dies an Beispielen zu repräsentieren.

II
Glänzende Bildung und Erziehung:
Paideia

11. Vorlesung

„Von jedem evangelischen Theologen
ist zu verlangen, daß er im Bilden
einer eignen Überzeugung begriffen
sei über alle eigentlichen Örter des
Lehrbegriffs ... sofern sich Neues
gestaltet hat, dessen für den Moment
wenigstens geschichtliche Bedeutung
nicht zu übersehen ist."
Friedrich Schleiermacher[207]

Die Erziehungs- und Bildungswette

Der französische Psychoanalytiker, Philosoph und Semiotiker Jacques Lacan wurde einmal provoziert mit dem Satz, „Regieren, Erziehen, Psychoanalysieren (seien) drei unmöglich zu haltende Wetten."[208] Im Blick auf Regieren und Psychoanalysieren scheint heute die Zustimmung fast sicher. Aber noch die vielzitierte Politikverdrossenheit zeugt von den Erwartungen, die man einst in die verschiedensten politischen Regierungsmodelle gelegt hatte (ehe alles „mittig" wurde), und selbst Woody Allen, Peter Sloterdijk, Psychologie Heute und Focus verraten in ihren regelmäßigen Freud-Koryphäen-Killer-Ritualen die noch längst nicht verwundene Enttäuschung der Erwartung, die Psychoanalyse sei der Schlüssel zur Lösung menschlicher Probleme (und bestätigt so die Freudsche Psychoanalyse).
Doch die Wette auf Erziehung und Bildung steht nach wie vor. Ist sie noch offen oder gilt sie als gemacht? Sooft und so regelmäßig Erziehungs- und Bildungsprobleme auch beklagt werden, – hätte sie als Saalwette beim Volks-TV-Lehrer Gottschalk (nomen est omen) eine Chance? Ist unsere Anwesenheit an diesem Ort zu diesem Thema nicht Beweis dafür, daß die Wette längst eingelöst wird? Daß die Preisfrage nach der Bildung nach wie vor heiß ist können Sie jederzeit durch Umfragen testen. Entsprechende Reaktionen belegen was die Beteiligungsmenge und -euphorie angeht, daß das Bildung mit mehr Tabus umstellt und mit mehr latenter Religiosität und verdrängten Erlösungshoffnungen belastet ist, als unsere Schulweisheit sich träumen läßt.

---

[207] Friedrich Schleiermacher, Kurze Darstellung des theologischen Studiums zum Behuf einleitender Vorlesungen (1810), hg. v. H. Scholz, Darmstadt 1993, 83 (§ 219).
[208] Jacques Lacan, Radiophonie Television, Berlin 1988, 46.

Goethe dagegen gab sich 1809 in den „Wahlverwandtschaften" mit den Worten des fortschrittlichen „Grafen" skeptisch: „Kinder halten nicht, was sie versprechen, junge Leute sehr selten, und wenn sie Wort halten, hält es ihnen die Welt nicht."[209]

In der Erziehungswette verbinden sich gleich drei Komponenten zu einem religionspädagogischen Motivkomplex. *Erstens* soll die Rede von der „Erziehungs*wette*" mitschwingende Aufladungen anzeigen. Im Horizont eines weiten und differenzierten Religionsbegriffs als Wette auf gelingendes Leben fallen Religion und Profanität[210] differenziert ineins. *Zweitens* sind übereifrige Auswüchse („Pädagogik als Religion") daran erkennbar, daß notwendige curriculumtheoretische Erwägungen überstrapaziert werden. Und *drittens* bricht immer wieder eine kitschbiblische Hypostasierung von „Kindlein" durch, mit der wir uns – menschenskinderverachtend – unserer guten Absichten schmeicheln.

Es folgen Ausführungen und Beispiele zu diesen drei Komponenten im einzelnen:

- *Erstens*

unterstützten religiöse Optionen die pädagogischen Motivmuster der Zeit, in der die aufklärerische Bildungswette als Volkssport ihren vorläufigen Höhepunkt erreichte. In der zweiten Hälfte des 18.Jhds. trafen chiliastische Endzeiterwartung, Milleniumsgefühle und Glaube an eine Vervollkommnung des Menschen zusammen („Chiliade"=Reihe/Zahl von 1000; vgl. Offenb. 20). Humanperfektionierung sollte am Kind als möglich demonstriert werden. „Eine Menge von Bedürfnissen Erwachsener werden an die Kinder herangetragen" heißt es entsprechend in der Denkschrift der EKD „Aufwachsen in schwieriger Zeit"[211] von 1995. Es weht der Geist von Erziehung als kollektives Experiment und bürgerliches Prestigeunternehmen. Es ist eine Blütezeit der Versuchs- und Musterkinder als wilde Kinder (Kaspar Hauser) oder Wunderkinder. Dabei vertragen und ergänzen sich entgegen einschlägiger Klischees aufklärerisch-rationalistischer Machbarkeitspragmatismus und romantisch-philanthropische Kindheitsidealisierung gut. Man setzt auf die Wette in der Gewißheit, daß sie durch System, Programm und/oder guten

---

[209] J.W.v.Goethe, Hamburger Werkausgabe, Band 6, 311
[210] Bernd Beuscher u. Dietrich Zilleßen, Religion und Profaniät. Entwurf einer profanen Religionspädagogik, Weinheim 1998.
[211] Synode der Evangelischen Kirche in Deutschland (Hg.), Aufwachsen in schwieriger Zeit – Kinder in Gemeinde und Gesellschaft, Gütersloh 1995.

Willen gewonnen werden kann. Die romantische Betonung würde hier das „Menschenkind" und das pädagogische Genie fokussieren, der Aufklärer die Erziehungsveranstaltung und das Curriculum betonen. Der optimistische Wettcharakter von Erziehung repräsentiert den romantischen Kern der Aufklärung. Dieser Motivquell pädagogischer Optionen ist in allen einschlägigen religionspädagogischen Kompendien ausgelassen, welche nämlich (von historisierenden Segmenten abgesehen) erst in den zwanziger Jahren dieses Jahrhunderts mit dem Konzept der „Evangelischen Unterweisung" ansetzen[212]. Johann Bernhard Basedow (1724-1790), Friedrich Justin Bertuch (1747-1822), Johann Heinrich Campe (Hauslehrer und Erzieher von Alexander und Wilhelm von Humboldt, 1746-1818), Conrad Paul Funke (1773-1825), Johann August Ephraim Goeze (1731-1793), Rudolph Christoph Lossius (1760-1819), Karl Philipp Moritz (1757-1833), Johann Carl August Musäus (1735-1787), Christian Gotthilf Salzmann (1744-1811), August Ludwig Schlözer (1735-1809), John Trusler (1735-1820), Peter Villaume (1746-1825) und Johann Karl Wezel (1747-1819) – allesamt repräsentieren diese Namen die große Zahl an Theologen bzw. Pfarrern, welche Kanzel und Gemeinde mit Katheder und Klassenzimmer tauschten.

Zugespitzt könnte man sagen: „Religionspädagogik" als Disziplin erwächst aus einer Begeisterung im Sinne von „Pädagogik als Religion". Man kann das bis heute an der Abfolge und an der Art und Weise der Favorisierungen religionspädagogischer Ansätze und ihrer Auseinandersetzungen miteinander verfolgen. Ein Nimbus des didaktisch übermäßigen „Verheißungs- und Weihevollen" prägt die religionspädagogische Diskussion bis heute.

Der pädagogische Blick wird zum strategischen Blick in der großen Schlacht gegen das Unglück. Man muß und kann lernen, dem Unglück zu entgehen („Verhüten"!). Das ist zugleich das Verdammungsurteil für alle Unglücklichen: „Selber schuld!"

„Die Welt wird im Labor erzieherisch simuliert. Pädagogik ist die soziale Touristik im eigenen Land. Sie spürt jedes noch unbesetzte Fleckchen auf, bis es niemanden mehr gibt, der nicht als junger Mensch sozialisiert, als alter Mensch betreut, als fehlentwickelter Mensch reintegriert, als sich langweilender Mensch beschäftigt wird ... Damit wird die Pädagogik zur Lückenfüllerin der Nation."[213]

---

[212] Ausnahme bildet die differenziert-fundierte Monographie von Johannes Lähnemann, Evangelische Religionspädagogik in interreligiöser Perspektive, Göttingen 1998.
[213] Heinrich Kupffer, Pädagogik der Postmoderne, Weinheim 1990, 63, 98.

Schon Weinen und Lachen bergen das Risiko des Unkontrollierbaren, Blikken, Riechen, Horchen sind sozusagen hochsensible Gefahrenguttransporte, Sexualität ist gänzlich Tabu.
Dazu einige Schlaglichter und Beispiele:

F.L. Goeckingk:

Friz der Näscher
Friz war ein herzenguter Junge,
Und Lernen war ihm nur ein Spiel;
Doch auf den Wohlschmak seiner Zunge
Hielt leider! Frizchen gar zu viel.

Ihm that's im Erd- und Himbeersuchen
Von allen Jungen keiner nach,
Und traun! er wär' um ein Stük Kuchen
Geklettert auf das Rathhausdach.

Mit Diebstahl hätt' er sein Gewissen
Um alle Welt zwar nicht beschwert,
Allein im Punkt der Lekkerbissen
War's doch nicht so ganz unversehrt.

Selbst ein Paar Kirschen oder Pflaumen
Zu stehlen hielt er für erlaubt;
Denn ach! ihm hatte schon sein Gaumen
Die Herschaft über sich geraubt.

Die Speisekammer zu bemausen
Stieg er ins Fenster einst hinein.
Da, dacht' er, gibt es was zu schmausen:
Da wird gewiß noch Torte sein!
Doch dismahl fand der gute Schlukker
Sich sehr betrogen. Wie er sah,
Stand nichts, als nur ein wenig Zukker
In einem irdnen Näpfchen da.
Mit seinem nassen Finger düpfte
Der Lekkermund das Näpfchen aus,

Und aus dem ofnen Fenster schlüpfte
Der Dieb gleich einer Kaz hinaus.

Doch bald fing er sich an zu krümmen,
Gleich einem Wurm, und ächzt' und schrie;
Denn solch ein Brennen, solch ein Grimmen
In den Gedärmen fühlt' er nie.

Vergebens war's, um Hülfe flehen;
Sein Naschen bracht ihn mördrisch um.
Was er für Zukker angesehen,
War größtentheils Arsenikum.

Kein Wort zu dieser wahnwitzigen Konstruktion, daß Eltern Arsen in Zucker mischen und kein Wort zu vernachlässigter Aufsichtspflicht. (Übrigens wirft dies nebenbei auch ein interessantes Schlaglicht auf die angeblich besseren Zeiten, als es noch keine Gewaltfilme im Fernsehen gab, die die Jugend verderben konnten.) Es folgen weitere Ausschnitte zur Veranschaulichung, die allesamt dem sehr empfehlenswerten Reclam-Bändchen „Kinder- und Jugendliteratur der Aufklärung", hg. v. Hans-Heino Ewers (Stuttgart 1990) entnommen sind:
„In der moralischen Erzählung *Die kleine lustige Gesellschaft*, die G.C. Claudius in seinem *Kinderalmanach* mitteilt, stellt Herr Weinhold, die Vaterfigur der Erzählung, fest, daß sich die vier Kinder, die ihn jede Woche besuchen, beim Lachen nicht 'gesittet und artig zu betragen wissen'. Er greift zum Mittel der pädagogischen Inszenierung, indem er den Kindern eine besonders lustige Geschichte, ein 'Geschichtchen zum Todlachen', erzählt, zuvor allerdings jedes Kind einzeln und insgeheim auffordert, die anderen beim Vortrag zu beobachten und die Beobachtungen mitzuteilen. Das gemeinsame Gespräch über diese Beobachtungen bildet die Erzählung; das 'Geschichtchen zum Todlachen' selbst wird nicht mitgeteilt! Drei Formen des Fehlverhaltens beim Lachen werden vorgeführt. So habe sich Malchen 'etwas höhnisch benommen, habe oft mit Mühe ein sichtbar werdendes Lachen verborgen, vermuthlich um zu zeigen, daß sie es für gering achte, über das zu lachen, was Andere lachenswerth fanden'. Ihr wird gesagt, daß man 'nicht nur um sein selbst, sondern auch um Andrer Willen in Gesellschaft' sei und deshalb sein Verhalten dem der anderen anpassen musse: 'Lache mit, wenn andere lachen'. Verlangt ist die Angleichung des Verhaltens an die allgemeine

Norm des Betragens. Denn das Verhalten ist Signal innerer Vorgänge, weshalb nicht kontrollierte Körpersprache zu Mißverständnissen und Fehleinschätzungen der Person führen kann. So bei Lebrecht, der beim Lachen 'sein Gesicht so ins Einfältige [verzerrte], daß, wer ihn sonst nicht kennt, ihn wirklich für einfältig halten sollte'. Zeigt Lebrecht immerhin nur eine 'kleine Unart', so hat sich Lorenz völlig der Lust des Lachens überlassen. Er sagt es selbst (und zeigt damit, daß er 'schon den Weg der Besserung angetreten' hat): 'So habe ich auch die Unart an mir, daß mirs, wenn ich lachen muß, durch alle Glieder fährt [...] ich will das laute Lachen verbergen, beiße die Lippen zusammen, [...] so fahren sie mir schnell auf, und ich schreye schon wieder laut auf. Ich fahre mit den Armen in die Luft, und hebe die Beine dazu hoch auf wenn ich sitze'. Ihm fehlt es noch an Körperkontrolle; aber er verspricht, weiter an der Beherrschung seines Körpers zu arbeiten: 'Und die Beine, ich will nicht Lorenz heißen, die Beine sollen mir Gehorsam leisten'. Allein Auguste hat sich angemessen verhalten: 'Sie ist ganz gelassen, nimmt Theil, vollen Antheil; ihr Auge ist heiter; ihr Mund zieht sich nur ganz sanft, und wenn sie lacht, schreyt sie nicht, man hört nicht einen lauten Schrey, kein Kickern; ihr Mienen nur drücken aus, was sie empfindet'. Auguste verhalt sich zivilisiert; sie zeigt in ihrer gezügelten Körpersprache, daß sie Selbstdisziplin und Ansichhalten gelernt und ihre Affekte unter Kontrolle hat" (ebd. 73/74).

So vollzieht sich das Projekt „die Menschen aufzuklären, und dies gerne bis zur leidigen Durchsichtigkeit"[214], wie Schleiermacher sagt. Sehr aufschlußreich ist auch die Geschichte von der *Schlittenfahrt (Salzmann: Conrad Kiefers ABC und Lesebüchlein,* ebd. 80-83*):*

„Als einmal des Morgens Ernst, Sophie und Heinrich zum Fenster hinaus sahen, da war die ganze Flur mit Schnee bedeckt. Darüber freuten sich die Knaben, schlugen in die Hände und sagten: heute können wir auf dem Schlitten fahren, das wird eine rechte Lust geben!
Wenn es der Vater erlaubt, sagte Sophie.
Das versteht sich! sprach Ernst. Aber der Vater erlaubt es uns gewiß. Seyd nur alle recht gut, daß wir ihn nicht verdrüßlich machen.
Dieß thaten denn alle; wuschen sich, kämmten sich, spülten sich den Mund aus, wie gute Kinder zu thun pflegen. Sie zankten sich auch nicht.

---

[214] F.D.E. Schleiermacher, Über die Religion. Reden an die Gebildeten unter ihren Verächtern, Hamburg 1958, 86.

Nachdem sie nun das Frühstück genossen hatten, sahen sie einander immer an und lächelten.

Was habt ihr denn vor, fragte die Mutter, daß ihr einander so zulächelt?

Wir wollten heute gern auf dem Schlitten fahren, sagte Ernst.

Bittet den Vater drum! gab die Mutter zur Antwort.

Ich bitte ihn drum! sagte Ernst, und lief sogleich zum Vater fort. Bald darauf kam er wieder zurück, und rief in die Stube: der Vater erlaubt es uns — Punct zehn Uhr geht es fort mit den Schlitten.

Darüber freuten sich alle, und jedes lief fort, und machte seinen Schlitten zurechte. Dann giengen alle in die Lehrstunden.

Kaum schlug es zehn, so sprang jedes Kind nach seinem Schlitten, und lief nach der Thür zu. Heinrich war zuerst vor der Thür, und als er vor die Thür kam, siehe! da stund jemand da, und hatte auch einen Schlitten. Wißt ihr wohl, wer es war? der Vater war es.

Fährst du auch mit auf dem Schlitten? fragte Heinrich.

Das versteht sich! sagte der Vater. Das war dem Heinrich eben recht! Er rief den andern Kindern zu: wißt ihr was Neues? der Vater fährt mit auf dem Schlitten!

Da riefen die übrigen Kinder auch: der Vater fährt mit auf dem Schlitten! der Vater fährt mit auf dem Schlitten.

Und nun nahm jedes seinen Schlitten und lief nach einem Hügel, von welchem sie schon oft herab gefahren waren, ich glaube er hieß der Geisenberg.

Jetzt waren sie da. Ehe wir noch hinunter fahren, sagte der Vater, müssen wir etwas mit einander ausmachen. Es kann seyn, daß eins oder das andere vom Schlitten fällt, da darf nun niemand weinen.

Ich weine gewiß nicht! sagte Heinrich. Ich auch nicht! ich auch nicht! sagten die übrigen.

Nun gieng die Fahrt vor sich. Schnell wie Pfeile, schossen sie mit ihren Schlitten vom Geisenberge herab, und, sobald sie herab waren, liefen sie auch mit den Schlitten wieder hinauf.

Sechsmal gieng die Fahrt recht gut; als sie aber das siebente-mal herabfuhren, stieß des Vaters Schlitten an einen Stein und schlug um. Der Vater lag im Schnee.

Da erschraken die Kinder, liefen zu ihm und fragten: es thut dir doch nichts weh, lieber Vater?

Ja wohl, sagte er, thut mir etwas weh. In der linken Hand fühle ich so großen Schmerz, daß ich fast weinen möchte; weil wir es aber einander versprochen haben, daß wir nicht wesnen wollen: so weine ich nicht. Und nun nahm er

141

seinen Schlitten und zog ihn wieder den Geisenberg hinauf. Noch ein Paar mal fuhren sie herab. Da schlug auch Ernstens Schlitten um. Ernst fiel auf den Kopf — es that ihm weh, und schon sperrte er das Maul weit auf, um recht laut zu heulen. Da fiel ihm ein, was er dem Vater versprochen hatte. Er that also das Maul wieder zu, verzog es ein wenig und wischte ganz stille die Thränen ab, die ihm über die Backen liefen.
Da sie nun eine Stunde lang gefahren hatten, fieng Sophie an herum zu trippeln, und sagte: mich friert!
Mich auch! sagten ihre Brüder.
Gut! sagte der Vater, so wollen wir nach Hause gehen.
Auf dem Wege sagte Ernst: wenn ich nur meine Füße nicht erfroren habe!
Auf der Schlittenbahn, sagte der Vater, hast du sie nicht erfroren, nimm dich nur in Acht, daß du sie nicht in der Stube erfrierst.
Wie kann ich sie denn in der Stube erfrieren? fragte Ernst. Und der Vater sagte: wenn du aus der Kälte gleich an den heissen Ofen läufst.
Dieß merkten sich die Kinder, und als sie in die Stube kamen, traten sie nicht um den Ofen, sondern an das Fenster, da schadete ihnen die Schlittenfahrt nichts, und das Essen schmeckte ihnen recht gut."

Nicht daß wir dieses aufklärerisch beseelte Bestreben des Vorbeugens und Verhütens heute nicht kennen würden. Jeder der einmal (als Nichtmillionär) mit seinen Kindern, Nichten oder Neffen auf die Kirmes gegangen ist (die anderswo übrigens auch „Messe" oder „Dom" heißt), kann ein Lied davon singen. Vorher wird abgemacht: jeder darf drei Sachen machen ... bitte kein Quängeln und betteln ... : und es nutzt alles nichts! Soll man am besten gar nicht erst zur Kirmes gehen? Am besten gar keinen Fernseher kaufen? Am besten die Süßigkeiten an der Kasse im Supermarkt wegräumen? Am besten Werbung verbieten? Am besten gar nicht geboren sein? „Die Religionspädagogik warnt: Leben gefährdet ihre Gesundheit!" ?
Unter der Rubrik „Vermächtnisse, Väterliche Räte und Klugheitsregeln" heißt es bei Friedrich Spach (1787): „Innigst geliebter Sohn! ... Du konntest den letzten Augenblick meines Lebens mir nicht schwerer machen, als wenn ich erfuhre, daß du *Romanen* lesest. Solche Bücher dir in die Hand, und du bist für diese Welt nichts mehr, wie eine Last, der man sich schamt ..." (ebd. 144)
Und - last not least - im Blick auf Sexualität ist *Basedow: Des Elementarwerks Erster Band* interessant. Dort heißt es unter Einsatz vielfacher „Peeps" unter der Überschrift:

Vom Ursprunge des menschlichen Lebens durch den Geschl...t....
Ein jeder erwachsener Mensch war ein Säugling, und vorher aus dem L... seiner Mutter geb. .., woselbst sein Leib 9 Monate nach und nach angewachsen ist. Während dieser Monate, nach deren Endigung, (wenn seltne Zufälle keine Veränderung wirken,) eine Frau ein K... geb.. wird, heißt sie schw ... Bey dem Anfange der Schw.... (dieses weis man durch die Anatomie) ist der Embryo, woraus nach und nach ein menschlicher Leib anwächst, so klein, und wie es scheinet, so ungeformt, daß man sich sehr wundern muß, wie der Leib eines Kindes daraus wird, der nach wenigen Monaten schon alle menschliche Glieder und sinnliche Werkzeuge hat.
So lange der Embryo in dem L. .. der M. . . ist, wird er ohne andre Nahrung durch das Blut der M ... genährt, welches vermittelst der N. —S. in den Leib des Embryons kömmt; und daselbst die nährenden Theile abgibt, daß er erhalten werde und wachsen könne.
Die Geb... des Kindes aber geschicht mit grossen Schmerzen der M..., die davon krank wird. In der Geb..., und in der darauf folgenden Krankheit verlieren manche Mütter ihr Leben. Alles dieses ist h6chst merkwürdig und sehr wunderbar (Anmerk. Das Folgende kann, wenn man will, später hinzugefügt werden. Nicht ich konnte es trennen).
Es wird aber kein Weibsen sch... ohne von einem M..., mit einer solchen Vertraulichkeit berührt zu werden, welche sonst beyden Geschlechtern höchst schandlich ist, aber bey Ehefreund und Ehefreundinn erlaubt und lobenswürdig wird. Es sind aber Ehefreund und Ehefreundinn zwey Personen, die schon Kinder ernähren und erziehen k6nnen, und von welchen es 6ffentlich bekannt ist, daß sie beyderseits bey einander Lebenslang bleiben, gemeinschaftlich Kinder haben, und für derselben Leben und Bestes sorgen wollen. Eine *Jungfrau* ist eine solche, die niemals mit einem Mannsen den vertraulichsten Umgang gehabt; und ein *Junggeselle* ein solcher, der ihn mit keinem Weibsen gehabt hat.
Der V.... eines ... K . ist derjenige Mann, der mit seiner M... dasselbe erzeugt hat, d. i. durch dessen vertraulichsten Umgang sie in den Zustand derjenigen Sch. .schaft kam, welche sich mit der Geb... dieses K... endigte. Ein *Verlobter* und eine *Verlobte* heissen diejenigen, von denen es öffentlich bekannt ist, daß sie Ehefreunde werden nicht nur wollen, sondern auch dürfen. Die *Hochzeit* ist der Tag, woran öffentlich erklärt wird, daß sie nach demselben Eheleute sind. Wenn einer der Ehefreunde stirbt; so heißt der eine ein *Wittwer,* oder die andre eine *Wittwe.*"

Man könnte die neuzeitliche Säkularisierung der Welt, die mit der Aufklärung in Klarheits-, Reinlichkeitswahn und Berechenbarkeitsbesessenheit mündet, auch als Erschöpfung verstehen, die das Bemühen um das Geheimnis aufgegeben hat. Später (Spätmoderne) wiederum wird dieser Reinheitszwang ermüden und in gleichgültiges „Von-nichts-mehr-wissen-Wollen" umschlagen (Film „Matrix"). Aufklärung wäre dann zu verstehen als die erste Etappe eines Resignationsprozesses. Das neue Gute konnte sich ja schon im Vorfeld und in den ersten Monaten der Französischen Revolution nur als Terror darbieten. Es sei daran erinnert, daß die „aufklärerische" Zeit der großen Revolutionen im Mai 1794 in die Abschaffung des Christentums münden, - *zugunsten des „Kultes der Vernunft"*! Notre-Dame wird zum „Tempel der Vernunft" geweiht, eine neue Zeitrechnung beginnt (der Monat zu 3 Wochen zu je 10 Tagen). Robespierre zelebriert das „Fest des höchsten Wesens". Zwei Monate später ist diese Vernunft am Ende. Robespierre wird mit 21 Anhängern hingerichtet (Tipp: dtv-Atlas Geschichte).

„Die dumpfe Eingeschlossenheit in die metaphysisch begründeten Fesseln gesellschaftlicher Gegebenheiten und sozialer Abhängigkeiten scheint sich aufzusprengen. Das Morgenrot einer neuen Welt voll größter sittlicher Möglichkeiten zieht am Horizont herauf. Die erste große eschatologische Eruption der Neuzeit schafft sich in der Französischen Revolution scheinbar Bahn, betet die Göttin der sittlichen Vernunft in ihrem Tempel auf dem Marsfeld bei Paris an und ist überzeugt, die Welt auf eine würdige Zukunft hin verändern zu können ... Dieses charismatische Jahrhundert zeigt oder enthüllt sich zugleich als das durch und durch moralische Jahrhundert ... Alle diese Propheten des endgültigen Aufbruches in den Fortschritt bleiben trotz und in ihren emanzipativen Ausbrüchen unerhört moralisch ... Robespierre wurde aus Moralität zum Meister der Guillotine. Schiller moralisierte in seinen Dramen und Balladen aus seinem emanzipatorischen Drängen heraus. Und all die Theologen überführten die hohen Mysterien ihres Glaubens in die kleinen Münzen der moralischen Vervollkommnung."[215]

Diese Geburtsstunde des modernen Gewissens ist zugleich die Geburtsstunde der Gewissensbisse („das muß jeder mit sich selbst ausmachen"). Der Preis für das Aufgehen der romantisch-aufklärerischen Rechnung, das Unglück aus der Welt zu schaffen, ist die weitgehende Stilllegung der Persönlichkeiten

---

[215] C.H.Ratschow, TRE-Artikel „Eschatologie VIII. Systematisch-theologisch", Berlin 1982, 334-363, 336

durch Subjektstreß. Nur die totale Aktion führt in die schöne Welt. Eine Kooperation gewisser pietistischer und aufklärerischer Optionen (Karl Barth spricht später einmal vom „giftigen Überpietismus"[216]) weckt und schürt den Streß der Subjekte, Identität, Kontinuität, Sozietät und Pietät leisten zu müssen.

Damit ist auch schon die
- *zweite*
Komponente angesprochen, nämlich übereifrige Auswüchse, welche grenzbewußte curriculumtheoretische Erwägungen, die an ein komplexes „Ensemble Reformpädagogik"[217] anknüpfen, hypostasieren. Man kann das exemplarisch an einem Plakat für die Bildungs-Messe „didacta" veranschaulichen (vgl. Abb.):
Im Zentrum steht, nein *schwebt* schwerelos ein kindisches Etwas. Es steht gar nicht mehr mit beiden Beinen auf der Erde, es ist leicht abgehoben.
Dieses kindliche Etwas als Single hat keine Beine, es besteht eigentlich nur aus einem Kopf: Als Haupt-Sache ragt dieser aus dem Käfiggitter, dem Korsett der Didaktik? Auf die Stelle, an der der Bauch dieses Kindes als kleinkariertem Neutrum sein müßte, zielt ein Fadenkreuz.
Was schlägt da auf den Magen? Der Bauch, überlagert von der planquadratmäßigen Ordnung aufgeräumter Didaktik? Gesunder Geist regiert undefinierbar Körperliches? Bewußtsein beherrscht Unterbewußtsein? Durch den Bauch geht der Königsweg? Der Kopf trägt den Kronenschmuck, denn das Kind ist König. Jirinia Prekops „Kleiner Tyrann" fällt mir ein, aber auch Saint-Exupérys „Kleiner Prinz" und Janusz Korczaks „König Hänschen". Letztere beiden sind allerdings auf beiden Beinen unterwegs, sie sind aus Fleisch und Blut und auch Tränen.

---

[216] RB 282.
[217] Jürgen Oelkers, Reformpädagogik. Eine kritische Dogmengeschichte, Weinheim 1992.

Außerdem hat *dieses* Königskind nur kleine, unentwickelte Augen, gar keine Ohren, keine Nase und nur einen verkümmerten Arm bzw. eine Hand. Diese hält etwas ungelenk einen Zepter-Stift, da das Kind offensichtlich befürchtet, übersehen zu werden (obwohl es doch im Mittelpunkt steht) und so zugleich mit dem Zeigefinger auf sich hinweisen muß: „homo incurvatus in se."[218] Fehlt da nicht ein Zacken in der Krone?

Das Reich, über dem das Kind schwebt, ist vermessen. Es ist in spiegelsaubere Planquadrate aufgeteilt. Noch ein Meister – ‚Meister Propper' (proper (lat.-fr.): eigen, sauber, ordentlich, nett) – läßt grüßen, der ja bekanntlich dafür sorgt, „daß man sich drin spiegeln kann".[219]

Das oben beschriebene didaktische Korsett als Bauchprothese hat sich aus seiner Vernetzung losgerissen und läßt einen Schatten unter sich.

Auf die Spitze getrieben wird das ganze Szenario durch das Symbol des Dreiecks, religionsgeschichtliche Folie, die den prometheischen Hintergrund dieses Reiches geschickt annonciert.

---

[218] Martin Luther, Römerbriefvorlesung. 1515/16, WA 56, 356, 5f.
[219] Als 1967 das Farb-TV in der Bundesrepublik eingeführt wird, hat Meister Proper (Mr. Clean/USA, Flash/GB, Mastro Lindo/I) seinen ersten Auftritt in der deutschen Werbung. Mit Ohring und Glatze dient sich die muskelbepackte Zeichentrickfigur verzweifelten Hausfrauen als Putzhilfe an. Im neusten Spot besucht er einen Mann, der vom Putzen träumt. Aus dem (Reinigungs)Flaschengeist ist längst eine Kultfigur geworden, – Karriere einer Putzhilfe, Ontogenese eines Skinheads.

Darüber, *daß* das Kind ein Recht auf Bildung hat, sind wir uns alle einig. Doch soll dieses Recht *so* verwirklicht werden? Operation(alisierung) gelungen, Patient tot?

Vor aller Religionspädagogik weht somit ein Hauch von Pädagogik als Religion oder treffender: Ideologie. Das Plakat ist übrigens schon einige Jahre alt. Inzwischen hat sich etwas getan: das Kind bzw. Organisches überhaupt ist seit den letzten beiden Messen ganz verschwunden. Es finden sich nur noch schöne geometrische Formen auf einem Rander-Netz. Was geschieht, wenn „Bildung Leben gestaltet" und nicht umgekehrt, kommt auch schön im Durcheinander der „Jungen Karriere Handelsblatt" zum Ausdruck (vgl. Abb.), wo es heißt: „Baum zeugen. Haus pflanzen. Kind bauen." Baum zeugen= Ökologie? Haus pflanzen= Architektur? Kind bauen=Pädagogik?

Die Diskussionsrunde in Schlaglichtern:

Es wurde um weitere Ausführungen zum Stichwort „Bildungs*wette*" gebeten. Dies wurde mit Verweisen auf den gegen Ende des 18. Jhd. erreichten Stand technischer Errungenschaften sowie ideologischer und geographischer Eroberungsstürme (Kreuzzüge, Weltumsegelung) getan. Erneut an der Milleniumwende angelangt ist diese Wette zwar noch (und immer wieder aufflackernd) aktuell, es zeigen sich beim Wetteifer jedoch Ermüdungserscheinungen postmoderner Abklärung (Weltkriege, Hungersnöte, Katastropen herrschen unverändert). Nun werden die Zinsen für den großzügig gewärten Kredit der Aufklärung fällig (Subjektstreß).
Es gab übrigens kaum jemanden, der gegen diese Wette gehalten hätte. Entsprechende Einzelgänger (Nietzsche, Schopenhauer) erlagen sofort dem Misanthropieverdacht. Hier liegt der Verdienst der Evangelischen Unterweisung, diese Humanhypostasierung nicht mit dem Mainstream forciert zu haben. Man könnte vielleicht sagen, daß die Menschheit sich selbst etwas beweisen wollte, also gegen sich selbst wettete, was nicht dumm scheint: so konnte man nur gewinnen ... *Bis 1722* wurden über 1 Millionen „Hexen" verbrannt.
Nachgefragt wurde zur Rolle des Judas im Film *Matrix*. Es gehört zum Berufsstreß von Kirchen- und Religionsleuten und klassischen Philosophen, immer „eigentlich" sein zu müssen und sich mit Sinnfragen zu beschäftigen. Das ist auf Dauer sehr anstrengend und braucht Entlastung, sonst wird man (wie Judas in *Matrix*) das Wissen leid; Humor und Gelassenheit einer gerechtfertigten Bildung (im Gegensatz zu nur gebildeter Rechtfertigung) sind ästhetisch-stilistisch (z.B. für den Unterricht) entsprechend wichtig.

12. Vorlesung

„Wir kennen das Kind nicht."[220]

Ein nostalgieanfälliges (Selbstbe)Jammern und wehleidiges Zeitgeistklagen hat sich heute wie selbstverständlich breitgemacht, wobei sich Vertreter und Vertreterinnen aus Pädagogik und Religionspädagogik manchmal besonders damit hervortun, die ihnen anvertraute Klientel für diesen jämmerlichen Eigenbedarf zu funktionalisieren, ohne es zu merken. O-Ton: „Kinder und Jugendliche müssen heute mit vielen Schwierigkeiten und Problemen fertig werden. Sie sind sensibel und verletzlich."[221] Es ist die Rede von mangelnder „gesellschaftliche Akzeptanz", steigendem „Druck auf den Religionsunterricht" und nur „brüchiger Wertschätzung". „Einerseits hat die Moderne den Menschen als Individuum freigesetzt, andererseits hat sie ihn von Traditionen und Institutionen abgeschnitten und ihn den pluralen Angeboten des wirtschaftlichen, weltanschaulichen und religiösen Marktes ausgesetzt ... die Stellung des Faches ... ist vielfach bedrängt."[222] Simple Schuldzuweisungen und klischeeverhaftete Ursachenanalysen verbunden mit bewahrpädagogisch-depressivem Schwachreden sind an der Tagesordnung. Ist es nicht bedenklich, die pejorative Rede von „Erlebnisgesellschaft" im Sinne einer Entgegensetzung von Ethik und Ästhetik ungebrochen und undifferenziert nachzubuchstabieren und „lustbetonten Lebensvollzug" (ebd. 30) zu diskreditieren? Dicke Bücher erscheinen, zum Beispiel ein „Handbuch zur Beratung und Seelsorge *an* Kindern und Jugendlichen" (Betonung B.B.)[223]. „Eine Menge von Bedürfnissen Erwachsener werden an die Kinder herangetragen" heißt es in der Denkschrift der EKD „Aufwachsen in schwieriger Zeit"[224] von 1995. Ist nicht schon in solchen Themenformulierungen ein falscher Frage-

---

[220] J. Korczak, a.a.O., 227.
[221] Identität und Verständigung, Denkschrift der EKD, Gütersloh (Gütersloher Verlagshaus) 1994, 11.
[222] Im Dialog über Glaube und Leben, Empfehlungen der gemischten Kommission im Auftrage des Rates der EKD, Gütersloh (Gütersloher Verlagshaus) 1997, 26-28.
[223] R. Riess u. K. Fiedler (Hg.), Die verletzlichen Jahre. Handbuch zur Beratung und Seelsorge an Kindern und Jugendlichen. Chr. Kaiser/Gütersloher Verlagshaus, Gütersloh (Gütersloher Verlagshaus) 1993, 799 S. DM 128.--.
[224] Synode der Evangelischen Kirche in Deutschland (Hg.), Aufwachsen in schwieriger Zeit – Kinder in Gemeinde und Gesellschaft, Gütersloh (Gütersloher Verlagshaus) 1995, 13.

ansatz angelegt? Unversehens fungiert die Beschwörung „schwieriger Zeit" als basis- und gemeinschaftsstiftende Negativfolie über alle theologischen und methodischen Unklarheiten und Differenzen hinweg, um ihnen applikative Behandlung angedeihen zu lassen. Man will „Leben und Welt einmal *mit* den Augen der Mädchen und Jungen sehen", was dann einen Satz später wieder zum „Blick *auf* die Kinder und die Kindheit", zum „unverstellten Blick *auf* die Kinder" umschlägt.[225]

Christa Berg versucht für die einzelnen Abschnitte ihres Referates jeweils „die Perspektive der Kinder immer wieder konkret einzuholen" (142), also zusammenfassend „aus der Perspektive der Kinder" zu formulieren: „Wir mögen eure für uns ausgesparten Raumreservate nicht. Eure Klettergerüste und imitierten Indianerforts am immer gleichen Ort, stabil und unveränderbar für unsere doch mehrjährige Kindheit, langweilen uns. Wir werden größer, sind mobiler, flexibler, neugieriger als ihr denkt. Wir wollen da sein, wo andere Kinder, andere Menschen sind, sie beobachten, mit ihnen reden, uns beteiligen an dem, was sie tun. Wir wollen im Gelände, in den Straßen und Büschen umher-streunen, etwas entdecken können (133) ... Am liebsten sind wir draußen. Aber viel Platz ist da nicht für uns und oft auch nicht mehr viel los. Völkerball- oder Verstecken-spielen können wir fast gar nicht mehr. Wir würden gerne Eure ‚Rest-' oder ‚Freiflächen' besetzen oder Gelände zurückerobern, aus dem Ihr uns verdrängt habt. Drinnen ist es nämlich oft eng und einsam, oder wir stören nur. Um andere Kinder zu treffen, muß man sich erst verabreden, und das ist umständlich. Und wo sollen wir dann hingehen? Wo können wir noch machen, was wir (gerade) wollen? Immer haben wir auch keine Lust, in einen Verein oder einen Kindertreff zu gehen (136) ... In unserer Umgebung kenne ich die Leute nicht. Habe ich mal keine Termine oder nichts vor, gehe ich auf den Spielplatz, aber nur kurz. Oft ist er ganz leer oder schmutzig. Dann weiß ich gar nicht, was ich tun soll. Meist bleibe ich sowieso drinnen und spiele allein oder höre Kassetten. Ich habe viel Spielzeug, aber lieber hätte ich Mitspieler, auch mal meine Eltern. Am schönsten

---

[225] Die verletzlichen Jahre, a.a.O.

ist es, wenn sie etwas mit mir unternehmen oder wir etwas zusammen tun, etwas bauen oder basteln." (138)

Meines Erachtens hat Berg mit diesen *fiktiven* authentischen Kinderäußerungen als einem widersprüchlichen Gejammere Verwöhnter möglichen realexistierenden Kindern einen Bärendienst erwiesen. Auf Seite 142 heißt es dann auch schließlich: „An dieser Stelle passe ich mit einer Formulierung aus der Perspektive des Kindes."

Es folgt ein undifferenzierter Kanon negativer Stimmungen, wie „Zeit für Kinder – immer knapper", „Leben mit Kindern – ökonomisch benachteiligt", „Immer mehr Kinder in Deutschland sind arm", „Krisen in der Familie gefährden Kinder", „Wohnung – knappes Gut für Familien", „Wohnumfeld – wenig sicherer Platz für Kinder" („Parkplätze statt Grünflächen, zu wenig Spielplätze und Spielräume, fehlende Freizeitangebote ... "), „Kinderkontakte entstehen nicht von selbst", „Kinder leben unter dem Einfluß von Medien", um schließlich (und implizit suggerierend auch *schließend*) zu münden: „Immer weniger Kinder sind (mangels „ausgerichteter Antennen") religiösen Erfahrungen zugänglich": „ ... müssen wir uns nicht wundern, wenn das Fragen nach Gott abstirbt" (EKD 13-26). Wird hier die schon früh erkannte Entwicklung hin auf ein „psychosoziales Moratorium"[226] für Kircheninteressen funktionalisiert? „Kindern wird schon früh sehr viel Welt zugemutet ... Kinder führen heute ein zur Freiheit verurteiltes Leben"[227], – so daß es etwa also besser wäre, nicht geboren zu sein? Immer wieder wird „Postmoderne" perhorresziert und „Konstanz und Überschaubarkeit"[228] für die ersten Jahre gefordert. Man verstärkt ständig, was man beklagt, nämlich: „Kinder wachsen heute im Bewußtsein ständig möglicher oder schon eingetretener Katastrophen auf" (EKD 28). Nicht „Aufwachsen in schwieriger Zeit", sondern „Aufwachsen in dieser Welt" wäre das Grundproblem, also gar nicht morbid, sondern voller „Mut zum Sein" (Paul Tillich): Ja, Kindern wird schon früh sehr viel Welt zugemutet, – von Gott her seinen Geschöpfen, den Kindern dieser Welt. „Weggeleit, Schutzschild und kokreative Gestaltung von Lebenswelt – Integrative Arbeit mit protektiven Prozessen und sozioökonomischen Modellierungen in einer entwicklungsorientierten Kinder-

---

[226] Thomas Ziehe sprach von einem „Neuen Sozialisationstypus"; vgl Th. Ziehe, Pubertät und Narzißmus, Frankfurt (Syndikat) 1975, 163.

[227] B. Metzmacher, H. Petzold, H. Zaepfel (Hg.), Therapeutische Zugänge zu den Erfahrungswelten des Kindes von heute (Integrative Kindertherapie in Theorie und Praxis Bd.1), Paderborn (Junfermann) 1996, 7.

[228] ebd. 59.

therapie"²²⁹, – was unter derartigen Überschriften ausgeführt wird, scheint mehr dem Seelenheil des verfassenden Bildungsbürgertums zu dienen als realexistierenden Kindern.

Dem entspricht eine verbreitete und bis in die Schlagerwelt beerbte, unsägliche Verkitschungshochschätzung der „Kindlein", welcher eine misanthrope Verachtung von Kindheit und Schwäche nur entspricht. Schaut man ins Lexikon, wird deutlich, daß Idealisierung und Verachtung stets nahe beieinander lagen. So heißt es im Artikel „Kind" im Historischen Wörterbuch der Philosophie (Bd 4, Darmstadt 1976, 827/828): „Allerdings hat man das kränkliche Kind schon immer verachtet ... Der religiösen Hochschätzung des Kindes steht die Unsitte der Aussetzung kranker und verkrüppelter Kinder gegenüber", und als Beispiel philosophischer Abwertung wird das das Urteil Zenons von Kition zitiert, Kinder unter 15 Jahren seien als vernunftlose Wesen den Tieren gleichzusetzen.

Montaigne, Korczak und Freud z.B kritisierten „Affenliebe", deren moralische Rigidität eines der häßlichen Gesichter ihrer Idealisierung, nämlich den sexuellen Kindesmißbrauch, verdecken soll (das Historische Wörterbuch der Philosophie spricht vornehm „von bestimmten Fehlformen der Kinder-Begeisterung").

Was in (zu Unrecht meist *Familien*gottesdienst genannten) Veranstaltungen unter dem Motto „Lasset die Kindlein zu mir kommen" alles an Irrlehre veranstaltet wird, kann der Religionspädagoge oder die Religionspädagogin jedenfalls in der Schule theologisch kaum mehr gutmachen. In der zitierten Denkschrift der EKD wird leider einmal mehr die markinische Kindersegnungsperikope (Markus 10, 13-16 bzw. Markus 9, 36: Jesus umarmt ein Kind) verbunden mit der Klage zitiert, die Kinder stünden nicht in der Mitte, in die Jesus sie gestellt habe (a.a.O. 12, 65). Dazu ist zu sagen, daß Kinder mit Bezug auf Markus 9,36 so wenig in Mittelpunkte gehören wie kleinwüchsige Oberzollinspektoren mit Bezug auf Lukas 19 (Zachäus) auf Maulbeerbäume. Es heißt ja auch gar nicht, daß er Kinder in den Mittelpunkt stellte, sondern daß er ein Kind „mitten unter sie" stellte, d.h. es geht nicht um die lieben, süßen Kleinen, sondern darum, daß die Ungeachteten und Rechtlosen, also Frauen, Kinder, Hirten, Behinderte, Ausländer, Kranke und Arme in die Gesellschaft integriert werden bzw. bleiben, am Rande nicht über den Rand kippen. Vor lauter guten Absichten sind wir so oft blind dafür, daß ER, der HErr, mitnichten stets „mitten" unter uns weilt, sondern

---

²²⁹ H. Petzold, 169-281, in: B. Metzmacher, H. Petzold, H. Zaepfel (Hg.), a.a.O.

häufiger beiläufig und am Rande, randständig. Ob die Kriterien des Ungeachteten und Rechtlosen im Blick auf *den* Nachwuchs zutreffen, den ein wohlhabendes Bürgertum (und das macht die kirchliche Hauptklientel aus) vorzugsweise bei Predigten sein Unwesen treiben läßt, kann m.E. verneint werden, im Gegenteil. Religionspädagogik in der Wohlstandsgesellschaft leistet einen Bärendienst, wenn sie ignoriert, daß „Kinder" längst inflationär als quotenstärkender Zusatzfaktor benutzt werden: Krieg *und Kinder*, Arbeit(slosigkeit) *und Kinder*, Krankheit (Krebs!), Tod *und Kinder*, Pornographie *und Kinder* usw.

Katharina Rutschky spricht entsprechend deutlich von „Kinderkult und Kinderopfer" und „Protoreligiösen Aspekten des Kinderbildes der Gegenwart": „Müssen wir glauben, daß, wenn Menschen hungern, Kinder mehr hungern, wenn Menschen sterben, Kinder mehr sterben? ... In einer liberalen und pluralistischen Gesellschaft wie der unserigen liefert der Kinderkult den moralischen Kitt, zu dem alle Fraktionen und Denominationen einen Beitrag leisten können ... Der Unschuld des Kindes, das zu seinem Schutz auf eine Heilige Familie angewiesen ist, gesellt sich im heutigen Kinderkult sein Privileg auf Wahrheit und Menschlichkeit bei ... Fast aussichtslos, gegen diese Litanei, zentriert um das unschuldige Kinderopfer im Krieg, Beobachtungen anzuführen, welche die Fähigkeiten zu Haß und Gewalt auch und gerade bei Kindern anzeigen ... Zum wiederholtenmal beschäftigen 'Quietscheentchen' wegen ihres hohen Anteils an möglicherweise krebserzeugenden Stoffen die Parlamente ... Dahinter steht eine zwanghafte Sicherungsstrategie, neben der sich die Lust an der Gemeinheit und Destruktion bestens entwickelt ... Es scheint, als habe der Kinderkult hinter seiner sozialen Fassade es auf Antworten auf die Frage abgesehen, ob Kinder Heilige oder ganz normale Menschen sind. Man tendiert zum Heiligen und setzt es lieber der Schändung als der banalen Hilfe aus."[230]

Das Begehren der Religionspädagogik

Bei dem vielleicht ursprünglichsten Bildungsprozess handelt es sich um ein *Ein*bildungsgeschehen und als solches zugleich um *Selbst*bildung. Der Begriff *Selbst*bildung soll dabei nicht eine Selbstgenügsamkeit á la Münchhausen betonen, der sich am eigenen Schopf samt Pferd aus dem Sumpf zieht, sondern „*Selbst*bildung" zielt ab auf den *intrinsischen* Motivationscharakter

---

[230] Katharina Rutschky, Kinderkult und Kinderopfer. Protoreligiöse Aspekte des Kinderbildes der Gegenwart, in: *Merkur* 53 (1999) 953-966; vgl. auch Die Toten Hosen: Lesbische, schwarze Behinderte (Text u. Musik v. Dannen).

dieser Bildung als innerer Lernprozeß. Lacan hat diesen ursprünglichen Bildungsprozess als „Spiegelstadium" bzw. „Spiegelphase" beschrieben, womit er Bezüge zum Narzißmythos anklingen ließ. Ich werde darauf weiter unten eingehen.

Die Konnotation von Narzißmus ist heikel, weil spätestens seit Augustin Hochmut (superbia) als Ausdruck der falschen Liebe zum eigenen Selbst, als „perversa imitatio Dei", gelesen wird[231]. Selbst im psychoanalytischen Fachsegment ist die Auffassung vom Narzißmus als zu überwindendes Entwicklungsdurchgangsstadium noch gang und gäbe. Dagegen hatte schon Aristoteles in der Nikomachischen Ethik den Vorrang der Selbst-Liebe als universales Prinzip herausgestellt. Wenn z.B. der Werkmeister sein Werk liebt, liebe er im Grunde sich, d.h. seine eigene, im Werk zutage tretende Tätigkeit (energeia). Und mit einem ähnlichen Übertragungsmuster erklärt Aristoteles auch die Liebe zum anderen Menschen, zum Freund. Jeder soll sich selbst zuerst lieben, und jeder ist sich selbst der beste Freund[232]. Die Selbst-Liebe ist somit die einzige Ausnahme von der Regel der aristotelischen Physik, wonach nur Bewegtes Ursache von Bewegung sein kann: die Selbst-Liebe ist das erste Bewegende[233]. Auch Nietzsche beklagte im Blick auf Schopenhauers Mitleidsethik in aller Deutlichkeit die Lügenmär vom Altruismus; ihre Selbstlosigkeit sei in Wahrheit eine Flucht vor dem Selbst.[234] Augustins Irrtum in diesem Punkt ist insofern theologisch verhängnisvoll, als die entscheidenden Lebensweisungen der Thora, an der alle anderen Gebote hängen und auf die nach der Überlieferung Jesus explizit zurückgreift, genau nach dieser Logik des Narzißmus konstruiert sind: „Liebe deinen Nächsten wie

---

[231] Augustin, Conf. 2, 6. MPL 32, 681.
[232] Aristoteles, Eth. Nic. 1168b 8-10.
[233] Aristoteles, Met. 1072 b 3; so konnte A. Pope in seinem „Essay on man" 1733 festhalten: „True Self-Love and the social are the same" (Ep- III). Die Selbst-Liebe wird übrigens nach 1800 schließlich auch zum schizophrenen Knack-, Dreh- und Angelpunkt des Fichteschen Systemprinzips: „Die Liebe *theilet* das an sich todte Seyn gleichsam in ein zweimaliges Seyn, dasselbe vor sich selbst hinstellend, – und macht es dadurch zu einem Ich oder selbst, das sich anschaut und von sich weiß; in welcher Ichheit die Wurzel alles Lebens ruht. Wiederum *vereinigt* und *verbindet* innigst die Liebe das geteilte Ich, das ohne Liebe nur kalt und ohne alles Interesse sich anschauen würde" (J. G Fichte, Die Anweisung zum seligen Leben oder auch Religionslehre (1806), Sämtl. Werke, hg. v. I. H. Fichte, Berlin (de Gruyter) 1977, 5, 402).
[234] F. Nietzsche, Der Wille zur Macht B. 3,4, Musarion-Ausgabe München (Hanser) 1971, 16, 343 (A 964); Krit. Gesamt-A., hg. v. G. Colli/M. Montinari (1967ff.), Berlin (de Gruyter) 5/1, 136.

dich selbst" (3. M 19,18). „Wie ein Einheimischer aus eurer Mitte gelte euch der Fremdling, der sich bei euch aufhält. Du sollst ihn lieben wie dich selbst" (3. M 19,34). Was hier in Befehlsform stilisiert ist und zu oft moralisch-appelativ mißverstanden wird, ist der Versuch, eine komplexe psychologische Gesetzmäßigkeit zu pointieren. „Ihr habt gehört, daß gesagt ist: 'Liebe deinen Nächsten und hasse deinen Feind'. Ich aber sage euch: 'Liebet eure Feinde und betet für die, die euch verfolgen'" (Mt 5, 43,44). Warum nur? „Als aber die Pharisäer hörten, daß er den Sadduzäern den Mund gestopft hatte, kamen sie zusammen, und einer von ihnen, ein Gesetzeslehrer, fragte ihn, um ihn auf die Probe zu stellen: 'Meister, welches Gebot ist das größte im Gesetz?' Er aber sprach zu ihm: 'Du sollst den Herrn deinen Gott lieben mit deinem ganzen Herzen und deiner ganzen Seele und mit deiner ganzen Vernunft. Das ist das größte und erste Gebot. Das zweite ist ihm gleich: Du sollst deinen Nächsten lieben wie dich selbst. An diesen beiden Geboten hängt das ganze Gesetz und die Propheten'" (Mt 22, 34-40). Also beschreibt Narzißmus als Dynamik von Einbildung und Selbstbildung den intrinsischen Motivationskern von Bildung schlechthin; als solcher ist er laut jüdisch-christlicher Traditionen Schlüssel für Gottes-, Nächsten- und Fremdenliebe, für die wichtigsten Gebote also, von denen alles andere abhängt. In Hegels Kapitel „Herrschaft/Knechtschaft" aus der „Phänomenologie des Geistes", das bekanntlich Marx als Folie für seine Theorie gedient hatte, finden wir übrigens diese ökonomische Logik des Nächstenliebegebotes rekonstruiert. Aber wer handelt schon logisch?

Die Schlüsselfrage aller Erziehungs- und Bildungsfragen ist die Frage nach dem woher und wie von Motivation, und zwar intrinsischer Motivation. „U" und „E" fallen hier zusammen: Was motiviert die Menschen, was bewegt sie, was hält sie auf dem Laufenden, was unterhält sie? Nach Paul Tillich ist dies die inhaltlich unspezifizierte, propädeutische Frage von Glaube und Religion, Kultur und Kirche. In einer strukturalen Definition bestimmt er Wesen und Wandel von Glaube und Religion als „Ergriffensein von dem, was uns unbedingt angeht"[235]. Dieses Ergriffensein im Gegensatz zu moralappelativen Motivationsverstärkern nach dem Motto „Ergreift doch endlich das, was euch angehen sollte!", ist näher mit Worten Nietzsches die „Einbildungskraft" als „plastischen Kraft des Lebens"[236]. Und eine Sache, die jeden Men-

---

[235] P. Tillich, G.W., Stuttgart 1970, Bd. VIII, 111ff.
[236] F. Nietzsche, Werke in 6 Bänden, hg. v. K. Schlechta, Bd. 1 (Vom Nutzen und Nachteil der Historie), München (Carl Hanser) 1966, 281.

schen unbedingt angeht, ist („in eigener Sache") die Frage nach sich selbst, nach dem eigenen Leben: Wer bin ich? Woher Komme ich? Wohin gehe ich? Übersetzt das Lexikon „Narziß" an erster Stelle mit „eitler Selbstbewunderer, krankhaft in sich selbst Verliebter", so muß also ein entscheidender, befreiender Schritt darin liegen, den Ballast an diskreditierendem, scheinheilig moralisierendem Beigeschmack im Blick auf Selbstverliebtheit wieder fallenlassen zu können. Und damit komme ich wie versprochen auf die nähere Darlegung der Vorgänge, die Lacan Spiegelstadium bzw. Spiegelphase nannte.

Glänzende Bildung: Was bilden wir uns ein? Und: Wie bilden wir uns ein? „Narzißtische Kategorie" heißt: „Ich" *er*kennt sich auf der Folie unsicherer und banger Ahnungen, aber ich *an*erkennt sich übers Körperschema, sozusagen „sportlich" als total toll. Es handelt sich um einen regelrechten „Glaubenssprung" (Kierkegaard): „Ich glaube mich". Ich sage buchstäblich zu mir selbst: „Du bist ein toller Typ, an dir habe ich Wohlgefallen!" Ich nehme die unsichere (hauptsächlich aus vorgeburtlich akustischen Sphären basierende) Vorlage und Vorgabe an und beginne, daraus etwas zu machen. „Ich-Identität" ist sozusagen eine narzißtische Produktion imaginärer „Fiktion-Studios"; Buch, Regie und Bühne werden von woanders gestellt.[237] Lacan untersuchte entsprechende Phänomene unter dem anschaulichen Titel „Das Spiegelstadium als Bildner der Ichfunktion, wie sie uns in der psychoanalytischen Erfahrung erscheint."[238] Dort rekonstruierte er, daß der Mensch nicht mit einem ausgeprägten, identitätsgewissen und selbstsicheren Lebensgefühl auf die Welt kommt, sondern daß vielmehr der Verlust der „somatopsychischen omnipotenten Fusion"[239] mit der Mutter, das verlorene Totalversorgtsein, als Grundbefindlichkeit menschlichen Daseins die Disposition bilden für ein markantes spiegelndes Aha-Erlebnis. Lacan geht also davon aus, „daß dieses Subjekt ab Ursprung von Teilung markiert"[240] ist und spricht von Beziehungsstörungen „durch ein gewisses Aufspringen (dehiscence)", von einer „ursprünglichen Zwietracht (Discorde)."[241] Damit visierte Lacan als problematisches ontogenetisches Grundmuster an, was die biblischen Urgeschich-

---

[237] Die Aufteilung nach dem Schema von Mead (Me / I / Self) scheint mir zu simplifizierend; darauf muß an anderer Stelle eingegangen werden.
[238] J. Lacan, Schriften I, Frankfurt (Suhrkamp) 1975, 61-70.
[239] M. Mahler, F. Pine, A. Bergman, Die psychische Geburt des Menschen, Symbiose und Individuation, Frankfurt (Fischer) 1980, 63.
[240] J. Lacan, Radiophonie Television, a.a.O., 9.
[241] ders., Schriften I, a.a.O., 66.

ten mythisch und in phylogenetischer Analogie von Anfang an[242] *außer- bzw. transmoralisch* als „Sund" („Erbsünde") bezeugen (Kierkegaard sprach von einem „Grundschaden", Luther von „peccatum radicale", „peccatum principale", „peccatum substanziale" oder „peccatum originale"): „Es gibt nunmehr die Sünde als dritten Term, und der Mensch findet seine Bahn nicht mehr auf dem (platonisch-anamnestischen, B.B.) Wege der Wiedererinnerung, sondern auf dem der Wiederholung"[243], was wir alle von unerklärlichen Obsessionen, aber auch von verzweifelten Paukanstrengungen her kennen.

Lacan beobachtet nun näher, daß und wie „der Komplex der Entwöhnung"[244] unter den in dieser Welt unvermeidlichen Eindrücken der Zerrissenheit und der kreatürlichen Ängste eine reaktive Selbstbespiegelung als „Fata morgana ... der totalen Form des Körpers"[245] bewirkt. Der Mensch ist also viel früher in der Lage, sich die Einheit (s)eines Bildes einzubilden, als diese Einheit an seinem eigenen Körper motorisch herzustellen. Dies gehört zur elementaren Dynamik einer psychisch gesunden Entwicklung und ist auch der Grund, warum z.B. körperbehinderte Kinder ohne psychische Probleme Bilder von sich malen können, die keinerlei Beeinträchtigung aufweisen, während „physisch gesunde Kinder körperlich behinderte Gestalten zeichnen, in denen sie sich projektiv wahrnehmen"[246]. Der Blick eines anderen (Heinz Kohut spricht vom „Glanz in den Augen der Mutter"[247]) wird daher zur Matrix eines Gefühls der Einheit, Identität und Dauerhaftigkeit, das seine körperliche Evidenz ihm als Mängelwesen gerade nicht geben kann.

Dieses mütterliche Augenglänzen hat sich längst in zauberhafte Hochglanzbroschüren, Allgemeinbildungskataloge und ins Berieseln des katholischen Pixelflimmerns der screens mit ihren digitalen Dauerwerbesendungen (urbi et orbi) eingeschrieben. Grundfolie ist stets diese halluzinatorische Ein*bildungsleistung*, die bei gesunder psychischer Entwicklung in frühen Phasen der Kindheit selbständig, gerne und hochmotiviert erbracht wird. Angesichts vielfältigster, mannigfacher irritierender und dissoziierender Einflüsse nimmt

---

[242] Also „a principio": Anfangserzählungen im Hebräischen sind aufzufassen als Wesensaussagen.
[243] J. Lacan, Das Ich in der Theorie Freuds und in der Technik der Psychoanalyse, Weinheim 1980, 116.
[244] ders., Schriften III, Olten (Walter-Verlag) 1980, 47ff.
[245] ders., Schriften I, a.a.O., 64.
[246] F. Dolto, Über das Begehren. Die Anfänge menschlicher Kommunikation, Stuttgart (Klett-Cotta) 1988, 85.
[247] H. Kohut, Narzißmus, Frankfurt (Suhrkamp) 1981, 141, 142.

das Individuum bereitwillig Gelegenheiten wahr, sich als Ganzes, als Einheit, als eine „runde Sache" anzusehen, zu bestätigen und zu versichern.

Heute werden als „Spiegel" z.B. Handys bevorzugt oder EDV-Technologien. Daß alles Spiegel sein kann, wollen manche nicht sehen. Entsprechende kristallspiegelfixierte Lesarten, denen es an narzißtischer Brillanz nicht mangelt, finden sich z.B. (aus hier nicht zu verhandelnden Motiven) bei Peter Sloterdijk[248] und Hanna Gekle. Letztere legte dar, sie habe ihren Mutterschaftsurlaub u.a. dazu genutzt, die Lacansche These in der Praxis zu testen. Sie habe ihr Kind wiederholt vor Spiegel gestellt und es wären keine signifikanten Jubelreaktionen zu verzeichnen gewesen[249]. Nun, bei meinen Kindern hat es funktioniert, und noch vor ein paar Tagen reagierte Max, der 20 Monate alte Sohn von Freunden, mit außerordentlicher Verzückung und Verklärung, als er sich und seine ältere Schwester zum ersten Mal auf einem Video sah. Worauf es jedoch ankommt und was Hanna Gekle als entscheidende Kategorie der Lacanschen Theorie entgangen ist, ist deren metonymisch-symptomatische Dimension übers metaphorisch-symbolische hinaus. Spiegel kann alles sein, nämlich „das Bedeutungslose, aber Effektive": „ein bestimmter Geruch, ein bestimmtes Wort, ein bestimmtes Knistern, ein bestimmter Körperteil, ein bestimmtes Zeichen – bestimmt immer von *anderswoher*, zum Beispiel durch die Mutter (aber was heißt schon Mutter; auch das kann alles mögliche sein), bedeutungslos deshalb, weil es nicht einem Inhalt nach wirkt, sondern als Verweis – als Verweizeichen auf etwas anderes, das Signifikant ist – darin liegt der Effekt. Es geht hier nicht um den Effekt, den man erhaschen kann, sondern von dem man erhascht wird"[250] im Spiegelkabinett des Lebens (1 Kor 13,12).

Derartige imaginäre, narzißtische Entwürfe des Selbst sind bedürfnisorientiert, sie entsprechen den berechtigten und begründeten Bedürfnissen nach Sicherheit, Ganzheit, Totalität. Solche imaginäre (Selbst)Totalisierung ist notwendig. Sie überbrückt die Eindrücke von Selbstverlust, Selbstzerstückelung, des Zerfließens, der Haltlosigkeit, der mannigfachen existentiellen Unsicherheiten.

---

[248] vgl. Peter Sloterdijk, Sphären I, Frankfurt 1999, 201, 203, 326/327, 503.

[249] Hanna Gekle, Lektion in Liebe. Zur Kritik an Lacans Spiegelstadium, in: Luzifer-Amor, Zeitschrift zur Geschichte der Psychoanalyse 8 (1991) 100-124.

[250] B. Kirchoff, Freud wieder ernst genommen: *Das Ich ist nicht Herr im eigenen Haus*. Ich denke da, wo ich nicht bin. Unter dem Eindruck von Jacques Lacan: Die Kastration ist (k)ein Märchen, in: B. Beuscher, Positives Paradox. Entwurf einer neostrukturalistischen Religionspädagogik, Wien (Passagen) 1993, 210.

Die Diskussion in Schlaglichtern:

Die Vorlesung hatte ausführlich „Pädagogische Bedürfnisse" selbstkritisch thematisiert und „Das Begehren der Religionspädagogik" über Ausführungen zur Spiegelphase in ersten Schritten angegangen. Die Fragen der Diskussionsrunde zielten allesamt voraus auf den eröffneten Horizont, der mit dem Stichwort „Begehren" gekennzeichnet bzw. angedeutet worden war. So wurde anhand verschiedener Anschauungsmaterialien aus der Werbung bereits auf die nächste Vorlesung vorgegriffen. „Begehren" sei auf jeden Fall nicht mit Aktionen selbstverordnet Diät („7 Wochen ohne" zur Bedürfnisauffrischung, künstliches Hungern) zu verwechseln, die allesamt noch unter die Bedürfnisebene fallen.

Wovon nährt sich die Motivation des Begehrens zwischen Masochismus und Spannungstoleranz (Leidensfähigkeit)? Könnte man „Begehren" theologisch adäquat mit „Ewiges Leben" übersetzen? Letztlich wurde zu alledem auf die nächste Sitzung verwiesen: es wird sich als elementares und entscheidendes Differenzkriterium erweisen, Phänomene und Theologumena (auch „Ewiges Leben") auf der Bedürfnisebene oder auf der Ebene des Begehrens zu lesen.

13. Vorlesung

„Sobald das Kind seinen Bonbon
bekommt, kann man nicht mehr
sprechen, man hat nur seine Ruhe."[251]

Faktisch ist das Menschsein von seiner Konzeption an auch während dieser Spiegelphase ständig von Momenten des Mangels geprägt. Um erst nachgeburtlich anzusetzen seien z.B. Hunger und Durst, Verlassensein, Erschrekken, Blähungen, Zahnen, unwillkürliches Selbstverletzen durch motorische Inkoordination (Blutigkratzen) genannt. Aber diese Phasen werden bei gesunder psychischer Entwicklung wenn eben möglich voller Lust geschickt überbrückt, – das unvermeidliche Erleben von Irritationen wird *imaginär* überbrückt. „Phasen" bedeutet: dies hat seine Zeit.[252] Darin enthalten ist zugleich die Hoffnung, daß die Irritationen zeitlich/begrenzt sind.[253] Diese imaginäre Wirklichkeit hat an der absoluten Erfüllung, am Totalversorgtsein ihr Maß. Neben und inmitten gelungenen Installationen dieser imaginären Geländer des Daseins jedoch, insofern es also nicht um weiteren Ausbau, sondern nur noch um Absicherung und Verteidigung des status quo gehen kann, eröffnet sich aber jeweils das Reich des Begehrens (die Stillung der Bedürfnisse ist al-

so vorläufig gesichert: das englische „sad", das „unglücklich" oder „traurig" bedeutet, hat den gleichen Ursprung wie unser Wort „satt", nämlich das lateinische „satur"). So kommt z.B. die elementare Ahnung, daß der Mensch nicht vom Brot allein lebt (Mt 4,4), in der volkstümlichen Wendung zum Ausdruck, in der davon die Rede ist, daß man einen oder auch zwei *über* den Durst getrunken habe. „Wenn der Durst gelöscht ist, beginnt das Feuer von

---

[251] F. Dolto, Alles ist Sprache, Weinheim (Quadriga) 1989, 63-64.
[252] Vgl. zu entsprechenden Konsequenzen für eine Theorie der Ich-Identität: Henning Luther, Religion und Alltag, Bausteine zu einer praktischen Theologie des Subjekts, Stuttgart (Radius) 1992; W. Welsch, Vernunft, Frankfurt (Suhrkamp) 1996, 844-847.
[253] Vgl. dazu N. Ginzburg, Das imaginäre Leben, Berlin (Wagenbach) 1995.

neuem" heißt es in der Apollinaris-Werbung, und dabei geht es um Lebensdurst.
Diese Lesart erhellt auch den Kontext von Luk 15,11ff., wo davon die Rede ist, daß „eine schwere Hungersnot über jenes Land kam":

„Warum werde ich nicht satt?
Was für'ne blöde Frage, ob das wirklich nötig ist. Ich habe halt zwei Autos, weil mir eins zu wenig ist. Sie passen beide in meine Garage, für mich ist das Grund genug. Was soll ich sonst in diese Garage neben meiner Riesen-Villa tun? Die Geräte für en Swimmingpool liegen schon im Gartenhaus, und die Spielzeugeisenbahn ist im Keller aufgebaut.
Jeden Sonntag zähle ich mein Geld, und es tut mir wirklich gut zu wissen, wieviel ich wert bin, und ich bin grad hoch im Kurs. Ich hatte mehr Glück als die Meisten, habe immer fett gelebt. Und wenn ich wirklich etwas wollte, hab' ich's auch gekriegt!
Warum werde ich nicht satt?
Ich bin dankbar für mein Leben, habe vieles mitgenommen. Aus allen Abenteuern immer heil herausgekommen. Jede Menge Parties und Drogen sowieso, und auch mit den Frauen war meistens etwas los. Ich habe wirklich tolle Freunde, man kümmert sich sehr nett und auf dem Friedhof ist der beste Platz für mich reserviert.
Warum werde ich nicht satt?"
(Die Toten Hosen; Text Frege; Musik Breitkopf, v. Holst).

„Es herrscht Hungersnot" bedeutet dann auch: die Leute kaufen (und essen) jeden Mist, weil sie Hunger haben! Der Hunger treibts rein! Man muß aufpassen, daß einem der große Hunger nicht zum Verderben wird, und man beim irren von fata morgana zu fata morgana nicht verdurstet.
Hier wird eine wichtige religionspädagogischen Relevanz von De/Konstruktionsübungen deutlich. Die Wirklichkeit der Bildung hat als Bildung der Wirklichkeit dem Narzißmus durch Umbildungsübungen zu entsprechen und (vorübergehend) auch zu widersprechen.[254] Dekonstruktive

---

[254] Wenigstens mit einer Andeutung sei schon hier auf unterrichtspraktische Konsequenzen verwiesen. Für den Unterricht kann die narzißtische Note der Bildung im Kontext unstillbaren Lebenshungers nur auf experimentelle Didaktik hinauslaufen. Im Bilde gesprochen: Das unterrichtliche Setting ist weniger als Vorkauen, Füttern, Mästen oder intravenöse Ernährung zu konzipieren, sondern als reichhaltiges Buffet mit erlesenen, köstlichen und gesunden Speisen. Lernen, d.h. zugreifen, schmecken, kau-

Umbildungsübungen sorgen dafür, daß Begehren und Bedürfnisse sich gegenseitig frisch halten. Erwachsene (und auch unser erwachsenes, religionspädagogisches Forschen und Handeln) sind in Gefahr, angesichts der komplexen Verwobenheit von Bedürfnis und Begehren im menschlichen Leben Begehren auf der Ebene von Bedürfnissen zu behandeln, was zu Völle und Überdruß (Sucht) führt. Die preisgekrönte MTV-Werbung der Münchener Agentur „start" spiegelt uns, daß und wie man so aus Kindern als „Propheten des Begehrens" „konsumgeile Gören" macht (vgl. Abb.). Julian (4.Sj.) hat Ahnung davon, wie es seine Fortsetzung der Geschichte vom durstenden, protestierenden Volk Israel in der Wüste (Exodus 17) zum Ausdruck bringt (s.u.), in der es um die Dynamik „der liebgewonnen Seite von Gefangenschaften" geht, wie Kersten Reich formuliert[255]:
Einmal ging den Israeliten das Trinkwasser aus. Ein paar Männer gingen zu Mose und forderten: „Gib uns Wasser!" „Ihr beklagt euch andauernd!" erwiderte Mose. „Warum bittet ihr Gott nicht um Wasser? Warum habt ihr kein

Fassung von: Julian

Einmal ging den Israeliten das Trinkwasser aus. Ein paar Männer gingen zu Mose und forderten: „Gib uns Wasser!"
„Ihr beklagt euch andauernd!" erwiderte Mose. „Warum bittet ihr nicht Gott um Wasser? Warum habt ihr kein Vertrauen?"
„Wir wollen Wasser!" riefen die Männer. „Wozu hast du uns aus Ägypten herausgeholt? Damit wir samt unseren Frauen und Kindern hier verdursten?" *Plötzlich sehen sie einen See. Und die Männer trinken den See leer. Und platzen.*

Vertrauen?" „Wir wollen Wasser!" riefen die Männer. „Wozu hast du uns aus Ägypten herausgeholt? Damit wir samt unserer Frauen und Kinder hier verdursten?"

---

en, verdauen und wachsen müssen die Schüler. Allerdings kann man sich auch am Buffet verschlucken. Nicht Völlerei ist zu assoziieren; manchmal tut trockenes Brot und Wasser gut. Auch Fast Food hat übrigens seinen Platz. Von seiten der Lehrerschaft jedoch wird oft resignativ unterstellt, Schüler wollten *nur* McDonalds.
[255] Kersten Reich, Die Ordnung der Blicke. Perspektiven des interaktionistischen Konstruktivismus, Bd. 2, Neuwied 1998, 17.

Und Julian textet: „Plötzlich sehen sie einen See. Und (sie) die Männer trienken den See lehr. Und Platzen."

Es ginge darum, der Hermeneutik der Kinder zu folgen und umgekehrt Bedürfnisphänomene (also das, was Werbung mehr oder weniger „äugskenzwinkernd" über die menschlichen Bedürfnisse hinaus immer noch weiter als Bedürfnisse verkaufen will) auf der Folie unstillbaren Begehrens zu lesen. Religionspädagogische Kompetenz zeigt sich dann auch darin, alle möglichen Themenbereiche jeweils statt allein in der Sphäre imaginärer Not zugleich als symbolisch-symptomatische Tugend lesen bzw. ansetzen zu können.[256]

„Wer mehr sieht, hat recht"[257] sagt Husserl und schreibt „mehr" noch klein. Tuffi wirbt mit „Milch und Mehr". Auch ich will Appetit machen. Appetit auf Bildung und Mehr.
Janusz Korczak: Wie ein Kind lieben?
Dem von Korczak 1919 zusammen mit Maryna Falska in Warschau eröffneten Kinderhaus „Nasz Dom" war eine Experimentalschule angegliedert. Die Losung der Schule war: „Du wirst Vater – Du wirst Mutter."[258] Korczak

---

[256] „Mit Schmerzen sehe ich täglich wie die Wut des Verstehens den Sinn gar nicht aufkommen läßt ... So werden die armen Seelen, die nach ganz etwas anderem dursten, mit moralischen Geschichten gelangweilt und lernen, wie schön und nützlich es ist, fein artig und verständig zu sein; sie bekommen Begriffe von gemeinen Dingen, und ohne Rücksicht auf das zu nehmen, was ihnen fehlt, reicht man ihnen noch immer mehr von dem, wovon sie schon zu viel haben ... die Hauptsache aber ist die, daß sie alles verstehen sollen, und mit dem Verstehen werden sie völlig betrogen um ihren Sinn: denn so wie jenes betrieben wird, ist es diesem schlechthin entgegengesetzt" (F.D.E. Schleiermacher, Über die Religion, Hamburg 1958, 82).
[257] Edmund Husserl zitiert bei H. Timm, Das Weltquadrat. Eine religiöse Kosmologie, Gütersloh 1985, 39.
[258] E. Dauzenroth, Ein Leben für Kinder. Janusz Korczak, Leben und Werk, Gütersloh (Gütersloher Verlagshaus) 1981, 27.

pflegte zu beten: „Gib mir, o Herr, ein schweres, aber schönes, reiches, würdiges Leben."[259] Dies scheint mir Zumutung einer Lebensqualität zu sein, der mitnichten gesellschaftspolitisch unkritisch „affirmativ" (H. Marcuse) ist. Entsprechend beschreibt J. Korczak ausführlich, daß und wie selbst Zürnen und Schimpfen bilden können. Dies ermöglicht die Verachtung der bösen Tat und die *zeitweise* Ächtung des Missetäters bei gleichzeitiger, grundsätzlicher Anerkennung seiner Person:
„Wenn ich zum Beispiel jemanden anschreie (weil ich muß), sage ich gleich darauf: ‚Ich bin dir böse *bis zum Mittagessen* ...'. Und ich spreche nicht mit ihm und er nicht mit mir, er darf es nicht. Also kommt er mit einem Kameraden zu mir und dieser fragt mich: ‚Kann er einen Ball bekommen?' Ich aber antworte: ‚Sag ihm, daß er einen kleinen Ball nehmen kann, aber er soll nicht Fußball damit spielen.' Der Missetäter sagt: ‚Gut', aber da ich böse bin, höre ich ihn nicht, und frage also: ‚Was hat er gesagt?' – ‚Daß es gut sei.' Na dann gut."[260]
Ein ca. 35jähriger Mann schreibt ein Buch über Erziehungsfragen. Henryk Jozef Goldszmit schreibt es 1914-1916 in Feldlazaretten, im Chaos und im Grauen des Frontgebietes des ersten Weltkrieges, an dem er als Arzt im Range eines Hauptmannes beteiligt ist: „Dieses Buch habe ich im Feldlazarett geschrieben, beim Donner der Geschütze, während des Krieges; Nachsicht allein genügt nicht als Programm."[261] Er gibt dem Buch den Titel: „Jak kochac dziecko", „Wie man ein Kind lieben soll", wörtlich übersetzt eigentlich „Wie ein Kind lieben". Während oftmals christlich-pädagogische Bemühungen in der Beschwörung gipfeln, Kinder müßten womöglich um ihrer Unschuld willen geliebt werden (Liebe also als eine kybernetische Funktion moralischer Leistung!), verfällt Janusz Korczak (unter welchem Pseudonym er bekannt wurde) unter den genannten äußeren Bedingungen auf die Frage, *wie* man ein Kind lieben soll. Ich gebe im folgenden einige Kostproben aus seinem gleichlautendem Buch. Meines Erachtens enthalten diese Passagen entscheidende profane Impulse und Kriterien für die Frage nach einer möglichen ideologiekritischen Kunst der Religionspädagogik:
„ ‚Ob es hübsch ist? Daran liegt mir nichts.' So reden unaufrichtige Mütter, welche die Ernsthaftigkeit ihrer Ansichten über Erziehungsfragen gern unterstreichen möchten. Schönheit, Anmut, Statur, eine angenehm klingende

---

[259] J. Korczak, Das Recht des Kindes auf Achtung, Göttingen (Vandenhoeck & Ruprecht) 1979, 322.
[260] ebd., 186-192; vgl. auch ders., Wie man ein Kind lieben soll, a.a.O., 252-253.
[261] ebd. 122.

Stimme, das ist ein Kapital, das du deinem Kinde mitgegeben hast ... Ein hübsches Kind ist anders als ein häßliches zu erziehen. Aber da es keine Erziehung ohne Teilnahme des Kindes gibt, sollte man die Fragen von Schönheit und Anmut nicht schamhaft vor dem Kinde verschweigen; denn gerade das ist ihm schädlich ... ‚Mir liegt nichts an der Schönheit!' Du stehst in der Gefahr, mit einem Fehler und einer Unwahrheit zu beginnen."[262]

„Der häufigste Vorwurf, den ich zu hören bekam, lautete: ‚Haben es denn die unbeliebten Kinder nicht sehr schwer?' Sie lernen sich selbst und das Leben kennen. ‚Magst du Celinka?' ‚Aber ich bin doch Celinka.' ‚Nun ja: Magst du dich?'"[263]

„Ein wichtiger Grundsatz. Das Kind soll ruhig Unrecht tun. Geben wir uns doch keine Mühe, jeder Untat zuvorzukommen, bei jedem Schwanken sofort den rechten Weg zu weisen, auf jeder abschüssigen Bahn zur Hilfe zu eilen ... Du bist nicht deswegen empört, weil du eine Gefahr für das Kind wahrnimmst, sondern weil es den Ruf deiner Anstalt gefährdet, deiner pädagogischen Linie, deiner Person: du bist ausschließlich um dich selbst besorgt."[264]

Mit einer deutlichen Reminiszens an Freud entlarvt Korczak unsere angeblich selbstlose Kinderfreundlichkeit. Diese Einsicht ist die Voraussetzung für die besondere religionspädagogische Relevanz seiner Arbeit. Sind wir uns über die Bedürfnisse unserer religionspädagogischen Anstrengungen im klaren? Es ist eine schwierige Kunst, in der religionspädagogischen Praxis unbewußten narzißtischen Vereinnahmungen der Kinder zu entgehen. Es ist dies eben keine Frage guten Willens. Bei Freud hieß es: „Wenn man die Einstellung zärtlicher Eltern gegen ihre Kinder ins Auge faßt, muß man sie als Wiederaufleben und Reproduktion des eigenen, längst aufgegebenen Narzißmus erkennen ... So besteht ein Zwang, dem Kinde alle Vollkommenheiten zuzusprechen, wozu nüchterne Beobachtung keinen Anlaß fände, und alle seine Mängel zu verdecken und zu vergessen ... Krankheit, Tod, verzicht auf Genuß, Einschränkung des eigenen Willens sollen für das Kind nicht gelten, die Gesetze der Natur wie der Gesellschaft vor ihm haltmachen, es soll wirklich wieder Mittelpunkt und Kern der Schöpfung sein. His Majesty the Baby, wie man sich einst dünkte."[265]

---

[262] ebd. 9/10.
[263] ders., Von der Grammatik und andere pädagogische Texte, hg. v. F.Beiner und E. Lax-Höfer, Heinsberg (Agentur Dieck) 1991, 92.
[264] ders., Wie man ein Kind lieben soll, a.a.O., 205.
[265] S. Freud, Zur Einführung in den Narzißmus, Studienausgabe Band III, Frankfurt (Fischer) 1975, 57.

Erwachsene laufen Gefahr, ihre ungelöste Lebensproblematik von Bedürfnis und Begehren ungewollt und unbewußt an Kindern abzuarbeiten. Wir vereinnahmen Kinder, indem wir deren Begehren als Bedürfnisse behandeln, was zu „Vollstopfen" und Überdruß führt. Aus Kindern als „Propheten des Begehrens" machen wir „konsumgeile Gören". Ich schlage deshalb vor, der Hermeneutik der Kinder zu folgen und umgekehrt Bedürfnisphänomene (also das, was wir Erwachsenen über die menschlichen Grundbedürfnisse hinaus immer noch weiter als Bedürfnisse verkaufen wollen - Bonbons) auf der Folie unstillbaren Begehrens zu lesen. Mit einer Karikatur von Klein rege ich dazu an, phänomenologisch scharfsinnige religionspädagogische Studien zu diesem Themenkomplex zu verfassen. Die Dreieinigkeitskombination dieses Produktes (Spannung, Spiel und Schokolade) in Verbindung mit Ei/Milch/Mutter/Supermarkt eröffnet ein vorzügliches religionspädagogisches Forschungsfeld. Das wäre es doch („das Ei des Comenius" sozusagen): Religionsunterricht = Spielzeug, Überraschung und Schokolade, oder? Aber Vorsicht, aufpassen: Zähneputzen nicht vergessen!

Die Kunst der Religionspädagogik liegt wie gesagt darin, existentielle Fragen auf der Ebene der Bedürfnisse im Horizont unstillbaren Begehrens be- und verhandeln zu können (z.B. Verständnisschwierigkeiten als Abwehr, s.o.). Darin liegt ein Wagnis, denn es wird nicht ohne Ent-Täuschungen gehen. Und: Bedürfnisse kann man vielleicht in den Griff bekommen, das Begehren jedoch nie. Wie soll man damit umgehen?

„ ‚Du bist jähzornig' sage ich zu einem Jungen.

‚Nun ja, dann schlag nur zu, aber nicht zu fest;

brause nur auf, aber nur einmal am Tag.'

Wenn ihr so, wollt, habe ich in diesem einen Satz meine ganze Erziehungsmethode zusammengefaßt."[266]

Die Diskussion in Schlaglichtern:

---

[266] J. Korczak, Wie man ein Kind lieben soll, a.a.O., 58.

Die Unterscheidung von Bedürfnis und Begehren wurde geübt anhand einer Werbeabbildung für ein Fahrzeug.
Es wurde die Vermutung diskutiert, daß Probleme der Sozialhilfe und Arbeitslosigkeit darauf beruhen, daß sie nur die Bedürfnisebene berücksichtigen (können?). Daß mit finanzieller Unterstützung auf Bedürfnisebene agiert wird, läßt das Defizit auf der Begehrensebene unberührt. Unabhängig von finanzieller Mindestabsicherung müßten entsprechende Personen Nachhilfe bekommen im Blick auf den Umgang mit ihrer Kreativität bzw. ihren unstillbaren Träumen. Diese lassen sich sonst nur betäuben (Drogen) oder sie versuchen, sich mit Gewalt einen Weg zu bahnen (Kriminalität).
Die Unstillbarkeit des Hungers (das Begehren, die „Unruhe des Herzens") ist nicht Gott, sondern die Frage nach Gott. Anders formuliert: Das Heimweh darf nicht den lieben Gott ersetzen.

III
Die Welt ist nicht genug:
Religio

14. Vorlesung

> „In den letzten zweihundert Jahren hat sich unter
> den Gebildeten des Abendlandes eine Haltung
> entwickelt, die man als Anerkennung der Religiosität
> und Ablehnung der Religion bezeichnen kann
> ... Man will religiös sein, aber keiner Religion
> angehören. Das ist jedoch eine Selbsttäuschung."[267]

*Religions*pädagogik: Liebe Studentinnen und Studenten, Sie haben das Fach Religionspädagogik belegt. „Warum leicht, wenn man es sich doch auch schwer machen kann?" bin ich versucht zu fragen. Mathematik, Sport, Religionswissenschaft, meinetwegen auch Pädagogik, - aber warum um Himmels willen *Religions*pädagogik? Weil Sie eine christliche frühkindliche Sozialisation genossen haben? Weil Sie die Welt verbessern wollen? Weil Sie unterwegs sind im Namen des Herrn? Weil es bequem ist? Weil Sie meinen, Sie käme so herum um den Auszug aus dem Vaterhaus, darum herum, wirklich einen eigenen Weg durch die Wüste gehend suchen zu müssen, eigene Fehler („Verfahrensweisen") begehen zu müssen? RP, - ein Versicherungsstudiengang?
Es wäre eine entscheidende religionspädagogische Frage an Religionspädagogikstudenten und -studentinnen, wie hoch die Anteile an entsprechender „Geschäftigkeit um die Verbreitung der Religion" sind, die „nur die fromme Sehnsucht des Fremdlings nach seiner Heimat, das Bestreben sein Vaterland mit sich zu führen, und die Gesetze und Sitten desselben"[268] ausmachen, wie Schleiermacher scharfsinnig sagt. Das schöne Wort „Inlandmission" wäre dann ernst zu nehmen und auch auf das Binnenland unserer Herzen anzuwenden, anstatt stillschweigend und selbstverständlich davon auszugehen, daß mir auch im Inland stets ein Diplomatenaußen- und sonderstand zukommt. Und freundliche interreligiöse Dialogangebote wären zu befragen, ob sie denn im *intra*religiösen Dialog sind mit sich selbst. Aber langsam: wir greifen vor.
Oder studieren Sie dieses Fach schlicht, weil bessere Einstellungschancen winken? Mag sein, mag sein. Wenn Sie wollen, wird das alles im folgenden mitthematisiert sein.

---

[267] Paul Tillich, G.W., Nachlaß Korrelationen, 110.
[268] F.D.E. Schleiermacher, Über die Religion. Reden an die Gebildeten unter ihren Verächtern, Hamburg 1958, 106.

„Ich will nicht noch einmal daran erinnern, daß der Staat jetzt diejenigen, die in dieser Gesellschaft Anführer und Lehrer sind ... nach seinen Wünschen auswählt, die mehr auf Beförderung der übrigen Angelegenheiten, die er mit dieser Anstalt verbunden hat, gerichtet sind; daß man ein höchst verständiger Pädagog und ein sehr reiner trefflicher Moralist sein kann ohne von der Religion das bitterste zu verstehen; und daß es daher Vielen, die er unter seine würdigsten Diener in dieser Anstalt zählt, leicht ganz daran fehlen mag; ich will annehmen, Alle die er einsetzt wären wirklich Virtuosen in der Religion: so würdet Ihr doch zugeben, daß kein Künstler seine Kunst einer Schule mit einigem Erfolg mitteilen kann wenn nicht unter den Lehrlingen eine gewisse Gleichheit der Vorkenntnisse stattfindet; und doch ist diese in jeder Kunst wo der Schüler seine Fortschritte durch Übungen macht, und der Lehrer vornehmlich durch Kritik nützlich ist, minder notwendig als in der Religion wo der Meister nichts tun kann als zeigen und darstellen. Hier muß alle seine Arbeit vergeblich sein, wenn nicht Allen dasselbe, nicht nur verständlich, sondern auch angemessen und heilsam ist."[269]

Auf jeden Fall werden wir nach der vorangegangenen Thematisierung von Bildungsaspekten in den nächsten Sitzungen ausdrücklich auf „Religion" eingehen müssen. Denn „die Gretchenfrage ist nicht mehr vermeidbar" (Jochen Hörisch). Man kann nicht nicht über Gott sprechen, und worüber man nicht schweigen kann, davon muß man reden.

Der damals außer im engen Kreis seiner romantisierenden Genossen noch weithin unbekannte Prediger Friedrich Daniel Ernst Schleiermacher wendet sich in seinen 1799 anonym in Berlin herausgebrachten „Reden über die Religion" ausdrücklich und mit Bedacht „an die Gebildeten unter ihren Verächtern" und nicht etwa an entsprechende ungebildete (moralisierende, vernunftgläubige) Verehrer: „An nichts anderes kann ich also das Interesse, welches ich von Euch fordere, anknüpfen, als an Eure Verachtung selbst; ich will Euch nur auffordern in dieser Verachtung recht gebildet und vollkommen zu sein" (12), sicher auch in postmodernen Zeiten kein schlechter didaktischer Motivationsansatz. Denn will man das Problem nicht simpel und blasiert so für sich entscheiden, indem man den Rest der Welt einfach für doof erklärt, muß man sich den Gründen für diese Verachtung stellen. Und diese könnten sich als gute Gründe erweisen. Ganz so dumm und schlecht scheinen mir sogar die Ungebildeten unter ihren Verächtern nicht zu sein.

---

[269] F.D.E. Schleiermacher, Über die Religion. Reden an die Gebildeten unter ihren Verächtern, Hamburg 1958, 121/122.

Humanismus heißt für mich als Minimalthese: jeder Mensch ist Spezialist in eigener Sache und als solcher zu hören. Übrigens wage ich Schleiermachers polemische Rede von den zeitgenössischen englischen Empiristen („ihre Weisheit ist nur auf eine jämmerlich Empirie gerichtet") als „jene stolzen Insulaner, welche viele unter Euch so ungebührlich verehren" (9), (nicht nur metaphorisch) als Beschreibung heute populärer Fachwissenschaft zu lesen. Schleiermacher sieht zunächst einen Konsens mit denen, die Religion verachten, weil diese sich als Moralisierungsbetrieb praktischer Vernunft gesellschaftspolitisch anbiedert. Ein hochaktuelles Phänomen also.
Friedrich Daniel Ernst Schleiermacher: Religion oder Moralismus?
„Besorget nur nicht, daß ich am Ende doch noch zu jenen gemeinen Mitteln meine Zuflucht nehmen möchte, Euch vorzustellen, wie notwendig sie (die Religion, B.B.) sei, um Recht und Ordnung in der Welt zu erhalten, und dem Andenken an ein allsehendes Auge und eine unendliche Macht der Kurzsichtigkeit menschlicher Aufsicht und den engen Schranken menschlicher Gewalt zu Hilfe zu kommen; oder wie sie eine treue Freundin und eine heilsame Stütze der Sittlichkeit sei, indem sie mit ihren heiligen Gefühlen und ihren glänzenden Aussichten den schwachen Menschen den Streit mit sich selbst und das Vollbringen des Guten gar mächtig erleichtern. So reden freilich diejenigen, welche die besten Freunde und die eifrigsten Verteidiger der Religion zu sein vorgeben; ich aber will nicht entscheiden, gegen wen in dieser Gedankenverbindung die meiste Verachtung liege, gegen Recht und Sittlichkeit, welche als einer Unterstützung bedürftig vorgestellt werden, oder gegen die Religion, welche sie unterstützen soll, oder gegen Euch, zu denen also gesprochen wird. Mit welcher Stirne könnte ich Euch wohl zumuten, wenn anders Euch selbst dieser weise Rat gegeben werden soll; daß Ihr mit Euch selbst in Eurem Innern ein loses Spiel treiben, und durch etwas, das Ihr sonst keine Ursache hättet zu achten und zu lieben, Euch zu etwas Anderem solltet antreiben lassen, was Ihr ohnedies schon verehrt, und dessen Ihr Euch befleißiget? Oder wenn Euch etwa durch diese Reden nur ins Ohr gesagt werden soll, was Ihr dem Volke zuliebe zu tun habt, wie solltet dann Ihr, die Ihr dazu berufen seid die andern zu bilden und sie Euch ähnlich zu machen, damit anfangen, daß Ihr sie betrügt, und ihnen etwas für heilig und wirksam hingebt, was Euch selbst höchst gleichgültig ist, und was sie wegwerfen sollen, sobald sie sich auf dieselbe Stufe mit Euch erhoben haben? Ich kann zu einer solchen Handlungsweise nicht auffordern, sie enthält die verderblichste Heuchelei gegen die Welt und gegen Euch selbst, und wer die Religion so empfehlen will, muß nur die Verachtung vergrößern, der sie schon unterliegt.

Zugegeben, daß unsere bürgerlichen Einrichtungen noch unter einem hohen Grade der Unvollkommenheit seufzen, und noch wenig Kraft bewiesen haben, der Ungerechtigkeit zuvorzukommen oder sie auszurotten, welche strafbare Verlassung einer wichtigen Sache, welcher zaghafte Unglaube an die Annäherung zum Besseren wäre es, wenn deshalb nach der Religion gerufen werden müßte! Hättet Ihr denn einen rechtlichen Zustand, wenn seine Existenz auf der Frömmigkeit beruhete? Verschwindet Euch nicht, so bald Ihr davon ausgehet, der ganze Begriff unter den Händen, den Ihr doch für so heilig haltet? Greift die Sache unmittelbar an, wenn sie Euch so übel zu liegen scheint; bessert an den Gesetzen, rüttelt die Verfassungen untereinander, gebt dem Staate einen eisernen Arm, gebt ihm hundert Augen, wenn er sie noch nicht hat, nur schläfert nicht die, welche er hat, mit einer trügerischen Leier ein. Schiebt nicht ein Geschäft wie dieses in ein anderes ein, Ihr habt es sonst gar nicht verwaltet, und erklärt nicht zum Schimpfe der Menschheit ihr erhabenstes Kunstwerk für eine Wucherpflanze die nur von fremden Säften sich nähren kann.

Nicht einmal der Sittlichkeit, die ihm doch weit näher liegt, muß das Recht bedürfen, um sich die unumschränkteste Herrschaft auf seinem Gebiete zu sichern, es muß ganz für sich allein stehen. Wer der Verwalter desselben ist, der muß es überall hervorbringen können, und jeder, welcher behauptet, daß dies nur geschehen kann, indem Religion mitgeteilt wird – wenn anders dasjenige sich willkürlich mitteilen läßt was nur existiert, indem es aus dem Gemüte hervorgehet – der behauptet zugleich, daß nur diejenigen Verwalter des Rechts sein sollten, welche geschickt sind der menschlichen Seele den Geist der Religion einzugießen, und in welche finstere Barbarei unheiliger Zeiten würde uns das zurückführen. Ebensowenig aber darf die Sittlichkeit mit der Religion zu teilen haben; wer einen Unterschied macht zwischen dieser und jener Welt, betört sich selbst, alle wenigstens welche Religion haben, glauben nur an Eine. Ist also das Verlangen nach Wohlbefinden der Sittlichkeit etwas Fremdes, so darf das Spätere nicht mehr gelten als das Frühere, und die Scheu vor dem Ewigen nicht mehr als die vor einem weisen Manne. Wenn die Sittlichkeit durch jeden Zusatz ihren Glanz und ihre Festigkeit verlieret, wie viel mehr durch einen solchen, der seine hohe und ausländische Farbe niemals verleugnen kann. Doch dies habt Ihr genug von denen gehört, welche Unabhängigkeit und die Allgewalt moralischer Gesetze verteidigen, ich aber setze hinzu, daß es auch die größte Verachtung gegen die Religion beweiset, sie in ein anderes Gebiet verpflanzen zu wollen, daß sie da diene und arbeite. Auch herrschen möchte sie nicht in einem fremden Reiche: denn sie ist nicht so eroberungssüchtig das ihrige vergrößern zu wollen. Die Gewalt, die ihr gebührt, und die sie sich in jedem Augenblick aufs neue verdient, genügt ihr, und ihr, die alles heilig hält, ist noch vielmehr das heilig, was mit ihr gleichen Rang in der menschlichen Natur behauptet. Aber sie soll ganz eigentlich dienen, wie jene es wollen, einen Zweck soll sie haben, und nützlich soll sie sich erweisen. Welche Erniedrigung! und ihre Verteidiger sollten geizig darauf sein ihr diese zu verschaffen? Daß doch diejenigen, die so auf den Nutzen ausgehen, und denen doch am Ende auch Sittlichkeit und Recht um eines andern Vorteils willen da sind, daß sie doch lieber selbst untergehen möchten in diesem ewigen Kreislauf eines allgemeinen Nutzens, in welchem sie alles Gute untergehen lassen, und von dem kein Mensch, der selbst für sich etwas sein will, ein gesundes Wort versteht, lieber als daß sie sich zu Verteidigern der Religion aufwerfen möchten, deren Sache zu führen sie gerade die ungeschicktesten sind. Ein schöner Ruhm für die Himmlische, wenn sie nun die irdischen Angelegenheiten der Menschen so leidlich versehen könnte! Viel Ehre für die Freie und Sorglose, wenn sie nun etwas wachsamer und treibender wäre als das Gewissen! Für so etwas steigt sie Euch noch nicht vom Himmel herab. Was nur um eines außer ihm liegenden Vorteils willen geliebt und geschätzt wird, das mag wohl not tun, aber es ist nicht in sich notwendig, es kann immer ein frommer Wunsch bleiben, der nie zur Existenz kommt, und ein vernünftiger Mensch legt keinen außerordentlichen Wert darauf, sondern nur den Preis, der jener Sache angemessen ist. Und dieser würde für die Religion gering genug sein, ich wenigstens würde kärglich bieten, denn ich muß es nur gestehen, ich glaube nicht daß es so arg ist mit den unrechten Handlungen welche sie verhindert, und mit den sittlichen welche sie erzeugt haben soll. Sollte das also das Einzige sein, was ihr Ehrerbietung verschaffen könnte, so mag ich mit ihrer Sache nichts zu tun haben. Selbst um sie nur nebenher zu empfehlen ist es zu unbedeutend. Ein eingebildeter Ruhm, welcher verschwindet wenn man ihn näher betrachtet, kann derjenigen nicht helfen, die mit höheren Ansprüchen umgeht. Daß sie aus dem Inneren jeder besseren Seele notwendig von selbst entspringt, daß ihr eine eigne Provinz im Gemüte angehört, in welcher sie unumschränkt herrscht, daß sie würdig ist durch ihre innerste Kraft die Edelsten und Vortrefflichsten zu bewegen, und von ihnen ihrem innersten Wesen nach erkannt zu werden; das ist es was ich behaupte, und was ich ihr gern sichern möchte, und Euch liegt es nun ob, zu entscheiden, ob es der Mühe wert sein wird, mich zu hören, ehe ihr Euch in Eurer Verachtung noch mehr befestiget" (17-21).

Es ist „Metaphysik und Moral in Menge in die Religion eingedrungen ... Die Theoretiker in der Religion, die aufs Wissen über die Natur des Universums und eines höchsten Wesens, dessen Werk es ist, ausgehen, sind Metaphysiker; aber artig genug, auch etwas Moral nicht zu verschmähen. Die Praktiker, denen der Wille Gottes Hauptsache ist, sind Moralisten; aber ein wenig im Stile der Metaphysik ... Dieses Gemisch von Meinungen über das höchste Wesen oder die Welt, und von Geboten für ein menschliches Leben (oder gar für zwei) nennt Ihr Religion! ... Aber wie kommt Ihr denn dazu, eine bloße Kompilation (=Zusammenstoppeln), eine Chrestomathie (=für den Unterricht in einer Sprache geeignete Auswahl aus [Prosa]schriftstellern) für Anfänger für ein gutes Werk zu halten ... ? (25).
„So werden die armen Seelen, die nach ganz etwas anderem dursten, mit moralischen Geschichten gelangweilt und lernen, wie schön und nützlich es ist, fein artig und verständig zu sein; sie bekommen Begriffe von gemeinen Dingen, und ohne Rücksicht auf das zu nehmen, was ihnen fehlt, reicht man ihnen noch immer mehr von dem, wovon sie schon zu viel haben ... Bald entzündet sich ihr Gemüt, aber nur mit einer unsteten gleichsam leichtfertigen Flamme: sie haben nur Anfälle von Religion, wie sie sie haben von Kunst, von Philosophie und allem Großen und Schönen, dessen Oberfläche sie einmal an sich zieht." (82/88)
„Darum ist es Zeit die Sache einmal beim anderen Ende zu ergreifen, und mit dem schneidenden Gegensatz anzuheben, in welchen sich die Religion gegen Moral und Metaphysik befindet. das war es was ich wollte." (28)
Und genau diesen Ansatz wollen wir uns auch für die folgenden Studien zu eigen machen. Ist die Aktualität der kritischen Überlegungen Schleiermachers nicht verblüffend?
Karl Barth: Offenbarungsreligion statt Diskurstheologie?
„Gottes Offenbarung ... muß *auch* als ‚Christentum' und also *auch* als Religion und also *auch* als menschliche Wirklichkeit und Möglichkeit verstanden werden ... Es fragt sich aber, ob dieser Satz dahin auszulegen und anzuwenden ist: daß uns das, was wir über Wesen und Erscheinung der Religion zu wissen meinen, zum Maßstab und Erklärungsprinzip für Gottes Offenbarung zu dienen hat, oder umgekehrt: ob wir die Religion: die christliche Religion und alle anderen Religionen von dem her zu interpretieren haben, was uns von Gottes Offenbarung gesagt ist. Es ist offenbar etwas anderes, ob die Re-

ligion *das* Problem *der* Theologie oder ob sie *ein* Problem *in* der Theologie ist."²⁷⁰

Das erstere ist nach Barth als „eines der schwersten geschichtlichen Rätsel" „ein Charakteristikum" „im modernistischen Protestantismus" (§17, 309), dessen „ganze weitere Trauergeschichte als einem „Religionismus" (§ 17, 316, 319, 321) ... im einzelnen zu entrollen" Barth „nun nicht nötig" hat (§17, 315). Er spricht von der „Katastrophe der modernen protestantischen Theologie", die „die Offenbarung wirklich verlor ... und damit ihr eigenes Erstgeburtsrecht gegen den Begriff der Religion vertauschte" (§17, 320). Im folgenden geht es mir darum, im Blick auf eine Kunst der Religionspädagogik in Form von Religionsunterricht an öffentlichen Schulen zu rekonstruieren, daß es so nicht *geht*. Es soll deutlich werden, daß dieses charakteristische Barth-Diktum aus der Kirchlichen Dogmatik von theologischer Wertung her weniger mit der Dogmatik einer Offenbarungs- oder Kreuzestheologie zu tun hat als mit ungebrochenem Dezisionismus („Offenbarungspositivismus", mit Barth gegen Barth „Offenbarungsreligion"). Das hat auch unterrichtspraktische Konsequenzen.

Einem fiktiven Freund versicherte Barth, er habe getan, was er könne, um darauf aufmerksam zu machen, „daß mein Bejahen wie mein Verneinen nicht mit dem Anspruch auftreten, die Wahrheit Gottes zu sein, sondern mit dem Anspruch, *Zeugnis* zu sein von der Wahrheit Gottes, die in der Mitte, jenseits von allem Ja und Nein steht. Und darum eben habe ich nie bejaht, ohne zu verneinen, nie verneint, ohne zu bejahen, weil das eine wie das andere nicht das Letzte ist."²⁷¹ Doch dieses lautere Motiv der Bescheidenheit führt offenbar zu ganz unbescheidenen Fehlschlüssen. Denn das Projekt eines goldenen Mittelweges der Ausgewogenheit kann (im Sinne Barths) wohl schlecht Gott gerecht werden. Wenn „das eine wie das andere nicht das Letzte ist", welcher Ansicht ich zustimme, dann kann man entweder das Vorletzte diskurrierend leiden oder - daran verzweifelnd - alles als das Allerletzte religiös diskreditieren. Wir haben keine Wahl.

Nach Barth soll Religion eigentlich kein Thema der Theologie sein und es würde sich „sehr wohl sogar rechtfertigen, wenn wir ihn (den Begriff Religi-

---

²⁷⁰ K. Barth, Die kirchliche Dogmatik, 1/2, §17 (Gottes Offenbarung als Aufhebung der Religion), Zürich 1960, 304-397, 308/309; im folgenden abgekürzt mit „§17".
²⁷¹ ders., Das Wort Gottes als Aufgabe der Theologie (1922), in: Anfänge der dialektischen Theologie, hg. v. J. Moltmann, München 1966, 197-218, 213, im folgenden abgekürzt mit „Das Wort Gottes".

on, B.B.) mit demonstrativem Schweigen einfach übergehen würden."[272] Später hatte Barth seine Strategie diesbezüglich geändert. Da hieß es dann, „es wäre nicht in der Ordnung gewesen, wenn die Theologie an dieser Entwicklung (der Entdeckung der Größe Religion, B.B.) nicht teilgenommen hätte. Man kann es insofern doch nur teilweise gut heißen, wenn die älteren Orthodoxie das Problem der Religion überhaupt nicht beachten zu sollen meinte" (§17, 319). Barth weiß zu erzählen von „religiöser Unverschämtheit"[273], „gefährlichem religiösen Rest" und „religiösem Übermut" (RB 13, 14), und „an diesem üblen Geruch des Begriffs Religion haben weder Schleiermachers Reden noch, mehr als hundert Jahre später, R. Ottos Das Heilige etwas ändern können, im Gegenteil."[274] „Ein bald dichterer, bald dünnerer Schleier von Religion liegt über allem menschlichen Geschehen" (RB 231), und - so könnte man fortfahren - da dieser aufgrund veränderter gesellschaftlicher Verhältnisse heute zunehmend dichter wird, muß dieses Rand - und Spezialthema notgedrungen und lästiger Weise leider mehr in den Blickpunkt auch des theologische Interesses rücken. Barth spricht im Blick auf Religion von einem „widerspenstigen Kind auf Mutterarmen" (§17, 326). Will Barth uns und die Welt (samt dem heiligen Christopherus) auf den Arm nehmen? Dann müßte er schließlich wie Münchhausen sich selbst auf den Arm nehmen.

„Gottes Offenbarung ist tatsächlich Gottes Gegenwart und also Gottes Verborgenheit in der Welt menschlicher Religion ... Man kann die Ausgießung des Heiligen Geistes und dann gewiß auch die Fleischwerdung des Wortes, eben weil und sofern sie Gottes Offenbarung an den Menschen ist, auch von dieser Seite sehen: in dieser mit ihrer wahren Menschlichkeit selbstverständlich gegeben Verborgenheit als religiöses Phänomen, als Glied in jener Reihe, als Spezialbild innerhalb einer allgemeinen Beobachtung und Erfahrung, als besonderen Inhalt einer menschlichen Form, die auch andere Inhalte haben kann und in der die göttliche Besonderheit jenes Inhalts nicht direkt erkennbar ist ...

Die Frage, die damit aufgeworfen ist, daß Gottes Offenbarung auch als eine Religion unter Religionen zu verstehen ist, ist im Grunde ganz schlicht noch einmal die Frage, ob die Theologie als Theologie, ob die Kirche als Kirche, schließlich ob der Glaube als Glaube sich selbst oder vielmehr den Grund ih-

---

[272] ders., Die christliche Dogmatik im Entwurf (1927), erster Band (hg. v. G. Sauter K.B. Gesamtausgabe), Zürich 1982, 397.
[273] RB 80.
[274] ders., Die christliche Dogmatik im Entwurf, a.a.O., 399.

rer selbst ernst zu nehmen Willens und in der Lage sind ... Das Problem der Religion ist ... eine Gelegenheit, in Versuchung zu fallen ... Umgekehrt haben sie (Theologie, Kirche und Glaube, B.B.) gerade hier Gelegenheit, bei der Sache zu bleiben, in ihrem Blick auf die Sache erst recht gewiß zu werden und sich als das, was sie heißen, zu bewähren und zu befestigen" (§17, 308-309).

Man könne das Ganze auch „von dieser Seite sehen", sagt Barth und erschleicht so implizieht die Möglichkeit, überhaupt jemals von „Jenseits" blicken zu können, was er andernorts häufig ausdrücklich negiert. Im Rückgriff auf das menschliche Willensvermögen („ ... ernst zu nehmen Willens sind ... "), das er an anderer Stelle strikt ablehnt[275], sowie mit dem Appell, „in *ihrem Blick ... gewiß* zu werden und *sich* ... zu bewähren und zu befestigen", ist doch längst schon wieder klar zum Ausdruck gekommen, daß auch einer „dialektischen Offenbarungstheologie" gar keine „andere Seite" als perspektivischer Standpunkt gewährt ist. Barth verbleibt im Banne idealistischer Münchhausiaden, wenn er appelliert, angesichts des unumgänglichen „Widerspruchs" „*sich*" auf Gott „zu verlassen" und „*sich*" an Gott „zu halten" (§17, 370).

Ehe wir in unserer kritischen Barthlektüre weiter fortfahren, sei zunächst die alternative Variante im theologischen Umgang mit dem Thema Religion skizziert. Im Gegensatz zu Barth ließ sich Paul Tillich auf Strukturprinzipien eines weiten, präzisen und differenzierten Religionsbegriffs ein, wohl wissend um die damit verbundenen „wichtigen Konsequenzen", ein Wissen, das sicherlich auch Barth ahnte, aber gerade darum zu reflektieren mied. Auf diese „wichtigen Konsequenzen" werden wir unter der Wendung „Religion und Profanität" noch gesondert zurückkommen.

---

[275] Barth läßt keinerlei erasmische „cooperatio" zu: „Es war uns verwehrt, bei Gott zwar die Wirklichkeit, beim Menschen aber eine Möglichkeit für die Offenbarung festzustellen ... als ein Zusammenspiel zwischen Gott und Mensch." Hier stößt man laut Barth „auf das Problem der menschlichen Religion." Offenbarung hat „jedenfalls auch den Charakter und das Gesicht eines menschlichen, historisch und psychologisch faßbaren Phänomens" (§17, 305); vgl. auch §17, 330: Dies „kann also nicht etwa dahingehend gedeutet werden, daß der Mensch ihm mit Gottes Offenbarung harmonisch zusammenwirke, daß Religion etwa die ausgestreckte Hand sei, die dann von Gott in seiner Offenbarung gefüllt werde."

Die Diskussion in Schlaglichtern:

„Ich bin zwar schon fest immatrikuliert, bin mitten in meinem ersten Semester Religionspädagogik, aber nun frage ich mich, was ich da eigentlich studiere. Was will ich als Religionslehrerin eigentlich?"
Es wurde diskutiert und differenziert, daß und wie bestimmte theologische Richtungen ihren Niederschlag in bestimmten Stilen, Formen und Atmosphären von Religionsunterricht finden.

15. Vorlesung

> „Da zerriß der Vorhang des Tempels
> in zwei Teile von oben bis unten."
> Markus 15,38

Um religionspädagogische bzw. praktisch-theologische Arbeitsfelder redlich, lebendig und theonom zu bewahren und zu pflegen, ist m.E. ein Umweg nötig. Dieser Umweg ist der kürzeste Weg, während vermeintliche Abkürzungen sich als Holzwege erweisen. Als entsprechende Weggabelung ist die Frage nach dem Verhältnis von Religion und Profanität zu benennen. So zweckmäßig eine Unterscheidung von sakral und profan im engeren Sinne ist, so sinnvoll ist ein weites und differenziertes Religionsverständnis (und Religions*pädagogik*verständnis), bei dem religiöse und profane Phänomene unterscheidbar in eins fallen. In solcher praktisch-theologischen Entscheidungsarbeit liegt die praktisch-theologische Alternative zu moralistisch-konservativen Rückzugs- und Abschottungsversuchen einerseits und liberal-protestantischer Gleichgültigkeit andereseits.

Wenngleich der Sprache bzw. den Sprachformen wesentliche Bedeutung zukommt, so ist praktisch-theologische Relevanz jedoch nicht zwingend an theologisches Vokabular und klerikalen Jargon geheftet. In der Welt des Profanen als Bedürfnisdimension kommt das Begehren zur Sprache, das Profane bzw. alle Bedürfnisse zu transzendieren. Dies bezeichne ich als die religionspädagogische Lesart von Welt, die Praktischer Theologie Welt eröffnet.

Gemeinderaum ist als Weltraum zu bejahen: Ecclesia versus Exklusivdünkel. Davon abgesehen wird sich z.B. die Segmentierung der Bereiche Gemeinde und Schule nach meiner Einschätzung zwar auch künftig nicht vermischen, und ich hoffe, daß auch zukünftig Gemeinderaum und öffentlich-gesellschaftliche Räume unterscheidbare Segmente bleiben. Aber diese Segmentierungen werden an gesellschaftlicher Relevanz verlieren, weil sich *innerhalb* der einzelnen Räume (intrasektoriell) analoge Phänomene einstellen werden, die an die Praktische Theologie im klassischen engen (pastoralen) Sinne hohe religionspädagogische Ansprüche stellen und an den Religionspädagogen im klassischen engen (didaktischen) Sinne hohe praktisch-theologische Ansprüche stellen. Die Kompetenz des Wortes, des Rituals, des gestalteten Raumes und der Seelsorge ist von ihrem exklusiven, gemeindeinternen Anstammungsplatz ebenso zu befreien wie religionspädagogische Vermittlungskompetenz von innerschulischen Räumen.

Dies läuft auf den Unterschied hinaus, ob ich von einem vermeintlichen Außenstandort aus[276] Welt für theologische Zwecke zu funktionalisieren gedenke oder – als KirchenChrist selber Welt – diese als solche in Gottes Namen würdigen und schätzen gelernt habe. Konkret: ob ich Phänomene der Popkultur (z.B. einen Videoclip) benutze, um mit meinem (eigentlich weltfremden) Anliegen an die (Welt der) Schüler ranzukommen (=97% aller Aufsätze, Unterrichtsentwürfe oder Predigteinstiege), oder ob ich im Videoclip Spuren Gottes wahrgenommen habe oder ein leises Anklopfen: horch, was kommt von draußen rein ...

In der Religionsdidaktik wird diese Problematik (eben nur als *didaktisches* Spezialthema) unter dem Stichwort „Korrelationsdidaktik" oder schlimmer noch: „Korrelationsmethode" geführt, wobei der genuin systematisch-theologische Kontext meist nicht bewußt ist:

„Der Mensch ist die Frage, aber er ist nicht die Antwort ... Der Theologe darf nicht bei der theologischen Antwort, die er verkündet, verharren. Er kann sie in überzeugender Weise nur geben, wenn er mit seinem ganzen Sein in der Situation der menschlichen Frage steht. Mit dieser Forderung schützt die Methode der Korrelation den Theologen vor dem arroganten Anspruch, über Offenbarungswahrheiten verfügen zu können ... Als Methode ist die Korrelation so alt wie die Theologie selbst. Wir haben mit der Methode der Korrelation keine neue Methode eingeführt, sondern vielmehr den Sinn der apologetischen Theologie herauszuarbeiten versucht."[277]

„Zweifellos ist solch eine Methode kein Instrument, das willkürlich gehandhabt werden könnte. Sie ist weder Trick noch ein mechanischer Kunstgriff. Sie ist selbst eine theologische Aussage und wie alle theologischen Aussagen nur möglich mit Leidenschaft und Mut zum Wagnis."[278]

Religion und Profanität sind in Gottes Namen miteinander kontaminiert. Der Protestantismus hat deshalb laut Tillich „ein Pathos für das Profane. Er liebt es, vor die Tore des Heiligtums (pro fanes) zu gehen und dort das Göttliche zu finden ... Er meint, daß in einem profan gemalten Fisch von Braque mehr religiöse Ausdruckskraft läge als in einem unehrlich an religiöse Symbolik

---

[276] „Der absolute Standpunkt ist also nie ein Standpunkt, auf dem man stehen kann, er ist vielmehr der *Wächter,* der das Unbedingte schützt, der eine Verletzung der Unbedingtheit durch einen bedingten Standpunkt abwehrt ... Mit diesen Begriffen ist der Standpunkt des gläubigen Relativismus erfaßt, d.h. desjenigen Relativismus, der den Relativismus überwindet" (P.Tillich, G.W., Bd IV, Stuttgart 1961, 74).
[277] P. Tillich, S.Th., Band II, 20, 21, 22.
[278] ebd. Band I, 15.

angepaßten Bild."[279]: „Alles ist profan, und alles Profane ist potentiell religiös ... Vor der Radikalität dieses Gedankens, wie er oft bei Luther auftritt, schreckte und schreckt der Protestantismus immer wieder zurück."[280]
Es eröffnet sich folgendes Horrorszenario: in kontextverdrängender und fundamentaler Verkennung von Römer 12,2 („Stellt euch nicht dieser Welt gleich"[281]) bedient man sich (sozusagen als Alien) profaner Phänomene (unter den Labeln „Weltbezug", „Alltagsorientierung", „Schülerorientierung") nach Art der Vampire: um die eigene Blutleere zu kompensieren, saugt man das Leben aus der Welt, mit er man sich nicht gleichzustellen dünkt. Die religionspädagogischen didaktisch-methodischen Modelle bis hin zur korrelativen Symboldidaktik wie theologische Praxis überhaupt kranken an ihrer Prägung durch eine Art theologischer „Zwei-Bereiche-Lehre" nach Art des (profanen) Mottos „Schnaps ist Schnaps und Dienst ist Dienst". Außen und Innen, Gestern und Heute, Kerygma und Weltgeschichte kommen miteinander ins Geschäft, aber es ist ein unfaires: denn *„Glaube soll durch Leben erschlossen werden"*, wie die korrelationsdidaktische Formel verrät (vgl. dazu G. Baudler, Korrelationsdidaktik. Glauben durch Leben erschließen, Paderborn 1984). Das Leben wird für Glaubenszwecke funktionalisiert.
„Kulturelle Akte sind zweideutig. Daher rufen Kräfte, die der Angst entgegenwirken, gleichzeitig neue Angst hervor, und daher hat es sowohl in der Antike als auch in der Moderne Menschen gegeben, die der Angst dadurch zu entfliehen suchten, daß sie sich von der Kultur zurückzogen. Aber das ist Selbsttäuschung, denn Flucht vor der Kultur ist selbst ein kultureller Akt."[282]
Unabhängig vom IQ sind die Schüler sehr sensibel für Echtheit oder arrogante Zweckverfügung (EQ). So konnte es dazu kommen, daß der Singsang des Pfarrer-O-Tons bzw. der Religionsunterrricht wie kein anderer für bigottes Gelaber eines ReligionsstundenIchs steht.
Damit zusammen hängt das Nacheinander der Bezüge von biblischer Tradition (Kerygma) mit alltagsweltlichen Fragen (apologetischer Situation) nach Art der „Topf-Deckel-Methode", die der Tod jeder Korrelation ist. Nichts ist

---

[279] P. Tillich, G.W. IX, Stuttgart 1967, 352.
[280] ebd. Band VII, 97.
[281] Kritisiert Paulus doch gerade „diese Welt", in der konkurrierender Exklusivdünkel herrscht statt die von ihm beschworene „Demut und Liebe in der Gemeinschaft": „Denn ich sage kraft der Gnade, die mir verliehen worden ist, einem jeden von euch: er soll nicht höher von sich denken, als er denken darf, vielmehr soll er bescheiden von sich denken, wie Gott einem jeden das Maß des Glaubens zugeteilt hat" (V3).
[282] P.Tillich, G.W X, Stuttgart 1968, 293.

auf peinlichere Art herablassend als ein theologisch-intellektueller Segen, der einem wie es dann oft heißt „unverdient vernachlässigten" Phänomen zuteil wird, anstatt unterwegs im Exodus den brennenden Dornbusch existentieller Gleichzeitigkeit zünden zu lassen. Es liegt sozusagen in der Natur dieses Ansatzes, daß der korrelationsdidaktische Bezug äußerlich aufgesetzt ist. (Der Ansatzschwerpunkt *Lehraufgaben* ist gekennzeichnet durch ein Nach- und Nebeneinander von gleichbleibender Botschaft und wechselnder Situation und Zeit, während beim Ansatzschwerpunkt *Erziehungsaufgaben* der korrelationsdidaktische Bezug sachimmanent ist und sozusagen ständig „live" mitläuft).

Redliche, theonome theologische Praxis setzt einen weiten und differenzierten Religionsbegriff voraus, demnach Religion nicht Segment, sondern Dimension von Profanität ist.

„Das Verhältnis der Gestalt der Gnade zu den profanen Gestalten kann nicht durch eine gegenständliche Abgrenzung vollzogen werden. Sie geht quer durch die Profanität hindurch. Die Formen der religiösen Kultur, in denen die Gestalt der Gnade lebt, sind Formen, in denen die Profanität den Charakter des transzendenten Bedeutens ... annimmt. Diese Formen bleiben demgemäß in strenger Korrelation zur Profanität. Sie schaffen kein Sondergebiet, keine religiöse Sphäre, die gegenständlich abgegrenzt wäre, kein *sanvtum* oder *sanctissimum* gegenüber dem *profanum*. Die Aufhebung des Gegensatzes von heilig und profan liegt im tiefsten Grunde des protestantischen Prinzips ... Die Aufhebung einer besonderen Sphäre des Heiligen ist nicht etwa aufzufassen als romantische Weihung der sich abschließenden autonomen Kultur."[283]

Der „wahre, nämlich zweideutige Anspruch der Religion"[284] „kann anerkennen, daß es nicht-religiöse Sphären gibt – wie Kunst, Politik, Wissenschaft –, zu denen Gott ebenso wie zu den ausdrücklich religiösen Sphären in Beziehung steht ... die Unterscheidung zwischen einer religiösen und einer nicht-religiösen Sphäre wird zweifelhaft."[285] Statt dieser traditionellen Unterscheidung ist laut Tillich zutreffender, „von Religion in einem doppelten Sinne zu sprechen", in einem weiteren und in einem engeren Sinne: „Die Religion im engeren Sinne findet in Symbolen Ausdruck, die sich von den Ausdrucksformen anderer Sphären unterscheiden. Die Religion im weiteren Sinne be-

---

[283] ebd. Band 7, 49/50.
[284] ebd. 133.
[285] ebd.

darf keiner besonderen Ausdrucksformen, sie kann jede Form benutzen, in der sich Sinn verkörpert ... Weisen sie auf etwas Unendliches und Letztes in Sinn und Sein hin, so weisen sie auf die gleiche Wirklichkeit hin, für die von der Religion im engeren Sinne das Symbol ‚Gott' verwendet wird. Wo immer etwas, das uns letztlich angeht, Ausdruck findet, findet Religion Ausdruck. Wann immer uns etwas letztlich und unbedingt angeht, haben wir es mit Religion zu tun. Dieser zweideutige Sinn des Wortes ‚Religion' wird vor allem vom Christentum vertreten. Die christliche Botschaft ist die Botschaft vom Ende der Religion, sie gehört als Botschaft jedoch selbst zur Religion. Jesus verkündete nicht das Kommen einer neuen Religion, sondern das Reich Gottes, das heißt, er verkündete, daß eine allumfassende Wirklichkeit nahe ist ... Der Protestantismus ist die Wiederentdeckung des zweideutigen Charakters der Religion ... In der protestantischen Haltung liegt ... eine Gefahr, daß nämlich ausschließlich die Verneinung des eigenen religiösen Charakters betont wird. Selbstkritik kann zu völliger Leere führen ... Die kritische Haltung gegenüber der Religion (könnte mit) der völligen Profanisierung ... der Religion (autonome Ethik) enden."[286]

Bezieht Religion sich auch auf Unbedingtes, so kann sie doch nicht als Theorie des Absoluten zur Darstellung gebracht werden. Ihre Ausdrucksweise wäre dann ideologisch gesichert. Ein präzis-weites und differenziertes Religionsverständnis, das seine eigene Relativität duldet, eröffnet den nichtideologischen Ort weltlicher Rede von Gott. Thematisiert wird ein Gottesbild, das seine Bildlichkeit und seine Sprachlichkeit theologisch nicht unterschlägt, sondern inhaltlich, stilistisch, methodisch und didaktisch zu nutzen versteht gemäß der von Karl Barth formulierten paradoxen Situation: „Wir sollen als Theologen von Gott reden. Wir sind aber Menschen und können als solche nicht von Gott reden. Wir sollen beides, unser Sollen und unser Nicht-Können, wissen und eben damit Gott die Ehre geben."[287] Religion hat sich so

---

[286] ebd. 133/134.
[287] K. Barth, Das Wort Gottes als Aufgabe der Theologie, in: J. Moltmann (Hg.), Anfänge der dialektischen Theologie, München 1966, 199; Im Gegensatz zu Barth protestiert Tillich *im Namen der Religion* gegen den Religionsbegriff: „Das religiöse Denken, Anschauen, ist also ein Denken, ein Anschauen, das die autonomen Formen des Denkens und Anschauens zugleich benutzt und zerbricht ... Die Religion kann nicht anders, als mit diesen Begriffen arbeiten; sie muß vergegenständlichen, um aussagen zu können; daß sie aussagen will, ist ihre Heiligkeit; daß sie gegenständlich aussagen will, ist ihre Profanheit. Gerechtfertigt ist sie nur da, wo sie diese ihre Dialektik durchschaut und dem Unbedingten die Ehre gibt ... Jede Aussage über das Un-

aus ideologiekritischen Gründen als profanes Phänomen zu bejahen. Paul Tillich nennt dies das „Protestantische Prinzip".

„Die Religion muß das Profane als Mittel zur Selbstkritik gebrauchen"[288] und nicht zur Eigenabsicherung benutzen. Eine entsprechend gelassen-profan verfahrende theologische Praxis ist besser vor drei grundsätzlichen Problemen religionspädagogischer Art geschützt, nämlich dem moralisierenden Umgang mit Religion, der Tendenz zur Verkitschung von religiösen Inhalten und dem Irrtum einer scheinbaren Objektivität religiösen Dingen gegenüber. Tillich spricht in höchster theologischer Präzision, die der Sache zuteil werden kann, von einem „wahren, nämlich zweideutigen Anspruch der Religion" und von „zwei Begriffen der Religion, einem weiteren und einem engeren"[289]:

„Um von Gott handeln zu können, muß sich die Religion daher im Namen des Gottes, den sie bejaht, immer selbst verneinen ... Die gesamte Geschichte der Religion ist ein ständiger Kampf zwischen dem wahren, nämlich zweideutigen Anspruch der Religion und ihrer falschen, nämlich unzweideutigen Selbstbejahung ... (Eine selbstbewußt-gebrochene) Religion kann anerkennen, daß es nicht-religiöse Sphären gibt – wie Kunst, Politik, Wissenschaft –, zu denen Gott ebenso wie zu den ausdrücklich religiösen Sphären in Beziehung steht ... die Unterscheidung zwischen einer religiösen und einer nicht-religiösen Sphäre wird zweifelhaft. Statt diese traditionelle Unterscheidung zu gebrauchen scheint es zutreffender, von Religion in einem doppelten Sinne zu sprechen ... Die Religion im engeren Sinne findet in Symbolen Ausdruck, die sich von den Ausdrucksformen anderer Sphären unterscheiden. Die Religion im weiteren Sinne bedarf keiner besonderen Ausdrucksformen, sie kann jede Form benutzen, in der sich Sinn verkörpert ... Weisen sie auf etwas Unendliches und Letztes in Sinn und Sein hin, so weisen sie auf die gleiche Wirklichkeit hin, für die von der Religion im engeren Sinne das Symbol ‚Gott' verwendet wird. Wo immer etwas, das uns letztlich angeht, Ausdruck findet, findet Religion Ausdruck. Wann immer uns etwas letztlich und unbedingt angeht, haben wir es mit Religion zu tun. Dieser zweideutige

---

bedingte muß diese Formen des Bedingten zwar benutzen, aber doch so, daß ihr Unzulängliches offenbar wird, d.h. sie muß die Form der systematischen Paradoxie tragen ... Der Protest gegen die Vergegenständlichung ist der Pulsschlag der Religion" (G.W. I, 381/82, 377, 383).

[288] P. Tillich, Korrelationen, G.W., Band 4 der Ergänzungsbände, hg. v. I.C. Henel, Stuttgart 1975, 145/146.

[289] P. Tillich, G.W., Nachlaß Korrelationen 63.

Sinn des Wortes ‚Religion' wird vor allem vom Christentum vertreten. Die christliche Botschaft ist die Botschaft vom Ende der Religion, sie gehört als Botschaft jedoch selbst zur Religion. Jesus verkündete nicht das Kommen einer neuen Religion, sondern das Reich Gottes, das heißt, er verkündete, daß eine allumfassende Wirklichkeit nahe ist ... Der Protestantismus ist die Wiederentdeckung des zweideutigen Charakters der Religion ... In der protestantischen Haltung liegt ... eine Gefahr, daß nämlich ausschließlich die Verneinung des eigenen religiösen Charakters betont wird. Selbstkritik kann zu völliger Leere führen ... Die kritische Haltung gegenüber der Religion (könnte mit) der völligen Profanisierung ... der Religion (autonome Ethik) enden." [290]

In der Verständigung über diesen weiten und differenzierten Religionsbegriff liegt meines Erachtens der Schlüssel für viele, schwerwiegende (Selbst)Mißverständnisse in der religionspädagogischen Diskussion im Horizont von Ansprüchen, die eine Korrelationsdidaktik zwar klug zu erheben, aber nicht angemessen einzulösen wußte. Diese Verständigung hat große Auswirkungen auf das Image des Religionsunterrichtes, der Religionslehrerrolle und bis in den religionspädagogischen Büchermarkt hinein.

Gleichwohl stecken auch in Barths Aversion gegen Religion gültige Kritikmomente, auf die wir schon bei Schleiermacher gestoßen waren (von dem Barth freilich nicht viel übernommen haben will), nämlich die defensive Tendenz, sich in der Debatte um Religion auf psychologische, historisch-kulturelle oder moralpolitische Legitimationssegmente zurückzuziehen. Allein es bleibt die Frage, warum Barth gleich das Kind mit dem Bade ausschüttet:

„Ich kann das Wort ‚Religion' nicht mehr hören oder aussprechen ohne die widerwärtige Erinnerung, daß es nun einmal tatsächlich in der neueren Geistesgeschichte die Flagge ist, die den Zufluchtsort anzeigt, wohin sich die protestantische, zum Teil auch die katholische Theologie mehr oder weniger fluchtartig zurückzuziehen begann, als sie nicht mehr den Mut hatte, vom Objekt, d.h. vom Worte Gottes aus zu denken, sondern heilfroh war, eben an dem Ort, wo das Fähnlein ‚Religion' wehte, ein Äckerlein zu finden, eine historisch-psychologische Wirklichkeit, der sie sich, auf Weiteres verzichtend, als rechte Als-ob-Theologie im Frieden mit dem modernen Wissenschaftsbegriff zuwenden konnte. Hinter dem Fremdwort ‚Religion' und Allem, was damit anfängt, aber auch hinter dem deutschen Wort ‚Frömmigkeit', das

---

[290] P. Tillich, G.W. Band VII, 133/134, 136.

manche lieber brauchen, verbirgt sich mehr oder weniger verschämt oder unverschämt das Bekenntnis, daß man es als moderner Mensch nicht mehr wagt, prinzipiell und primär und mit erhobener Stimme von Gott zu reden. Diesen geistesgeschichtlichen Zusammenhang könnte ich heute auch mit der schönsten dialektischen Verständigung über den gar nicht so üblen Wortsinn von ‚religio' nicht loswerden. *Vielleicht kommt einmal eine Zeit, wo man wieder harmlos und unbefangen, ohne erröten zu müssen, von Religion wird reden dürfen ... .*"[291]

Ich meine, daß diese Zeit angebrochen ist. Es ist allerdings die Frage, ob die „erhobene Stimme" ein angemessener Stil der Gottesrede ist oder gerade nicht. Paul Tillich, der ja theologisch kein Verdikt über Religion verhängt hatte, sähe gerade darin negativ-kritisch Spuren von Religion auf dem Weg zu ihrer ideologischen Überhöhung. Genau das hatte ein junger (übrigens katholischer!) Kollege von Karl Barth schon 1922 durchschaut, der in seiner Rezension des Barthschen Römerbriefkommentars prompt schrieb: „Gerade um das auszudrücken, was der ‚Römerbrief' in Wahrheit sagen wollte, mußte Barth anders reden lernen, als er im ‚Römerbrief' geredet hat. Der ‚Römerbrief' ist das, wogegen er selbst am schärfsten wettert und blitzt: ‚religiöse Genialität'. Sein Schreien ‚nicht ich! Sondern Gott!' lenkt alle Blicke auf *ihn*, statt auf Gott. Sein Schrei nach Distanz ist distanzlos."[292]

„Dialektisch gegen sich selbst sprechen kann eine verfeinerte Form des Fürsichselbstsprechens sein (wie die fanatische Selbstbejahung unter dem Mantel der Selbstverneinung bei den sogenannten dialektischen Theologen)".[293]

---

[291] K. Barth, Unterricht in der christlichen Religion, Zürich 1985, 223-225.
[292] H. U. v. Balthasar, Karl Barth, Darstellung und Deutung seiner Theologie, Köln MCMLXII, 92.
[293] P. Tillich, a.a.O., 61.

Die Diskussion in Schlaglichtern:

Konkretisierungsbeispiele für Religionsunterricht jeweils im Horizont eines weiten und engen Religionsverständnisses wurden entworfen und gedanklich durchgespielt. Dabei kam es immer wieder zu korrelationsdidaktischen Exkursen.

16. Vorlesung

> „Wir müssen als Theologen also zwei Widerstände gegen eine unvoreingenommene Beurteilung der Religionsgeschichte überwinden: die orthodox-exklusive und die säkular-ablehnende Haltung. Der bloße Begriff 'Religion' stellt den systematischen Theologen vor eine Unzahl von Problemen, und diese werden noch dadurch vermehrt, daß die beiden Gegener, obwohl sie von entgegengesetzten Seiten kommen, ein Bündnis eingehen können."[294]

Zuzugestehen, daß Theologie und Glaube in dieser Welt immer auch Religion sind, ist kein theologischer Affront gegen Traditionen dialektischer Offenbarungstheologie, sondern offenbart sich heute unter postmodernen Kriterien als adäquater wissenschaftstheoretischer Index der theologischen Disziplin dafür, daß nun auch in diesem Bereich analog zu den Naturwissenschaften die alte Einsicht endlich beherzigt wird, daß es keine Außenstandorte gibt: „Wir stehen ja nicht oberhalb Gottes und unserer selbst."[295] Es wäre also theologisches Desiderat ganz im Sinne Barths, „rechte Theologie" als „Als-ob-Theologie" *schlechthin* zu erkennen. Paul Tillich nennt dies „protestantische Grundhaltung. Hier hat das Subjekt keine Möglichkeit zu einer absoluten Position ... Aber diese Konsequenz ist vom Protestantismus nicht mit Klarheit gezogen worden. Es gibt eine klassisch-humanistische Auffassung des Erkennens. Sie ist rational-statisch. Und es gibt eine mittelalterlich-katholische Auffassung des Erkennens. Sie ist supra-rational-statisch. Aber es gibt keine protestantische Auffassung des Erkennens. Sie wäre irrational-dynamisch."[296] Doch im Blick auf den letzten Stand ehemals sogenannter „hard sciences", die immer mehr genötigt sind, sich einer „zarten Empirie" zu befleißigen, „die sich mit dem Gegenstande innigst gemein macht und dadurch zur eigentlichen Theorie wird"[297], läge hier ein möglicher Anknüpfungspunkt für den von Barth nur polemisch annoncierten „Frieden mit dem modernen Wissenschaftsbegriff", den K. Heim schon in den fünfziger Jahren im Blick hatte.[298] Muß Theologie eben gar nicht mehr „so unwissenschaftlich

---

[294] P. Tillich, G.W., Ergänzungsbände Nachlaß Korrelationen 146.
[295] K. Barth, KD 1/1, Zürich 1964, 175.
[296] Paul Tillich, G.W., Band IV, Stuttgart 1961, 50/51.
[297] Goethe, Maximen und Reflexionen Nr. 488.
[298] vgl. dazu K. Heim, Der evangelische Glaube und das Denken der Gegenwart, Hamburg 1957.

sein" und aufgrund des „trostbedürftigen Gewissens" der Universität in ihrer „Daseinsberechtigung" nur „verdrießlich" „geduldet"[299]? Tillich spricht im Gegensatz zu Gleichgültigkeit, Willkür und Liberalismus von „Gläubigem Relativismus":

„Der absolute Standpunkt ist also nie ein Standpunkt, auf dem man stehen kann, er ist vielmehr der *Wächter,* der das Unbedingte schützt, der eine Verletzung der Unbedingtheit durch einen bedingten Standpunkt abwehrt ... Mit diesen Begriffen ist der Standpunkt des gläubigen Relativismus erfaßt, d.h. desjenigen Relativismus, der den Relativismus überwindet ... Der absolute Standpunkt, der Punkt also, von dem aus der Relativismus aufgehoben ist, ist nur möglich als Hinweis und Abwehr zugleich ... Der dynamische Wahrheitsgedanke scheint den Erkennenden ins Grenzenlose und Haltlose zu stürzen, und es ist verständlich, daß sich ihm gegenüber die Sehnsucht nach dem Begrenzten, Festen erhebt ... Nicht der dynamische Wahrheitsgedanke ist relativistisch. Er hat kein statisch Absolutes, auf das bezogen er relativ genannt werden könnte, sondern der statische Wahrheitsgedanke zwingt zum Relativismus, sobald die Hybris des absoluten Standpunktes zerbrochen ist. Der dynamische Wahrheitsgedanke überwindet die Alternative 'absolut-relativ'."[300]

Dieser „Gläubige Relativismus" ist sozusagen als „methodische Technik" die funktionale Vorstufe zu einer „methodischen, inneren Haltung" (ebd. 58/59), die Tillich dann Gläubigen Realismus" nennt.

„In all diesen Bewegungen treibt die Kunst auf einen gläubigen Realismus zu ... Der gläubige Realismus vereinigt in sich in aller Entschiedenheit zwei Elemente, das Wirkliche und die transzendierende Macht des Glaubens. Scheinbar gibt es keinen größeren Gegensatz als den zwischen einer realistischen und einer gläubigen Haltung. Der Glaube übersteigt jede denkbare und erfahrbare Wirklichkeit, der Realismus lehnt jedes Übersteigen der Wirklichkeit als utopisch oder romantisch ab. Eine solche Spannung ist schwer auszuhalten, und es ist nicht verwunderlich, daß der menschliche Geist immer wieder versucht, ihr auszuweichen ... Der Idealismus schwächt sie ab, der ungläubige Realismus (nach Tillich ist dies Positivismus, vgl. ebd. S. 100) leugnet sie, aber der gläubige Realismus drückt sie aus."[301]

---

[299] Das Wort Gottes 203/204.
[300] P. Tillich, G.W., Bd IV, Stuttgart 1961, 74, 75, 76.
[301] ebd. 89/90.

Wahrheit ist nicht messbar. Wir werden dran glauben müssen. Anstatt die Welt jenseits des Meßbaren, Operationalisierbaren, Beherrschbaren lächerlich zu machen, wird schließlich religionspädagogisch die Notwendigkeit deutlich, eine Kompetenz zur Unterscheidung der Geister zu trainieren. Dies ist jedoch eine geisteswissenschaftliche Kunstbildungsdaueraufgabe, zu der die Vermittlung der Einsicht in disziplinäres Grenzbewußtsein bzw. in die Notwendigkeit interdisziplinären Horizonts gehört. Noch einmal - wissenschaftstheoretisch hoch aktuell - Karl Barth:
„Gerade die echte Wissenschaft ist bekanntlich ihrer Sache *nicht* sicher, und zwar nicht da und dort, sondern im *Grunde*, in den letzten *Voraussetzungen* nicht sicher. Jede einzelne Wissenschaft kennt genau das Minus, das vor ihrer Klammer steht, von dem dann mit jener gedämpften Stimme geredet zu werden pflegt, die verrät, daß es hier freilich um den Nagel gehe, an dem Alles hänge, aber auch um das Fragezeichen, das unvermeidlich hinter das im übrigen methodisch aufgebaute Ganze zu setzen sei" (Das Wort Gottes 203).

Die Richtlinien und Lehrpläne für Mathematik wissen immerhin von der notwendigen Einsicht in die Grenzen der Mathematisierbarkeit von Welt, wie auch die Richtlinien und Lehrpläne für Religionsunterricht einen steten Ideologie*selbst*verdacht installiert haben. Digitalisierende Zuschreibungen wie „hohl", „dunkel", „raunend" gegen „klar und präzise" lassen auf eine starke Sehnsucht nach Übersichtlichkeit schließen, welcher Überblick jedoch theologisch (schon lange) und naturwissenschaftlich (neuerdings) als nicht zulässig erkannt ist. Sie zeigen, wie nötig jede Disziplin und Gesellschaft eine semiotisch kompetente Religionspädagogik im Sinne einer ideologiekritischen, propädeutischen Grundausbildung braucht.

In diesem Sinne ist das Religionsverständnis und die damit verbundenen jeweiligen Gottesbilder und Theologien neu offenzulegen und zur Debatte zu stellen. Dabei soll deutlich werden, daß es nicht nach dem dezisionistisch-hierarchischen Ansatz Barths gehen kann, „Religion" von „Offenbarung" oder „Offenbarung" von „Religion" her zu deuten, sondern daß alles Reden und Denken, auch das theologische Reden und Denken Barths, als Natur/Welt auf Impulse von woanders angewiesen ist.

M. E. können sich nur aus solchen theologischen Anstrengungen heraus weiterführende Perspektiven im Blick auf ein Leben in multikultureller Gesellschaft ergeben. Meine Option lautet, daß (auch in der Theologie, theologisch) wieder von Religion geredet werden darf, *jedoch mitnichten „harmlos" und „unbefangen",* sicher „ohne zu erröten", aber auch sicher ohne „er-

hobene Stimme" (s.o.). Es geht nicht um *unsere* laute Betonung, um Deklamation und Propaganda oder ums verschämte oder vornehm/höfliche „Leisetreten", „Flüstern", um zurückhaltendes „Munkeln". Barths Frage nach laut und leise lenkt vielmehr nur geschickt ab vom eigentlichen theologischen Skandal: daß Gottes Wort Fleisch geworden ist, konkret: daß auch Offenbarungssprache menschliche Sprache (parole, langue, langage) ist und Theologie ein „weltlich Ding" (was Barth der Sache nach protokollierte, durch seine besondere Betonung jedoch wieder inflationär überhöhte).
Nach Barth liebt es „das Christentum nicht", von positiven Möglichkeiten *„allzu* laut und zuversichtlich reden zu hören". Es stehe dem „eher kühl gegenüber". „Es stellt auf und reißt nieder ... immer certitudo ... nie securitas" (RB 487-489). Nur von Gott will Barth „mit erhobener Stimme" sprechen. Barth fürchtet „eine Unsicherheit in der Auffassung der Offenbarung ... eine Unsicherheit, ein Auslassen des Glaubens" (§17, 318). Aber ist diese „Unsicherheit" denn nicht gerade die *Ein*lassung des Glaubens? Die Bescheidenheit als Beschiedenheit gilt doch auch für Offenbarungstheologie unter den Vorzeichen von Kreuzestheologie und Christologie, in den Koordinaten von Bedürfnis (besoin/demande) und Begehren (désir). Auch unsere Gottesrede, unser Gottesdienst, unsere Theologien wären – schon stilistisch – bereits da konsequent theologisch mit einzubeziehen, wo Barth ganz platonisch nur an die „Herrlichkeiten" von „Wissenschaft, Technik, Kunst, Moral oder Religion" dachte. Bei Tillich darf – nicht nur theoretisch, sondern auch im stilistischen Vollzug aus gut theologischen Gründen – stark ge/bezweifelt werden.
Das Problem, „die Sache Gottes nicht ‚göttlich‘ austragen zu können ... läßt Barth zu Kategorien greifen, die der Sache Gottes gerade ihre Freiheit und ‚Überlegenheit‘ wieder zu rauben drohen ... Es besteht freilich eine starke Spannung zwischen dieser Sprache und der gemeinten theologischen Sache."[302]
Das in den jüdisch-christlichen Traditionen vielfach belegte Ärgernis-Motiv, Gott für menschlichen Geschmack nicht göttlich genug bekommen zu können, hindert den wortgewaltigen Barth immer wieder daran, adäquat auszudrücken, was er meint. Barth nimmt Ärgernis am zugestanden Symbolhaften des Sakraments, da er die „kompromittierenden Nachbarschaft aller möglichen anderen Symbole" fürchtet. Er ärgert sich am „banal wirkende Rabbi von Nazareth". Er *bedauert*: „Auch unsere Erkenntnis des Wortes Gottes ge-

---

[302] E. Thaidigsmann, Identitätsverlangen und Widerspruch, München 1983 193/194.

schieht ja ... durchaus mittels unserer gefallenen Vernunft."[303] Im Sinne dieses Ärgernis-Motivs scheint „Religion" eben doch *das* Problem *der* Theologie zu sein. Doch christlicher Glaube ist bereits christologisch „unbehauste, vagabundierende Religiosität"[304], welche Formulierung als abwertende Schmähung z. Zt. Konjunktur hat. Es ist theologisch nicht geboten und geschickt, „Religion", „Frömmigkeit", „Kultur", „Offenbarung", „Bekenntnis" und „Glauben" bei der Differenzierung gegeneinander auszuspielen. Um das zu unterstreichen, favorisiere ich die Rede von *christologischer Religion*. Denn die Erkenntnis einer Göttlichkeit Gottes, die sich gerade in seiner Menschlichkeit und so in der Freiheit zur Liebe des Anderen erweist, ist eine christologische.

Wenngleich Barth auch erklärt, daß er seine „Überlegungen über ‚Religion als Unglaube' ... nicht etwa als eine Polemik" (§17, 356/357) verstanden wissen will, so ist doch auf den Unterschied zwischen der von Barth erklärten „christlichen, wahren Religion" und der Rede von „christologischer Religion" aufmerksam zu machen. Bei Barth heißt es: „Wahr ... kann eine Religion nur werden ... von außen", aus „Gnade". „Die Gnade ist aber Gottes Offenbarung ... Die christliche Religion ist die wahre Religion" (§17, 357). „Christologische Religion" *bleibt* dabei aber bekennend und glaubend strukturell zugleich schwankend und zweifelnd-diskurrierend; sie eignet sich eigentlich nicht zur Konserve, sie gibt es jeweils nur „live", im (inner)diskurrierenden Vollzug. Wo sie Bekenntnisbestände zitiert, erschrickt sie: „Ich glaube; hilf meinem *Unglauben*!" (Markus 9,24): „Das Bekenntnis im protestantischen Sinne steht also nicht auf der Offenbarungsseite, sondern auf der Glaubensseite der christlichen Wahrheit."[305] Paul Tillich sprach diesbezüglich von der geistigen Freiheit, „die Freiheit sowohl *von* den eigenen Fundamenten als auch *für* eigene Fundamente ist" (die deutsche Übersetzung spricht von der geistigen Freiheit, „die Freiheit sowohl *von* der Religion wie auch *für* die Religion ist").[306] „Eben diese Wirklichkeit der Religion kann nun aber auch … im Licht der durch die Offenbarung oder Versöhnung gegebenen Möglichkeit (betrachtet werden), daß Gott sich ihrer annehmen, daß

---

[303] K. Barth, Die Lehre vom Wort Gottes, KD 1/1, Zürich 1964, 171/172.
[304] Religionsunterricht auf dem Weg (Arbeitshilfe 29), hg. v. der Gymnasialpädagogischen Materialstelle der Evangelisch-Lutherischen Kirche in Bayern, 72; vgl. auch Artikel *Pluralismus – Praktisch-Theologisch*, in: TRE 741.
[305] K. Beyschlag, Grundriß der Dogmengeschichte, Band I, Darmstadt 1988, 19.
[306] P. Tillich, Korrelationen, G.W., Band IV der Ergänzungsbände, hg. v. I. C. Henel, Stuttgart 1975, 156.

sie durch Gottes Befehl und Segen geheiligt sein kann ... Gibt es eine Rechtfertigung und Heiligung des Sünders, dann auch eine Rechtfertigung und Heiligung seiner Religion ... Gott *kann* der Gegenstand der Religion sein. Es kann so sein, daß Religion nicht Götzendienst, nicht Rebellion, sondern wirklich Gottesdienst ist"[307] gesteht Barth zu. Aber selbst diese solle dann noch als „hartes Joch" getragen sein: „Religion selbst, aktive, kombattante, scharf geladene, nicht-ästhetische, nicht-rhetorische, nicht-fromme Religion, die Religion des 39. Psalms, Hiobs, Luthers und Kierkegaards, die Religion des Paulus wird sich gegen diese Verharmlosung ihres Ernstes mit nicht minderer Zähigkeit immer wieder zur Wehr setzen ... sie will weder genossen noch gefeiert, sondern als hartes Joch, da es nicht abgeworfen werden kann, getragen sein" (RB 262/263).

Barths Rede vom „harten Joch" ist bei Tillich präzisiert zur Phänomenologie einer „Paradoxie im Objekt", die zum „Protest der Religion gegen den Religionsbegriff" führt. *Diese* Paradoxie, die Tillich wenig später auch als „lebendiges Paradox" bezeichnet (GW Bd 1, 388), unterscheidet sich von der ästhetischen und logischen Paradoxie: „Die ästhetische wie die logische Paradoxie ist grundsätzlich auflösbar, beide stellen eine Aufgabe, sei es an den Witz, sei es an das Denken. Die Paradoxie des Unbedingten ist nicht auflösbar. Sie stellt eine Aufgabe an das Schauen."[308] „Es ist nicht Aufgabe protestantischer Theologie, an einer Lehre vom Wesen und von den Eigenschaften Gottes fortzuarbeiten und sie durch einige Wendungen zu bereichern oder zu beschneiden, sondern es ist ihre Aufgabe, die Wirklichkeit so zu schauen und zu beschreiben, daß ihr tragender Grund in ihr erscheint und durch sie hindurchscheint."[309] An die Stelle derartiger Theorieansprüche scheint heute die Abfolge von Windows-Programmversionen getreten zu sein: „Beobachter ist, wer das Andere durch ein Theorie-Fenster wahrnimmt."[310] In völliger Übereinstimmung mit Barth, jedoch in paradoxer Durchführung und zudem noch schön übersichtlich, rekonstruiert Tillich dort „vier Einwände, die die Religion gegen den Religionsbegriff erhebt. 1. Er macht die Gottesgewißheit relativ gegenüber der Ichgewißheit. 2. Er macht Gott relativ gegenüber der Welt. 3. Er macht die Religion relativ gegenüber der Kultur. 4. Er macht die Offenbarung relativ gegenüber der Religionsgeschichte. Insgesamt: Durch ihn wird das Unbedingte gegründet auf das Bedingte, es wird selbst bedingt,

---

[307] K. Barth, Die christl. Dogmatik im Entwurf, a.a.O., 416/417.
[308] P. Tillich, G.W. Bd.1, Stuttgart 1959, 367.
[309] ebd. Bd. 7, 66.
[310] Peter Sloterdijk, Sphären II, a.a.O., 949.

d.h. zerstört ... Der Begriff der Religion enthält in sich selbst eine Paradoxie. ‚Religion' ist der Begriff einer Sache, die eben durch diesen Begriff zerstört wird."[311] Die darauf folgenden zwei Seiten, welche diese Punkte knapp und präzise erläutern, gehören zum Besten und Wichtigsten, was es an Theologie gibt. Sie laufen hinaus auf Pointen „systematischer Paradoxie", die Gelassenheit eines „Protestantischen Prinzips"[312], Getrostheit des „Positiven Paradoxes"[313] und Spielräume „gebrochenen Mythos"[314] eröffnen. Zugleich sind dies die theologischen Kriterien einer Kunst der Religionspädagogik, wie sie in diesen Vorlesungen entworfen wird.

„Das religiöse Denken, Anschauen, ist also ein Denken, ein Anschauen, das die autonomen Formen des Denkens und Anschauens zugleich benutzt und zerbricht ... Die Religion kann nicht anders, als mit diesen Begriffen arbeiten; sie muß vergegenständlichen, um aussagen zu können; daß sie aussagen will, ist ihre Heiligkeit; daß sie gegenständlich aussagen will, ist ihre Profanheit. Gerechtfertigt ist sie nur da, wo sie diese ihre Dialektik durchschaut und dem Unbedingten die Ehre gibt ... Jede Aussage über das Unbedingte muß diese Formen des Bedingten zwar benutzen, aber doch so, daß ihr Unzulängliches offenbar wird, d.h. sie muß die Form der systematischen Paradoxie tragen ... Der Protest gegen die Vergegenständlichung ist der Pulsschlag der Religion."[315]

„Jede Religion einschließlich des Christentums, die sich durch den Eintritt des Unbedingten zerbrechen läßt, wird dadurch *als* Religion negiert und wird das Offenbarungsmedium des Unbedingten. Sie bleibt Religion in einem paradoxen Sinn."[316]

„Damit sind die vier Vorwürfe gegen die Religionsphilosophie in ihrem Recht anerkannt" und „es ist der Versuch gemacht" einer „Religionsphiloso-

---

[311] P. Tillich, G.W. Bd.1, Stuttgart 1959, 368.
[312] vgl. P. Tillich, G.W. Band 1, 373, 386; ders., S.Th., Band I, 48, Band III, 281, 284.
[313] vgl. P. Tillich, G.W., Band VII, 218.
[314] vgl. P. Tillich, G.W., Band VIII, 146/147.
[315] ebd. 381/82, 377, 383.
[316] John Clayton, Paul Tillich – ein ‚verjüngter Troeltsch' oder noch ‚ein Apfel vom Baume Kierkegaards' ?, in: Umstrittene Moderne. Die Zukunft der Neuzeit im Urteil der Epoche Ernst Troeltschs (Troeltsch- Studien Band 4), hg. v. Horst Renz und Friedrich Wilhelm Graf, Gütersloh 1987, 264.

phie, die nicht vom Bedingten, sondern vom Unbedingten, die nicht von Religion, sondern von Gott ausgeht."³¹⁷

Die Etymologie von „religio" changiert zwischen mindestens drei Bedeutungen. Cicero hat den Begriff „religio" in die abendländische Geistesgeschichte eingebracht im Sinne von „relegere", allgemein „auf etwas besonders achten", speziell „Sorgfalt und Ritus des Menschen gegenüber einer höheren göttlichen Natur". Augustin führte den Religionsbegriff im Sinne von „religari"=„sich binden an". Aber auch „reeligere"=„wiedererwählen" kann zum etymologischen Stamm gezählt werden. Also: worauf achten wir besonders, woran möchten wir uns binden, was würden wir immer wiedererwählen?

Nach gängiger Vorstellung soll Religion Halt geben angesichts der unabwendbaren Haltlosigkeiten des Lebens. Religion, ein Garant der Sicherheit, etwas Heimatartiges. Sie nährt anscheinend die Hoffnung, der irritierenden Zeitlichkeit und Vergänglichkeit, den Abschieden, Trennungen, dem Sterben und dem Tod durch Ewigkeit, Dauer und Endgültigkeit entkommen zu können. Von der Religion erhoffen wir Geborgenheit und Schutz angesichts schrecklicher Unstetigkeit, angesichts von Heimatlosigkeit und Ausgeliefertsein. Aber mit diesen Bedürfnissen und Erwartungen verstehen wir Religion immer noch als Heilsdroge. Wir nehmen sie uns, um die Enttäuschung unserer Selbstbehauptung und unseres Selbstbildes zu vermeiden.

„Der Mensch ist der Anfang der Religion, der Mensch ist der Mittelpunkt der Religion, der Mensch ist das Ende der Religion" hieß es bei Feuerbach. Als „Das Wesen des Christentums" gilt es jedoch dabei zu entdecken, daß und inwiefern menschliche Projektionen sich eben auch als Projekte unerhörter Herausforderungen für den Menschen offenbaren können. Und dies könnte dann nämlich darauf hinauslaufen, *„tabula rasa* (zu) machen mit allen meinen bisherigen religiösen Vorstellungen (*bzw. mit allen bisherigen Vorstellungen von Religiösem*, d.V), bis ich auf dem Feuerbachischen Niveau bin", wie Gottfried Keller schreibt, der mit „Feuerbach fast alle Abende zusammen (ist), Bier trinkt und auf seine Worte lauscht."³¹⁸

Doch gerade die aktuelle Diskussion über das Für und Wider eines konfessionellen Religionsunterrichtes zeigt, daß dieses „Niveau" längst noch nicht erreicht ist.³¹⁹ Vielmehr setzt sich vielfach noch eine ungebrochene Vorherrschaft religionsfeindlicher Dogmatik durch, insofern bei Religionspädagogen

---

³¹⁷ P. Tillich, G.W. 1, a.a.O., 384.
³¹⁸ Brief an W. Baumgartner vom 28.1.1849.
³¹⁹ vgl. dazu Religionsunterricht auf dem Weg, a.a.O.

selbst „Religion" von der theologischen Wertung her oft als „ein herabsetzendes Wort" fungiert, welches „das Minderwertige an der Religion bezeichne, daß sie im Subjekt stecken bleibe, daß sie lediglich Intention auf Gott hin sei, daß sie Gott nicht habe, weil Gott sich in ihr nicht gegeben habe. Und dieses Wort der Herabsetzung wird nun zu dem Fundament, auf das die Offenbarung sich gründen soll – und doch nicht gründen kann."[320]
Diese Beschreibung Tillichs trifft nach unserer Auffassung gut ein Gefühl des Unbehagens, das nach wie vor gerade unter christlich engagierten Religionspädagogen häufig anzutreffen ist.[321]
Christliches Selbstverständnis und religionspädagogische Berufsbezeichnung werden „eigentlich" nicht als synonym bzw. als adäquat, sondern letztlich als Rollenkonflikt empfunden. Unter der allgemein zugestandenen, in spontanen Wortbeiträgen verschiedentlich auch als „Mission"[322] oder als „uneigennütziger Dienst"[323] erklärten Notwendigkeit einer allgemeinen Fachbezeichnung „Religion" wird ja bekanntlich eben nicht nur Religionskunde betrieben[324] oder „kritische Theorie religiös vermittelter Praxis" (G. Otto), sondern vielfach eher mit modernem Design ausgestattete, inzwischen durchaus auch dialektische anmutende Konzepte Evangelischer Unterweisung. Als Plädoyer für konfessionellen Unterricht wird entsprechend mit besten Absichten von

---

[320] P. Tillich, G.W., Band I, a.a.O., 370.
[321] „Die Mehrheit der Befragten (katholische Grundschullehrerinnen und -lehrer, d.V.) sieht ihre Aufgabe darin, eine am 'Wort Gottes' orientierte Lebenshilfe zu vermitteln, wobei 69% davon überzeugt sind, daß der Religionsunterricht einen Zugang zum Glauben eröffnen kann.
Summarisch sei hier nur darauf hingewiesen, daß die entsprechenden Prozentanteile bei den anderen Schularten in der Regel deutlich anders ausfallen. Der Tendenz nach wird dies Bild von einer Umfrage unter evangelischen Religionslehrerinnen und -lehrern in Niedersachsen bestätigt"; in: F. Schweitzer, G. Faust-Siehl (Hg.), Religion in der Grundschule. Religiöse und moralische Erziehung, Frankfurt 1995, 65/66.
[322] „Religion" wird hier zitiert im Sinne des größten gemeinsamen, zu rettenden Restnenners, wo ein „Abholen" der sogenannten „Unchurched Harrys and Marys" noch möglich sei.
[323] Religionsunterricht auf dem Weg, a.a.O., 45.
[324] Es ist wohl gönnerhaft von einem „nüchternen, aber wohlwollenden Blick auf andere Religionen" die Rede (Religionsunterricht auf dem Weg, a.a.O., 50), allerdings aber auch von der Sorge, ob „nicht der von Baltz/Otto verwendete, weitgefaßte Religionsbegriff dazu angetan ist, als ideologisches Einfallstor oder moralischer Alleskleber für religiöse, weltanschauliche und ethische Opportunitätsstandards mißbraucht zu werden" (Religionsunterricht auf dem Weg, a.a.O., 16).

„Fangräumen, *Auffangräumen* für moralische Desorientierung und unbehauste Religiosität"[325] gesprochen.

So rede ich im folgenden entsprechend aus theologischen Gründen von *christologischer Religion*: Religion kann als christologische nur dann zeitlichen Halt, zeitliche Standpunkte, zeitliche Geborgenheit versprechen, wenn Trennung und Tod, Fallen und Hinfälligkeit und der letzte Fall in den Tod vor Augen bleiben, wenn sie angenommen werden. Christologische Religion entfaltet ihre Kraft nicht dadurch, daß sie das Leben gegen den Tod, Einheit gegen Trennung, Halt gegen Haltlosigkeit, Norm gegen Orientierungsunsicherheit, Stärke gegen Schwäche, Allmacht gegen Ohnmacht sichert und ins Feld führt. Die weitverbreitete, soziologisch-systemtheoretische lancierte Auffassung von Religion als Kontingenz*bewältigung*, die ja auch Karl Barth ablehnte, folgt letztlich dem fragwürdigen Ideal der Angstfreiheit. Hier fungiert Religion ausschließlich imaginativ-kompensatorisch. Aber „Die Religion bewältigt Kontingenz, indem sie sie nicht bewältigt."[326] Das heißt, Religion ist (mit H. Luther) weiterhin nicht „nur mit Begriffen wie 'Trost', 'Halt', 'Geborgenheit', 'Heimat', 'Grund', 'Beruhigung', 'Gewißheit' u.ä. zu assoziieren, sondern eher mit Vorstellungen von 'Fremdsein', 'Suche', 'Verunsicherung', 'Aufbruch', 'Unruhe' u.ä."[327] Heimat „fügt sich nicht dem Heimatbegriff der Autochthonen, jenem dumpf-gesäßhaften vorgeblichen Recht derer, die ‚immer schon' da waren, wobei sich jenes ursprungsmythische ‚immer schon' tatsächlich entpuppt als ein ‚etwas früher als die je später Hinzukommenden'. Die Heimat, von der die hebräische Bibel handelt (...) ist das Land, in dem man nicht ‚immer schon' war, sondern in das man kam, kommt, kommen wird. Heimat ist Ziel nicht des Bleibens, sondern Gehens – biblisch: des Exodus."[328]

Die potentiell perverse Dialektik von „religio", innere Glaubens- und Verantwortungsstrukturen auszubilden und zugleich zu Rückzug und Abkapselung zu führen, hat nach Adorno ihren Grund darin, daß „die These vom Determinismus und die von der Freiheit im Innersten koinzidieren: beide proklamieren Identität."[329] Heilsame und unheilvolle religiöse Strukturen unterscheiden sich demnach dadurch, daß sich jene von der „Anderheit" des

---

[325] Religionsunterricht auf dem Weg, a.a.O., 72.
[326] R. Leuze, Zum Religionsbegriff, in: ThPr 13 (1978) 102.
[327] H. Luther, a.a.O., 19.
[328] J. Ebach, Fremde in Moab – Fremde aus Moab. Das Buch Ruth als politische Literatur, in: ders. u. R. Faber, Bibel und Literatur, München 1995, 277-304, 287.
[329] Th. W. Adorno, Negative Dialektik, Frankfurt 1975, 261.

Anderen, diese von seiner (ideologischen) Einverleibung her konstituiert, jene von der Differenz, diese von der Identität herleitet. Ein Religionspädagogik, die vertraut macht mit den Rändern der Norm und mit dem Fremden, ist poetisch und zugleich die Krise einer jeden (gesellschaftlich nur funktionalisierten) dogmatischen Theologie, die Krise einer jeden Theologie, die sich dem Geschäft fester Moral und unverrückbaren Wertetraditionen verschrieben hat.

Dann vollzieht sich unter dem Verständnis von „Religion" als einem „regulativen theologischen Begriff ... das Lehren und Lernen des christlichen Glaubens an den menschgewordenen Gott unbeschadet seiner Unerzeugbarkeit durch menschliches Handeln im Medium religiöser Praxis – jener Gemengelage menschlichen und göttlichen Handelns, in welcher der heilige Geist, wann und wo es Gott gefällt, mit und gegen die menschliche Religion das göttliche Werk des wahren Glaubens ausmittelt ... 'Religion' ist daher der regulative theologische Begriff für die einstweilen überhaupt mögliche Verständigung zwischen dem jeweils Eigenen und Fremden ... Mit einem solchen Religionsbegriff verstellt sich die christliche Theologie im Zeitalter des Weltbilds und der Weltanschauungen selbst noch die Flucht in eine positivistische Reinlichkeit, die doch nur die Schwundstufe einer auf brillante Epiphanien setzenden 'Theologie des Rühmens' wäre, um desto unverstellter und bestimmter das Zeugnis für ihre, ihr selbst aber externe Wahrheit formulieren zu können."[330]

Nicht deutlich wird dabei, ob sich W. Sparn hier noch eine Türe offenhält und seine Gottesvorstellung in einer theistischen Vorstellungswelt beläßt. Paul Tillich verweist auf die in diesem Zusammenhang relevante theologische Grundfrage, nämlich die Frage nach der Rechtfertigung[331]. Ein „konsequentes Durchdenken des Rechtfertigungsgedankens" kann dann zu einer Klärung des Verhältnisses von Theologie und Religionspädagogik führen, wenn es bei der Analyse der komplexen schuldökonomischen Reaktionsmuster deren Auswirkungen auf unsere Gottesbilder nicht ausspart. Anschaulich wird das zum Beispiel an Jona, wo es darauf hinausläuft, daß Gott sich rechtfertigen soll gegenüber Jonas Vorstellungen von Gott. Daß Jona lieber auf den Tod schmollen will, anstatt sein Gottesbild verändern zu lassen, ist nur die Analogie zum Tun der Freunde Hiobs, die lieber diesen (gegen besseres

---

[330] W. Sparn, Religion, in: Glaube und Lernen 5 (1990) 109/111.
[331] vgl. dazu W. Gräb, D. Korsch, Selbsttätiger Glaube. Die Einheit der Praktischen Theologie in der Rechtfertigungslehre, Neukirchen-Vluyn 1985.

Wissen) über die Klinge springen lassen, als ihre Gottesvorstellung aufzugeben. *Das* ist die *Theologie* Tillichs: „Ich bin durch konsequentes Durchdenken des Rechtfertigungsgedankens schon lange zu der Paradoxie des 'Glaubens ohne Gott' gekommen."[332] Bei Adorno, der sich bei Tillich habilitierte, heißt es später in diesem Sinne scheinbar atheistisch: „Wer an Gott glaubt, kann deshalb nicht an ihn glauben."[333]
Hier sind die religionsphilosophischen Überlegungen analog für den Glauben formuliert: Glaube ist konfessorisch, religiös und kulturell gelebter Konfessionsdiskurs, in dem sich Orientierung ergibt und sich Orientierung verliert. Christologisch-religionspädagogisch gilt es, dem Prozeß des Vertrautwerdens und Fremdwerdens im Diskurs trauen zu lernen. Das offenbart Religion „nicht (als eine) trockengelegte, methodologisierte, in die Ferne primitiven Denkens verbannte Religion, sondern (als eine) Religion, die wir als Übung lebendig, sehr lebendig sogar vor Augen haben."[334] Es gilt zu lernen, in diesen Übungen eine Beziehungskraft wahrzunehmen, die das Leben trägt und uns in ihm. Dazu bedarf es des Vertrauens und der Risikobereitschaft, des Glaubens. Fides qua/quae creditur: Der Glaube hält den Glauben offen. „Er ist einfach Glaube."[335] Wir glauben nicht unserem Glauben: „Herr, ich glaube! Hilf meinem Unglauben" (Markus 9,24). Karl Barth ruft (sich selbst?) Mut zu: „Daß wir doch nun ja nicht wieder selbst die Helden unserer Bekehrungsgeschichte sein wollen, auch nicht zur Hälfte, auch nicht zum kleinsten Teil!"[336]
Vollzugspostulate und Appelle – und seien sie noch so richtig – erreichen die Ebene des Vertrauens, des Risikos, des Glaubens nicht. Sie bewirken lediglich letztlich eine unbarmherzige Moralisierung der Religion. Religion bewährt sich glaubend im Blick auf Christus daran, daß es gelingt, die Unsicherheit, die Fragwürdigkeit aller Wahrheiten und Moralen, also auch die Religiosität aller Glaubensfragen, zu ertragen.
Das muß man theologisch bedenken und kann dazu uneingeschränkt Barth zitieren: „Die Schwäche der Orthodoxie ist nicht der sogenannte supranaturalistische Inhalt der Bibel und des Dogmas ... wohl aber der Umstand, daß sie, daß wir, sofern wir alle ein wenig Dogmatiker sind, nicht darüber hin-

---

[332] P. Tillich an Maria Klein am 5.12. 1917 (G. W., Erg.-Band V, 121).
[333] Th. W. Adorno, Negative Dialektik, a.a.O., 394.
[334] J. Lacan, Die vier Grundbegriffe der Psychoanalyse, Weinheim 1987, 13.
[335] P. Tillich, G.W., Band XI, a.a.O., 130.
[336] K. Barth, Fürchte dich nicht! Predigten aus den Jahren 1934 bis 1948, München 1949, 133.

auskommen, diesen Inhalt, und wäre es auch nur das Wort „Gott", dinglich, gegenständlich, mythologisch-pragmatisch uns selbst und den Menschen gegenüberzustellen: da, das glaube nun! ... Warum geht es so nicht? Weil da die Frage des Menschen nach Gott durch die Antwort einfach niedergeschlagen wird. Nun soll er nicht mehr fragen, sondern an Stelle der Frage die Antwort haben. Er kann aber als Mensch von der Frage nicht lassen. Er selbst, der Mensch, ist ja die Frage."[337] Und an anderer Stelle: „Über die Relativität aller menschlichen Worte ... denke ich mit ... allen Verständigen einer Meinung zu sein. Aber was bedeutet Relativität? *Frag*würdigkeit? Gewiß, aber wie kann ich die, wenn das nötig ist, besser demonstrieren, als indem ich mich aus allen Kräften bemühe, ihre *Frag*würdigkeit herauszuarbeiten?"[338] Religion als christologische erhält dem Menschen seine Fragwürde, was sich als mögliches Verständigungsfeld der verschiedenen Theologien bewähren kann. Ganz ähnlich wie bei Barth lautet es nämlich bei Tillich: „Der Mensch ist die Frage, aber er ist nicht die Antwort ... Der Theologe darf nicht bei der theologischen Antwort, die er verkündet, verharren. Er kann sie in überzeugender Weise nur geben, wenn er mit seinem ganzen Sein in der Situation der menschlichen Frage steht. Mit dieser Forderung schützt die Methode der Korrelation den Theologen vor dem arroganten Anspruch, über Offenbarungswahrheiten verfügen zu können ... Aber das ist kein Einwand gegen die Theologie oder gegen die Methode der Korrelation. Als Methode ist sie so alt wie die Theologie selbst. Wir haben mit der Methode der Korrelation keine neue Methode eingeführt, sondern vielmehr den Sinn der apologetischen Theologie herauszuarbeiten versucht."[339]

Dies hat auch erhebliche (konstruktivistische) Konsequenzen für die gewohnte Unterscheidung zwischen „profan-säkular" und „religiös-sakral": „Jetzt erhebt sich eine Frage, die für unsere ganze heutige Kultur von Wichtigkeit ist: Ist die Begegnung mit dem Absoluten-Selbst auf unsere Erfahrungen innerhalb dessen, was wir gewöhnlich 'Religion' nennen, beschränkt? Die Antwort darauf kann nur sein: Gewiß nicht! ... das Heilige ... ist im Profanen verborgen und wird durch die Strukturen des Profanen als heilig erfahren ... Das Unbedingte in Sein und Sinn kann letztlich nicht an einem heiligen Ort oder in einer heiligen Handlung, das heißt in einer besonderen Religion, eingefangen werden. Aber diese eben aufgestellte Behauptung, daß das

---

[337] K. Barth, Das Wort Gottes 209.
[338] RB XXX.
[339] P. Tillich, Systematische Theologie, Band II, a.a.O., 20, 21, 22.

Unbedingte in keiner besonderen Religion eingefangen werden kann, kann selbst nur auf dem Boden einer besonderen Religion gemacht werden, einer Religion, die fähig ist, ihre eigene Partikularität zu transzendieren und damit vielleicht die Macht hat, auch andere Religionen der Kritik zu unterwerfen. Die Religion im weiteren Sinn ist das Fundament für die Religionen im engeren Sinn und ihr Richter. Daraus ergeben sich wichtige Konsequenzen sowohl für die Beziehung der Religionen zueinander wie für die Beziehung der Religion zu dem Bereich des Säkularen. Die erste von ihnen ist, daß der Säkularismus, der gewöhnlich von der Kirche verdammt wird, eine positive religiöse Funktion erhält. Dies zu zeigen ist ein Hauptzweck meiner Darstellung."[340]
- in der nächsten Vorlesung.

---

[340] P. Tillich, Korrelationen, G.W., Band 4 der Ergänzungsbände, hg. v. I.C. Henel, Stuttgart 1975, 63/64.

Die Diskussion in Schlaglichtern:

Es meldeten sich viele Fragen an, die auf die konkreten Konsequenten der Unterscheidug religiöser und profaner Sphären für den Umgang mit U-Materialien zielten. Dies wird ausführlich Thematik von Vorlesung X sein.
Ist es nicht legitim, die Schüler mittels profaner Ansätze abzuholen?
Abholen=Heimholen?
Abholen=Wegholen?
„Abholen" unterstellt, wir wüssten, wo die Schüler sich (existentiell) befinden.
Kann man die Schüler nicht ebenso mittels Materialien im engeren religiösen Sinne abholen?

17. Vorlesung

„Es ist oftmals gesagt worden, daß profanes Denken nicht in die protestantische Theologie eindringen dürfe."[341]

„Wir wissen also: von Gott aus gesehen hat die Kirche nichts voraus vor der Gesellschaft. Daß sie ist, als Kirche ist, als heilige Sphäre ist, das ist ja schon das Gericht, unter dem sie steht. Aber ebenso wenig hat die profane Kultur, die Gesellschaft, etwas vor der Kirche voraus. Daß sie im Gegensatz zur Kirche steht, daß sie sich losgelöst hat vom unbedingten Sinn, in profaner Autonomie, das ist das Gericht, unter dem sie steht. Und so kommt es denn, daß die Kirche das ständige böse Gewissen der Gesellschaft und die Gesellschaft das ständige böse Gewissen der Kirche ist."[342]

„Wenn sich die Kirche nicht selbst dem Gericht unterwirft, das sie verkündet, fällt sie der Vergötzung ihrer selbst anheim. Solche Vergötzung ist ihre ständige Versuchung, gerade weil sie der Träger des Neuen Seins in der Geschichte ist ... Das ist die Tragik der römisch-katholischen Kirche. Ihre Haltung gegenüber der Kultur beruht auf ihrer Weigerung, sich selbst dem Urteil zu unterwerfen, das sie selbst an der Kultur vollzieht."[343]

„Man könnte sogar mit gewissem Recht sagen, daß die Existenz der Religion als eines besonderen Bereichs der deutlichste Beweis für den gefallenen Zustand des Menschen ist. Damit soll nicht gesagt sein, daß unter den Bedingungen der Existenz, die unser Schicksal bestimmen, das religiöse vom Profanen verschlungen werden soll, wie der Säkularismus es erstrebt, oder umgekehrt das Profane vom religiösen, wie der kirchliche Imperialismus es wünscht, sondern es bedeutet die Unterscheidung der Sphären."[344]

Religion und Profanität sind in Gottes Namen miteinander kontaminiert. Der Protestantismus hat deshalb laut Tillich „ein Pathos für das Profane. Er liebt es, vor die Tore des Heiligtums (pro fanes) zu gehen und dort das Göttliche zu finden ... Er meint, daß in einem profan gemalten Fisch von Braque mehr religiöse Ausdruckskraft läge als in einem unehrlich an religiöse Symbolik angepaßten Bild."[345]:

---

[341] P. Tillich, G.W., a.a.O., Band 7, 65.
[342] ebd. Band 9, 37.
[343] ebd. 100/101.
[344] 101.
[345] ebd. 352.

„Das Verhältnis der Gestalt der Gnade zu den profanen Gestalten kann nicht durch eine gegenständliche Abgrenzung vollzogen werden. Sie geht quer durch die Profanität hindurch. Die Formen der religiösen Kultur, in denen die Gestalt der Gnade lebt, sind Formen, in denen die Profanität den Charakter des transzendenten Bedeutens ... annimmt. Diese Formen bleiben demgemäß in strenger Korrelation zur Profanität. Sie schaffen kein Sondergebiet, keine religiöse Sphäre, die gegenständlich abgegrenzt wäre, kein *sanvtum* oder *sanctissimum* gegenüber dem *profanum*. Die Aufhebung des Gegensatzes von heilig und profan liegt im tiefsten Grunde des protestantischen Prinzips ... Die Aufhebung einer besonderen Sphäre des Heiligen ist nicht etwa aufzufassen als romantische Weihung der sich abschließenden autonomen Kultur."[346]

„Theonom möchte ich eine Geisteslage nennen, in welcher alle Formen des egistigen Lebens Ausdruck des in ihnen durchbrechenden Unbedingt-Wirklichen sind."[347]

„Gegen den Begriff der Theonomie können Einwände erhoben werden, da er durch den katholischen Sprachgebrauch einen heteronomen Beiklang erhalten hat. Deshalb ist es vielleicht manchmal besser, von 'protestantischer Profanität' zu sprechen, ein Begriff, der genau den zweideutigen Charakter der Beziehung zwischen der protestantischen Gestalt der Gnade und der profanen Welt aufweist."[348]

„Die Religion muß das Profane als Mittel zur Selbstkritik gebrauchen."[349] ... „Alles ist profan, und alles Profane ist potentiell religiös ... Vor der Radikalität dieses Gedankens, wie er oft bei Luther auftritt, schreckte und schreckt der Protestantismus immer wieder zurück."[350] ... So besitzt „der Protestantismus eine einzigartige Verwandtschaft mit der Profanität": „Der Protestantismus fordert gerade aus seinem Wesen heraus eine profane Wirklichkeit ... Der Prüfstein für die gestaltende Kraft des Protestantismus ist immer seine Beziehung zur Profanität ... Profane Gestalten sind die Gestalten, in denen eine endliche Struktur der Wirklichkeit zum Ausdruck kommt – dichterisch, wissenschaftlich, ethisch, politisch – und in denen die Beziehung jedes Endlichen zum Unendlichen nur mittelbar zum Ausdruck kommt. Die Profanität ist nicht irreligiös oder atheistisch (Atheismus ist eine Unmöglichkeit und

---

[346] ebd. Band 7, 49/50.
[347] ebd. Band 1, 386.
[348] ebd. Band 7, 69.
[349] ebd. Korrelationen, G.W., Band 4 der Ergänzungsbände, 145/146.
[350] ebd. Band 7, Stuttgart 1962, 97.

Illusion), sondern sie drückt ihre latente Religion nicht in religiösen Formen aus. Und das ist gerade das, was der Protestantismus braucht als Korrektiv gegen die Versuchung jeder religiösen Sphäre und jedes kirchlichen Systems, sich mit dem Unbedingten zu identifizieren, auf das es hinweist. Profane Gestalten sind offen für eine beständige Wandlung durch autonome Produktivität. Nichts ist weniger protestantisch als die katholische Sanktionierung einer besonderen Philosophie, einer besonderen Kunst, einer besonderen Ethik. Das ist gerade der Weg, auf dem die römische Kirche versucht, die profane Kultur daran zu verhindern, sich im Protest gegen die kirchlichen Formen zu erheben. Aber das ist nicht der protestantische Weg. Der Protestantismus sieht die Profanität als beständige ewig wechselnde Aufgabe für seine Gestaltung. Es gibt keine feste, nicht einmal eine klassische Lösung. Es gibt vorläufige Setzungen, Konstruktionen, Lösungen, aber nichts ist endgültig ... Der Protestantismus verneint die Sicherheit sakramentaler Systeme mit ihren unverletzlichen Formen, heiligen Gesetzen, ewigen Strukturen ... (Aber) Protestantische Gestaltung ist (auch) nicht die Macht der Selbstverneinung, die Auflösung der Form. Protestantische Gestaltung ist nicht Wagnis überhaupt."[351]

Ich halte es deshalb für unangemessen und scheinheilig, die imaginäre Welt menschlicher Bedürfnisse wie folgt abzuwerten: „Wir sind hier nämlich außer dem, daß wir wohl Christen sein und uns nennen möchten, alle auch religiös, z.T. sogar schrecklich religiös. Es gibt ja auch als Wissenschaft, Kunst und Politik, als Technik, Sport und Mode verkleidete Religionen."[352] Eine ähnliche Passage (und doch ganz anders!) findet sich auch bei Tillich, der als Wesen des Glaubens „das Ergriffensein von dem beschreibt, was uns unbedingt angeht", was „Wohlstand, Gesundheit und Leben, die Familie, Kunst und Erkenntniswerte, Gerechtigkeit und Menschlichkeit"[353] sein kann. Das Hauptwesenskriterium des Glaubens ist bei Tillich der Wandel, – positiv gewürdigt inklusive Zweifel[354]. Was Tillich als „Wesen und Wandel des Glaubens" beschreibt, führt Barth als Krisis, „wahre Krisis" (auf 560 Seiten des Römerbriefkommentares 90 Mal): „Die wahre Krisis, in der sich die Religion befindet, besteht darin, daß sie vom Menschen nicht nur nicht abgeschüttelt werden *kann*, ‚solange er lebt', sondern auch nicht abgeschüttelt

---

[351] ebd. 61-63.
[352] K. Barth, Das Christentum und die Religion, in: Kirchenblatt für die reformierte Schweiz 119. Jg., Basel 1963, 181-183.
[353] P. Tillich, G.W., a.a.O., Band 8, 111-112.
[354] vgl. ebd. 122-126.

werden *soll*, gerade weil sie für den Menschen als Menschen so bezeichnend ist, gerade weil in ihr die menschlichen Möglichkeiten begrenzt sind durch die göttliche, und weil wir, im Bewußtsein, daß hier Gott *nicht* ist, daß wir aber auch keinen Schritt *weiter* gehen können, bei dieser menschlichen Möglichkeit Halt machen und verharren müssen, damit uns jenseits der Grenze, die durch sie bezeichnet ist, Gott begegne."[355]

Zwar könnte man diese Passage wiederum als ein leicht affirmatives Moment bei Barth im Blick auf Religion als diskurrierende Lebensform lesen, aber es bleibt doch immer ein nur notgedrungen zugestandenes. Die Idee, daß wir Religion als Grundstruktur der imaginären menschliche Bedürfniswelt auch gar nicht „abschütteln" *brauchen*, uns, das Leben, Gott vielmehr darin „in Gottes Namen" kennenlernen dürfen, hält Barth *theologisch* nicht durch:

„Religion ist Unglaube; Religion ist eine Angelegenheit, man muß geradezu sagen: die Angelegenheit des gottlosen Menschen ... Dieser Satz kann nach dem Vorangegangenen nichts zu tun haben mit einem negativen Werturteil. Er enthält kein religionswissenschaftliches und auch kein religionsphilosophisches Urteil, das in irgendeinem negativen Vorurteil über das Wesen der Religion seinen Grund hätte. Er soll nicht nur irgendwelche andere mit ihrer Religion, sondern er soll auch und vor allem uns selbst als Angehörige der christlichen Religion treffen. Er formuliert das Urteil der göttlichen Offenbarung über alle Religion."[356]

Das hört sich vernünftig an, jedoch verbirgt sich dahinter ein merkwürdiger „Humor":

„Es hatte und hat freilich seine Notwendigkeit und seinen guten Sinn, wenn in Zeiten eines wachen und christlichen Empfindens zum Schmerz aller Ästheten heidnische Tempel dem Erdboden gleichgemacht, Götter und Heiligenbilder zerstört, Glasmalereien entzweigeschlagen, Orgeln ausgeräumt wurden. Obschon der Humor es dann manchmal wollte, daß eben an Stelle dieser Tempel und eben aus ihren Säulen und Zieraten alsbald christliche Kirchen gebaut wurden und auf den Bildersturm nach einiger Zeit in anderer Form eine neue Bilderaufrichtung erfolgen mußte. Eben das zeigt aber, daß die Abwertung und Negation des Menschlichen im einzelnen wohl gelegentlich praktische, zeichenhafte, aber nie grundsätzliche und allgemeine Bedeutung haben kann."[357]

---

[355] RB 244.
[356] KD §17, 327.
[357] ebd. 328.

Die kaum verhohlene Lust dessen, was Barth hier „Humor" nennt, ist nichts anderes als die Ahnung von einer Dialektik der Aufklärung, die sich mit der dezisionistischen Dialektik Barths nicht verträgt und darum verschämt als „Humor" unterbelichtet bleibt. Mit seinen Apellen „zu einem männlichen Wissen um" die „wirkliche und letzte Grenze" dessen, „was menschlich groß ist."[358], offenbart sich Barth als Machthaber, der um seiner Potenz willen ausblenden muß, daß „gelegentlich praktische, zeichenhafte" „Abwertung und Negation des Menschlichen" *immer* „grundsätzliche und allgemeine Bedeutung" hat.

Mit detektivischem Spürsinn charakterisiert Barth gegenüber der Entlarvung der Religion als Götzendienst durch die Offenbarung auch „eine immanente Problematisierung der Religion, die als solche zu verstehen und die von ihrer Aufhebung durch die Offenbarung wohl zu unterscheiden ist", nämlich „daß der religiöse Mensch seinem theoretisch-praktischen Ziel keineswegs wie einer, der seiner Sache gewiß ist, auf geradem Weg entgegengeht, sonder daß er sich ... in eine eigentümliche Dialektik verwickeln, sich selbst in eigentümlicher Weise widersprechen, ... in Frage stellen, beunruhigen ... muß."[359] Aber wie entscheidet Barth, woher der diskurrierende Geist des Zagens und Zweifelns weht?

Barth prophezeiht, daß „die Aggressivität der Religion und den Religionen gegenüber bestimmt abnehmen" wird. „Die ganz großen ‚Gottesfreunde' und die ganz großen ‚Gottesleugner' haben sich wohl schließlich alle mindestens zu einer Art Toleranz gegenüber der Religion durchgerungen ... Die Aufhebung der Religion aber, die einen wirklichen und gefährlichen Angriff auf diese bedeutet, steht in einem anderen Buch."[360] Meint er seine Kirchliche Dogmatik? „Hütet euch vor dem religiösen Jahrmarkt mit seinem glänzenden Budenbetrieb! Gerade *weil* ihr mitten drin seid und euch durch *kein* Kriterium als durch die ‚Wiedererinnerung' (Römer 15,15) von denen, die ‚nicht unserm Herrn Jesus Christus, sondern ihrem Bauche' dienen, abheben und absondern könnt! Hütet euch – vor euch selbst!"[361] Mit diesem solipsistischen Streßfaktor schließt Barths Römerbriefkommentar.

Barth verwirft immer wieder alle Religion, indem er Religion als nichtdiskurrierend-verabsolutierenden (und in sofern als Konkurrenz zu Offenbarung) und menschlichen Selbstentwurf versteht, – als Selbstprojektion. Nun ist diese Ein-

---

[358] ebd. 328.
[359] ebd. 343.
[360] ebd. 356.
[361] RB 566.

sicht ja nicht allein Barth vorbehalten gewesen: „Der Mensch ist der Anfang der Religion, der Mensch ist der Mittelpunkt der Religion, der Mensch ist das Ende der Religion" hieß es bei Feuerbach. „Feuerbach bekommt in verschärftem Sinn Recht."[362] Als „das Wesen des Christentums" (so der Titel der entsprechenden Feuerbach-Schrift) gilt es dabei zu entdecken, daß und inwiefern menschliche Projektionen sich eben auch als Projekte unerhörter Herausforderungen für den Menschen offenbaren können. In diesem Sinne favorisiere ich als wichtigste religionspädagogische Kompetenz die Fähigkeit, Bedürfnisse als Orte des unstillbaren Begehrens lesen, erklären, deuten, würdigen zu können.

Die Frage, ob dies nun ein allgemeiner Glaubensaspekt von Religion oder der religiöse Aspekt am Glauben ist, scheint mir vernachläßigt werden zu könnn. Ist Glaube, z.B. christlicher Glaube (inklusive dialektischer/Offenbarungstheologie) über seine religiösen Momente theologisch aufgeklärt, dann kann dieser Glaube diese Momente integrieren anstatt sie zu verleugnen oder außen zu bekämpfen, nach außen zu verdrängen (dort sei „*nur* Religion", hier sei „Offenbarung" oder „*wahre* Religion"). Zugleich werden die so integrierten religiösen Momente selbst wieder diskurrierend-offen, d.h. verweisungs- und offenbarungsfähig, auf den Mangel, das Noch-nicht, die Leere, die Lücke bezogen. Dann behält Religiosität die Grenze des Menschseins im Blick und erträgt im Gegensatz zu mancher (Barthscher) Theologie sehr wohl auch ihre eigene Relativität, – dann hat sie sogar „offenbarungstheologisch" Daseinsberechtigung:

„Die Religion vergißt, daß sie nur dann Daseinsberechtigung hat, wenn sie sich selbst fortwährend aufhebt. Sie freut sich statt dessen ihres Daseins und hält sich selbst für unentbehrlich. Sie täuscht sich und die Welt über ihren wahren Charakter; sie *kann* es vermöge ihres Reichtums an sentimentalem und symbolischen Gehalt, an interessanten Seelenzuständen, an Dogma, Kult und Moral, an kirchlicher Dinglichkeit. Sie erträgt ihre eigene Relativität nicht. Sie hält das Warten, die Pilgrimschaft, das Fremdlingsein, das allein ihr Auftreten in der Welt rechtfertigt, nicht aus. Sie begnügt sich nicht damit, hinzuweisen auf das X, das über Welt und Kirche steht. Sie tut, als ob sie im Besitz überweltlicher und überkirchlicher Goldbarren wäre, und sie fängt in der Tat an, klingende Münzen, sog. ‚religiöse Werte' auszugeben. Sie tritt als konkurrenzfähige Macht ... *neben* die Welt."[363]

---

[362] RB 237.
[363] Das Wort Gottes 70.

Wer will hier eigentlich ständig „neben die Welt" treten? Was hätte es für Konsequenzen, bezöge man diese Passage durchgehend auf die Theologie Barths selbst? Ich kann diese Passage Barths voll bejahen und als eine Art regelrechte „reformierte Lizenz" für innerkonfessionell bewegte Diskurse lesen. Während Barth bei Bedarf durch ein ausgrenzendes und abgrenzendes Nein!-Rufen Halt zu gewinnen sucht und Aufsehen erregt, dessen er sich im Alter zunehmend schämte[364], würdigt Tillich das unscheinbare Balancieren menschlicher Grenzsituationen und zeigt so, daß und wie man das gleiche theologische Anliegen solidarischer und weniger arrogant und selbstverkennend ausdrücken kann:

„Die Frage heißt: Radikales Sich-Stellenlassen in die Grenzsituation oder Sicherung gegen die unbedingte Bedrohung durch Kirche und Sakrament ...
Es ist klar, daß eine Kirche, die an diesem Ort oder besser an dieser Grenze jedes Ortes steht, etwas völlig anderes bedeuten muß als die Kirchen, die sich im Besitz der religiösen Substanz nicht stören lassen. Sie muß sich einer radikalen Kritik unterwerfen und alles ausscheiden, was die Wucht der Grenzsituation abschwächt: das Sakrament, das magisch wirkt, also an der letzten Bedrohung vorbeiführt; die Mystik, die an der unbedingten Bedrohung vorbei zum wahren Sein führen soll; das Priestertum, das eine Sicherung vermitteln soll, die nicht mehr der Unsicherheit der menschlichen Existenz unterworfen ist; die kirchliche Autorität, die eine Wahrheit besitzen soll, die nicht mehr unter der Drohung des Irrtums steht; der Kultus, der eine rauschhafte Erfüllung gibt und hinwegtäuscht über die Unerfülltheit der letzten Forderungen gegenüber. Es ist klar, daß eine Kirche, die dort steht, wo kein Fußbreit mehr gesicherten Bodens bleibt, arm werden mußte an Substanz, ohnmächtig in ihrer sozialen Wirklichkeit, profan in ihrer Preisgabe aller an sich heiligen Orte und Dinge und Menschen und Handlungen. Es ist klar, daß solch eine Kirche die Tendenz in sich trägt, nichts mehr zu sein als eine fast gestaltlose Gruppe von Menschen, von profanen Menschen, ohne sakramentale Qualität, in denen von Geschlecht zu Geschlecht das Bewußtsein um die menschliche Grenzsituation sich fortpflanzt. Es ist klar, daß eine solche Kirche ihren eigenen Sinn verleugnen würde, wenn sie die Kirchen des Sakraments nachahmte in Kultus oder priesterlicher Autorität, in Sakrament oder Seelenleitung. Sie würde und wird, wenn sie sich dazu verführen ließe, immer

---

[364] „Er berichtete, daß bei ihm mit dem Alter die Lust am Neinsagen, am ‚Abschneiden und Absägen' abgenommen und die Freude daran, ‚etwas Positives zu sagen', zugenommen habe" (E. Busch, Karl Barths Lebenslauf, Gütersloh 1975, 478).

nur eine schwache Nachahmung jener mächtigen Gestalten sein. Ihre Macht liegt anderswo. Es ist die Macht, deren Symbol einst das Kreuz wurde, weil an ihm die Menschheit wie nie zuvor und wie nie nachher die menschliche Grenzsituation erlebte."[365]

Gewiß hat auch Barth die Vorläufigkeit aller menschlichen Programme, Konzepte und Ordnungen immer wieder betont: „Wir behüten uns mit Recht vor Allem, was uns mit der Allüre des Prophetischen, mit dem Anspruch der Vertretung des „*ganz* Andern" entgegentritt. Wir sind schmerzlich gewöhnt daran, jene Allüre in sich selbst zusammenbrechen, das *ganz* Andere immer wieder kompromittiert zu sehen durch etwas *sehr* Anderes."[366] Ob Barth dabei auch an schmerzliche Erfahrungen im Blick auf sein eigenes Werk dachte? Es gilt m. E., das Anliegen, „jedem, der sich unterwindet, Pfarrer zu werden, die dringende Warnung vor Illusionen, Sicherheiten und Menschendienst, die dringende Mahnung zur Sachlichkeit als ‚*praktische*' Theologie mit auf den Weg zu geben"[367], Barth selbst zu empfehlen. „Man vertraut naiv auf Begriffe wie ‚Ich', ‚Du', ‚Wir', ‚die Andern'. Man sieht sich in einer ‚Stellung' oder (o Humor!) auf einem Standpunkt ... "[368], – lacht Barth hier über sich selbst? „Die Religion, die wir an uns selbst und an Anderen *allein* kennen, ist die Religion als menschliche Möglichkeit des höchst problematischen Versuchs, den Vogel im Fluge abzubilden"[369], – sollte dies nicht eine zentrale *theologische* Aussage Barths sein? Denn selbst „das Neinsagen, die Einsicht in das Paradox des Lebens, die Beugung unter Gottes Gericht *ist's nicht*, auch das Warten auf Gott, auch die ‚Gebrochenheit', auch die Haltung des ‚biblischen Menschen' *ist's nicht*, sofern sie Haltung, Standpunkt, Methode, System, Sache sein, sofern der Mensch sich damit von andern Menschen abheben will."[370] „Wenn ich ein ‚System' habe, so besteht es darin, daß ich das, was Kierkegaard den ‚unendlichen qualitativen Unterschied' von Zeit und Ewigkeit genannt hat, in seiner negativen und positiven Bedeutung möglichst beharrlich im Auge behalte."[371] Aber auch diese „Beharrlichkeit" gehört doch zu „Zeit"! Es sieht so aus, als habe Barth in allen diesen Hinweisen auf Vorläufigkeit und

---

[365] P. Tillich, G.W., Band 7, a.a.O., 77.
[366] RB 470.
[367] RB 472.
[368] RB 490.
[369] RB 178.
[370] RB 35.
[371] RB XX.

Bedingtheit Religion theologisch nicht als Chance des Menschseins erkennen und würdigen können, sondern – in einer Art religiösem offenbarungstheologischen Eifer – nur abwerten: „Wir sind dann ‚fromm' – als wären wir's nicht. Wir leben – an unseren Erlebnissen vorbei oder doch durch sie hindurch. Wir sind dann in der Lage, über uns selbst und über das, was aus uns, in uns und durch uns selbst ist, immer auch ein wenig hinwegzusehen, immer ein wenig zu lächeln und zu trauern. Vielleicht, daß unsre Religiosität dann etwas davon verrät, wie grundsätzlich unwichtig, unbetont, unfeierlich, grenzbewußt sie ist, vielleicht auch nicht."[372] Nein, *so* verrät sie das sicher nicht! Warum auch nur „lächeln und trauern", warum nicht laut lachen?

Das ist Barths Leiden an der „Welthaftigkeit": er hat Probleme mit dem „Vermögen, in der Welt und Mensch zu sein", weil dieses Vermögen ... mit hinein in den Zauberkreis der Religion gehört."[373] Doch derartige Rückfälle in magische Bedenken, die Barth übrigens nicht glaubhaft vorbringen kann, scheinen mir keine guten Vorzeichen für christologisch-diskurrierende Kreuzestheologie. Daran verraten sich nur Träume „von einem Ort außerhalb des Zauberkreises der Religion, ... einem Ort außerhalb des Menschen"[374], – Barths Traum ungetrübter Offenbarung. Dieser weltfeindliche Grundcharakter der Barthschen Ethik kann auch durch aufwendige Erklärungskonstrukte nicht kaschiert werden, wie z.B. W. Kreck es versucht: „Das Nein ist nicht das letzte und nicht das erste Wort Gottes, sondern sein Ja zur Welt, und um dieses tieferen Jas willen wird so hart Nein gesagt. Darum kann ... es heißen: Es gibt eine dankbare, lächelnde, verstehende Geduld der Welt, den Menschen und uns selbst gegenüber. ‚Wir können es uns leisten, romantischer zu sein als die Romantiker und humanistischer als die Humanisten.' Dieser Ton hält sich letzlich durch trotz all der schrillen Klänge ... Es geht also keineswegs ein Zug von Resignation durch das Ganze, man merkt nichts von stickiger Enge und Sektengeist, sondern es herrscht universale Hoffnung."[375] Aber die „schrillen Klänge" des „harte Neinsagens" übertönen „das tiefere Ja" eben doch, und wo man nur das „Ja" herausfiltert, wird es schwärmerisch, sonst würde ja erst gar kein Bedarf entstehen, entsprechendes immer wieder erinnern und erklären zu

---

[372] RB 241.
[373] §17 355.
[374] §17, 355.
[375] W. Kreck, Grundentscheidungen in Karl Barths Dogmatik, Neukirchen-Vluyn 1978, 16/17.

müssen! Gerade dies jedoch macht einen großen Teil der Sekundärliteratur zu Barth aus, extra betonen zu müssen: „Ja, hier wurde ‚gern' gelebt!"³⁷⁶
Einmal favorisiert Barth „Frömmigkeit" gegen „Religion": „Religion ist die Möglichkeit, daß dem Menschen die letzte Zuversicht außer der auf Gott selbst ... genommen wird. Frömmigkeit ist die Möglichkeit, daß uns der letzte denk- und vorstellbare Boden auch noch unter den Füßen weggezogen wird."³⁷⁷ Es ist aber eine offene Frage *theologischer* Wertung, ob und wie z.B. christologisch dieser „Entzug" zu praktizieren ist. Barth polemisiert: „Alle Religion ‚rechnet' "³⁷⁸, – aber rechnet nicht auch Barth wie wir alle mit oder ohne Gott, war nicht gerade er es, der auf die Idee kam, vom „großen göttlichen Minus bzw. Plus vor der Klammer"³⁷⁹ zu sprechen, wiederum (selbst)vergessend, daß auch dieses sein Klammerrechnen ja von woanders von eckigen Klammern mit Vorzeichen versehen ist usw.?
P. Tillich *und* K. Barth wußten von der „Urparadoxie", als Mensch von Gott reden zu können, auch als Mensch davon reden zu können, daß Gott zum Menschen spricht. So heißt es bei Barth: „Wir sollen als Theologen von Gott reden. Wir sind aber Menschen und können als solche nicht von Gott reden. Wir sollen Beides, unser Sollen und unser Nicht-Können, wissen, und eben damit Gott die Ehre geben."³⁸⁰ Doch während Barth hier imperativisch von einem „Sollen" spricht, welchem göttlichen Anspruch der Mensch nicht gerecht werden könne, kann im Sinne Tillichs getrost von einem „Müssen-und-nicht-anders-Können" gesprochen werden. Bleibt Barths Lob der Erschütterung auch stilistisch unbeherzigt, so beteuert er doch explizit, sich nicht auf Positionen zu versteifen: „Noch einmal: Ich gedenke nicht, mich in den Stellungen zu versteifen, in denen ich mich Ihnen ... in diesem Gespräch gezeigt habe, schon weil ich weiß, wie erschütternd relativ *Alles* ist, was man über den großen Gegenstand, der Sie und mich beschäftigt, *sagen* kann."³⁸¹ Kann man diese Relativität nicht auch als „getrostes Verzweifeln an sich und seinen Werken"³⁸² *erleichtert* zur Kenntnis nehmen? Es wäre die Qualität, die christologische Religion in die diskurrierende Arbeit konfessorischer, reli-

---

³⁷⁶ E. Busch, Karl Barths Lebenslauf, Gütersloh 1975, 264.
³⁷⁷ RB 68.
³⁷⁸ RB 93.
³⁷⁹ RB 508ff.
³⁸⁰ Das Wort Gottes 199.
³⁸¹ K. Barth, Theologische Fragen und Antworten, Ein Briefwechsel mit Adolf von Harnack, Zürich 1957, 30.
³⁸² Luther an Georg Spenlein am 8. April 1516.

giöser und kultureller Entwürfe einzubringen hat, daran zu erinnern, daß „selbst Gott zu einem endlichen Anliegen werden kann, zu einem Objekt unter anderen Objekten, an dessen Existenz einige glauben und andere nicht. Ein solcher Gott kann nicht das sein, was uns unbedingt angeht", sonst machen wir ihn „zu einer Person neben anderen Personen."[383]

„Jedes gegenständliche Denken ist hier streng auszuschließen. Es ist nicht von einem Gegenstand neben den Dingen, oder über den Dingen, oder in den Dingen die Rede; es ist überhaupt von keinem Gegenständlichen, sonder von dem Urständlichen schlechthin die Rede, dem, was aller Form, auch der Existenz, enthoben ist. Aber auch hier gilt, daß jede Aussage gegenständliche Form hat, und darum nur als gebrochene, paradoxe Aussage wahr ist. So ist die Aussage ‚Gott ist' der Form nach eine theoretische Aussage und keine Stufenordnung kann das ändern; es ist die Einreihung Gottes in die Gegenstandswelt; aber diese Einordnung ist Gottlosigkeit. Ist die Aussage ‚Gott ist' auch dem Gehalt nach theoretisch, so vernichtet sie die Gottheit Gottes. Ist sie aber als Paradoxie gemeint, so ist sie der notwendige Ausdruck für die Bejahung des Unbedingten; denn es ist nicht möglich, sich anders auf das Unbedingte zu richten als durch Vergegenständlichung. – Damit ist Deismus und Pantheismus überwunden."[384]

Eine nicht-theistische Führung des Gottes-, Glaubens- und Religionsbegriffs ist die Konsequenz innerkonfessorischer Bewegtheit als einer Glaubensübung, die allein durch Glauben gesichert wird. Das ungebrochene Anführen und Vorführen von „Gott!" dagegen erscheint als Kleinglaube, und „die atheistische Verneinung dieses ganzen Typs des Theismus ist so vage wie der Theismus selbst."[385] „Der Gottesbegriff bleibt also abhängig vom Weltbegriff; er geht mit ihm die materialistischen, voluntaristischen, naturalistischen, positivistischen Wege, also die Unerfüllbarkeit der romantischen Sehnsucht offenbarend, von der Weltform zu Gott zu kommen."[386]

Barth dagegen beschwört (schon sprachstilistisch) Gott herbei. Er ist der Einbildung erlegen, er müsse und könne dafür sorgen, daß nicht eintritt, was er ständig als unvermeidliches Dilemma beschreibt: die Vermischung von Gott und Welt. Tillich protestiert *im Namen der Religion* gegen den Religi-

---

[383] P. Tillich, Was uns unbedingt angeht, in: Religiöse Reden, 2. Folge: Das Neue Sein, Stuttgart 1959, 149/150.
[384] ders., G.W., Band 1, a.a.O., 379/380.
[385] ebd. Band 9, 135.
[386] ebd. Band 1, a.a.O., 373.

onsbegriff[387]: „Das religiöse Denken, Anschauen, ist also ein Denken, ein Anschauen, das die autonomen Formen des Denkens und Anschauens zugleich benutzt und zerbricht ... Die Religion kann nicht anders, als mit diesen Begriffen arbeiten; sie muß vergegenständlichen, um aussagen zu können; daß sie aussagen will, ist ihre Heiligkeit; daß sie gegenständlich aussagen will, ist ihre Profanheit. Gerechtfertigt ist sie nur da, wo sie diese ihre Dialektik durchschaut und dem Unbedingten die Ehre gibt ... Jede Aussage über das Unbedingte muß diese Formen des Bedingten zwar benutzen, aber doch so, daß ihr Unzulängliches offenbar wird, d.h. sie muß die Form der systematischen Paradoxie tragen ... Der Protest gegen die Vergegenständlichung ist der Pulsschlag der Religion."[388] Keine Religion ist als Religion schon theologisch qualifiziert: „Jede Religion einschließlich des Christentums (und eben auch jede Theologie, B.B.), die für diesen Durchbruch nicht offen ist, wird entweder eine Kultursphäre neben anderen oder eine dämonische Macht, die sich die Vorrechte des Unbedingten anmaßt und beansprucht, damit den Rest der menschlichen Kultur zu beherrschen. Aber jede Religion einschließlich des Christentums, die sich durch den Eintritt des Unbedingten zerbrechen läßt, wird dadurch *als* Religion negiert und wird das Offenbarungsmedium des Unbedingten. Sie bleibt Religion in einem paradoxen Sinn."[389]

Jeder interkonfessionelle, interreligiöse, interkulturelle Diskurs hat sich so vom „Feuerbachischen Niveau" weiter auf das „Tillichsche Niveau" zu begeben, ein Niveau, mit dem Barth nicht inhaltlich im Konflikt gewesen zu sein scheint, sondern eher im Sinne eines Image-Konfliktes.[390] „Im Protestantischen Prinzip siegt der göttliche Geist über die Religion", - heißt es *immerhin bei Tillich*![391] Und weiter: „Die protestantische Theologie protestiert im Namen des protestantischen Prinzips gegen die Gleichsetzung des-

---

[387] ebd. 368.
[388] ebd. 381/82, 377, 383.
[389] John Clayton, Paul Tillich – ein ‚verjüngter Troeltsch' oder noch ‚ein Apfel vom Baume Kierkegaards' ?, in: Umstrittene Moderne. Die Zukunft der Neuzeit im Urteil der Epoche Ernst Troeltschs (Troeltsch- Studien Band 4), hg. v. Horst Renz und Friedrich Wilhelm Graf, Gütersloh 1987, 264.
[390] E. Busch erzählt: „Bewegend war dann im Dezember ein letztes Zusammensein (von Karl Barth, B.B.) mit Paul Tillich. ‚Ich (K. Barth, B.B.) mahnte ihn, daß es jetzt an der Zeit sein möchte, sich einmal ordentlich zu bekehren. Er schien aber zunächst keine große Lust dazu zu haben.' " (E. Busch, a.a.O., 487).
[391] P. Tillich, S. Th. III, a.a.O., 281.

sen, was uns unbedingt angeht, mit irgendeiner Schöpfung der Kirche."[392] Das ist die „Kraft der Selbstkritik im protestantischen Prinzip"[393] Dieses Phänomen „ist die Bewußtmachung der unaufhebbaren Position, die auch in der Verkündigung der Krisis steckt, es ist die Erfassung des Ja, das die Voraussetzung des Nein ist, es ist der Rückgang vom kritischen zum positiven Paradox."[394] Ein weiteres anspruchsvolles Moment im Blick auf mögliche Diskurse in einer pluralistischen Gesellschaft ist das, was Tillich „gebrochen Mythos" nennt. Anstatt wie Barth das Symbolische verärgert als „komprimittierend" zu schmähen (s.o.), verfährt Tillich weiter positiv-paradox:

„Mythos ist die Verknüpfung von Symbolen, die ausdrücken, was uns unbedingt angeht. Ein Mythos, der als Mythos verstanden wird, ohne verworfen oder ersetzt zu werden, kann als ‚gebrochener Mythos' bezeichnet werden. Seinem ganzen Wesen nach muß das Christentum jeden ungebrochenen Mythos ablehnen; denn es beruht auf dem ersten Gebot, der Anerkennung Gottes als Gott und der Verwerfung jeglicher Art von Götzendienst. Alle mythologischen Elemente in der Bibel, der Lehre und der Liturgie müssen als solche erkannt werden. Aber sie sollten in ihrer symbolischen Form bewahrt und nicht durch wissenschaftliche Formeln ersetzt werden. Denn es gibt keinen Ersatz für Symbole und Mythen, sie sind die Sprache des Glaubens ... Wer in einer ungebrochenen mythischen Welt lebt, fühlt sich sicher und geborgen. Er widersetzt sich fanatisch jedem Versuch der ‚Brechung des Mythos', weil dadurch sein symbolischer Charakter bewußt gemacht und ein Element der Unsicherheit geschaffen wird. Ein solcher Widerstand wird von autoritären Systemen, seien sie religiöser oder politischer Art, unterstützt ... In alledem handelt es sich nicht um eine rationale, sondern um eine *innerreligiöse Kritik* (Betonung B.B.). Ein Glaube, der seine Symbole wörtlich versteht, wird zum Götzenglauben."[395]

Insgesamt kann theologisch festgehalten werden, daß heilsame und unheilvolle religiöse Strukturen sich demnach dadurch unterscheiden, daß jene von der Erinnerung an die „Anderheit" des Anderen geprägt und gezeichnet ist und diese sich von dessen (ideologischen) Einverleibung her konstituiert, jene sich von der Differenz, diese sich von der Identität herleitet. Das mag

---

[392] ebd. I, 48.
[393] ebd. III, 284.
[394] ders., Kritisches und positives Paradox, in: Karl Barth. Vorträge und kleinere Arbeiten, hg. v. H. Finze, Zürich 1990, 352; vgl. dazu B. Beuscher, Positives Paradox. Entwurf einer neostrukturalistischen Religionspädagogik, Wien 1993.
[395] ders., G.W. Bd. 8, a.a.O., 146/147.

dann ein konfessioneller Streitpunkt im interreligiösen/interkulturellen Dialog sein. Nach meiner Auffassung vollzieht sich demnach unter Führung von „Religion" als einem
„regulativen theologischen Begriff ... das Lehren und Lernen des christlichen Glaubens an den menschgewordenen Gott unbeschadet seiner Unerzeugbarkeit durch menschliches Handeln im Medium religiöser Praxis – jener Gemengelage menschlichen und göttlichen Handelns, in welcher der heilige Geist, wann und wo es Gott gefällt, mit und gegen die menschliche Religion das göttliche Werk des wahren Glaubens ausmittelt ... ‚Religion' ist daher der regulative theologische Begriff für die einstweilen überhaupt mögliche Verständigung zwischen dem jeweils Eigenen und Fremden ... Mit einem solchen Religionsbegriff verstellt sich die christliche Theologie im Zeitalter des Weltbilds und der Weltanschauungen selbst noch die Flucht in eine positivistische Reinlichkeit, die doch nur die Schwundstufe einer auf brillante Epiphanien setzenden ‚Theologie des Rühmens' wäre, um desto unverstellter und bestimmter das Zeugnis für ihre, ihr selbst aber externe Wahrheit formulieren zu können."[396]
Es gibt eine exklusive Lesart von Römer 12, 2a, die lautet (nach der Lutherübersetzung): „Stellt euch nicht der Welt gleich!" Also: „Die Religionspädagogik soll und kann besser und anständiger sein als die säkularisierten Bereiche lustbetonter Postmoderne, wo inflationärer Wertepluralismus und Orientierungslosigkeit herrschen!" Liest man jedoch z.B. die Jerusalemer Übersetzung und nimmt außerdem noch Vers 2b-3 hinzu, kann man das Entgegengesetzte hören: „Paßt euch nicht dieser Weltzeit an!", - einer Zeit, die fundamentalistisch nach endgültigen Ideologien giert, die Gott funktionalisiert für jeweils eigene Zwecke und Ehre, die sich unter dem Etikett „Gott" selbst moralisch so unendlich wichtig macht mit ihren Aktivitäten, auch viel Spektakel veranstaltet, um die eigene ängstliche Unbeweglichkeit und Starrheit des Herzens zu vertuschen. „Paßt euch nicht (so) dieser Weltzeit an, sondern gestaltet euch um, ändert euch ... Keiner soll höher von sich denken und mehr von sich halten, als er denken und halten darf."
Norbert Bolz sprach von „Blasiertheit" als „Folge davon, daß wir nicht genug Komplexität haben, um auf die Komplexität der modernen Welt angemessen zu reagieren ... Blasiertheit sichert also die Selbsterhaltung durch Weltentwertung."[397]

---

[396] W. Sparn, Religion, in: Glaube und Lernen 5 (1990), 109/111.
[397] N. Bolz, Theorie der Müdigkeit – Theoriemüdigkeit, in: telepolis 3 (1997) 41/42.

Christologische Religion sprengt autopoietische Systemfiktionen. Deshalb ist christologische Religion nicht einem sakralen oder profanen Segment zuzuschlagen, was allerdings den Vorteil hätte, daß jeder unbehelligt sein Süppchen kochen könnte. Die religionspädagogischen Didaktiken bis hin zur korrelativen Symboldidaktik kranken an ihrer Prägung durch eine Art theologischer 2-Bereiche-Lehre: das Leben wird für Glaubenszwecke funktionalisiert. Wir werden im Abschnitt IV noch verfolgen, daß und wie didaktische Weltbezugsmanöver der Religionspädagogik – immer noch unter dem ebenso erstaunlich haltbaren wie halbgaren Barthklischee, dessen andere (ebenso falsche) Seite der Tillich'sche „Kulturprotestantismus" ist – Weltverhaftung kaschieren sollen.

18. Vorlesung

§18 der KD beginnt mit der Bemerkung: „Ein weiter Weg liegt hinter uns. Gefragt war nach dem Wort Gottes in seiner ursprünglichen Gestalt, also nach der Offenbarung, die den Gegenstand des Zeugnisses der heiligen Schrift bildet, welche ihrerseits die Quelle und Norm ist, an welcher sich die Verkündigung der christlichen Kirche zu halten hat."[398] Aber auch die „ursprüngliche Gestalt", „die Quelle und Norm" ist (notwendiger) imaginärer Halt. Das kann Barth nicht ertragen, denn dies zuzugestehen, hätte ihn zu großen Teilen wenn nicht arbeitslos, so doch stillos gemacht. Für ihn steht deshalb fest, daß „es keine Psychologie des Versöhners gibt ... sondern nur die harte Lehre von seiner wahren Gottheit und Menschheit ... (und) auch keine Psychologie der Versöhnten." Das sei „unsachliches Faseln."[399] Psychologische Kategorien werden nur abwertend, auf „Nicht-Brüder", angewandt: wie Barth von der „psychologischen Struktur besonders der Theologen und Kirchenmänner dieser Zeit (am ausgeprägtesten um die Wende vom 19. zum 20. Jahrhundert)" und deren „Humorlosigkeit, Müdigkeit und Traurigkeit, um nicht zu sagen Schwermut."[400] spricht. Doch eine „wahre Menschheit" ohne psychologischen Horizont läuft so oder so in aller Unerbittlichkeit hinaus auf Maschinenparadigmen.

Wenn man Barth von „einzelnen Radikalen" als „unangenehmen Krakeelern inmitten einer leidlich frommen Gesellschaft" reden hört, deren „gelehrter apologetischer", „ungesunder Eifer" ihm „verräterisch" und „ungesund" scheint, vom „tief Unglaubwürdigen an der Jesulatrie des Pietismus und der Erweckungsbewegung" als der „Vorstellung von einem Wählenkönnen gegenüber dem Namen Jesus Christus", „vom sicheren Port einer sich selbst auf alle Fälle genügenden Religion, die „noch besonders meinte Ja sagen, also wählen zu können und zu sollen"[401], dann stellt sich dem Leser des Barthschen Oevres zwingend die Frage, ob Barth hier wie gezeigt nicht ständig die eigene Verkehrtheit nach außen projeziert. Denn diese Kritik – konsequent christologisch-diskurrierend unter eschatologischem Vorbehalt weiter gedacht – sprengt *jedes* dezisionistisch-dialektische Vorgehen zugunsten entschieden-schwankender Konfession.

---

[398] §18, 397.
[399] §18, 398.
[400] §17, 386.
[401] §17, 385.

Religion ist struktural gesehen das Übergangsphänomen allen Glaubens, aller Theologie, „Öl für die Lampen" (Matt.25,1-13). Im Blick auf die theologische Beschiedenheit des übergangshaften und fragmentarischen Christenstandes ergeben sich *inner*konfessorische Spiel-, Bewegungs- und Freiräume, die den Begriff „confessio" als „Bekenntnis" auch wieder sinnvoll durch die Konotation „Geständnis" entlasten. Es muß deutlich werden, inwiefern „Glaubensfreiheit" bzw. „Bekenntnisfreiheit" im Gegensatz zur kirchengeschichtlichen Herkunft sich heute nicht mehr darin erschöpfen kann, durch Unterzeichnung eines (vor)formulierten Bekenntnisses einer „Religionspartei" zuzugehören, sondern eben gerade Gegenteil von „Freiheit in der Wahl der Ideologie"[402] ist. Es gilt zu unterscheiden zwischen fülleorientiertem, extrinsisch motiviertem, (selbst)verkennendem Bekennen und einem mangelorientiertem, intrinsisch motiviertem, „erkanntem" Bekennen nach dem Vorbild von Markus 9,24. „Glaube als Ergriffensein von dem, was mich unbedingt angeht" (P. Tillich) ist auch im Kontext jüdisch-christlicher Traditionen ein *inner*konfessorisch bewegter Existenzakt, der als solcher immer schon intrakonfessionell, intrareligiös, intrakulturell veranlagt ist. Diese Veranlagung ist zugleich auch sein diskurrierender Anspruch. Während Barth (im Dialog mit sich selbst) nach dem Muster griechischer Dialogtradition ständig einen fiktiven Überzeugungskampf mit dem imaginären anderen zu führen scheint, ist mit Eva Sturm an „Mahloquet" als „Prozeß des jüdischen Dialogisierens" zu erinnern: „Mahloquet ist anti-ideologisch, bezeichnet die Unmöglichkeit, alleine zu denken, ist nicht Dialektik im Sinne einer Synthesis-Bildung, sondern im Sinne unendlicher Spannungserzeugung"[403], die eben nicht auf notwendige konfessorische „Übergangsinseln" in Glaubensbekenntnissen und Ritualen herabschaut.

„1. Evangelischer Rellgionsunterricht hat nicht die Aufgabe, eine Konfession neben anderen oder 'Religion' neben anderen Gegenständen zu lehren, sondern er hat die Aufgabe, die menschliche Lage in ihren profanen und religiösen Äußerungen, soweit sie dem Schüler bekannt und verständlich sind, von der Grenze des Menschlichen her sichtbar zu machen ... Es muß vielmehr gezeigt werden: a) daß die evangelisch verstandene christliche Verkündigung einen radikalen Protest gegen jede kirchlich-konfessionelle Verhärtung ihrer selbst enthält ... b) daß die evangelisch verstandene christliche Verkündigung die Sondersphäre der Religion sprengt und für die Profanität als solche, d.h.

---

[402] T.W. Adorno, M. Horkheimer, Dialektik der Aufklärung, Frankfurt 1969, 150.
[403] E.S.Sturm, Im Engpass der Worte, Berlin 1996, 245.

für den Inbegriff des natürlichen und geschichtlichen Lebens, gültig ist, daß demgemäß im Religionsunterricht ebenso von Natur und Geschichte die Rede ist wie im übrigen Unterricht, aber unter dem Gesichtspunkt, daß etwas in ihnen ist, worin sie uns unbedingt angehen."[404]
Ich verstehe christologische Religionspädagogik als diskursfähige *theologische* Ideologiekritik. Z.B. im Blick auf die Frage nach einem konfessorischen Religionsunterricht plädiere ich entsprechend entschieden für eine schwankende evangelische Konfession, die auf Verständigung mit anderer Konfession angewiesen ist. Christologische Religion befreit das Leben von dem *Zwang* der Verstellungen, nicht von diesen selbst. Darum *bleiben* „der Christ", der „Nicht-Christ", „das Christliche", das „Sittliche" Konfliktformeln. „Es gibt, ernsthaft verstanden, keine ‚Christen'. Es gibt nur die ewige, für alle gleich zugängliche und gleich unzugängliche Gelegenheit, Christen zu werden" (RB 333).
In den Richtlinien zur evangelischen Religionslehre für die gymnasiale Oberstufe für NRW (1981) ist ein entsprechender Abschnitt „Erläuterungen zum Begriff ‚Kritisches Verstehen'" zu finden, wo es heißt: „Wesentliche Arbeitsvorgänge im Religionsunterricht lassen sich mit dem Begriff ‚Kritisches Verstehen' zusammenfassen ... In dieser theologischen Ideologiekritik wird Ideologie verstanden als der immer gleiche Versuch des Menschen, seine eigene Endlichkeit und Geschichtlichkeit dadurch zu verhüllen, daß er sich und Objekten seiner Welt Unendlichkeit zuspricht ... der Christ ... ist ... auch zum ständigen Ideologieverdacht gegen sich selbst verpflichtet" (29/30).
Ist Synkretismus nach Plutarch die innere Verbundenheit der sonst uneinigen Kreter gegen äußere Feinde, so fürchte ich im Blick auf Protestantisches Prinzip, Gebrochenen Mythos und Positives Paradox den Synkretismus nicht. Es gilt die, die dabei nicht mitziehen wollen, nicht als „religiös" zu desavouieren, sondern auf Ideologie hin zu befragen. Hier wird es sinnvoll Streit geben können anstatt Glaubens-Krieg.
„Ein solches Bedingtmachen des Unbedingten zu kritisieren, selbst wenn es zu atheistischen Konsequenzen führen sollte, ist religiöser als ein Theismus, der Gott in einen supranaturalen Bereich verbannt, weil es den unbedingten Charakter des Göttlichen mehr anerkennt als jener. Und der Mensch von heute, der sich durch eine Kluft geschieden weiß von dem Frommen, dem theistisch Gläubigen, weiß mehr von der ‚unbedingten Mächtigkeit' als der

---

[404] P. Tillich, G.W., Band 9, a.a.O., 233/234.

selbstsichere Christ, der meint, daß er durch seinen Glauben Gott besitzt, zumindest intellektuell. Ein Christ, der seinen supranaturlen Glauben mit der ständigen Verleugnung seiner geschichtlichen Situation (und der geschichtlichen Situation vieler anderer, für die er verantwortlich ist) vereint, wird durch die Prinzipien des gläubigen Realismus verworfen, der immer auch geschichtlicher Realismus ist. Das ist die protestantische Lösung des Problems: Glaube und Wirklichkeit."[405]

Adorno/Horkheimer schlossen die 1947 erschienene „Dialektik der Aufklärung" mit einer Passage über „die blinden Stellen im Individuum" als „Stationen, auf denen die Hoffnung zum Stillstand kam, und die in ihrer Versteinerung bezeugen, daß alles Lebendige unter einem Bann steht."[406] Barths angestrengtes, aufgesetzt-moralisches „Sich-etwas-verboten-sein-lassen" verhindert christologische Gelassenheit, diesen Bann immer wieder zu brechen: „Nicht nur unsere Sicherheit vor Gott, sondern gerade auch die Sicherheit unseres Seins und Wirkens und also auch unsere Sicherheit im Verhältnis zu den Menschen beruht schlechterdings darauf, daß wir uns solche Sicherungen (gemeint sind „religiöse", B.B.) im Glauben und durch den Glauben verboten sein lassen."[407] Es kann aber doch nur darum gehen, unumgängliche „religiöse" Sicherungen als solche zu erkennen, kennenzulernen und auch wieder zerbrechen lassen zu können, was allerdings nicht zu den von Barth brillant durchschauten „Selbstempfehlungen" des „Pietismus" als „bessere Empfehlung der letzten Bedürfnisse" gezählt werden kann.[408]

Es muß deutlich werden, daß christlich-diskurrierende Konfessionalität (und nicht Konfessionskirche) in der Schule Platz hat, weil sie Humanität nicht als idealisierte Lebensweise hypostasiert, sondern als Lebensstil, der noch in der Ent-Täuschung solcher Ideale Kraft gewinnt. Hierin liegt gerade keine bloß pessimistische Anthropologie, sondern eine mutige, riskante, aber verantwortliche Inanspruchnahme nicht-heroischer, nicht-spektakulärer und nicht-überanstrengter Beziehungskräfte. Hier ist der nichtideologische Ort der Rede von Gott. Eine andere „Ökumene" wäre nur wieder eine neue Religion, wie Sloterdijk sagt: „Gott. Wer könnte vergessen, daß dieser Ausdruck, wenn er selbst in die Welt geriet, seit jeher zu einem Teil der positiven Pest wurde? Es scheint, das Beste an der Theologie wäre immer nur ihre kluge Sorge gewesen, ihr Grundwort von der Infektion durch das empirische Denken fern-

---

[405] ebd. Band 4, 106.
[406] M. Horkheimer, Th. W. Adorno, a.a.O., 230.
[407] §17, 363.
[408] §17, 368.

zuhalten. Daher kann es auch keinen ‚Dialog der Religionen' geben, wenn unter Religionen positive *doktrinale* Systeme zu verstehen sind, sondern nur eine ökonomische Bewegung, die sich darauf einigt, in einer neuen Weiträumigkeit gemeinsam zu wachen; andernfalls wird eine Monster-Ökumene entstehen, die Richtwerte für heilige Umweltbelastungen ausgibt."[409] Der konfessionelle Religionsunterricht muß sich auf ein kritisch-bewegliches, diskurrierendes Konzept von Konfessionalität einlassen. Interreligiosität ist schon eine innerreligiöse Dimension und Interkonfessionalität schon eine innerkonfessionelle. Um der Souveränität Gottes willen kann es keine Religion, kein Bekenntnis, keine Konfession geben, der absolute Bedeutung zukommt. Weil alles menschlicher Entwurf ist, liegt die Gottlosigkeit nicht im Entwerfen als solchem, sondern in der Totalisierung theologischer, religiöser, kultureller Entwürfe. Darum können keine konfessionellen Gegensätze theologisch endgültig sein. Dann ist es aber auch nicht sinnvoll und wünschenswert, Religion als private Moralangelegenheit ohne gesamtgesellschaftliche Relevanz zu marginalisieren. Die Bedeutung von Religion als Dimension jedes sozialen und personalen Lebens wird verdeckt, wenn Religion als Sache eigener Facon deklariert wird: Konfession braucht um Gottes Willen Diskurs, Kritik, Zuspruch, Einspruch und Anspruch. Es führt nicht weiter, Religion nur kirchenkonfessionell wahrzunehmen. Religion ist in der sozialen und kulturellen Lebenswelt sowohl in den Formen institutioneller Religionsgemeinschaften präsent als auch als Strukturelement sozialer Inhalte, Normen und Werte, als Dimension von Werbung, Sport, Musik, Erziehung, Bildung, Wirtschaft, Technik, Politik. Das gewagte Einüben in konfessorische Akte ist nicht gesellschaftlich zu tabuisieren, sondern u.a. als Religionsunterricht in den öffentlichen Diskurs zu integrieren. Es ist zu simpel, Religion nur in den konfessionalistischen Kategorien von evangelisch und katholisch zu denken oder wahrzunehmen. Gewiß muß sich jeder Religionsunterricht auf gelebte und tradierte Religion beziehen (wovon auch „LER" nicht ausgenommen ist). Aber Religion als Dimension sozialen und kulturellen Lebens ist mehr als kirchenkonfessionelle Religion, und Religionsunterricht ist etwas anderes als staatliche Versorgung mit kirchenkonfessionalistischen Gesinnungsnischen. Umgekehrt darf säkulare Erziehung ihre immanente religiöse Dimension nicht verdecken, weil sonst ihre eigenen Geister nicht zu scheiden sind. Erst wo latente verheißungstheologische Orientierung bestimmter pädagogischer Konzepte

---

[409] P. Sloterdijk, Weltfremdheit, Frankfurt 1993, 375.

von Wertevermittlung, pädagogischer Reformstrategien und Erziehungsvisionen ausgewiesen sind, wird darüber gestritten werden können.
(De)Konstruktivismus ist auch konfessorisch theologische Grundfigur. So klagte Karl Barth darüber, daß sein Werk „statt als Glosse als Text" aufgefaßt wurde.[410] „(Der Christ) wird keinen Standpunkt beziehen ohne die heimliche Absicht, ihn möglichst rasch wieder zu räumen, wenn der taktische Zweck (denn darum bloß kann es sich handeln!) erreicht ist. Er wird nie aufbauen, ohne zugleich Zurüstung zum Abbau zu treffen. Er wird immer bereit sein, alles zu tun gegen die gefährliche Stabilität seines eigenen Wortes"[411] „Das Christentum stellt auf und reißt nieder ... immer certitudo ... nie securitas."[412]
Was heute als Problembewußtsein im Streit um Interkonfessionalität, Interreligiosität und Interkulturalität auftaucht, hatte sich schon anhand des Verhältnisses von Theologie und Religionswissenschaft abzuarbeiten bemüht. Das Verfahren der „religionswissenschaftlich orientierten und arbeitenden Theologen" schätzte Barth „als sauberer, lehrreicher und verheißungsvoller als das jener gemischten Religionswissenschaft der Theologen, die einerseits den ruhigen Gang der Erforschung der religiösen Wirklichkeiten durch das plötzliche Rechnen mit einer religiösen Offenbarungswahrheit zu stören pflegen, andererseits mit den dabei angewendeten und philosophischen Urteils- und Wertmaßstäben ja doch verraten, daß sie dabei mit einer Sache rechnen, die sie selbst zu verstehen und ernst zu nehmen gar nicht in der Lage sind. Wer theologisch ernsthaft von Offenbarung redet, der redet im Sinn jener Katechismusstellen: es geht ihm um Jesus Christus, den Herrn ... Wo davon auch nur um Nagelsbreite abgewichen wird, da wird theologisch nicht ernsthaft und also gar nicht von Offenbarung geredet."[413] Doch in diesem Versuch, „den ruhigen Gang der Erforschung der religiösen Wirklichkeiten" von der plötzlichen Störung beim „Rechnen mit einer religiösen Offenbarungswahrheit" „sauber" zu trennen, hat sich das Problem theologisch gerade erhalten und festgeschrieben.
Kulturelles Lernen und religiöses Lernen bedingen sich gegenseitig: die Begegnung und Auseinandersetzung von Kulturen ist immer auch die Begegnung und Auseinandersetzung von Religionen, weil sich die Wahrheitsan-

---

[410] K. Barth, Das Wort Gottes und die Theologie, Ges. Vorträge I, München 1924, 99f.
[411] RB 350.
[412] ebd. 489.
[413] §17, 322.

sprüche der Kulturen üblicherweise als unbedingte Glaubenspositionen äußern. Letztere wiederum beruhen auf konfessorischen Akten.
Es gilt die These, daß die Frage nach *inner*konfessorischen Diskursbedingungen, also den Bedingungen für mögliche konfessorische Akte, der *theologische* Kernkomplex von interkonfessionellem Unterricht (Ökumene), Interreligiosität und Interkulturalität ist. Und umgekehrt: ich behaupte im folgenden Interkonfessionalität und Interreligiosität bei mitlaufender Interkulturalität als „*innerkonfessorische*" Strukturprinzipien eines diskurrierenden, weiten und differenzierten Religionsbegriffs, wie Paul Tillich ihn favorisierte.
Die fruchtlosen Begegnungen zwischen den Vertretern der Position A): *Erstens christliche Identität und dann zweitens weitere Verständigung*[414] und Position B): *Fragmentarische Identitäten durch Verständigung als Glaubenswagnis und Glaubensprozession* boten bisher nur regelmäßig Ordnungspragmatikern Gelegenheit, jurisprudente Kommentare abzugeben, um letztlich doch (mit schlechtem Gewissen?) auf der Basis einer unter Handlungsdruck behaupteten Minimal-Übereinkunft allgemein einen engen Religionsbegriff zur Grundlage z.B. des Religionsunterrichts zu machen, dessen restliche „Weiten" unausgesprochenen unter der Hand als schulisches Missionsfeld und (mit Barth) als „Äckerlein ... im Frieden mit dem modernen Wissenschaftsbegriff" doppellegitimiert werden.

---

[414] vgl. Identität und Verständigung. Standort und Perspektiven des Religionsunterrichts in der Pluralität, Eine Denkschrift der EKD, Gütersloh 1994.

Diskussionspapier
Tractatus theologico-ökumenicus
Ein Querschnitt [415]

3   „Aufeinanderbezogene, wechselnde, handlungsentlastete Redehandlungen von Intersubjekten" leben von jeweiligen thetisch-konfessorischen Wagnissen. „Konfessorisch" meint nicht „kirchenkonfessionell-denominativ", sondern ist Index dafür, das Wagnis einer Be*lieb*igkeit zu verantworten, die mehr uns beherrscht als wir sie (Be*lieb*igkeit versus Will-Kür) [416].

3.1   Folie aller multikulturell-interkulturellen und interkonfessionellen Kontakte ist *inner*konfessorischer Widerstreit. Die erstgenannten Kontakte lenken oft nur vom *inner*konfessorischen Widerstreit ab, anstatt ihm zu entsprechen.

4   Anfang, Ende und Unterhaltungswert der Traditionsbildungen[417] ist Frag-Würde: Woher komme ich? Wer bin ich? Wohin gehe ich?

4.1   Wie ist mit dem Unwissbaren umzugehen (Ideologiekritik)?

4.2   „Das Bekenntnis im protestantischen Sinne steht nicht auf der Offenbarungsseite, sondern auf der Glaubensseite der christlichen Wahrheit" (K. Beyschlag).

4.2.1   Psalmgebet als Widerstreit von Klagelied und Lobpreis (versus Werbung).

5   Theo-Logie: Gott verzeiht, daß Gott gegen Gott kämpft.

5.1.   Gott schwankt (Jona).

---

[415] zum Kontext vgl. B. Beuscher, Positives Paradox. Entwurf einer neostrukturalistischen Religionspädagogik, Wien (Passagen) 1993; ders. u. D. Zilleßen, Religion und Profanität, Weinheim (Beltz) 1998; ders., Diskurs, – um Gottes Willen. Gewagte Konstruktionen Praktischer Theologie, in: H. Burckhart u. H. Gronke (Hg.), Die Idee des Diskurses. Interdiziplinäre Annäherungen, Berlin **2000**, 225-257.

[416] vgl. (aktuelle) Debatte zum menschlichen Willensvermögen (Luther war dieses Thema 1516 in drei Thesen angegangen unter der Überschrift „Disputation über des Menschen Vermögen und Willen ohne die Gnade". 1518 folgte dazu ausführlich seine „Heidelberger Disputation". 1524 erschien Erasmus' "Vom freien Willen", worauf Luther ein Jahr später mit „De servo arbitrio" antwortete); vgl. (aktueller) reformatorischer Rechtfertigungsstreit (E. Jüngel, Das Evangelium von der Rechtfertigung des Gottlosen als Zentrum des christlichen Glaubens, Tübingen 1998); vgl. Freud, Foucault, Lacan (Dispositive der Macht dienen der Kaschierung der Ohnmacht der Selbst-Beherrschung: Römer 7,15-24).

[417] Gemeint ist hier der Kontext jüdisch-christlicher Traditionen.

5.1.1 Gott stirbt.
5.1.2 Gott ist lebendig.
6 Es gilt der „quergestrichene Christus" (E. Güttgemanns): a≠A.
7 Theologie = KonkursDiskurs.
8 Philosophie/Soziologie = DiskursKonkurs.
9 Theologie und Philosophie/Soziologie sind wechselseitig aufeinander angewiesen.
10 Traditionsbildung = Konkurs als Diskurs.
11 Bildungstradition = Diskurs als Konkurs.
12 Gegen eine „Monsterökumene" (P. Sloterdijk) ermöglichen Sprach(ver)störungen (Babel) kommunikative Kulturen über Sprachgrenzen hinweg.
12.1 Diese haben sich vor der „Wut des Verstehens" (Schleiermacher) und „Systemwut" (Diesterweg) zu schützen.
13 Traditionsbezüge sind keine Schonbezüge, sondern live-Prozesse, die nur durch Strapazierung wie neu erhalten werden.
14 Gottesbild(er) und Götzenbild(er) sind zu unterscheiden.
15 Religionspädagogik arbeitet nur wenig im Sinne von „Kursbuch Religion", sondern überwiegend im Sinne vielfach zu inszenierender Religion als Diskurs.
16 Selbstwidersprüche sind das „Protestantische Prinzip" (P. Tillich) dieser Diskurse (Glaube und Zweifel). Als solche sind sie humanes Gütesiegel und Qualitätsmerkmal.

19. Vorlesung

„Es gibt wichtigeres auf der Welt als Religionsunterricht."[418]

Der Begriff „Ideologie" kann im religionspädagogischen Bedeutungskontext grundsätzlich verstanden werden als Bezeichnung für unangemessene Abkürzungsversuche, im Blick auf Gott und die Welt Ordnung und Übersicht in die unübersichtliche Welt zu bringen. Daß entsprechende Neigungen unbewußt sind, macht Ideologie gefährlich. Paul Tillich forderte deshalb primär eine „Kraft der Selbstkritik".[419]
„Der Protestantismus muß nicht nur gegen andere Ideologien, sondern auch gegen seine eigenen kämpfen ... Die Schöpfung dieser Ideologien – religiös gesprochen dieser Götzen – ... geschieht unbewußt. Es ist nicht eine bewußte Fälschung oder eine politische Lüge; wenn das der Fall wäre, so wären die Ideologien nicht sehr gefährlich."[420]
Ideologie ist getrieben von der fixen Idee, ganze Sache zu machen, Ganzheiten (Totalitäten) in Blick auf Inhalt, Form und Durchführung herzustellen bzw. zu bewahren. Angesichts der vielfältigen gesellschaftlichen und wissenschaftlichen Umbruchphänomene gewinnen weltanschauliche Orientierungsfragen zunehmend an Bedeutung. Religionspädagogen und Religionspädagoginnen können sich heute der Erwartung, „Pädagotchi", „Wertedealer" oder „Ethitainer" im Sinne funktionalisierter Religion zu sein, nur schwer entziehen. Es herrscht Hunger nach endgültigen Lösungen (Endlösungen). Postmoderne Umstände verstärken diese Neigung zu Mechanismen totaler und sicherer Alles-Erklärungen. Es wird über die Unterrichtszeit hinaus eine religionspädagogische Hauptfrage sein, unter welchen Bedingungen der Mensch „in Frag-Würde"[421] leben kann, anstatt sich der Lebenskomplexität durch Blasiertheit zu entziehen. Dazu darf sich Ideologiekritik nicht in intellektueller Reflexion auf Inhalte erschöpfen, sondern wird schon im didaktischen Unterrichtssetting angelegt sein müssen. Daß (Unterrichts)*Sprache* und (Unterrichts)*Stil* im Blick auf eine Erziehung zur Fähigkeit einer Scheidung der Geister (Ideologiekritik) vielleicht eine größere Rolle spielen als die Produktion weiterer fundamentaltheologischer Kataloge, kann noch nicht als re-

---

[418] Eröffnungssatz der Abschiedsvorlesung von Dieter Stoodt am 3.7.1992; vgl. dazu Die Grundschulzeitschrift 64 (1993) 2-4.
[419] P. Tillich, Systematische Theologie, Band III, a.a.O., 284.
[420] P. Tillich, G.W., Bd. 7, a.a.O., 92/93.
[421] RB XXX.

ligionspädagogischer Konsens gelten, obwohl dieser Aspekt theologisch schon lange im Blick ist. So hieß es zum Römerbriefkommentar Karl Barths, welcher Theologe wohl als einer der schärsten theologischen Außenanalytiker ideologischer Neigungen gelten kann: „Gerade um das auszudrücken, was der ‚Römerbrief' in Wahrheit sagen wollte, mußte Barth anders reden lernen, als er im ‚Römerbrief' geredet hat. Der ‚Römerbrief' ist das, wogegen er selbst am schärfsten wettert und blitzt: ‚religiöse Genialität'. Sein Schreien ‚nicht ich! Sondern Gott!' lenkt alle Blicke auf *ihn*, statt auf Gott. Sein Schrei nach Distanz ist distanzlos."[422] „Es besteht eine starke Spannung zwischen dem Sprachstil und der gemeinten theologischen Sache."[423] Auf die kompensierende Wirkung von Ästhetik um einer Ethik der Ethik willen bis in Unterrichtsmethodik hinein kann hier nur hin- bzw. auf noch folgende Vorlesungen vorausgewiesen werden.

Die Grundfrage, an der sich die Geister (totalitäre Ideologie versus religionspädagogische Theologie) scheiden, lautet, wie mit dem Unwissbaren/Unüberschaubaren umzugehen ist.

„Die Geschichte aller marxistischen Gruppen ... zeigt, daß ohne den gegen sich selbst gerichteten prophetischen Geist auch diejenige politische Gruppe notwendigerweise Ideologien verfällt, die den anti-ideologischen Kampf am bewußtesten geführt hat ... Das Problem der politischen Ideologie kann nur religiös gelöst werden, was selbstverständlich nicht heißt, daß es unter Führung bestimmter Kirchen gelöst werden soll ... Was von der Ideologie im politischen Leben gilt, gilt auch von der Ideologie im persönlichen Leben. Der gegen sich selbst gerichtete Ideologie-Verdacht kann sich nur in dem Maße durchsetzen, in dem der Geist frei von seinen eigenen Fixierungen bleibt ... Der Traditionalist, der Dogmatiker und der Fanatiker sind verschiedene Arten von Ideologie-Strukturen ... Ihre Auflösung ... darf nicht nur auf negativem Wege vor sich gehen. Sonst werden jene inhaltsvollen, wenn auch ideologischen Strukturen durch inhaltslosen Skeptizismus ersetzt ... Allein der religiöse Geist ist imstande, Ideologien aufzulösen, individuell und politisch, ohne in Skepsis und Handlungsunfähigkeit zu treiben ... Die Tragik der Existenz wäre absolut, wenn Handeln nur möglich wäre in der Kraft festgehaltener Ideologien ... ."[424]

---

[422] H. U. v. Balthasar, Karl Barth, Darstellung und Deutung seiner Theologie, Köln MCMLXII, 92.
[423] E. Thaidigsmann, a.a.O., 194.
[424] P. Tillich, G.W., Bd. 9, a.a.O., 191/192.

Ideologisierungen dienen dem Menschen als entwicklungspsychologisch notwendige Spiegel, in denen er sich seiner eigenen heilen Ganzheit - wenn auch spiegelverkehrt - imaginär versichert (Einbildung). Da, wo wir der Leere und unserer Ohnmacht begegnen, plazieren wir das Ideal, d.h. uns selbst. Ideologisierungen wollen also die Einsicht in die reale Hinfälligkeit allen menschlichen Lebens und dessen reale Hingegebenheit in Paradoxien und existentielle Kontamination mit Schuld (transmoralisch: Erbsünde) abschirmen. Jedoch ist unbeschädigtes bzw. unbeschädigendes Sein und Tun in dieser Welt nicht verheißen. Das ist die (ethische) Grundkrise, zugleich ideologischer Grundantrieb. Allein die theonome These von der Rechtfertigung des Gottlosen eröffnet die Möglichkeit einer heilsamen Ent-Täuschung, die die Unvermeidlichkeit von Ideologisierung als Selbsterkenntnis entschärft und somit die politisch-gesellschaftliche-soziale Gestaltungsenergie nicht lähmt, sondern vom ideologischen Streß erlöst und freisetzt. Barth spricht deshalb ausdrücklich von „relativen Möglichkeiten" des Guten, die trotz aller Vorbehalte vehement zu vertreten sind (Stil).[425] Eberhard Jüngel hat entsprechend die christliche Liebe (agape) zwischen x-Beliebigkeit und Willkür beschrieben als „die sich ereignende Einheit von Leben und Tod zugunsten des Lebens."[426]

Die religiösen Funktionszuschreibungen des 19.Jahrhunderts waren meist unfreundlich („Opium des Volkes") und konzentrierten sich auf die fortschrittshemmende Schädlichkeit eines falschen Trostes oder das „Ende einer Illusion". Der zeitgenössische funktionale Religionsbegriff[427] klingt dagegen oft recht freundlich und verweist auf gesellschaftsstabilisierende Nützlichkeiten wie Kontingenzbewältigung und Wertegarantien. Doch das, was christologische Religion vor solcher ausschließlich bedürfnisorientierter Religiosität auszeichnet, ist, daß sie von der Götzenkritik im alten Israel bis zur Transzendierung der Schemata des Tausches, wie sie Jesus praktizierte und lehrte, nicht zweckmoralisch (Praktische Vernunft) orientiert ist.

Als religionspädagogische Hauptsache ist deshalb die Einführung in einen ideologiekritischen Umgang mit der religiösen Dimension des menschlichen Lebens zu favorisieren, die das gewagte Einüben in konfessorische Akte nicht gesellschaftlich tabuisiert, sondern in den öffentlichen Diskurs zu integrieren vermag: öffentliche Einübung gewagter konfessorischer Akte statt staatliche

---

[425] RB 447-462, 453, 514.
[426] E. Jüngel, Gott als Geheimnis der Welt, Tübingen 1977, 434.
[427] vgl. N. Luhmann, Funktion der Religion, Frankfurt 1977.

Versorgung mit kirchenkonfessionalistischen Gesinnungsnischen. Es ginge für den Religionsunterricht dann nicht vorrangig darum, das lautstarke Bedürfnis „Antwort auf Fragen" zu befriedigen, sondern zu versuchen, existentielle Fragen zu den ganzen Antwortsystemen zu rekonstruieren und neu und authentisch Fragen zu fertigen gesellschaftlichen Antworten zu formulieren, z.B: „Was war eigentlich noch einmal die Frage, auf die der Computer die Antwort ist?" Der entsprechende Terminus Technikus in der Theologie Paul Tillichs lautet „Entschlossenheit": „Entschlossenheit transzendiert das moralische Gewissen, seine Argumente und Verbote ... Das gute, transmoralische Gewissen besteht in der Annahme des bösen, moralischen Gewissens, das unvermeidlich ist, wo immer Entscheidungen getroffen und Taten getan werden."[428]. Konfession ist so das Gegenteil von „Freiheit in der Wahl der Ideologie"[429] und Glaube ist dann im Gegensatz zu Ideologietreue konfessorisch, religiös und kulturell gelebter konfessorischer Prozeß, in dem sich Orientierung ergibt und sich Orientierung vorübergehend auch verlieren kann. Um diesen Prozeß, dessen Gütesiegel existentieller Zweifel und (Selbst)Widerspruch ist, offenzuhalten, darf sich Religion nicht auf unangreifbare Positionen festlegen, sondern muß für Neues, Fremdes und Widerständiges ein wenig bereit und offen sein und Unübersichtlichkeit zwar nicht lieben, aber leiden können. Religionspädagogik kann dann nicht zum Ziel haben, Menschen aus der Welt hinauszuführen (Rattenfänger) oder vor der Welt zu bewahren, indem sie in uterale/paradiesische Räume leitet. Jona: nicht nur Walfischbauch, sondern auch ans Ufer spucken! Der verlorene Sohn: nicht nur zu Hause bleiben bzw. heimkehren, sondern auch gehenwollen, gehenlassen und Erfahrungen (mit der Erfahrung) machen! Gott: nicht nur rigide Scharfrichterinstanz, sondern auch (Gott sei Dank und Jona zum Verdruß) schwankend inkonsequent! Das Leben: nicht nur Schöpfungsdimension, sondern auch Exodusdimension! usw. Das unterscheidet die Heilsbotschaft von Ideologie:

„Die Heilsbotschaft ... ist nicht eine Wahrheit neben anderen, sie stellt alle Wahrheiten in Frage. Sie ist Angel, nicht Türe ... Apologetik, Sorge um den Sieg der Heilsbotschaft, gibt es nicht ... Die Heilsbotschaft ist nur *glaub*würdig, sie kann überhaupt nur *geglaubt* werden. Darin besteht ihr Ernst, daß sie sich zur *Wahl* stellt: dem, der dem Widerspruch und dem Verharren im Wi-

---

[428] P. Tillich, G.W. III, a.a.O., 69.
[429] Adorno/Horkheimer h. W. Adorno, M. Horkheimer, Dialektik der Aufklärung, Frankfurt 1969, 150.

derspruch nicht gewachsen ist, zum Ärgernis - dem, der der Notwendigkeit des Widerspruchs nicht ausweichen kann, zum Glauben."[430]
So fallen im Unterschied zu Idelogie Glaubwürdigkeit und Fragwürdigkeit im Merkmal der Würde in eins. Bekenntnis steht „nicht auf der Offenbarungsseite", sondern bewegt sich „auf der Glaubensseite der christlichen Wahrheit."[431] Eine Religion, die sich dagegen absolut gebärdet, wirkt unheilvoll und folgt allein den totalitären Gesetzen des ideologischen Marktes. Christliche Religion entfaltet ihre Kraft nicht dadurch, daß sie das Leben gegen den Tod sichert, mit Normen Orientierungsfragen stillstellt, Differenz mit Einheitsappellen diskreditiert, Allmacht statt Ohnmacht verspricht. Demnach hat im Religionsunterricht nur der etwas zu suchen, der etwas zu suchen hat (gilt für Lernende *und* Lehrende). Entsprechend ist in den Richtlinien zur evangelischen Religionslehre für die gymnasiale Oberstufe für NRW (1981) ein zwei Seiten umfassender Abschnitt mit dem Titel „Erläuterungen zum Begriff ‚Kritisches Verstehen'" zu finden, wo es hieß: „Wesentliche Arbeitsvorgänge im Religionsunterricht lassen sich mit dem Begriff ‚Kritisches Verstehen' zusammenfassen ... In dieser theologischen Ideologiekritik wird Ideologie verstanden als der immer gleiche Versuch des Menschen, seine eigene Endlichkeit und Geschichtlichkeit dadurch zu verhüllen, daß er sich und Objekten seiner Welt Unendlichkeit zuspricht ... der Christ ... ist ... auch zum ständigen Ideologieverdacht gegen sich selbst verpflichtet" (29/30).
„Das entscheidende Kriterium für die Wahrheit des Glaubens besteht deshalb darin, daß er ein Element der Selbstkritik in sich enthält" und entsprechende Spurenelemente in seinen Gestaltungen mit sich führt. Deshalb ist „das Glaubenssymbol der Wahrheit am nächsten, das nicht nur das Unbedingte, sondern zugleich den eigenen Mangel an Unbedingtheit ausdrückt. Das Christentum besitzt im Kreuz des Christus dieses Symbol in vollkommener Weise."[432]
Es ist deshalb nur konsequent, wenn Stoodt für sein Lebenswerk bilanziert: „Es gibt wichtigeres auf der Welt als Religionsunterricht."[433] Den Hang zum Fundamentalismus, den Drang, Religion ideologisch zu benutzen, entwickeln besonders solche Menschen, die keine religionspädagogische Grundbildung und Aufklärung in der Schule erfahren haben. Religion hängt mit unkontrol-

---

[430] RB 11,12,15.
[431] K. Beyschlag, Grundriß der Dogmengeschichte, Darmstadt 1988, 19.
[432] P. Tillich, G.W., Band 8, a.a.O., 176-177.
[433] D. Stoodt, a.a.O., 4

lierbaren Fragen zusammen, die jeden Menschen angehen. „Du kannst nicht garantieren, daß du heute abend nicht verrückt wirst. Du kannst nicht garantieren, daß du, was du dir vorgenommen hast, auch durchhältst. Du kannst überrannt werden von deinen Gefühlen, und wenn du nicht mehr kannst und weißt, wie es weitergeht, wirst du dennoch weiterleben. Das sind die Dinge, die in der Religion verhandelt werden. Wer das nicht wahrhaben und deshalb Religion im Dunkeln lassen will, der muß zusehen, wie Religionen im Privaten und Verborgen vor sich hin dämmern, um irgendwann mit schreckliche Kraft nach außen zu explodieren."[434] In diesem Kontext spricht Paul Tillich von Schule als einem „kleinen Versuchsinstitut" im Sinne von Religionspädagogik als fächerübergreifende, propädeutische Grundausbildung.[435]

„Evangelischer Religionsunterricht hat nicht die Aufgabe, eine Konfession neben anderen oder ‚Religion' neben anderen Gegenständen zu lehren, sondern er hat die Aufgabe, die menschliche Lage in ihren profanen und religiösen Äußerungen, soweit sie dem Schüler bekannt und verständlich sind, von der Grenze des Menschlichen her sichtbar zu machen ... Es muß vielmehr gezeigt werden ... daß die evangelisch verstandene christliche Verkündigung einen radikalen Protest gegen jede kirchlich-konfessionelle Verhärtung ihrer selbst enthält."[436]

Ein weiter und differenzierter Religionsbegriff, der seine eigene Relativität mitschleppt, wäre ein Anti-Blockiersystem für unvermeidliche ideologische Gefahrensituationen im gesellschaftlichen Verkehr unter kritischen Witterungsbedingungen. Seine Basis ist keine Theorie des Absoluten, sondern ein Gottesbild, das seine (Sprach)Bildlichkeit nicht unterschlägt.

---

[434] ebd.
[435] P. Tillich, G.W., a.a.O., Band 9, 245.
[436] ebd. 233/234.

Die Diskussionsrunde in Schlaglichtern:

Es wurde ausgiebig nachgefragt zur These Tillichs von der grundsätzlichen Unbewußtheit von Ideologie, welche diese erst so gefährlich macht. Ideologie als Grunddynamik aller libidinösen Aufladung sei also unvermeidlich, was ja auch mit den vorangegangenen entwicklungspsychologischen Exkursen zum Verhältnis von Bedürfnis und Begehren übereinstimme. Wie könne man dann Ideologisierungen wehren? Also Wiederholung der Frage: „Wie ist mit dem Unwissbaren/Unüberschaubaren umzugehen?"
Es käme aufs Loslassen-Können an: zupacken, festhalten und – gegebenenfalls – wieder loslassen usw. Es wurde eine besondere Betonung auf das Tillich-Zitat gelegt: „Die Tragik der Existenz wäre absolut, wenn Handeln nur möglich wäre in der Kraft *festgehaltener* Ideologien" (s.o.). Und: dieses Loslassen ist weniger intellektueller Akt als Lebens- / Unterrichts*stil*: Ideologiekritik darf sich nicht in intellektueller Reflexion auf Inhalte erschöpfen, sondern wird schon im didaktischen Unterrichtssetting angelegt sein müssen

IV
Gerechtfertigte Bildung
Gebildete Rechtfertigung:
PoliteiaDidacta

20. Vorlesung

„alle Maße sind vor Ort zu überprüfen/Arbeit am Schwachsinn".

Mir scheint z. Zt. der politischen Ehrenworte und Ehrenrührigkeiten gerade eine günstige Gelegenheit, im Zusammenhang einer Kunst der Religionspädagogik Maße vor Ort zu überprüfen (s.o.)
Was Paul Tillich unter der Überschrift „Kunstpolitik" annonciert, soll Schwerpunkt der heutigen Vorlesung sein: es soll gehen um die politische Relevanz theologischer Bedingungen einer religionspädagogischen Fachdidaktik.
„Kunstpolitik
Die kunstpolitische Reaktion in Thüringen hat zwei gute Folgen. Eine für die Kunst: sie macht das politische Gewicht der Kunst offenkundig. Und eine für die Politik: sie enthüllt die geistigen Hintergründe einer politischen Bewegung, die mehr als gewöhnlich im Dunkeln lagen.
Die erste Folge muß von der Kunst begrüßt werden, weil sie dadurch aus der Sphäre des 'Ästhetischen' befreit wird, in die bürgerliche Theorie und Praxis sie verbannt hatten. Sie war etwas geworden, das man 'auch' hat, die feinste, seltenste Blüte der Kultur, der edelste Schmuck eines Lebens, das im übrigen im Wirtschaftskampf und Alltag verging. Zwar hatte die Kunst selbst in ihren größten Schöpfungen immer wieder diesen Bann durchbrochen. Sie hatte Ärgernis gegeben und war dafür vom Bürger verspottet und bekämpft worden. Aber sobald sich eine neue Form durchgesetzt hatte, wurde sie wieder ästhetisiert. Ihr politischer Gehalt wurde unsichtbar.-"[437]
Daß es sich bei dem Verhältnis von Kunst und Politk in der Tat um ein diffiziles handelt, erinnert auch folgende Passage Peter Sloterdijks:
„Die postmodernisierte Moderne votiert (wenn nicht alles trügt) für den Vorrang der Demokratie vor der Kunst und der Philosophie. Die eher angenehmen Konsequenzen hieraus: Friedliche Koexistenz aller Botschaften ohne Gewalt und ohne Gehalt; die Kultur der Bestenlisten als ewige Wiederkehr des geringfügig Anderen; Selbstbeschallung der Mediengesellschaften mit dem immergleichen immerneuen Gemisch aus Nonsense und No-Nonsense; Freiheit der Wahl zwischen verschiedenen Handelsformen derselben Dekadenz; Emanzipation der Sprecher von der Zumutung, etwas zu sagen zu ha-

---
[437] P.Tillich, G.W., Band 13, a.a.O., 169.

ben. Was die eher unangenehmen Konsequenzen angeht, so sind sie hier nicht unser Thema"[438],
– das der Vorlesungen zur Kunst der Religionspädagogik aber schon. Denn diese „unangenehmen Konsequenzen" laufen möglicherweise u.a. hinaus auf „Christentum als Ideologie", wie Tillich in einer „Stellungnahme zur Erklärung des Kabinetts v. Papen" ausführt:

„Die Regierungserklärung des Kabinetts v. Papen ist ein Dokument, an dem aufs Eindrucksvollste klar gemacht werden kann, was politische Ideologie ist. Ein Kabinett, das auf dem Bündnis von Groß-Industrie, Groß-Agrariertum und Militär beruht, spricht in einer verhältnismäßig kurzen programmatischen Erklärung von Gott und Christentum, von christlichen Kräften und unveränderlichen Grundsätzen der christlichen Weltanschauung. Der Zusammenhang, in dem das geschieht, muß selbst solche stutzig machen, denen Charakter und Rolle der Ideologie im politischen Leben bisher unbekannt war. Selten hat sich eine Ideologie so unverhüllt als Ideologie ausgesprochen. Selten hat eine regierende Machtgruppe es gewagt, die sittliche und religiöse Idee so uneingeschränkt für ihr politisches Programm in Anspruch zu nehmen und die gegnerischen Gruppen sittlich und religiös herabzusetzen ... Wichtiger aber und gefährlicher ist der ideologische Mißbrauch des Christentums in der Regierungserklärung. Für den protestantischen Laien und Theologen ist es unmöglich, dazu zu schweigen ... Christentum der Etikette, das ist Christentum als Ideologie ... Nicht der politische Machtwille der Gruppen, die hinter der neuen Regierung stehen, an und für sich ist zu verurteilen; er ist selbstverständlich und begründet das Wesen der politischen Gruppe. Enthüllt und bekämpft werden aber muß die ideologische Verkleidung dieses Machtwillens durch Berufung auf Christentum und Sittlichkeit. Der Schaden ist kaum wieder zu heilen, den der ideologische Mißbrauch des Christentums dem Christentum selbst zufügt."[439]
Tillich schüttet jedoch nicht das Kind mit dem Bade aus:
„Um ein mögliches Mißverständnis auszuschließen, muß betont werden, daß wir nicht mit dem Typus des liberalen Protestantismus übereinstimmen, der den Protestantismus mit der Haltung eines ewigen Protestes im Sinne einer

---

[438] P. Sloterdijk, Sphären II 787; vgl. auch ebd. S. 981, 991, 1003-1005.
[439] P. Tillich, G.W., a.a.O. 179/180.

negativen intellektuellen Kritik in eins setzt. Eine solche Haltung wird vom protestantischen Prinzip zurückgewiesen."⁴⁴⁰
Was dann? „Entschlossenheit"!
Bedingung für eine politisch wichtige Scheidung der Geister im Blick auf Heiliges und Profanes ist die Unterscheidung der Zwei-Reiche-Lehre von „2-Bereiche-Lehren".
In diesem Sinne könnte man als das Beste an der Barmer Theologischen Erklärung vom Mai 1934 den Umstand bezeichnen, daß diese von Barth - während die lutherischen Kollegen Mittagsschläfchen hielten - „mit Kaffee und 1-2 Brasil-Cigarren versehen"⁴⁴¹ redigiert wurde, wie es umgekehrt von Barth später als das Schlechteste, als „Schuld"⁴⁴², eingesehen wurde, daß dort nicht Klartext zur Judenverfolgung gesprochen worden war.
Defensive Abkapselungs- und Internisierungstendenzen und Rufe zur Besinnung „auf das der Kirche Eigentliche" häufen sich. Das gemeinsame Impulspapier der Vereinigung Evangelischer Freikirchen und der Evangelischen Kirche in Deutschland beklagt unter ständiger Apostrophierung von „Postmoderne" den drohenden (Einfluß)Verlust ungestörter, kuscheliger Gemeinderäume, in die nun umgekehrt an allen Ecken und Enden Weltraum und Cyberspace einzufließen drohten. „Postmoderne" fungiert dabei als Tarn- und Schimpfwort für den heimlichen Ärger über die Kontamination der Ecclesia mit „Welt". Warum sollte es hier auch anders ergehen als bei James Bond, dessen vorläufig letzte Episode betitelt ist mit „Die Welt ist nicht genug"?
Nicht weniger verräterisch sind jedoch entgegengesetzte Forderungen, sich als Kirche in die Gesellschaft einzumischen. Für Entmischungs- wie Vermischungsappelle gilt gleichermaßen: Gott und Welt *sind* untrennbar unterscheidbar vermischt. „Wo theologisch geredet wird, da wird implizit oder explizit immer auch politisch geredet."⁴⁴³
Heiliges und Profanes sind nur je und je konfessorisch, höchst differenziert und sehr glaubensgewagt (als Vermischtes) unterscheidbar.
Der entsprechende Terminus Technikus in der Theologie Paul Tillichs lautet „Entschlossenheit"⁴⁴⁴ bzw. „Entschiedenheit"⁴⁴⁵: „Entschlossenheit transzendiert das moralische Gewissen, seine Argumente und Verbote ... Das gute,

---

⁴⁴⁰ P. Tillich, G.W., Band 7, a.a.O., 56.
⁴⁴¹ Eberhard Busch, Karl Barth's Lebenslauf, Gütersloh 1975, 258.
⁴⁴² ebd. 260.
⁴⁴³ Karl Barth in einem Brief vom 27.2.39
⁴⁴⁴ P. Tillich, G.W., Band 3, a.a.O., 69.
⁴⁴⁵ vgl. ebd. Band 2, 219ff: Die sozialistische Entscheidung (1933).

transmoralische Gewissen besteht in der Annahme des bösen, moralischen Gewissens, das unvermeidlich ist, wo immer Entscheidungen getroffen und Taten getan werden."

„Zum christlichen Glauben gehört die Anerkennung der Weltlichkeit der Welt."[446] Diese beginnt für den christlichen Glauben jedoch mit der Zumutung der (Selbst)Anerkennung seiner ureigensten Weltlichkeit: Selber Welt! Dietrich Bonhoeffer notiert dazu in seiner Gefängniszelle unmittelbar nach dem gescheiterten Anschlag auf Hitler die Wendung „erst in der vollen Diesseitigkeit des Lebens glauben lernen".

„Politik z.B. wird *möglich* von dem Augenblick an, wo der wesentliche Spielcharakter dieser Sache am Tage ist, wo es klar ist, daß vom objektiven Recht dabei nicht die Rede sein kann, von dem Augenblick an, wo der absolute Ton aus den Thesen wie aus den Gegenthesen verschwindet, um einem vielleicht relativ gemäßigten, vielleicht relativ radikalen Absehen auf menschliche Möglichkeiten Platz zu machen."[447]

Religiöse Überzeugungen könnten also - gerade wegen ihres Bezugs aufs Absolute (eschatologischer Vorbehalt, Protestantisches Prinzip) - relativierungsfähiger und somit politisch diskursfähiger sein als „wertneutrale" oder „rein" säkulare Überzeugungen.

Ich erinnere nochmals an eine bereits zitierte Passage:

„Die Geschichte aller marxistischen Gruppen ... zeigt, daß ohne den gegen sich selbst gerichteten prophetischen Geist auch diejenige politische Gruppe notwendigerweise Ideologien verfällt, die den anti-ideologischen Kampf am bewußtesten geführt hat ... Das Problem der politischen Ideologie kann nur religiös gelöst werden, was selbstverständlich nicht heißt, daß es unter Führung bestimmter Kirchen gelöst werden soll ... Was von der Ideologie im politischen Leben gilt, gilt auch von der Ideologie im persönlichen Leben. Der gegen sich selbst gerichtete Ideologie-Verdacht kann sich nur in dem Maße durchsetzen, in dem der Geist frei von seinen eigenen Fixierungen bleibt ... Der Traditionalist, der Dogmatiker und der Fanatiker sind verschiedene Arten von Ideologie-Strukturen ... Ihre Auflösung ... darf nicht nur auf negativem Wege vor sich gehen. Sonst werden jene inhaltsvollen, wenn auch ideologischen Strukturen durch inhaltslosen Skeptizismus ersetzt ... Allein der religiöse Geist ist imstande, Ideologien aufzulösen, individuell und politisch, ohne in Skepsis und Handlungsunfähigkeit zu treiben ... Die Tragik der

---

[446] Impulspapier 20.
[447] RB 514/515.

Existenz wäre absolut, wenn Handeln nur möglich wäre in der Kraft festgehaltener Ideologien ... ."[448]

Zwischen Rortys „Religion" eines pragmatischen „Es-gibt-nichts-Gutes-außer-man-tut-es" und Derridas Denkmal dekonstruktiver Entscheidungseinsätze vermag das Potential theologisch aufgeklärter religionspädagogischer Fachdidaktik als gerechtfertigte Bildung allen Gefügigkeits- und Instrumentalisierungsversuchen zum Trotz als Bildungspolitikum zu vermitteln (vgl. den aus einem Symposium hervorgegangenen Band: Chantal Mouffe (Hg.), Dekonstruktion und Pragmatismus. Demokratie, Wahrheit und Vernunft, Passagen Verlag, Wien 1999, 195 S., DM 42.- Von den Wehen Theologischer Existenz, die politisch zur Welt kommen muß, ist hier schön zu lesen: „Eine Entscheidung treffen heißt Gott verkörpern" (128)).

Aus dem Exil in New York schreibt Paul Tillich am 1. Dezember 1933 nach den ersten Wochen des Eingewöhnens erleichtert, daß er und seine Frau endlich einen Schulplatz für ihre Tochter Erdmuthe gefunden haben: „Die Schule ist wundervoll in ihrer Art, Disziplin ohne Willensbrechung durchzuführen. Es gibt keine Bänke, sondern Tischchen mit Stühlen, oder die Kinder sitzen auf der Erde im Kreise um die Lehrerin herum. Die Kinder arbeiten teilweise jedes für sich, ohne daß eine Beeinträchtigung der sehr guten Disziplin entstünde, Spielestunden wechseln mit Arbeitsstunden ab, es wird viel gemalt, und der ganze Unterricht scheint für alle Kinder ein reines Vergnügen zu sein. Ich hörte klagen, daß zu wenig wirkliches Wissen vermittelt würde, aber das können wir bis jetzt nicht beurteilen."[449]

Am 1. Februar 1934 bestätigt er jedoch seine erste positive Einschätzung: „So ist hier sehr vieles ähnlich und doch auch ganz anders. Am wichtigsten ist zweifellos die tiefe Erschütterung des alten Fortschrittsoptimismus. Ich merke die Erschütterung natürlich am stärksten in der Theologie, wo meine Problemstellungen unmittelbar in die Situation passen. Aber auch in Philosophie und Pädagogik machen sich die gleichen Erschütterungen bemerkbar. Der Erziehungsgedanke scheint mir der wichtigste zu sein, den die Amerikaner überhaupt zur Zeit haben. Die positive Seite dieser Gedankenbildung haben wir an Erdmuthes Schule erlebt."[450]

---

[448] P. Tillich, G.W., Bd. 9, a.a.O., 191/192.
[449] ders., G.W., Band V der Ergänzungs- und Nachlassbände, a.a.O., 206/207.
[450] ebd. 215.

„Die Volksschule und die Bildung der Lehrer darf sich nicht länger an vergangenen Vorstellungen und Formen ausrichten. Der Volksschule ist nur nach vorwärts zu helfen" (Synode der EKD vom 30.4.1958).

„Folglich wird es genau aus dem Grund notwendig zu stabilisieren, weil die Stabilität nichts natürliches ist; weil es eine Instabilität gibt, wird die Stabilisierung notwendig; weil es da Chaos gibt, gibt es die Notwendigkeit der Stabilität. Nun sind dieses Chaos und diese Instabilität, die fundamental, grundlegend und irreduzibel sind, zugleich das Schlimmste, wogegen wir uns mit Gesetzen, Regeln, Konventionen, Politik und provisorischer Hegemonie wehren, ebenso aber auch eine Chance, eine Chance eines Wandels, eine Chance zu destabilisieren. Gäbe es eine kontinuierliche Stabilität, dann gäbe es keine Notwendigkeit für Politik, und insofern die Stabilität nicht natürlich, essentiell oder substantiell ist, existiert Politik und wird Ethik möglich" (Jacques Derrida 185/186).

Die Diskussionsrunde in Schlaglichtern:

Es wurde nachgefragt und präzisiert zur Unterscheidung zwischen dem von mir kritisierten bloßen „reformpädagogischen Image" und „experimenteller Didaktik", wie sie im theologischen Kontext von Exodus- und Schöpfungstraditionen religionspädagogisch favorisiert wurde.
Meine Polemisierungen im Blick auf reformpädagogischen Imageschwindel sind nur legitim im Blick auf gegenwärtige Auswüchse (vgl. VL Religionspädagogischer Markt). Hinsichtlich des historischen „Ensembles Reformpädagogik" zur Jahrhundertwende ist Hochachtung angebracht, was auch durch die entsprechenden Briefpassagen Tillichs aus Amerika unterstrichen werden sollte.
Es wurde die These vertreten, daß die vermeintliche „unpolitische" Haltung der heutigen Jugend oder Menschen in Europa selber auch als hochpolitisch verstanden werden kann.
Zum Kriterium ständig mitlaufender Selbstkritik wurden Anschauungsbeispiele beschrieben (Schüler- bzw. Klassenparlament; thetisches Argumentieren mit „ ..., - *oder*?!" abschließen).

21. Vorlesung

> „Keine 'Praxis' *neben* der Theorie soll hier empfohlen, sondern festgestellt soll hier werden, daß eben die 'Theorie', von der wir herkommen, die *Theorie der Praxis* ist."[451]

Der Dekan der philosophischen Fakultät in Frankfurt schreibt in Tillichs Todesjahr (1965) in seinem Beileidsbrief an Hannah Tillich:
„Daß der Theologe das philosophische Lehramt verwalten konnte, entspricht seinem Begriff der Theologie. Sie war ihm kein Fach neben der säkularen Lehre von der Wahrheit, sondern eins mit der Bemühung um den Sinn des eigenen und fremden Lebens, um die Frage nach dem Verhältnis von Bestehendem und dem, was anders ist. Zwischen Theorie und Praxis, Tun und Denken, Sonn- und Werktag hat er nie so starr zu scheiden gewußt, wie es in der Gegenwart immer mehr üblich wird."[452]

Und anlässlich einer Gastvorlesung 1935 in Chicago berichtet Tillich:
„Die deutschen Studenten sind geschichtlich und philosophisch besser vorgebildet, auch die Sprachkenntnisse, Lateinisch, Griechisch und Hebräisch sind verbreiteter als hier, wo man Theologie studieren kann, ohne Hebräisch und Griechisch zu können. Das rein theoretische Interesse ist bei den guten deutschen Studenten intensiver, dafür sind die amerikanischen Studenten menschlich reifer, dem Leben näher und in einem viel persönlicheren Verhältnis zu den Professoren. Typisch dafür ist, daß viele der Professoren mit dem Vornamen von den Studenten angeredet werden. Dieses Verhältnis wird auch dadurch unterstüzt, daß die Studenten vielfach älter sind als in Deutschland, nach Jahren praktischer Tätigkeit auf Grund des damit verdienten Geldes zur Universität zurückkehren und den Doktorgrad erwerben. Der Zielpunkt alles ihres Denkens ist aber die Praxis. Nur von hier aus würdigen sie die theoretischen Probleme. Praxis bedeutet dabei nicht einfach Berufstätigkeit, sondern Gestaltung der Wirklichkeit. So gibt es in jeder theologischen Fakultät eine meistens recht große Abteilung für religiöse Erziehung und eine ebenso große für Sozialethik. Die zweite hat zur Zeit für die meisten Fakultäten die gleiche zentrale Bedeutung, die in Deutschland die systematische Theologie hat. Die Frage der sozialen Gestaltung steht so im Vorder-

---
[451] RB 450.
[452] Ergänzungs- und Nachlassbände zu den G.W. von Paul Tillich, Band V, Stuttgart 1980, 184, 226.

grund des theologischen Interesses, daß die eigentlich theologischen Probleme häufig darunter leiden und ein Schweizer Student bei seiner Abschiedsrede sagte, er hoffe, daß die reine Theologie in den theologischen Fakultäten nicht ganz ausstürbe. Diesem Interesse verdanke ich selbst einen großen Teil meiner hiesigen Tätigkeit, vor allen Dingen meiner ziemlich ausgedehnten auswärtigen Vortragstätigkeit. Daß ich ihm auch eine Reise nach Florida verdanke, darüber später.

Im übrigen ist die Lage bei den besten Studenten zur Zeit so, daß die naive Anwendung der Theologie für soziales und politisches Handeln infolge der schweren Erschütterungen der Krise einigermaßen ins Wanken geraten ist, so daß, wenn auch nur bei kleinen Gruppen, ein gelockerter Boden auch für tiefere und grundsätzlichere Probleme vorhanden ist. Das war die Voraussetzung für einen, wenn auch begrenzten Erfolg meiner Lehre vom Menschen."[453]

„Praxisaufwertung" lautet heute ein neuer Schlüsselbegriff. Doch es gibt Probleme, und das Defizit, auf das reagiert wird, bedarf differenzierter Diagnostik.

In den Empfehlungen der Gemischten Kommission zur Reform des Lehramtsstudiums Evangelische Theologie im Auftrag des Rates der Evangelischen Kirche in Deutschland heißt es:

„Um den Kontakt der Lehrenden zu den Studierenden und ihrem späteren Berufsfeld zu fördern und ihnen einen Einblick in die Veränderungsprozesse von Schule und Religionsunterricht zu ermöglichen, ist es wünschenswert, daß Lehrende sich kontinuierlich dem Religionsunterricht ... aussetzen. Lehramtsausbildung kann nicht nur von erinnerter, teilweise weit zurückliegender eigener Schulpraxis zehren und auch nicht nur von der Lektüre einschlägiger Publikationen leben, sondern bedarf einer lebendigen Kommunikation zwischen Schule und Hochschule ... Auf Stellen, die für die Religionspädagogik bzw. Didaktik der Evangelischen Theologie ausgeschrieben sind, soll nur berufen werden, wer eine mindestens dreijährige selbständige Schulpraxis nachweist."[454]

Die Option auf eine kontinuierliche Integration sich gegenseitig befruchtender Theorie und Praxis leuchtet ebenso ein wie die Auffassung, daß es lebenshinderlich ist, nach Erwerb der „Allgemeinen Hochschulreife" das psy-

---

[453] ebd.
[454] Im Dialog über Glauben und Leben, Gütersloh 1997, 83, 94.

chosoziale Moratorium ins Studium hinein zu verlängern. Mit der Perspektive nachbeständigem, wechselseitigen Kontakt und Kommunikation setzt die Kommission einen entscheidenden Impuls über den Horizont des Hochschulrahmengesetzes hinaus. Ein Blick in dessen Synopse (http://www.forum.uni-kassel.de/hhg/archiv/faksimile/hrgsyn.html) zeigt, daß in dessen alter und neuer Version allein von einer dreijährigen Schulpraxis die Rede ist: „Auf eine Stelle, deren Funktionsbeschreibung die Wahrnehmung erziehungswissenschaftlicher oder fachdidaktischer Aufgaben in der Lehrerbildung vorsieht, soll nur berufen werden, wer eine dreijährige Schulpraxis nachweist" (§44 Abs.3). Daß die Empfehlungen der Kommission 11 Seiten nach der oben zitierten Passage auch in die Anforderung dieses griffigen Quantums münden, läßt leicht das dort eingangs gesetzte Anspruchsniveau in den Hintergrund rücken.

Kann Routine allein Qualitätskriterium sein? Warum drei Jahre? Warum nicht drei Monate oder fünf Jahre? Praxisquantität bedeutet nicht sehr viel, kann im Gegenteil sogar von Nachteil sein. Hat jemand jahrelang falsch praktiziert, wird dies schwer zu ändern sein und vielmehr einen entsprechenden Niederschlag in dessen Lehre finden. Praxis, Praktikum kann ja bedeuten, daß Junglehrer und Nachwuchswissenschaftlerinnen sich nur an traditionellen Formen und sogenanntem Altbewährten orientieren. Daß dies unter den gegenwärtigen Bedingungen der Spätmoderne Konjunktur hat, liegt nahe. Ein Mehr an Praxis kann sich als Breitbandmedizin erweisen, die als unerwünschte Nebenwirkung Resistenzen zeitigt. Z.B. kann die Kluft zwischen Wissenschaftswissen („Theorie") und beruflichem Handlungswissen („Praxis") manifestiert werden, und entsprechende „Feiertagsdidaktiken" werden fortgeschrieben.

Die Forderung nach einer dreijährigen Schulpraxis für Lehrende innerhalb der Lehramtsstudiengänge wendet sich gegen die Selbstimmunisierung des Fachspezialistentums. So weit, so gut. Damit wird nämlich gegen überwunden geglaubte Bereichshierarchien plädiert: gegen Fachdidaktik als sekundäre Hilfs„wissenschaft" zum Erwerb des nötigen Handwerkzeugs dafür, wie Güter möglichst geschickt zu transportieren sind; gegen die Praxis, sich der lästigen Praxisorientierung im Lehramtsstudium billig zu entledigen durch Lehraufträge für Lehrer und Lehrerinnen, die eine Auszeit von der anstrengenden Praxis brauchen; gegen Hochschulpraktiker als Schulpraxisflüchtlinge. Aber das Kind wird mit dem Bade ausgeschüttet, wenn es zugleich (fast) unmöglich ist, daß Hochschullehrer diesem Kriterium entsprechen können: wer Wehr- oder Zivildienst, Studium, Referendariat und drei Jahre Unterrichtstätigkeit samt Promotion und Habilitation bis zu seinem 30./35. Lebensjahr schaffen muß, handelt sich zwangsläufig soziale Defizite und kommunitäre Unreife ein. Kriterien der „Persönliche(n) Eignung" (§45 HRG) werden vernachlässigt.

Was ist erforderlich, damit die angestrebten und begrüßenswerten Reformen nicht behindert werden und als pragmatischen Grillen und politische Mucken routinisierter Wissenschaft in einer Sackgasse enden? „Gutes? – Hauptsache man tut es!" ist kein gutes Motto. Bloße Routiniertheit zum Qualitätskriterium zu erheben ist auch unter politischen Handlungszwängen eine unzulässige Komplexitätsreduktion. Praxisaufwertung ist nicht mit Praxisvermehrung gleichzusetzen. Damit sich in der Lehrpraxis etwas ändert in dem Sinne, daß Ausbilder wie Auszubildende nicht abgehoben, unselbständig und realitätsfern sind, müssen die empfohlenen kontinuierlichen Kontakte institutionalisiert werden. Lehrende und Lernende müssen wieder und wieder in neue Schulen gehen, und zwar selbständig von Anfang an. Selbständige Praxis darf nicht erst nach dem Referendariat beginnen (wie im HRG angenommen), sondern in der Kindertagesstätte. Vor allem darf die in Kindergärten, Grundschulen und weiterführenden Schulen erworbene Selbständigkeit an der Hochschule nicht wieder gelähmt werden. Im Blick auf Seminarbeiträge, Hausarbeiten und Praktika gilt: nicht so viel vorsorgen, vorschreiben, vormachen und „an die Hand nehmen", sondern ausrüsten, zumuten, gehen lassen, langsam kommen lassen und dann konferieren, berichten, reflektieren. Es kommt also auf die empfohlene (zeitlich unbegrenzte) Kontinuität des Wechsels von Versuch und Reflexion an. Auch ein „Halbjähriges Praktikum nach dem Grundstudium" (GuL 91) ist nur dann zu bgrüßen, wenn es keine „Insel" weitab von Lehre und Theorie darstellt, sondern in den Kontext eines Seminarlabors eingebunden ist. Welche praktischen Konsequenzen z.B. aus *der* Praktikumserfahrung gezogen werden, daß zehn von fünfundvierzig Unterrichtsminuten für Kakaogeld draufgehen, ist eine Frage theoretischer Vorgaben: „Wenn die Theorie falsch ist, kann die Empirie nicht richtig sein ... Es gibt keine Empirie ohne Theorie" (Eva Heller).

Separation sowohl nach dem *Theorie-versus-Praxis-Klischee* als auch nach dem linearen *Erst-die Theorie-danach-in-die-Praxis-Modell* wird für Theorie und Praxis tödlich sein. Die Klage, daß es „in der deutschen Religionspädagogik nur alle Jubeljahre einmal vorkommt, daß ein wirklicher Wissenschaftler und Theologe gefeiert wird" (so Christoph Bizer in einer Festrede für Peter Biehl), sollte nachdenklich machen. Verkehrt ist es, als Gegenreaktion entsprechender Minderwertigkeitsgefühle Didaktik derartig zu hypertrophieren, daß der Eindruck einer Ersatzfunktion für mangelnde inhaltliche Konzeption entstehen muß, was Christoph Türcke 1986 dazu veranlaßte, über „metaphysische Grillen und theologische Mucken didaktisierter Wissenschaft" zu schreiben. Wenn in Referendariat und Schulalltag nicht Zeit und Ort für (*kontinuierlich begleitende*) theoretische Reflexion ist und im Studium nicht Zeit und Ort für (*kontinuierlich begleitende*) Praxisversuche, sieht die Zukunft der Bildung nicht rosig aus. Es kommt auf eine reflexionsfähige und diskursbelastbare Didaktikpraxis und praxisfähige, testbelastbare Didaktiktheorie an.

Welches Medium könnte beides Vermitteln? Eine gute Übung, um das Didaktikverständnis als applikatives Funktionalisieren absoluter Inhalte (Transportverfahren für Güter) aufzulösen, ist es, Methode als Inhalt zu lesen und umgekehrt. Die Kunst der Wissenschaft beginnt mit der Ahnung, daß Erkenntnis und Interesse, Ethik und Ästhetik, Wahrheit und Methode nicht durch willkürliche, verfügungsrationale Zweck-Mittel-Funktionen miteinander äußerlich verbunden sind, sondern Fachwissenschaft und Fachdidaktik analoge Seiten einer Medaille sind, deren Grad an Adäquatheit zugleich Maß ihrer Effektivität ist. *Vermittlungsmedium dieser Integration von Praxis und Lehre von der Grundstufe des Bildungwesens bis zur Hochschule ist in Theorie und Praxis experimenteller Unterricht.* Entsprechende Impulse dazu kamen übrigens schon sehr früh aus der Theologie aus Gründen, die hier nicht ausgeführt werden können. Z.B. beklagte Friedrich Schleiermacher (1768-1834) die „Wut des Verstehens". Friedrich A. Diesterweg (1790-1866) kritisierte die „Systemsucht- und wut" und die „einpaukende und oktroyierende Praxis" des Religionsunterrichtes und favorisierte explizit „Systemlosigkeit" als didaktisches Prinzip. Hugo Gaudig (1860-1923) hob hervor, daß nicht die Lehrer, sondern die Schüler lernen müssen, gute Fragen zu stellen, daraus Teilaufgaben abzuleiten und in Gruppen zu bearbeiten. Unterricht solle „nicht zu Lösungen führen", sondern dazu, selbst angemessene Lösungsstrategien zu entwickeln. Und Paul Tillich forderte aus theologischen Gründen Schule als „kleines Versuchsinstitut." Hier gilt nicht nur das Experiment als kreatives Moment im Unterricht, sondern Unterricht als experimenteller Prozeß schlechthin. Daß Theologie als gewagtes Wissen in didaktischer Konsequenz nur auf religionspädagogischen Werkstattunterricht hinauslaufen kann, bedeutet mehr als reformpädagogisches Image. Wechselseitig miteinander vermittelte Praxis und Theorie unterscheiden sich wesentlich von populären Ansätzen, die die Selbsttätigkeit oft nur zur reproduzierenden Nachahmung bestehender Vorgaben und zu einer möglichst harmonischen Einführung in diese Nutzen wollen. Praktische Experimente bedürfen gründlicher Überlegung und Präzision bezüglich Zielvorstellungen, Planung, Verfahrensweisen, Methodik und Materialien. Es gilt Mehrwissen in Frag-Würde statt Besserwissen in Grundbescheiden, Didaktik statt Taktik, Rezepturen statt Rezepte, Leerstellen statt Fülltexte, Fragment statt System, symptomsensibles Symbolisieren statt applikatives Symbolhantieren. Sind dies auch theologisch-religionspädagogische Impulse, so ist doch m.E. dieses Anspruchsprofil fachlich nicht begrenzt. Derartige Unterrichtspraxis im Sinne von Didaktik statt Taktik kann als Komplexitätsinszenierung und Dramatisierung von Lernprozessen verstanden werden. Die Aufgabenstellungen können selbst Thema werden.

Mehrere Wochen Training im Team einer entsprechenden Unterrichtswerkstatt können fruchtbarere Impulse bewirken als jahrelange Einzelkampfroutine. Was im experimentellen Unterricht induktiv an Durchhaltevermögen, Kooperationsgeist und komplex-differenzierter Ahnung gelernt wird, kann selbst in jahrelanger Belehrungsarbeit nicht erreicht werden. Hier liegt der Schlüssel zur Theorie/Praxis-Integration, denn nur hier wird mit Bedacht und beherzt getan und gelassen.

Laut Zeitungsberichten will das neue NRW-Hochschulgesetz „mehr Freiheit und Verbindlichkeit zugleich" praktizieren. Theoretisch wird dies schon lange gefordert (vgl B. Beuscher, Der Geschmack von Verpflichtung und Abenteuer. Zur Konzeption des Schulpraktikums im Fach Religionspädagogik als bildungspolitisches Paradigma, in: Neue Sammlung 1 (1995) 35-44). In der Wirtschaft wird dieser Ansatz schon lange mit großem Erfolg umgesetzt: „Da sprüht die Trantüte vor Ideen, der Stille beginnt zu reden, und die Scheuen werden selbstbewußt" berichtet ein Meister in einer Autofabrik über die Folgen der Umstellung auf eigenverantwortliche Teamarbeit. Die Krankenstände sanken rapide. Allerdings gerät dieses menschenadäquate Modell in der Industrie zur Zeit durch Preisdumping aus Fernost wieder stark unter Druck. Ob man gute Autos unter Mißachtung des menschlichen Faktors in Fließbandroutine produzieren kann, sei dahingestellt. In Sachen Bildung und Erziehung kann das zu gegenteiligen Effekten führen: „Schnell fort; die tun was." Solange „Do it yourself" und „lerning by doing" nur uniformer Nachbau vorgestanzter Teile laut vorgegebenem Bauplan ist, beschleicht mich jedenfalls das Gefühl, das Beste am Studium sei vielleicht das Jobben.

Nicht nur Studienanfänger wollen oft zunächst nur tun, was man ihnen sagt, und bestehen darauf, daß man ihnen sagt, wo's langgeht. Leistungseffektive Lust und Neugier müssen erst (wieder) geweckt werden. Das Neue entsteht aus Neugierde, nicht aus Reformeifer. *„Doing by lerning – lebenslang"*, das müßte der Kern der Praxisaufwertung sein. Viel und mehr Praxis ohne konstruktivistischen Theoriehorizont lähmen Flexibilität und Innovation und ruinieren Forschung und Wissenschaft. Praxisaufwertung ohne theoretisches Konzept und Profil ist Zeichen von Theoriemüdigkeit. Lehr- und Lernwerkstätten können wieder aufwecken.

22. Vorlesung

Welche Religionsbücher braucht die Schule?
Der Religionspädagogische Markt zwischen Taktik und Didaktik

1　Etikettenschwindel?

> Die Mannigfaltigkeit der Gegenstände
> verwirrt jeden, und es ist bequemer,
> anstatt sie zu entwickeln, geschwind
> zu fragen: woher? und wohin?
> J. W. v. Goethe

Ein Blick in Verlagskataloge bestätigt, was als „List des Fundamentalismus" und „als ein konstitutives Problem der Religionspädagogik" beschrieben worden ist: die konzeptionellen Selbstdarstellungen wollen antifundamentalistisch sein, schlagen jedoch oft inhaltlich und stilistisch „ins Fundamentalistische um."[455] Gerade die gegenteiligen Beteuerungen in den Annoncen belegen das schlechte Gewissen. Ausnahmen bestätigen die Regel.
„Du sollst nicht belehren. Vom absichtslosen, lustbetonten Vorlesen und Erzählen in der Schule, im Religionsunterricht und daheim." Ohne Umschweife „Komm!" ruft (befiehlt?) eine „Hinführung der Kinder zum Bußsakrament und zur Eucharistie": „Auf stärkere Betonung des praktischen Glaubensvollzugs wird besonders geachtet. Die aktuelle Situation der Kinder wird eingehend berücksichtigt." – Andere betonen „Mehr Lust am Lernen. Wege zu einer menschenfreundlichen Schule. Spirituelle Impulse - Praktische Übungen - Unterrichtsbeispiele." – „Basteln im Religionsunterricht ... Ein 'Rezeptbuch' - die langgesuchte Fundgrube". – „Ganzheitliche Methoden im Religionsunterricht ... eine Trendwende im Religionsunterricht. Es stellt ganzheitliche Methoden praxisnah vor, macht konkrete Gestaltungsvorschläge für einen körperbewußten, kreativen und erfahrungsbezogenen Religionsunterricht." – „In Farben und Formen. Biblische Texte gestalten. 60 Vorschläge." – „Den Alltag unterbrechen - Kurs Gotteslehre ... Es ist spannend, das Buch zu lesen, sich auf der Gottessuche von dem Autor leiten zu lassen ... Die Gedankenführung ist klar und gut nachvollziehbar; die Zusammenfassungen mit

---

[455] Chr. Kahrs, Das Dilemma der Problemorientierung und die List des Fundamentalismus. Beobachtungen zur Religionspädagogik am Beispiel einer Unterrichtseinheit, in: EvErz 4 (1995) 385-394.

der Überschrift 'Durchblick' ermöglichen lernpsychologisch sinnvoll gedankliche Stationen, die der Vergewisserung dienen." Texte werden als „nicht nur sach- und altersgerecht, sondern auch realitätsnah" angepriesen. – „Neben Texten finden sich zahlreiche Abbildungen vor allem aus der Kunst." –
„Reli, Bibel-Lesen? - Oh Gott, oh Gott! Muffige Bleiwüste, keine geilen Bilder, null Action, total uncool! Trotzdem: das 'Buch der Bücher' bleibt der Grundlagentext der westlichen Kultur. Die Arbeitsmappe beweist, wie leicht es ist, Jugendliche für den alten Wälzer zu begeistern ... Sex und Crime aus dem gelobten Land ... Ein himmlisches Vergnügen mit teuflisch guten Texten." –
Weiter finden sich: „Unterrichtshilfen", „Unterrichtsideen Religion", „Ideenkiste Religion", „Unterrichtsmodelle Religion", „Arbeitshilfe Religion", „Werkbuch Religion", „Bewegter Religionsunterricht. Theoretische Grundlagen und 45 kreative Unterrichtsentwürfe". – „Malvorlagen Religion. Die Malvorlagen orientieren sich an den Lehrplanthemen." – „Ein Praxisbuch gestaltorientierter Religionspädagogik mit einer Vielzahl ausgearbeiteter Projekte." „Baupläne Religion". – „Entdeckungen machen ... Der Schüler soll die theologische Überlieferung in ihrer biblischen Begründung, ihrer geschichtlichen Entfaltung und ihrer gegenwärtigen Lebenswirklichkeit entdecken und als Orientierungshilfe für die eigene Lebensgestaltung nutzen. Dabei will das Unterrichtswerk keine fertigen Antworten geben." – „Kursbuch Religion Neuausgabe". – „Das neue Kursbuch Religion". – „Kursbuch Religion 2000 ... betont werden das selbständige Handeln der Schülerinnen und Schüler, die aus einer Vielzahl an Handlungsimpulsen auswählen können, eine verstärkte narrative Ausrichtung wie die Berücksichtigung ganzheitlicher, spielerischer, musikalischer und kreativer Angebote und Methoden." – „Reli ... Das neuartige, handlungsorientierte Unterrichtswerk nimmt die Lebenswelten der HauptschülerInnen ernst und motiviert zu produktivem Denken und Gestalten. Jeder Band mit Projektideen und jugendgemäß gestaltetem Lexikon." – „Zur Hoffnung erziehen". – „Glaubenswerkstatt für kleine Leute ... Ein Glaubensbuch mit viel Platz zum Ausmalen und Basteln!" – „Danke, daß ich auf der Welt sein darf. Gebete für Kinder von Alleinerziehenden ... In traditionellen Gebetbüchern sind Alleinerziehende nicht vorgesehen." – Daß das „Kursbuch Religion 2000 - die Richtung stimmt!" mit einer Dampflock als Titelbild ins nächste Jahrtausend startet, läßt ins Grübeln kommen. Es sieht so aus, als wird auf dem Bahnhof der Aufmerksamkeit ein Zug begrüßt, der vor vielen Jahren abgefahren ist, mit

einer Miene, als gelte es zu entscheiden, ob die Dampflock erfunden werden soll. Hier wird jedenfalls gesagt, wo es langgeht, hier werden Weichen und Signale gestellt: „'Kursbuch Religion' ist ein Unterrichtswerk, das Kindern und Jugendlichen Spaß macht ... Das Leben miteinander kann spannend sein. Dies ist die Message des neu konzipierten Kursbuchs Religion."

Wendungen und Begriffe wie „Kritische Korrelation von Glaubenstradition und Lebenssituation", „Ganzheitlicher Unterricht mit Kopf, Herz und Hand", „Ungewohnte Bilder, die sehen, erzählen und diskutieren lehren", „Handlungsorientierung", „Sinnenhaftes Tun", „kreativ" und „körperbewußt", „ansprechend", „abwechslungsreich", „vielfältig", „gutes Layout" gehören heute zum Grundvokabular von Werbebroschüren für Religionsunterrichtswerke samt entsprechender Labels (Freiarbeit, Wochenplanarbeit, Projektarbeit, Wahldifferenzierter Unterricht, Werkstattunterricht, Laborunterricht). Ein reformpädagogisches Image gilt als unverzichtbar. Aber meistens halten die Ankündigungen nicht, was sie versprechen. Stattdessen werden vermittlungsorientierte und auf Reproduktion angelegte Lernkonzepte fortgeschrieben. Unter den Parolen Schüler-, Alltags-, Lebenswelt-, Erfahrungsorientierung werden aus Motivationsgründen in präpariertem (Schulbuch)Gelände Läufe über ausgefeilte künstliche Hindernisse veranstaltet, wobei das unwegsame Gelände des Lebens, in das wir immer schon gestellt sind, eher stört und vergessen wird: Bücher wie Vergnügungs- und Abenteuerparks. „Schüler- (Alltags-, Erfahrungs)Orientierung" heißt: da Lehrer und Lehrerinnen kein theologisches Konzept haben, sollen (womöglich „empirisch" errechnete) Schüler- (Alltags-, Erfahrungs)Fiktionen den Lehrern und Lehrerinnen Orientierung geben.

Nach der Textlastigkeit verbreiteter hermeneutischer Religionsdidaktiken führt dieser reformpädagogische Etikettenschwindel mit dem Image „jünger-knalliger-peppiger" zu Schwindelgefühlen, die umso panischer wieder mit rigiden Bescheiden beruhigt werden müssen. Bunte Materialschwemmen lassen anfängliche Abwechslungseuphorien schnell verpuffen und schüren stattdessen bei Lehrern wie Schülern fatale Klarheits-, Eindeutigkeits- und Endgültigkeitsbedürfnisse. Diese Kluft zwischen geweckter Erwartungshaltung und erlebter Verlorenheit macht unbeweglich in jeder Hinsicht und führt bei Daueranwendung zu altkluger Bigotterie, Zynismus und Resignation.

2 Von der Bibel als Fibel zu Fibeln als Bibeln?

> „Läßt man dich nicht deine Frage produzieren
> mittels beliebiger Elemente, werden sie dir *gestellt*,
> dann bleibt dir nichts Belangvolles mehr zu sagen."[456]

Nachdem jahrzehntelang das schulische Heil im Umgang mit der christlichen Tradition darin gesucht wurde, mit der „Bibel als Fibel" eine hermeneutische Duldungsnische zu finden, hat sich im Multimedia-Zeitalter längst konservativ die auratische Folie „Fibel als Bibel" untergeschoben. Schulbuch, Lehrbuch, Handbuch, Hackerbibel, Netzführer: nach einer Phase „Bibel als Fibel" sucht man buchstäblich Halt an Fibeln als Bibeln. Am fundamentalistischen Sog ändert das nichts. Im O-Ton von Verlagsprospekten hört sich das z.B. so an: „Lehrerhandbücher, die eine Bibliothek ersetzen: Theologie, Religions-, Kunst- und Kulturgeschichte in einem. Zugleich ein grundlegender religionsdidaktischer Entwurf, der dem Fach eine zukunftsfähige Neubestimmung ermöglicht ... Würden Lehrerinnen und Lehrer das Gesamtwerk durcharbeiten, hätten sie die bestdenkbarste Aus-, Fort- und Weiterbildung in Theologie mit allen belangvollen Seitenstraßen." Schul-/Lehr-/Handbücher zu überschätzen steht aber dem entgegen, was (Religions)Bücher in jüdisch-christlicher Tradition an Lernprozessen intendieren. Immerhin beginnt die Geschichte der Tora damit, daß die gemeißelten Steintafeln erst einmal zerbrechen.

(Buch)Medien, die als Informationsquellen dienen, sind eine wichtige Arbeitsressource für jeden Lernprozess und auch für den Religionsunterricht in hoher Qualität und in ausreichendem Umfang greifbar. Verdorben wird ihr didaktischer Wert durch das oft mit ihnen verwobene oder ihnen beigesellte betuliche Gängeln im Sinne von Nachbauanleitungen. Ein gutes Schulbuch für den Religionsunterricht gleicht dagegen einem Spinnrad, mit dem man aus dem Gewölle von Lehrplan, Tradition und existentieller Situation seine (roten) Fäden flechten kann. Auch für Religionsbücher gilt „Orientierung am Anfängergeist" (H. K. Berg). Bücher für den Religionsunterricht müssen Lehrerinnen und Lehrer unterstützen, hinreichend Komplexität zu inszenieren und nicht unnötig zu elementarisieren und zu didaktisieren. Sie müssen ihren Lesern und Leserinnen vielfältige, kommunikative Situationen zur Problemfindung und -lösung zumuten und sie unter anderem dazu anleiten, weitere brauchbare Informationen zu finden, Diskussionen über Sachverhalte

---

[456] G. Deleuze, C. Parnet, Dialoge, Frankfurt 1980, 9.

und Streitgespräche über Dilemmata geregelt zu führen sowie Teamarbeit effektiv zu gestalten. *Arbeitstexte* und *Informationen* (Mehrwissen) sind weniger als Bescheidgabe und Besserwissen, sondern als Inspirationsimpuls, als Intervention, These, Provokation, Rohmaterial zur weiteren Verwendung anzulegen. Grundbescheide („Mitte des Textes") und „Erklärungsschnelldienste" (H. Rumpf) rufen dagegen schnell den Effekt altkluger Vertrautheit hervor, der in Überdruß umschlägt. *Bilder* sollten im Idealfall nicht illustrierend doppeln, sondern unspektakulär ein irritierendes Moment enthalten, das einen Spannungsbogen eröffnet und eine Spur der Komplexität der Lebensphänomene wahrt. Es ist sinnstiftend, nicht zu schnell Bedeutungszuschreibungen festzustellen, sondern sich zunächst formaler Entzifferungsbemühungen zu unterziehen: was ist (nicht) zu sehen? Farben, Formen, Details, Klänge, Geräusche, Risse. Bei vermittlungsorientierten Lehrbüchern und damit verbundenen Zuordnungs- und Wiedererkennungsritualen überwiegt das Rezipieren des Lernstoffes und das Nachvollziehen von Vorgedachtem. Die *Aufgabenstellungen* sind geschlossen mit einem hohen Anteil reproduzierender Verständnis- und Beurteilungsfragen. Ganz anders bei aneignungsorientierter Arrangementdidaktik. Bücher sollen hier nicht zu Lösungen führen, sondern den Schülern und Schülerinnen die Arbeitsmethoden erschließen, die sie befähigen, selbst vorläufig zu Lösungen zu kommen. Arbeitsaufträge beinhalten unabschließbare Aufgaben zum Recherchieren, Vergleichen, Werten, Interpretieren, Einschätzen, Konstruieren, Revidieren, Überarbeiten. Das Dilemma von Schulbüchern liegt darin, daß man (gegen alle emanzipationserzieherischen Beteuerungen) stets den Erfahrungen Anderer mehr trauen muß als dem eigenen Vermögen. Dieses Dilemma kann entschärft werden, wenn „Lehrbücher" als „Leerbücher" immer auch (gezielt) zu wünschen übrig lassen. Diese Religionsbücher sind nicht auf Finalität (welcher Art auch immer) angelegt, sondern auf Evokation. Sie bilden keine Antwort- oder Lösungslisten und auch keine Frage-Antwort-Systeme, sondern unterstützen Frag-Würde. Die didaktische Qualität entsprechender Religionsbücher liegt nicht in dem Maße eleganter Nahtlosigkeit in der Entsprechung von Text, Bild und beabsichtigter Aussage, sondern gerade in den feinen Irritationen und Brüchen des arrangierten Materials. Es geht nicht darum, sich Fragen bzw. in Frage zu stellen, sondern darum, daß die Schüler die Fragen, in die wir gestellt *sind*, als *ihre* Fragen mittels nichtdeterminierter (bzw. über- oder unterdeterminierter) Elemente als inneres Lernen selber repräsentieren. Das wiederum läuft mitnichten darauf hinaus, Schüler und Schülerinnen im Trüben fischen zu lassen, sondern auf die Fähigkeit, heuristisch geschickt zu fragen. Laborunterricht ist kein Laberunterricht. Im Gegensatz zu Mechanismen der Wisenssicherung wird es auch notwendig sein, gesichertes Wissen vergessen zu können. Wissen ist nicht auf Information zu reduzieren und Reflexionen und Deutungen sind nicht der Alleinherrschaft naiver Strategien wie Zeichendefinitionen, Tatsachenaussagen und Normdurchschnittsberechnungen zu unterwerfen. Bücher gegen Buchwissen: Buchwissen, grund-, haupt-, ober- oder hochschulisch geförderter Angelesenheitsdünkel, institutionalisiert nötige Phasen psychosozialer Moratorien als infantilen Dauerzustand. Beispielantworten als Möglichkeit zur Selbstkontrolle legen doch das vom Lehrer Erkannte als wichtig und richtig fest und lassen keinen Spielraum für andere wichtige Antworten und Aspekte, für Weiterentwicklungen und dafür, in Schwierigkeiten zu geraten, in Komplexität einzuführen und die Differenziertheit der Fragehorizonte zu schärfen. Es empfiehlt sich nicht, Aufgaben stets als reine Anregungen in der Möglichkeitsform anzubieten (Hier könnt ihr ..., vielleicht suchst du dir ein Bild zu ...). Gerade wenn Schüler klare Anweisungen vorfinden, haben sie die Chance, sich damit auseinanderzusetzen und Aufgabenstellungen zu übernehmen, zu modifizieren und zu korrigieren. Vor allen Dingen ist zu vermeiden, daß in Aufgabenstellungen stark wertende Tendenzen erkennbar sind. Schüler sollen selbst werten lernen. Es geht nicht an, daß jemand anders (das Schulbuch, der Lehrer) sich für die Schüler engagiert und ihnen Gelegenheit für eigene Identifikationen und Distanzierungen nimmt. Die Aufgabenstellungen können auch selbst Thema sein.

3   Religionsbücher, Theologie und ihre Didaktik

                                Man kann tun, was man will, sie lernen es doch.

Der Tendenz zu „Fibeln als Bibeln" entspricht eine allgemeindidaktische Tendenz zu „Vermittlung als Gott", mit welchem Titel Christoph Türcke kritisch auf „Metaphysische Grillen und theologische Mucken didaktisierter Wissenschaft" (Lüneburg 1986) gezielt hatte. Ich stimme dem insofern zu, als Didaktik kein Ersatz für mangelnde inhaltliche Konzeption sein kann. Wahrheit und Methode, Erkenntnis und Interesse, Ethik und Ästhetik, Form, Stil und Inhalt müssen sich wechselseitig entsprechen. Ein präzises theologisches Konzept mit klaren theologischen Zielvorstellungen ist Bedingung für ein adäquates Zusammenspiel von Didaktik und Fachwissenschaft. Ohne theologischen Horizont wird Lehrern und Lehrerinnen ihr unmittelbares Praxisverwertungsinteresse zur Falle werden. Selbst differenzierten Studien zum selbständigen Lernen im Religionsunterricht ist jedoch nicht klar, daß ein solcher Zusammenhang besteht. [457] Die Auffassung von Lernprozessen als Transportverfahren für Güter verbunden mit der Auffassung von Tradition als ursprungsmythisch gesicherter Bestand (Traditionsgut) blockieren die Notwendigkeit, (religionspädagogische Unterrichts-)Methoden auch als (theologische) Inhalte zu lesen.

Religionsbücher, die experimenteller Didaktik folgen, entsprechen schon der didaktischen Anlage und Form nach den Inhalten jüdisch-christlicher Traditionen. Verstanden diese (lange vor postmoderner Dämmerung) Theologie als „gewagtes Wissen", so entspricht ihnen Didaktik als „bewußtes Wagnis": Theologie und ihre Didaktik. Der Theologe Paul Tillich sprach aus theologischen Gründen von „Schule als einem kleinen Versuchsinstitut". Die Verwobenheit von Aufbruch und Ordnen, von Exodus- und Schöpfungstradition der jüdisch-christlichen Traditionen wird so praktisch live fortgeschrieben. Experimentelle Didaktik ist eben nicht willkürliche Assimilation aus dem diffusen Materialienpool zu einem Thema, sondern mit Tradition, Lehrplan und Lebenskontext folgt sie den verbindliche Spuren der komplexen Wirklichkeit unter Verzicht auf exklusiven Jargon und instrumentalisierte Symbolvorräte.[458]

Theologie als Gewagtes Wissen kann in religionspädagogisch-didaktischer Konsequenz nur auf Werkstattunterricht hinauslaufen. Experimentelle Didaktik zwischen Wischiwaschi und Reinwaschzwängen erfordert Präzision bezüglich Zielvorstellungen, Planung, Verfahrensweisen, Methodik und Materialien. Dies bedeutet mehr als reformpädagogisches Image. Entsprechende Religionsbücher unterscheiden sich wesentlich von populären Ansätzen, die die Selbsttätigkeit oft nur zur reproduzierenden Nachahmung bestehender Vorgaben und zu einer möglichst harmonischen Einführung in diese Nutzen wollen. Allgemeine Beurteilungskriterien für religionspädagogische Bücher wären dann etwa: Mehrwissen in Frag-Würde statt Besserwissen in Grundbescheiden, Didaktik statt Taktik, Rezepturen statt Rezepte, Leerstellen statt Fülltexte, Fragment statt System, symptomsensibles Symbolisieren

---

[457] vgl. Chr. Lehmann, Freiarbeit - ein Lern-Weg für den Religionsunterricht? Eine Untersuchung von selbständigem Lernen im Horizont kritisch-konsruktiver Didaktik, Münster 1997.

[458] Zur Praxistheorie experimenteller Didaktik vgl. D. Zilleßen, U. Gerber, Und der König stieg von seinem Thron. Das Unterrichtskonzept religion elementar, Frankfurt 1997; D. Zilleßen, U. Gerber, Blicks. Ethik im Alltag, Bad Homburg 1999; B. Beuscher, D. Zilleßen, Religion und Profanität, Weinheim 1998.

statt applikatives Symbolhantieren. Schulbücher für den Religionsunterricht, die nicht abhängig machen, die sich überflüssig machen statt unentbehrlich, wären religionspädagogisch erwünscht. Nicht als Bluff, sondern als Folge eines theologisch relevanten Wagnisses bekommen dann Schwindel und Schwanken Verheißung: unmögliche Didaktik wird zur Didaktik des Unmöglichen. Noch ist dies eine Marktlücke.

23. Vorlesung

Freiheit macht Arbeit.

Aus-Bildung

Viele Lehrende eröffnen die Veranstaltung mit den Worten „Guten Morgen, der erste Referent bitte", was dann ihr Beitrag zum Gelingen des Seminars war. Wieder einmal hat kaum ein Seminarteilnehmer den Text gelesen, wieder einmal meldet sich niemand. Quälendes Schweigen, mühsame Ermunterungen, schleppende Diskussionen. Die Referate bestehen überwiegend aus einer Aneinanderreihung von Definitionen und Zitaten. Und die Seminare sind mangels Diskussionen überwiegend eine blosse Aneinanderreihung solcher Referate. Wortgeklingel, Sermonitis, monotoner Redefluß über Gott und die Welt, „sich Denkfiguren wie Papierschlangen aus dem Halse ziehen" (Adorno).
Derartige Leere macht anfällig für Verfügungsphantasien der Technologiekultur. In der Lehre dominieren didaktische Ambitionen, die Unterricht zum Feld strategischer Operationen und Schüler zur Betreuungsklientel degradieren. Und diese Verfügungsphantasien sind voll kompatibel mit Größenphantasien der Studierenden im Blick auf die künftige Lehrerrolle. Die verbreitete Trägheit und Unbeteiligtheit am Seminargeschehen ist Indiz für Resignation, die wiederum (als andere Seite der Medaille) nur Indikator für unerfüllte Allmachtsphantasien ist.
In der religionspädagogischen Lehrausbildung verstärken sich die Anzeichen, daß die Studierenden es als Angriff empfinden, (noch) etwas lernen zu müssen. Äußerst dominant betreten sie die Bildungs- und Lehrstätten als Bühnen zur (wenn möglich, aber nicht zwingend notwendig gegenseitigen) Pflege ihrer Fertigkeit. Entsprechende, weitverbreitete didaktischen Schwundversionen von „freier Arbeit" treiben mit den Lernenden ein entwürdigendes Spiel, das etwa nach folgendem Grundschema konzipiert ist: ich lasse die Lernenden mal eine Stunde machen, auf das sie mich dann die nächste Stunde machen lassen; ich schmeichel dem Narzißmus der Lernenden („Motivation"), damit sie meine narzißtischen Größenphantasien nicht antasten. So könnte Schule sehr schön sein, wären da nicht noch neben den „braven" die begabten, noch nicht stillgestellten, kreativen, esprit- und humorvollen, (vor)witzigen Kinder, die das Unterrichtsgegängel, worin man sich spiegeln will, stören. Anzeichen für derartiges Gebaren zeigen sich

schon im studentischen Seminar zuhauf: in der betulich-bigotten Art des Bingo-Raten-Lassens, die die strenge Referatform nur schlecht kaschiert, in der ungnädig gekränkten, panischen Liebesentzugsmanier, wenn die Kommilitonen mal für einen Augenblick unruhig und heiter werden („Könntet ihr vielleicht einmal leise sein und zuhören!") oder gar bereits zuhause eigene Textlektüre über gewisse Passagen hinaus geleistet haben („Oh, du hast schon den ganzen Text gelesen, nicht?").

Den Dozenten oder die Dozentin will man als Hampelmann wohl gern hofieren, aber als Teamchefin nicht mitspielen lassen, weil man selber ja Chef (LehrerIn) und nicht Team (Forschungswerkstatt/Labor) sein will. Man sucht sich die Kleinen und vermeindlich Schwachen aus, die doch (noch) das größte Bildungspotential bieten. Freilich nicht für lange: die „Kleinen" lernen schnell ... Es herrschen null Spannungstoleranz und null Kritikbedürfnis. Jede Ergänzung und Korrektur wird heftig abgeschmettert. Jeder kommentierte Aspekt wird legitimiert und ergänzt. Und wenn gar nichts mehr hilft, wird angegriffen: „Ich weiß ja nicht, wann Sie das letzte mal einem Unterricht zugeschaut haben ..." sagt eine Ersemestlerin zum Dozenten.

Armer Lehrer!
Erklärt er länger als 5 Minuten, langweilt er,
erklärt er kürzer, ist er schlecht vorbereitet.

Spricht er laut im Unterricht, dann schreit er,
spricht er leise, dann versteht ihn keiner.

Ist er schick angezogen, ist er ein Snob,
ist er lässig gekleidet, will er sich anbiedern.

Ist er zu Hause, arbeitet er mal wieder nicht,
ist er nicht zu Hause, ist er mal wieder nicht zu erreichen.

Achtet er auf Ruhe und Ordnung, ist er autoritär,
tut er es nicht, kann er sich nicht durchsetzen.

Nimmt er sich für Eltern und Schüler Zeit, macht er zu lang,
macht er es kurz, fertigt er die Leute ab.

Interessiert er sich für die Probleme der Schüler, mischt er sich in alles ein,

tut er es nicht, interessiert er sich überhaupt nicht für sie.
Fordert er Leistung, will er dem Schüler was,
tut er es nicht, kann er nichts.

Ist er jung, hat er keine Erfahrung,
ist er alt, sollte er sich endlich pensionieren lassen.

Armer Lehrer!
Er kann es nie allen recht machen!

(Aus einer Schülerzeitung)

Dies alles zeugt von großer Unsicherheit. Es gälte, aus der Not dieser Unsicherheit selbstbewußt die Chance neugierigen Studiums zu machen. Aber hier läßt sich nichts machen. Aber man kann Möglichkeitsbedingungen schaffen: Laborunterricht, Lernwerkstatt, experiemtelle Didaktik. Eine Werkstätte ist kein Work*Shop*.
In einem Vortrag zur Ausbildung von Religionspädagogen und Religionspädagoginnen reihte sich der Bibeldidaktiker Horst Klaus Berg in die noch ziemlich kleine Schar derer ein, die für einen didaktischen Paradigmenwechsel weg von vermittlungsorientierten Ansätzen hin zu aneignungsorientierten Ansätzen plädieren. Unter der Überschrift „Lernen und Lehren in einer sich wandelnden Welt"[459] diagnostizierte er u.a.:

„Lernen und Lehren in einer sich wandelnden Welt
Die gewohnte, mehr an der Vermittlung von Inhalten ausgerichtete Ausbildung wird zunehmend unzeitgemäß.
Sie setzt ja im Grunde voraus, dass die Inhalte unverändert bleiben - eine Annahme, die sich angesichts der „ewigen Wahrheit" der biblischen Uberlieferung scheinbar von selbst versteht. Veränderungen werden im Rahmen eines solchen Konzepts nur als Anpassungen der Vermittlungsstrategien als notwendig erachtet, etwa im Blick auf bessere lernpsychologische Aufbereitung der Inhalte.
Ein solcher Ansatz aber lässt nicht nur die Unverfügbarkeit und Offenheit der Inhalte außer Acht ... er übersieht auch, dass es zu tiefgreifenden Verän-

---

[459] Horst Klaus Berg: Ausbildung im Spannungsfeld von Hermeneutik und Didaktik, in: RpB 42 (1999) 69-73.

derungen in der Rezeption des Christentums, insbesondere der biblischen Tradition, gekommen ist.
Zuerst zeigen sich Veränderungen bei den Studierenden selbst:
Bei den Studenten der Theologie/Religionspädagogik scheint die Tendenz zu fundamentalistischer Verengung zu wachsen. Als eine Ursache erkenne ich die Furcht, im Dickicht differenzierter wissenschaftlicher theologischer Arbeit den sicheren Stand zu verlieren. Der Rückzug auf die „einfachen Wahrheiten" scheint Orientierung und Halt zu bieten. Verengte Sichtweisen und Neophobie sind die Folgen. Ebenso lässt sich zunehmend beobachten, dass Studenten ihre theologischen Informationen aus Trivialquellen beziehen, nicht selten aus sehr schlichten religiösen (auch: evangelikalen) Schriften, aber auch aus Vorbereitungs-Heften für die Kinder- und Jugendarbeit. Dies scheint ein Indiz dafür zu sein, dass sie in der wissenschaftlichen Theologie und Fachdidaktik nur wenig Anleitung zur Auseinandersetzung mit dem Christentum bzw. zur sachgerechten Vorbereitung von Unterricht finden. Auch die - hinreichend bekannte und oft beklagte - mangelnde Bereitschaft von im Beruf arbeitenden Religionspädagogen und Theologen, sich durchgehend an der erlernten Wissenschaft zu orientieren, weist in die gleiche Richtung: Theologie und Religionspädagogik zeigen sich nicht als hilfreiche Grundlegung und Unterstützung ihrer Arbeit, sondern als Ballast, den man so schnell abwirft, wie „Hans im Glück" den Mühlstein! Als Konsequenz aus solchen und ähnlichen Beobachtungen ergibt sich mir die Aufgabe, Plausibilität im Blick auf die wissenschaftliche Theologie und Religionspädagogik aufzubauen, vielfältige Bezüge zum gegenwärtigen und künftigen beruflichen Leben zu knüpfen."

Berg fasst zusammen: „Weil wir den Gegenstand Theologie nicht 'haben' können ... und weil ein Zugang zur Theologie nur ein lebensbezogener, elementarer Zugang sein kann, sollte ein Studium der Religionspädagogik so angelegt sein, dass es die Lernenden und Lehrenden in einen gemeinsamen Prozess elementaren, demütigen, anthropologischen, von Erfahrungen ausgehenden theologischen Fragens und Denkens bringt." Nach einem Seitenblick auf Ideen und Anstöße aus dem Manager-Training zitiert Berg dann noch einmal „Anfängergeist" als Schlüsselbegriff seiner theologischen Arbeit:
„In seinem bemerkenswerten Buch 'Lernen als Lebensform' hat der amerikanische Professor für Human Systems/OrganisationsentwiCklung, Peter B. Vaill, ein 'Manifest wider die Hüter der richtigen Antworten' geschrieben (Vaill, 1998). Er untersucht zunächst die Voraussetzungen und Bedingungen

konventionellen ('institutionellen') Lernens und benennt charakteristische Merkmale wie Stofforientierung, Fremdbestimmung, Abgeschlossenheit, Hierarchisierung. Er stellt heraus, dass ein solches Lernen nicht mehr ausreicht, um angesichts der gegenwärtigen gesellschaftlichen Herausforderungen bestehen zu können. Als Metapher für den Zustand der Gesellschaft wählt er 'permanentes Wildwasser', um zu kennzeichnen, dass wir uns in komplexen, chaotischen, unberechenbaren und letztlich nicht beherrschbaren Makrosystemen vorfinden. Demgegenüber stellt er ein Verständnis von Lernen dar, das er als 'Lebensform' oder 'Seinsweise' bezeichnet. Sieben Qualitäten zeichnen ein solches Lernen aus:
— Selbstgesteuertes Lernen: Der Lernende entscheidet weitgehend selbst über Inhalte, Ziele, Umfang, Dauer und Erfolg des Lernens.
— Kreatives Lernen: Lernen ist als offener Prozess entdeckender Erforschung der Welt aufzufassen, der Fehler und 'Umwege' als produktiv wahrnimmt.
— Expressives Lernen. Dies meint ein Lernen, das das experimentelle Tun als Grundform anerkennt; erst damit öffnet sich die Chance, die Inhalte in ihrer Bedeutung und Verknüpfung zu erkennen.
— Gefühlslernen: Vaill wendet sich gegen die gängige Trennung von kognitiven und emotionalen Lernprozessen und fordert, Gelerntes mit Gefühl und Geist aufzunehmen.
— Online-Lernen: In Abgrenzung zum herkömmlichen 'Offline-Lernen', das in künstlichen, isolierten Räumen stattfindet und das Leben weitgehend ausblendet, setzt sich Vaill für ein 'Online-Lernen' ein, das den Kontext des Lebens als Lern-Raum begreift.
— Kontinuierliches Lernen: Lernen ist in der 'Wildwasser-Welt' prinzipiell nicht abschließbar, sondern steht immer wieder am Anfang; es geht darum, Schlüsselqualifikationen eines lebenslangen „reflektierten Anfängers" zu erwerben; dies ist nicht in erster Linie als Belastung, sondern als Chance der Entwicklung wahrzunehmen.
— Reflexives Lernen: Wichtig ist, dass der Lernende auch dadurch immer mehr zum Subjekt seiner Lernprozesse wird, dass er sie ständig kritisch reflektiert ... Wie könnte ein solcher Prozess elementarer Theologie sich gestalten?"

Weitere Differentialdiagnostik scheint angebracht. Immer häufiger trifft man heute auf innovative Alte und wertkonservative Junge. Die Funktion „Kritischen Bewußtseins" hat sich umgekehrt, ist doch dessen Aufgabe heute, das angeblich bessere Altbewährte gegen das riskante Neue zu verteidigen. Auch könnte es sich bei dem, was als Theorie- und Politikmüdigkeit erscheint und schnell als Oberflächlichkeit oder Faulheit ausgelegt wird, um eine instinktive Klugheit („EQ") der postmodernen Generation handeln, nicht so blöd zu sein und weiter vom Baum der Erkenntnis zu essen (vgl. Schlüsselszene im Film „Matrix"[460]).

Jedenfalls sind die bei Berg folgenden „Fünf Schritte" keine ausreichende Therapie angesichts der vermuteten Diagnose, wie er auch schließt: „Ich gestehe – es ist in dieser Form eher eine Idee von Ausbildung ..." (83). Ich möchte im folgenden eine Perspektive wagen, indem ich zunächst das theoretische Konzept einer experimentellen Didaktik vorstelle und dann von einem entsprechenden Praxisversuch aus dem Bereich der Hochschule berichte.

Wissen, was gespielt wird (Theorie)

> Der Lehrer steht meistens im Zentrum und damit allem im Wege.

Das tägliche Wechselbad vom unsystematischen Alltagslernen (zu Hause, in der Freizeit) zum systematisches Lernen (z.B. in der Schule) ist nicht zu vermeiden. Die Anerkennung dieser Unvermeidbarkeit ist das Maß an Realismus, an dem sich Projektionen von Lernidyllen von realistischen Lernwerkstattprojekten unterscheiden. Idyllen von Fun-und-Spaßschule betreiben auch dadurch Imageschwindel, indem sie das hegemoniale Gefälle der Unterrichtsinstitutionen verdecken. In Werkstätten jedoch gibt es „Vorgesetzte", Meister (Lehrmeister, keine Meisterlehre!), es gibt Gesellen und Lehrlinge, gibt es verschiedene Gaben und Aufgaben, verschiedene, auch wechselnde Leistungsniveaus, aber alle tragen die gleiche, volle Verantwortung für den Betrieb und das Betriebsklima.

Den Aufgabenstellungen ist besondere Beachtung zu schenken. Es empfiehlt sich nicht, Aufgaben stets als ein reine Anregungen in der Möglichkeitsform anzubieten (Hier könnt ihr ..., vielleicht suchst du dir ein Bild zu ...). Gerade wenn Schüler klare Anweisungen vorfinden, haben sie die Chance, sich damit auseinanderzusetzen und Aufgabenstellungen zu übernehmen, zu modifi-

---

[460] Die Tendenz zum unendlichen psychosozialen Moratorium wird leicht als Faulheit verkannt, ist jedoch instinktiver Abwehrreflex von zu viel Wissen, Theorie- und Problematisierungsmüdigkeit: bloß nicht noch mehr Aufklärung! Lieber klare Instruktionen als Werkstattunterricht...

zieren und zu korrigieren. Vor allen Dingen ist zu vermeiden, daß in Aufgabenstellungen stark wertende Tendenzen erkennbar sind. Schüler sollen selbst werten lernen. Es geht nicht an, daß jemand anders (das Schulbuch, der Lehrer) sich für die Schüler empört und ihnen Gelegenheit ihre Empörung nimmt. Gleichwohl bedarf es der Hilfe des Lehrers und der Lehrerin, aus der Empörung der Schüler Fragen zu gewinnen. Die Aufgabenstellungen können selbst Thema werden.
Systematisches (z.B. schulisches) Lernen kann aber demotivieren. Darum ist es für Lernende wichtig, zu erfahren, daß sich systematisches Lernen auch mit viel Eigenaktivität verbinden läßt. Werkstattunterricht vermittelt diese Erfahrung. Eine Lernwerkstatt ist eine Lern(um)welt. Den Lernenden steht zu einem bestimmten Thema ein vielfältiges Arrangement von Lernsituationen und Lernmaterialien für Einzel-, Partner- und Gruppenarbeit zur Verfügung. Dabei lassen sich die Lernangebote in der Regel im Selbststudium nutzen und ermöglichen dem Schüler die Wahl der Aufgabenfolge, Zusammenarbeit mit Kameraden und Selbstkontrolle.
„Werkstattunterricht" sollte nicht ein Hammer und Hobel erinnern. Das Wort meint hier *Unterricht in der Art einer Werkstatt*: in einer Werkstatt wird gearbeitet, aber nicht alle machen das gleiche. Hier ist ein Handwerker allein an der Arbeit, dort sind welche zu dritt und so weiter, nicht überall arbeitet der Meister mit. Analog ist es beim Werkstattunterricht: Die Schüler arbeiten. Sie Arbeiten an verschiedenen Aufträgen. Sie arbeiten allein oder in Gruppen. Sie arbeiten oft selbständig.
Die Lehrenden werden zur Beratern, Moderatoren und (Not)Helfern, welche Lernprozesse anregen (wenn möglich indirekt), indem sie Aufgaben, Anschauungsmaterial und Hilfsmittel für Experimente bereitstellen. Das weitgehend selbständige Arbeiten der Schüler erlaubt die vertieft Beobachtung der Klasse und eine intensive Betreuung einzelner Schüler (Supervision).
Werkstattunterricht beansprucht also nicht Dominanz als Unterrichtsmethode, sondern markiert einen Stilwandel. Gemeint ist der Unterrichtsstil einer experimentellen Didaktik, die für alle Methoden bestimmend ist.
Einige Arbeitsblätter auf der Fensterbank machen noch keinen Werkstattunterricht, genauso wenig wie das didaktische Laisser-faire, bei dem man die Kinder einfach irgend etwas machen läßt. Lernen ist immer ein Prozeß der Auseinandersetzung mit einem Lerngegenstand, mithin ist der Lernerfolg abhängig von den Möglichkeiten, die einem Lerngegenstand innewohnen. Für den Werkstattunterricht eignet sich darum nicht alles als Lerngegenstand. Geeignetes finden und didaktisch geschickt arrangieren ist daher beim Vor-

bereiten bereits die eine Hälfte der Kunst. Die andere Hälfte besteht darin, den Ausgleich zwischen den subjektiven Lerninteressen der Schüler und den äußeren Lernanforderung der Schule bzw. der Gesellschaft zu gewähren. Während Unterricht einerseits häufig Gefahr läuft, den Lernanforderungen der Schule auf eine blasierte Art (ohne Ansehen der Lerninteressen der Schüler) zu entsprechen, kann Werkstattunterricht das Schülerinteresse gefährlich verabsolutieren, wenn er in didaktisches Laisser-faire abgleitet. Freilich wäre dann nur allzu bald die Spannung und Befriedigung der Arbeit verlustig. Lernende wissen ja in weiten Bereichen nicht, was ihre Interessen sein sollten, wie es überhaupt ein postmodernes Signum ist, daß über die erschlagende Masse ebenso erschlagender Antworten die Fragen verloren gegangen sind. Studenten haben viel Energie, wollen studieren, wissen aber zu Beginn noch nicht, was ihre Interessen sind bzw. wie und womit sie sie nähren sollen. Weil sich die Interessen also nur gegenüber Bekanntem artikulieren können, herrscht die gefährliche Tendenz, nur im eigenen Gesichtskreis zu verbleiben, also in dem Horizont, den der Schüler und die Schülerin, der Student und die Studentin bereits hat. Eine Erweiterung des Horizont unterbleibt, wenn die Lehrenden nicht mit gesellschaftlichen Lernanforderungen (Richtlinien, Lehrpläne) dabei helfen, auch die „Exodusdimension" des Lernens und Lehrens zu pflegen. Der Umstand, daß Lernende zu Beginn nicht wissen, was ihre Interessen sind, ist der Grund, warum Schüler- bzw. Lebensweltorientierung noch keine gelungene Lehre garantieren: die Diffusität der Interessen ist der Grund für die Tendenz von Schülerorientierung zu Laberei. Metaphernrede für diese Unkenntnis und Diffusität ist die Wendung von der nötigen „Leere": neben allem Aufräumen Raum geben, dann kann das Symptomatische sehr bildend zur Sprache kommen.

Was sonst wichtige Hauptaktivitäten der Lehrenden ausmachte (Einführung und Vermittlung von Wissen, Erklären, Darbieten, Demonstrieren), wird zur Nebensache von Phasen und Momenten.

Im Werkstattunterricht kann der Lehrer tun, was getan werden muß, nämlich die eigene Rolle immer wieder überdenken. Er muß stets einen Ausgleich finden zwischen Anregen, Vorschlagen, Helfen einerseits und Gewährenlassen, Entdeckenlassen, Selbermachenlassen andererseits. Dieses Abwägen macht aber letztlich die Schwierigkeit wie auch den Reiz des Werkstattunterrichts aus. Beim Unterricht „ex cathedra" sind die Lehrenden aktiv, erklären, demonstrieren, organisieren, während die Lernenden zuhören und mitarbeiten sollen. Im Werkstattunterricht sind vor allem die Lernenden aktiv. Darum legen Sie sich schon beim Vorbereiten die Frage vor: was mache *ich* in der

Lernwerkstatt? Das Ungeschickteste, was sie tun können: mehr oder weniger planlos von Schüler zu Schüler, von Gruppe zu Gruppe pilgern, um nach ihrer Arbeit zu sehen. Solche Wanderlust bringt Ihnen wenig und die Schüler werden dadurch häufig nur bei der Arbeit gestört. Nehmen Sie sich etwas anderes vor: am Pult vorbereiten, korrigieren, beobachten, Beobachtungen notieren und reflektieren[461], Sprechzeiten einführen. Im Werkstattunterricht steht der Lehrer in der doppelten Gefahr, entweder zum passiven Zuschauer zu werden (weil er nicht-direktiv sein will) oder die Schüler in ihrem Lernen zu stören (weil er ihnen helfen will). Zwischen Nichtstun und Übereifer ist didaktische Zurückhaltung und „gleichschwebende Aufmerksamkeit" hier der Mittelweg. Der Werkstattunterricht stellt an die pädagogische Präsenz besondere Anforderungen. Seriöse Beobachtung oder Einzelbetreuung machen wohl manchen Kollegen stärker zu schaffen als sie zunächst denken.
Die Lernenden erhalten nach dem Prinzip der minimalen Hilfe dann – und nur dann – zusätzliche konkrete Anweisungen, insofern sie in ihren Lernprozessen blockiert ist, und nur gerade so viel, als unbedingt erforderlich ist, um den Lernprozess wieder in Gang zu bringen. Das richtige Minimum ist jeweils im Einzelfall abzuklären. Als Faustregel kann gelten, daß der Lehrer im allgemeinen eher zuviel und zu schnell hilft als zu wenig oder zu spät.
Werkstattunterricht stellt also recht hohe Anforderungen an den Einsatz, an die pädagogisch-didaktischen Qualifikation sowie an das Organisationstalent der Lehrenden: Zeit- und Arbeitsaufwand beim Vorbereiten sind groß. Zum einen muß man statt nur für den nächsten Tag für längere Phasen vorbereiten, zum anderen ist ein Mehrangebot erforderlich, sollen die Kinder wirklich differenziert auswählen können. Wer sich organisatorische Fragen nicht genau überlegt, kein systematisches Management betreibt, findet sich nach kurzer Zeit in einem Chaos, das befriedigendes Arbeiten lähmt.
Lehren und Lernen werden oft vorgestellt als eine Art analoges Textverarbeitungsprogramm/system oder Begriffs-Zauber. Texte sind Transportmedien und Lehrer entsprechende Spediteure (Export-Import) für Inhalte, die ausgepackt und einsortiert werden müssen. Aber Lehren ist nicht Transport von Gütern, weil Lernen mehr ist als Auspacken und Einsortieren. Immer wieder fällt in studentischen Praktikumsberichten die Wendung „die von mir gehal-

---

[461] Empfehlenswert könnte statt der klassischen minutiösen und rigiden Stundenverlaufspläne z.B. ein „Laufzettel" sein, dessen Skizzen in vier Punkten gegliedert sein könnte: 1) Didaktische Perspektiven, 2) Medien, 3) Verzweigungspunkte/-situationen, 3) Theologische Tradition (vgl. Königsbuch).

tene Stunde ...". Sind Unterrichtsstunden haltbar? Kann Religionsunterricht *gehalten* werden? Oder wäre besser von „gelassenen Stunden" von Gelassenheit (nicht Lässigkeit!) zu reden?

Gerade die wissenschaftliche Lehrerausbildung muß den zukünftigen Lehrenden bewußtmachen, daß im pädagogischen Handeln nicht alles rationalisierbar ist. Wir wissen nicht, wie Lernen kausal geschieht. Wir ahnen und sehen gelegentlich, daß Zufälligkeiten, Nebensächlichkeiten und Belanglosigkeiten herausragende Wirkung haben. Darin liegt eine der wesentlichen Kränkungen der Pädagogik und der Pädagogen, daß sie zwar bestimmte Ziele verfolgen, aber weder die Zufahrtswege voll unter Kontrolle haben, noch genau wissen, was und wer eigentlich am vermeintlichen Ziel angekommen ist. Besser ist es allemal, statt über die Not der Kränkung zu lamentieren und immer wieder nach neuer Kontrolle zu streben, der Tugend des Experimentierens zu folgen.

„Bei uns schließlich hat die Lehrerin keine andere wissenschaftliche Vorbereitung nötig, als die, auf die Seite zu gehen und die Kunst anzuwenden, sich selber auszuschalten ... ."[462]

---

[462] Maria Montessori, Grundlagen meiner Pädagogik, Heidelberg 1968, 20.

Die Diskussion in Schlaglichtern:

Es wurde nachgefragt im Blick auf die Risiken einer experimentellen Didaktik: als Lehrende haben wir Verantwortung für die Lernenden. Gehen die Risiken experimenteller Didaktik nicht auf Kosten der Lernenden?
Experimente bedürfen gründlicher Planung. Mitnichten geht es darum, auf Kosten von Schülern didaktisch „herumzuexperimenteiren". Es bleibt jedoch im Leben immer ein unverfügbarer Rest. Ganz auf „Nummer sicher" zu gehen ist tödlich. Dagegen wird sich das Leben vehement wehren, wenn nicht anders möglich durch Auflehnung (gegen den Unterricht) und (Unterrichts)Störungen. „Experimentelle Didaktik" bedeutet also: sorgfältige Planung bei allem Respekt vor dem Unverfügbaren. Ein angemessenes Risiko also.
Eine Studentin berichtete aber von entmutigenden Praktikumserfahrungen mit Schulanfängern. Die Lehrerin wollte Werkstattunterricht praktizieren. Die Erstklässler seien aber frustriert gewesen, weil sie keinen festen Platz bekamen („ihren" Sitzplatz). Sie erzählten zu Hause, sie hätten nur gespielt und gemalt, worauf die Eltern sich beschwerten.
Aus Fehlern wird man klug, und hier scheinen mir zwei wichtige Fehler gemacht worden zu sein, die jedoch nicht der experimentellen Didaktik bzw. dem Werkstattunterricht anzulasten sind. Natürlich braucht jeder Mensch in der Welt, in der Gesellschaft, im Betrieb, in der Schule einen festen Platz, seine Station, sein „Basislager", auf dem man zunächst „klebt". Man kann das sehr gut bei Erstklässlern beobachten. Ihr Aktionsradius beschränkt sich zunächst auf den Umkreis, der ohne Kontaktverlust zum eigenen Platz (und sei es mit einem im Stuhlbein verhakten Fuß) erreichbar ist. Erste Exkursionen werden dann hauptsächlich während des Unterrichtes gewagt (Stifte anspitzen!), weil da das Risiko des Platzverlustes geringer scheint. „Das ist mein Platz" ist ein zentrales (religionspädaogisches) Thema (Kippeln, Stuhl wegziehen, Stuhl umkippen etc; vgl. dazu Königsbuch „Reise nach Jerusalem"). Es wird aber darauf ankommen, die Schüler zu befähigen, ihre angestammten Plätze aufs Spiel zu setzen, d.h. sie (vorübergehend) aufzugeben und zu verlassen oder für Teamarbeit zu tauschen.
Auf die Einführung von orthopädischen Sitzbällen in der Primarstufe wurde verwiesen.
Zum zweiten Punkt: natürlich braucht jeder Mensch Aufgaben, die ihn fordern. Gerade im Anfangsunterricht ist darauf zu achten, daß die Arbeitswut und Neugierde, mit der die meisten Kinder in die Schule kommen, angemes-

sen befriedigt wird. Dazu kann nur an die erwähnten hohen Qualitätsanforderungen an differenziertes Arbeitsmaterial für den Unterricht einer experimentellen Didaktik hingewiesen werden, worauf noch ausführlich eingegangen werden wird.

24. Vorlesung

> „Es ist nicht Aufgabe protestantischer Theologie, an einer Lehre vom Wesen und von den Eigenschaften Gottes fortzuarbeiten und sie durch einige Wendungen zu bereichern oder zu beschneiden, sondern es ist ihre Aufgabe, die Wirklichkeit so zu schauen und zu beschreiben, daß ihr tragender Grund in ihr erscheint und durch sie hindurchscheint."[463]

(Hingewiesen wurde auf zwei aktuell grassierende Begeisterungsfieber und Kindern und Jugendlichen, die verbreitete Vorurteile Lügen srafen: das Pokemon-Spiel und die Harry Potter Bücher. Von wegen kinder sind dumm, können sich nicht mehr konzentrieren, können nichts auswendig lernen: Drittklässler sagen in der Pause alle 150 komplizierten Spezialnamen der Pokemons auf; Kinder und Jugendliche verschlingen zu Millionen ein dickes Harry Potter Buch nach dem anderen. Bleiben für Lehrer und Lehrerinnen zwei Ausreden weniger ...)

Spielen, was gewußt wird (Praxisbericht)

Im SS 99 wagte ich es erstmals, zwei Universitätsseminare als Werkstattunterricht anzubieten. Was ich theoretisch geahnt und vermutet hatte, fand bei diesem Praxisexperiment volle Bestätigung: Werkstattunterricht setzt die Kraft frei, die die Kontamination von Religion mit Profanität (und umgekehrt) bewirkt. Jenseits allen reformpädagogischen Imagebluffs bergen Theologie und ihre Didaktik ein immenses gesellschaftspolitisches Bildungspotential, das weniger seiner lehrkognitiven Kenntnisgabe denn entsprechender didaktischpraktischer Umsetzung harrt.

Ich gebe die entsprechende Ankündigung für die systematisch-theologische Veranstaltung wieder:

---

[463] G.W. Bd. 7, 1962, 66.

Einführung in die Systematische Theologie   B. Beuscher
S   Di. 12.00 – 14.00   R 134

Dozent: PD Dr. Bernd Beuscher (evangelisch)

Titel der Veranstaltung: Seminarlabor Theologie und Profanität.
    Einübung in systematisch-theologisches Arbeiten für Religionspädagogen.

Zeit: Dienstag, 12.00 – 14.00

Ort: EZW-Gebäude Gronewaldstraße Raum 134

Beginn: **6.4.99**

Studienbereich   C für Sek I und Primarstufe Schwerpunktfach
    A4/5 für Primarstufe weiteres Fach
    „3. Gebiet" für Diplomstudiengang

GSt.   HSt.   V   PS   S   Ü   P   SI   D

Kommentar:

Sie haben sich für das Studium der evangelischen Religionspädagogik entschieden. Studienordnung, Zeiten, Räume und Traditionen sind vorgegeben. Was wollen wir daraus/damit machen?

Zu theologischen Schlüsselthemen gehören „Glaube", „Gott"/„Gottesbilder"/„Theismusformen", „Symbol"/„(gebrochener) Mythos", „Sünd"/„Sünde", „Rechtfertigung des Gottlosen", „Freier Wille", „Religion"/„Ideologie".
Was werden Sie in diesem Semester zu Ihrem Thema machen?

Vielfältige **Materialien** werden vorliegen: Theologische Texte, Werbeabbildungen und -texte, Schnappschüsse, Zeitungsnotizen, Zitate, Sprüche, Unterrichtsfundstücke, Strandgut, Kindermund, Sperrmüll, Traktate, Zeitdokumente, Objekte, Ton- und Videokassetten.
Welche Materialien werden Sie in diesem Semester nutzen? Welche selber entdecken, erfinden, basteln, konstruieren und dem Materialfundus hinzufügen?

Vielfältige **Methoden** können zum Einsatz kommen: Kurzvorträge, Kurzinszenierungen, Statuentheater (stumme Szenen als Standbilder), Arbeit mit Farben und Formen, Textarbeit (Texte studieren, Texte verstehen, Texte nicht verstehen, Texte verfremden), Pro-Contra-Diskussionen, Assoziationen, Definitionen, Ausstellung, Interview, Exkursion, Diktat.
Welche Methoden werden Sie in diesem Semester nutzen? Welche selber entdecken, erfinden, basteln, konstruieren und dem Methodenfundus hinzufügen?

Die erste Sitzung ist konstitutiv. Es werden Konzeption und Organisation des Seminars besprochen und geplant. Deshalb ist diese Sitzung obligatorisch (Teilnehmerliste). Bei Verhinderung bitte ich um persönliche Absprache. Ein unabgesprochener, späterer Einstieg ins Seminar ist nicht möglich.

Es folgt eine Vorlesungssitzung, die eine Übersicht der Systematischen Theologie bietet.

Daraufhin folgt eine Phase der Materialsichtung sowie die Bildung von Spezialistengruppen. Wenn auch im Laufe des Semesters jeder alles kennenlernen kann, so sollen Sie sich jedoch mit *einem* der Schlüsselthemen besonders beschäftigen.

Nach einer Phase der Präsentationsvorbereitung folgen die jeweiligen durch die Spezialistengruppen vorbereiteten Präsentationen samt Nachbesprechung.

Die letzte Sitzung bricht die systematisch-theologische Arbeit mit evaluativen Einschätzungen ab.

Das Werkstattseminar verläuft in zwei Phasen: Erarbeitungsphase und Vertiefungsphase. Die Sitzungen der Vertiefungsphase werden durch einen Präsentationsimpuls zum jeweiligen Thema eröffnet. „Werkstatt" oder „Labor" meint nicht, die Studierenden ein bißchen locker basteln lassen, sondern gemeinsames Forschen, Teamwork. „Werkstatt" ist nicht auf die Erarbeitungsphase beschränkt.

In den Entwicklungsabteilungen großer Unternehmen wird den Mitarbeiten fast völlige Freiheit gelassen. Es herrscht keine Kleiderordnung und abgesehen von obligatorischen Teambesprechungen auch keine geregelte Arbeitszeit. Bei Microsoft stehen Billardtische auf dem Flur, Pizzaservice ist Dauerlieferant, der Vorrat an kostenlosen Softdrings in den Kühlschränken wird ständig nachgefüllt. Es gibt Schlafsofas. Dies alles muß darum so sein, *weil die Aufgabe so anspruchsvoll ist*. Wer nur die große Lockerheit im Blick hat, wird an der anspruchsvollen Aufgabe scheitern.

In diesem Seminarlabor geht es wie in dem von den Studierenden gewählten Lehrfach „Evangelische Religion" um theologische Schlüsselthemen des Lebens, um hochkomplexe, oftmals paradox erscheinende Existenzphänomene. *Diese* (Tillich spricht auch vom „lebendigen Paradox", GW Bd 1, 388) unterscheiden sich von ästhetischen und logischen Paradoxien: „Die ästhetische wie die logische Paradoxie ist grundsätzlich auflösbar, beide stellen eine Aufgabe, sei es an den Witz, sei es an das Denken. Die Paradoxie des Unbedingten ist nicht auflösbar. Sie stellt eine Aufgabe an das Schauen."[464] Es geht jedenfalls nicht um Vokabelzauber und Theoriegeplänkel, und es geht nicht um Definitionsbescheid und Formelgeklingel.

Forschung und Lehre bekommen mit experimenteller Didaktik neue Bedeutung und neue Betonung auf Forschung. Der stillschweigende Deal unversehrter narzißtischer Größenphantasien ist hier zugunsten der großen Herausforderungen des Wahlfaches Religion aufgegeben. Nach der Erarbeitungsphase setzt sich „Werkstatt" als gemeinsames Forschen und Teamwork - unterbrochen durch den Präsentationsimpuls - *in der Vertiefungsphase verstärkt fort*: Die jeweilige Themenfachgruppe hat sich in der Erarbeitungsphase besonders vorbereitet. Sie bietet einen Präsentationsimpuls. Sie fragt eventuell ein spontanes Echo ab. Sie führt die anderen in die Texte ein. Die anderen geraten langsam in die Problematik hinein, einer nach dem anderen steigt ein. Angesichts der anspruchsvollen Herausforderung des Faches kann es nicht um ein Frage-Antwort-Erklärungsabhaken gehen (bei dem es womög-

---

[464] P. Tillich, G.W. Bd.1, a.a.O., 367.

lich stört, daß jemand den Text schon gelesen hat und sich in Vor- und Rückgriff eigene, unbequeme, sperrige Gedanken macht): was sollte das für eine Religionspädagogik und Theologie sein? Statt „Salz der Erde" „Süßstoff der Schule?" Sondern es könnte sich im Horizont der großen Heausforderung ein solidarischer Brainpool eröffnen: Lernende aus dem Gesamtteam nehmen die Vorlagen der Fachgruppe als Gelegenheit, Ergänzung in Widerspruch und Zustimmung *zu üben*. Werkstattkriterium in dieser Vertiefungsphase ist Diskursfähigkeit und Spannungstoleranz. Man bildet angesichts großer Herausforderungen (Exodustradition) ein Team, und nicht weil es gerade so „in" ist. In alledem spiegeln wir uns die Größe der Herausforderung. Das macht auch stolz; hier wird auch für die nötige Auflading der narzißtischen Ressourcen gesorgt. Aufgabe des Teamchefes bzw. der Teamchefin ist es, innerhalb des gegebenen Zeitrahmens jeweils den optimalen Punkt zu erspüren, an dem er oder sie für Zusatzinfos, zurechtrückende Erläuterungen, Einschätzungsvarianten und Horizonteinbindungen interveniert und ebenfalls den Punkt zu erspüren, wo er oder sie die Interventionen beendet (Lezteres ist das Schwerste).

Zu einigen Stichworten im einzelnen:

– Stichwort „prinzipiell alltagstauglich"
Ein Faszinosum des Werkstattunterrichtes liegt darin, daß er nicht bestimmter äußerer Vorbedingungen (vgl. spezial(um)gebaute Musterschulen: Bielefeld, Gelsenkirchen, Wiesbaden) oder irgendwelcher Ideal- oder Elitebedingungen (Internat) bedarf, sondern prinzipiell alltagstauglich ist, wenngleich auch hier natürlich hinderlichere und förderlichere Umstände denkbar sind. Aus Not wird nun oft Tugend. Im Referendariat erlebte ich z.B., daß sich zwei gleichgesinnte Lehrerinnen freiwillig in die aus irgendwelchen Gründen unbeliebte oberste Etage verbannen ließen (auch Kellerräume stehen oft zur Disposition), um nebeneinanderliegende Räume zu bekommen. Während der Unterrichtszeit öffneten sie die Türen ihrer Klassenräume, bezogen den (großen) Flur mit ein, und es konnte (was die äußeren Bedingungen angeht) losgehen mit Teamteaching und Werkstattunterricht.
Auch in Köln, der größten Uni der Republik, gibt es zu wenig Raum und Gerät. Im SS 99 landete ich mit meinen 50 Seminaristen in einem Hörsaal, der Raum für 1000 Personen bietet. Platz satt also, und die sechs Gruppen, die gebildet wurden, schafften es sogar, sich in verschiedenen Ecken und Nischen relativ bequem zu lagern.

– Stichwort „Theologie in Tüten"
Kunstgriff oder Schlüssel zu meiner hochschuldidaktische Realisierung von Werkstattunterricht war die Idee einer „Theologie in Tüten", die mitnichten nur ältere Kollegen für „unmöglich" oder „verrückt" hielten. Ich habe zu den angekündigten systematisch-theologischen Themenbereichen jeweils eine Plastiktüte mit sorgfältig ausgewähltem Material gepackt, wahre Wundertüten. Obwohl alle Teilnehmer in der ersten Sitzung alle Texte als Kopie zur Verfügung gestellt bekommen (Seminarreader u.a. mit Texten von Barth, Tillich, Luther, Erasmus von Rotterdam, Drewermann, Weder, Jüngel) ist den Tüten jeweils ein Blatt mit *den* Textangaben noch einmal extra beigefügt, die ich der Spezialgruppe für ihr betreffendes Thema als besonders relevant empfehle. Mit Filzstift habe ich zur leichteren Orientierung Thema und entsprechende Textnummern auf der Tüte notiert.

– Stichwort „Scheinfragen"
Die Studenten zeigen sich zunächst alle sehr angetan von der Seminarkonzeption. Nur die Scheinfrage scheint Probleme zu machen, und ich gebe sie an die Studenten zurück: „Ja, was meinen Sie denn, was hier ein sinnvoller und angemessener Leistungsnachweis sein könnte?" Tatsächlich erarbeiten wir auf der Basis einiger Beiträge und Vorschläge eine Scheinanforderung, die auch mir vorschwebte: Vorbereitung und Durchführung der Gruppenpräsentation zu einem Spezialbereich nach Wahl, eine schriftliche, kritische Besinnung nach erfolgtem Vortrag unter Einbeziehung der Aspekte des Nachgesprächs samt einer schriftlichen Kurzzusammenfassung der Inszenierungen der anderen Gruppen bzw. Bereiche. Und doch verfolgte uns die Scheinfrage das ganze Semester über, um gegen Ende in lauten Protest zu münden: „So sagen Sie doch bitte einmal klar und deutlich, was für einen Scheinerwerb zu leisten ist." Dies war freilich in den ersten drei Wochen bereits zweimal geschehen. Weitere Fragen diesbezüglich hatte ich an Kommilitonen und Kommilitoninnen verwiesen: „Waren Sie denn nicht da? Wir haben darüber ausführlich gesprochen. Erkundigen Sie sich." Ich wußte wohl, daß die, die da nachfragten, bei den Besprechungen anwesend gewesen waren. Doch offensichtlich war es so, daß viele angesichts der Frage der Leistungsnachweise das Selbstvertrauen verließ, eine Unsicherheit, die durch freundliche Erinnerungen nicht beruhigt werden konnte. Das wurde in dem Augenblick völlig deutlich, als ich schließlich gegen Ende des Semesters verzweifelt den (inzwischen ziemlich aggressiven) Forderungen nachgab und den gemeinsamen

Scheinbeschluß erinnerte. Wie ein Faß ohne Boden wurde jedoch nachgehakt: Wieviele Seiten? Wann abgeben? Handschriftlich oder getippt? usw. Derartige, Sonderzuwendung erheischende Unselbständigkeit zieht sich inzwischen bis in Examensvorbereitungen hinein. Da kommen Studenten und Studentinnen 14 Tage vor ihrer Prüfung und fragen mit gezücktem Stift freundlich an, welche Bücher man denn zu ihrem Thema zu lesen aufgebe. Dabei zeigen sie sich keineswegs paukfaul, aber extrem verantwortungsphobisch. Die Antwort, daß der souveräne Zugriff auf relevante Literatur gegen Ende des Studiums mindestens 50% der Examenswürdigkeit ausmacht und sozusagen zum Examen dazugehört, löst oft Panik und - schlimmer noch - Unverständnis und Gekränktheit aus (eine Evaluation durch diese Studenten fürchte ich). Um diese diffusen Verunsicherungen zu spiegeln, ging ich im Blick auf Mündigkeit und Selbständigkeit im Seminar beispielhaft auf die Frage nach dem erforderlichen Umfang von Leistungsnachweisen ein. „Ich habe schon hervorragende systematisch-theologische Abstracts von 5 Seiten gesehen und 20seitige Manuskripte, die kaum Ahnung und keinerlei Durchblick erkennen ließen. Manch einer kann aber besser langatmiger ausführen, auch da habe ich Gutes gesehen, und schlampige 5 Seiten nach dem Motto „Man kann es ja mal probieren" auch. Woher soll ich wissen, was Ihr Ding ist?" Die vielfachen, Bestätigung erheischenden Absicherungsversuche nach der Sitzung zeigten aber, daß mit derart rationalen Klärungen der emotionalen Unsicherheit nicht beizukommen war. So ließ ich den Plan, Scheinmodalitäten in Zukunft schriftlich zu fixieren, fallen. Für das nächste Semester habe ich diesen heiklen Punkt zugunsten des gesamten didaktischen Seminaranspruchs entschärft. Ich lasse eine Klausur schreiben: „In der abschließenden Klausur werden Sie auf der Basis der im Seminar erworbenen Kenntnisse Zusammenfassungen der einzelnen Schlüsselthemen versuchen."

– Stichwort „Lehrerüberfluss"
Während der Gruppenfindungs-, Materialsichtungs- und Präsentationsvorbereitungsphase ist der Lehrer ziemlich überflüssig. Jetzt war es an mir, mich unheimlich zu fühlen. Natürlich hatte ich kundgegeben, jederzeit für Fragen und Probleme zur Verfügung zu stehen. Dafür schien aber zunächst kein Bedarf zu sein. So demonstrierte ich in einer Ecke mit Lektüre und Notebook vorbildhaftes Arbeiten und Fleiß. In der dritten Sitzung (immer noch hatte keiner meine Dienste beansprucht) meinte ich, einmal für mehr Ruhe sorgen zu müssen, welche Unterbrechung aber offensichtlich nur störte, worauf ich kleinlaut selbstironisierend über meine Überflüssigkeitsgefühle klagte. Ich

hatte den Eindruck, daß in diesem Moment bei einigen zum ersten Mal dämmerte, worum es beim Werkstattunterricht geht.

In den nächsten beiden Sitzungen (den letzten beiden vor den Präsentationen) wurde ich dann doch endlich von den Gruppen zu Rate gezogen; sie waren inzwischen in ihren Vorbereitungen weit genug gediehen, daß sie konkrete Fragen und Problemkomplexe benennen konnten. Hier wurden zu meiner großen Befriedigung sehr intensive, gezielte und individuelle, fruchtbare und erkenntnisförderliche kurze Gespräche möglich, von welcher Kommunikation ich in den Seminaren sonst nur träumen konnte.

– Stichwort „Schlummerndes Problempotential"
Allerdings sprachen mich jetzt (kurz vor Vorbereitungsschluß) auch unabhängig voneinander zwei Teilnehmerinnen an, sozusagen unter vier Augen: sie würden keinen kennen bzw. fühlten sich unwohl in ihrer Gruppe, kämen mit den andern übhaupt nicht klar, ob sie auch für sich arbeiten könnten oder noch die Gruppe wechseln ... Das hier schlummernde Problempotential wäre bei herkömmlicher Seminarkonzeption wahrscheinlich erst im Studienseminar (und dort unter großem Handlungsdruck und Tränen) zu Tage getreten.

– Stichwort „Mit Freiheit umgehen"
Spannend war auch die Frage, wie die Studenten und Studentinnen und ich mit der Freiheit dieser Werkstatt umgehen würden. Abgesehen davon, daß ich auch bei normaler Seminarkonzeption in den Auftaktsitzungen immer ziemlich rigide mit Teilnehmerlisten arbeite, habe ich weiterhin auf Anwesenheitskontrollen stets verzichtet und bin damit gut gefahren. Sicher kränkt es auch meinen Narzißmus, wenn Studenten ab und an anderes für wichtiger halten als „mein" (!) Seminar. Ich äußere deshalb sogar stets explizit (in Erinnerung an eigene Studienpraxis), daß es immer *einmal* gute Gründe für Abwesenheit geben kann und bitte um kurze Information für den Fall, daß dies absehbar ist. Angesichts des sowieso schon geringen religionspädagogischen Studienumfangs mahne ich aber, sich bei den Mitstudenten gut zu informieren, was in der verpassten Sitzung gelaufen ist.
In der Essenswarteschlange der Mensa bekam ich mit, wie sich zwei Studentinnen über eine Kollegin ereiferten, die in jeder Sitzung eine Anwesenheitskontrolle per Aufruf macht. Ca. alle zwei Semester habe ich einen Fall, wo jemand versucht, sich auf die faule Tour durchzupfuschen. Bei der Zwischenprüfung, spätestens beim Examenskolloquium ist dann Schluß mit der Bequemlichkeit. Vor solchem Mißbrauch ist auch der Werkstattunterricht

nicht geschützt (wie jedes freie Angebot), der Mißbrauch hat es jedoch viel schwerer, da der Lehrer phasenweise ganz für die Beobachtung der Gruppenarbeit freigestellt ist. Da fallen „schwarze Schafe" und „Dienst nach Vorschrift-Typen" (zu spät kommen und etwas früher gehen müssen) auf. Von der letzten Sorte hatte ich eine besonders selbstbewußte Kommilitonin: nicht, daß sie sich der Gruppe leise und unauffällig angeschlossen hätte. Nein, sie erheischte jedesmal erst von mir Absolution für ihr spätes Eintreffen, die ich jedoch weder gewährte noch verweigerte (was für einen gelernten Pädagogen gar nicht so leicht ist). Mehrmals erreichten wir auch die offizielle Schlußzeit, während die Gruppen bearbeiteten jedoch noch einen Gedanken zu Ende. Da saß sie dann mit gepackter Tasche auf dem Knie, um mich schließlich einmal klagend anzusprechen, sie müsse gehen, sie würde nebenher jobben usw. Da stellte ich mich auf einen Stuhl: „Hiermit erteile ich Ihnen die offizielle Erlaubnis zu gehen. Reicht Ihnen das oder wollen Sie es auch schriftlich?" Sie lachte, worauf ich ergänzte: „Es gibt nur *ein* Problem: *Sie* müssen verantworten, was Sie tun, d.h. Sie müssen sichern, daß Sie nichts Wichtiges verpassen. Und davor schützt Sie meine offizielle Erlaubnis nicht."

Eine Studentin sah ich zu Seminarbeginn vor dem Hörsaal im Gespräch mit einer Kommilitonin. Ich ging vorbei und in den Hörsaal hinein, wo die Sitzung begann. Einige Minuten später kam sie herein mit der entschuldigenden Bemerkung, sie habe mich gar nicht hereinkommen sehen. Das brachte mich auf die Idee, zur nächsten Sitzung mit ein paar Minuten Verspätung zu erscheinen (für einen Pünktlichkeitsfan wie mich nicht leicht), und siehe da: alle warteten brav auf mich. Noch ehe sich meine Enttäuschung ausbreiten konnte, kam die Absurdität der Situation von Seiten der Studenten zur Sprache, womit zugleich das Schlußproblem gelöst war: daß nämlich auch ich eigentlich immer sehr pünktlich die Sitzung hätte verlassen müssen, um nicht zu spät zu meiner Sprechstunde zu erscheinen, war nun unproblematisch. Da die Studenten nicht mir zum Gefallen anwesend waren, sondern um zu studieren, konnte ich pünktlich gehen. Meine Sache, mich zu informieren, was während meiner Abwesenheit noch gelaufen war.

Viele Rückfälle in Dozentenabhängigkeit bzw. Dozentenfixiertheit gab es dann bei der Präsentationsphase. Immer dann, wenn der Vortrag zu sehr nur exklusiv mich ansprach, guckte ich aus dem Fenster (oder ging auch mal zur Toilette). An mich gerichtete Anträge wie „Kann man hier vielleicht irgendwie verdunkeln?" oder „Kann man das erkennen?" u.ä. erwiderte ich mit völliger Begriffsstutzigkeit.

Noch eine Besonderheit sei erwähnt: für den Themenbereich „Religion"/„Ideologie" hatte sich in der Planungsphase (trotz entsprechender Aufrufe meinerseits) nur eine Studentin interessiert, die sich dann einer anderen Gruppe anschloß. Daß Religionspädagogikstudenten diesen Themenbereich meiden, ist vielsagend. Was das zu sagen haben könnte, konnte ich dann thematisieren, als ich dann diese Sitzung bestritt (nicht ganz unglücklich, auch mal wieder im Zentrum stehen zu können).
Einige Probleme sind noch offen. So wurden meine mit Liebe ausgesuchten Materialien zwar ausgiebig gemustert, jedoch für die Umsetzung der Präsentationen so gut wie nicht genutzt. Wäre hier weniger mehr gewesen? Waren die Studenten angesichts der Vielfalt erschlagen? Trauten sie sich nicht? War die Kluft zwischen Religionseminar und profanem Material für sie zu groß? Soll ich zur Benutzung eines Tütenmaterials verpflichten oder nicht darauf beharren? Oder bin ich nur gekränkt, daß meine tolle Materialauswahl nicht gewürdigt wird?
Wenn ich den expliziten Bezug auf die entsprechenden theologischen Texte stärker verbindlich mache (wozu ich tendiere), wird das nicht wieder zum alten Referatemarathon verführen?
Ich habe inzwischen einige schriftliche und mündliche Echos zu diesem Seminarversuch von Teilnehmern erhalten, die allesamt auf den Tenor hinauslaufen, daß das ganze sich zwar nicht so locker und bunt anließ, wie man es sich zunächst ausgemalt hatte, daß es sogar starke Irritationsdurststrecken gab, daß es aber schließlich in mehrfacher Hinsicht viel befriedigender war, als übliche Seminarformen.
So schloß z.B. eine Kommilitonin ihre Hausarbeit mit folgenden „Bemerkungen zum Seminar":
„Zu diesem Seminar kann ich mich dem, was in der letzten Sitzung von einer Kommilitonin angesprochen wurde, anschließen. Ich hatte ebenfalls das Gefühl, daß es etwas zu viel an Wissen war, das hier vermittelt wurde.
Natürlich bin ich nicht mit der Erwartung in das Seminar gekommen, daß ich sofort alles verstehen werde, oder daß mir nur widergespiegelt wird, was ich aus der Schulzeit schon kenne. Ich dachte mir schon, daß es nicht leicht sein wird, aber es war immer wieder so, wenn ich dachte, einigermaßen etwas verstanden zu haben, wurde ich durch neue Aspekte und Themen die angerissen wurden und denen ich nicht unbedingt folgen konnte, wieder verwirrt. Deshalb bin ich der Meinung, daß es manchmal etwas zu viel an Stoff, an Information gewesen ist, um es erst einmal verarbeiten zu können. Da ich Religion jetzt auch erst im ersten Semester studiere, verfüge ich auch nicht über

den Horizont, um die Themen für mich selber ordnen zu können. Deshalb fühlte ich mich in diesem Seminar manchmal etwas fehl am Platz und ging etwas verunsichert nach Hause.

Es war für mich deshalb auch eine schwierige Aufgabe, die einzelnen Themen für diesen Reader in zusammenhängenden Texten zu formulieren, da ich mir auch unsicher war, ob ich es auch verstanden hatte. Am schwierigsten fiel es mir etwas zum Thema Glaube zu schreiben, da ich bei dieser Sitzung gefehlt hatte, und ich, auch nachdem ich mir den Text von Tillich zum x-tenmal durchgelesen hatte, mir immer noch nicht sicher war, ihn richtig verstanden zu haben.

Selbst wenn ich dann teilweise dachte, ich hätte es verstanden, bestand dann doch immer noch die Schwierigkeit es in Worte zufassen, wobei mir dann doch wieder bei einigen Sachen auffiel, daß es immer Unklarheiten gab.

Wenn ich jetzt nach Fertigstellung des Readers das Seminar noch einmal rückblickend betrachte, kann ich doch sagen, daß es alles in allem gut war. Es war gut, daß man nicht einfach 'vorgekautes' Wissen serviert bekam, welches man dann nur für eine Klausur auswendig lernen mußte, denn davon profitiert man nur insofern, daß man den Schein einfach erwerben kann; an Wissen hat man allerdings kaum etwas dazu gewonnen. Man hat es sich nicht selbst erarbeitet.

Obwohl ich es erst als Nachteil empfand, daß wir in Arbeitsgruppen und zusammenfanden und dann eigentlich auf uns alleine gestellt waren bei dem, wie wir das Thema angehen und die Texte und Materialien auswerten, muß ich jetzt sagen, daß diese Arbeitsform mir doch sehr gut gefallen hat. Abgesehen von der Unsicherheit, die sie mit sich brachte, kamen wir innerhalb unserer Gruppen ins Gespräch. Wir lernten uns erst einmal kennen und versuchten dann gemeinsam unser Thema anzugehen. Wir trafen uns auch noch privat um uns auf die Präsentation vorzubereiten und diskutierten auch teilweise sehr heftig miteinander. Es ergaben sich plötzlich Fragen über die wir wohl ansonsten nie nachgedacht hätten.

Ich denke, ich hätte mich bei der bisher in den Seminaren üblichen Arbeitsform mit den Themen nicht so intensiv auseinander gesetzt, denn gerade die Unsicherheit hat mich dann veranlaßt die Texte wiederholt zu lesen, wobei sich dann leider teilweise neue Fragen ergeben haben, die einem aber zum Nachdenken anregen.

Ich hoffe, daß es mir wenigstens im Ansatz gelungen ist, die Zusammenhänge zwischen den einzelnen Themen verstanden zu haben, und sich durch weitere Vorlesungen und Lektüre innerhalb meines Studiums dann alles zu einem 'Bild' vervollständigen läßt."

„Schlußwort

Abschließend möchte ich sagen, daß das Seminar sehr interessant und durch die verschiedenen Inszenierungen abwechslungsreich gestaltet war.
Ich habe aus dem Seminar viele Anregungen mitgenommen. Eine davon war sicherlich das selbständige Arbeiten.
Allerdings war es nicht gerade einfach über seinen eigenen Schatten zu springen und auf eigene Verantwortung zu arbeiten.
Dadurch hatte ich z.B. Schwierigkeiten, mich auf ein Konzept für meine Hausarbeit festzulegen, da ich im ersten Semester durch die Schule noch sehr verwöhnt war.
Die Umstellung Schule - Uni wurde einem dadurch nicht gerade erleichtert.
Eine konkrete Fragestellung wäre mir sicherlich gelegener gekommen, als eine ungenaue bzw. freie Arbeitsaufgabe.
Andererseits habe ich erkannt, daß man im Studium nicht mehr alles vorgesetzt bekommt, und daß man, wenn man etwas erreichen will in der Lage sein muß, Kompromisse zu schließen und selbständig zu arbeiten. Man muß lernen, Verantwortung für sich selbst zu übernehmen. Schade fand ich, daß wir nicht näher auf die verschiedenen Themen eingehen konnten.
Die Zeit für die Diskussionen im Anschluß an die Inszenierung war leider zu kurz.
Dies lag mit Sicherheit nicht nur an der Zeit, sondern auch daran, daß wir Studenten immer ein wenig Zeit brauchten um uns „warm zu reden." Insgesamt hat mir das Seminar gut gefallen und mir mit Sicherheit auch gut getan.
Ich mußte erkennen, daß ich noch einiges zu lernen habe, wenn ich später einmal mit Kindern über Gott reden will.
Doch wissen kann man wahrscheinlich nie genug."

25. Vorlesung

Theologie und ihre Didaktik[465]

> „Das Reich Gottes will und will sich bei mir nicht zum Lehrstoff gestalten, trotz aller Künste."[466]

Der Erziehungsauftrag der Bildung wird gegenüber einem überbewerteten Lehrauftrag oft ausgeblendet. Das fängt schon bei der Beratung von Abiturienten an, wo Vielwissern und Schnellmerkern der Satz zugesprochen wird: „Du hättest doch das Zeug für die Sek. II ...", als seien Kindergarten, Grundschule und Sek. I weniger anspruchsvoll. Diese Irrlehre der Aufklärungsreligion steckt vielen Bildungsprofis bis heute in den Knochen: daß der Baum der Erkenntnis der Baum des Lebens sei und die Frage gelingenden Lebens nur eine Frage von Wissen und Information. Die biblischen Traditionen sehen das anders; sie erinnern an das erzieherische Element.

„Von den Lehraufgaben sind die Erziehungsaufgaben des Lehrers nicht zu trennen. Sie haben sich in der Ausübung seiner Lehraufgaben mit zu verwirklichen ... Der Lehrer muß dem Lernenden Spannungen, Alternativen und Entscheidungsschwierigkeiten bewußt machen" (Deutscher Bildungsrat: Empfehlungen der Bildungskommission. Strukturplan für das Bildungswesen, Stuttgart 1970, 218). Es geht darum, zu wissen, was gespielt wird, und zu spielen, ins Spiel zu bringen, was gewußt wird. Spielen, ins Spiel bringen ist hierarchisch höher als Wissen haben und anhäufen. Diese beiden Bildungsaspekte schlagen sich auch in den *Richtlinien* (=Erziehungsaspekt) *und Lehrplänen* (Lehrstoffvermittlungsaspekt) nieder. Lehrpläne geben den wissensstofflichen Rahmen für erzieherische Inhalte (Richtlinien). Zwei zum verwechseln ähnliche, jedoch grundsätzlich verschiedene religionspädagogische Ansatzschwerpunkte lassen sich unterscheiden:

---

[465] Zur Theorie experimenteller Didaktik vgl. auch Christine Lehmann, Freiarbeit - ein Lern-Weg für den Religionsunterricht? Eine Untersuchung von selbständigem Lernen im Horizont kritisch-konsruktiver Didaktik (Religionspädagogische Kontexte und Konzepte Band 1), Münster (Lit) 1997 (Zugl.: Hannover, Univ., Diss., 1996), 299 Seiten, S. 216-218, 222-230, 254-257, 262-264, 274-283.

[466] Briefwechsel Karl Barth G. Thurneysen 1913-1921, 361.

Ansatzschwerpunkt *Lehraufgaben*: Bildungslücken stopfen
Im Zuge der Wissensstoffvermittlung und Mehrung von Bescheidwissen geschieht Erzieherisches beiläufig (automatisch?) mit. Mehrwissen (Inhalte) führt zu Lebensstil (Gestalt und Form) (Aufklärung: Leben durch Wissen).
Nicht nur die Lehrenden lieben Klarheit. Auch bei den Lernenden ist klare Bescheidgabe beliebt. Sie ist sicher und bequem
Ansatzschwerpunkt *Erziehungsaufgaben*: Bildungslücken bloß nicht stopfen
Erziehung kann man nicht veranstalten. Im Zuge der Herausforderung der Persönlichkeitskräfte der Lernenden wird sicher auch elementarer Wissensstoff mitvermittelt, denn existentielle Auseinandersetzung kann nicht im „luftleeren Raum" geschehen. Lernen ist immer ein Prozeß der Auseinandersetzung mit einem Lerngegenstand. Es geht nicht darum, das Schülerinteresse zu verabsolutieren.
Die angeborene Lernneugier ist groß, aber Lernende wissen zu Beginn noch nicht, was ihre Interessen sind bzw. wie und womit sie sie nähren sollen. Weil sich die Interessen also nur gegenüber Bekanntem artikulieren können, herrscht die gefährliche Tendenz, nur im eigenen Gesichtskreis zu verbleiben, also in dem Horizont, den die Lernenden bereits haben. Das ist der Grund für die Tendenz von Schülerorientierung zu Laberei. Doch Laborunterricht ist anderes als Laberunterricht.
Existentielle Beanspruchung ist intrinsische Motivation zu entsprechender sachanalytischer und sachkundlicher Arbeit und erhöht den Wissens- und Merkfaktor.
Lehren ist mehr als Gütertransport und Lernen ist mehr als Auspacken und Einsortieren.
Im aneignungsorientierten Werkstattunterricht kann jeder vorsichtig sein Schrittmaß der Annäherung ans Wissen wagen. Reines Klickinfowissen und (grund-, haupt-, ober- und hochschulisch geförderter) Angelesenheitsdünkel verfestigen dagegen nur Phasen psychosozialen Moratoriums zum Stadium. Wissenschaftlicher Ausbildung geht es nicht darum, zufallsergebnisorientiert Infos an- oder besser abzuklicken (der Lehrer als Päda- oder Infogotchi), sondern methodenorientiert Fragestrategien zu schärfen und eine strukturale Kompetenz zur differenzierten und nicht blasiert-simplifizierenden Reduktion von Komplexität einzuüben, die auch künftig und universell einsetzbar ist. Das Experiment der Erziehung und Bildung vollzieht sich dabei als Erziehung und Bildung durchs Experimentelle: Erziehung bildet (durch Umgang mit genuiner Unverfügbarkeit) und umgekehrt: Bildung (als Studium im Horizont unverfügbarer, unüberschaubar komplexer Phänomene) erzieht.

Vgl. Lukas 15,11ff.: Welcher Sohn hat verloren, welcher gewonnen? Welchen von beiden wollen wir einen „verlorenen Sohn" nennen? Der eine Sohn wagt den Aufbruch in Welten, die nicht überschaubar sind. Beinahe schon tot und verloren macht er seinen Weg. Er wandert religionspädagogische Lernwege. Und er zahlt Lehrgeld, genau das Geld übrigens, mit dem der Vater höchstpersönlich ihn ausgerüstet hat. Der gleiche Sohn – in weiter Ferne so nah – kommt als anderer zurück. Entfremdung ist zu befürchten. Aber die Liebe erkennt sich im Befremdlichen wieder. Das muß gefeiert werden.

Der andere Sohn aber hatte eine Rechnung aufgemacht (mit Gott rechnen wollen). Auf Nummer sicher sollte der deal lauten: wer nichts wagt, gewinnt. Wer Unmut, Angst und Resignation nur geschickt genug als Treue, Gehorsam und Verzichtbereitschaft zu verkaufen versteht, hat die Pension schon so gut wie in der Tasche. Doch dieses (stillschweigende) Kalkül geht nicht auf. Dieser Sohn ist noch nicht soweit; solange Unmut, Angst und Resignation noch verleugnet werden können, geht es wohl noch. Bis man dann beinahe schon tot und verloren ist ...

Rudolf Lennert verwies einmal auf „Das eigene Curriculum und die Spannung im Begriff der 'religiösen Bildung'"[467]: „Das 'curriculum vitae' war immer schon der Lebenslauf (oder der 'Bildungsgang'), kein Plan."[468] Lennert zeigt, wie „Erich Weniger mit dem Begriff des 'Lehrgefüges' und Wilhelm Flitner mit dem des 'Lehrganges' über den Dirigismus des Wortes Lehrplan"[469] hinauszukommen versuchen. Lennerts 24 Jahre alte Einschätzung ist aktuell geblieben: der „Taxonomie der Lernziele ... in der heutigen curricularen Alchimie ... fehlt der Respekt vor dem lernenden Individuum und vor der Nicht-Machbarkeit von Unterricht, an der sich freilich die Geister scheiden (die Religionslehrer wissen wohl von ihr noch am meisten) ... die Wirkung ... ist also an Zufälle gebunden, Schule und geplanter Unterricht haben dabei keine Priorität, versagen eher in ihrer langweiligen Planmäßigkeit ... Wer sein eigenes religionspädagogisches Curriculum betrachtet, kann als die Bildung, die es gezeitigt hat, eine Krüppelkiefer auf der Höhe eines Felsens finden, die aus dem, was ihr an Nahrung gegeben war, in den Unbilden von Wind und Wetter und in der Gnade von Sonne und Regen zu dem

---

[467] Rudolf Lennert, Das eigene Curriculum und die Spannung im Begriff der 'religiösen Bildung', in: P. Biehl, H.-B. Kaufmann (Hg.), Zum Verhältnis von Emamnzipation und Tradition, Frankfurt 1975, 58-66.
[468] ebd. 58.
[469] ebd.

Bild geworden ist, das sie darstellt. Daß sie ist, verdankt sie den Lücken ihrer Unbildung."[470]

Die Schule muß in Schutz genommen werden vor Wissenschaftsgläubigkeit und Wissensreligion. Und sie muß bewahrt werden vor den Propheten absoluten Glaubens. Schule braucht Menschen, die sich in allen ihren Wissens- und Glaubenspositionen auch verunsichern lassen können, weil alle menschlichen Positionen relativ sind, nämlich auf den Tod bezogen, sterblich und hinfällig.

Lernen als Integration von Aspekten der Exodus- und Schöpfungstraditionen heißt, Ahnung und Kompetenz, Wissen und Weisheit erwerben, ohne über die Wahrheit verfügen zu können: Experimentelle Didaktik. Diese zielt nicht auf bloße Perfektionierung von Strategien. Sie zieht Gewinn aus dem, was zu wünschen übrig läßt (Lob des Fehlers). Zwar kennen auch andere Ansätze die Regel, daß Störungen vorrang haben (TZI). Doch dient diese Regel dort dem Zweck, Störungen zu beseitigen. Experimentelle Didaktik jedoch vermag Störungen zu nutzen, indem sie diese symptomatisch in großer methodischer Vielfalt zum Ausdruck kommen läßt.

Religionsunterricht im Sinne von Didaktik statt Taktik kann als Komplexitätsinszenierung und Dramatisierung von Lernprozessen verstanden werden. Aufgabenstellungen können selbst Thema werden. Nicht Kopierfähigkeit, sondern die Fähigkeit, auch beirrbar zu sein, ist Kriterium der Leistungsbeurteilung. Gegen pädagogische Allmachts- oder Ohnmachtsphantasien hilft Phantasie, deren wissenschaftlicher Ort in Bildung und Erziehung das Experiment als Zusammenspiel von Planung und Ereignis ist. Einseitig symbol- und kontinuitätsorientierte Korrelationsansätze religionspädagogischer Didaktik müssen entsprechend durch Offenheit und Sensibilität für Symptome ergänzt werden. Man könnte sagen, Symboldidaktik entfaltet ihren Bildungssegen nur im Horizont einer entsprechenden „Symptomdidaktik". Symbole dürfen um Gottes Willen nicht universalisierend sein. Ohne respektvoll gewährtes Asyl von symptomatischen Zu- und Einfällen (des Fremden, Anderen, Unheimlichen, Unbekannten, Ungewohnten) erschöpft sich „Symboldidaktik" nur als magisches Operieren mit kompletten „Topf-Deckel-Sets".

Ein Blick in Zeitungen macht deutlich, daß im Zusammenhang mit Bildungs- und Erziehungsfragen viel mehr als Ursachenforschung Schuldzuweisungen thematisiert werden. Kann es eine schuldlose Bildung und Erziehung nur auf Kosten des Menschlichen geben? Wohin mit der Schuld? Die Lehrer, die

---

[470] ebd. 58, 61, 66.

Schüler, die Politiker, die Gesellschaft, die Gene, die Natur, die Großwetterlage, die Globalisierung, – wer soll schuld sein? Die Aufklärung hatte darauf nur eine klare Antwort: selber schuld! Es ist die Frage, ob und wie auch einer anderen, paradoxe Logik, einer Theo-Logik gefolgt werden kann: Weil wir – schuldig werdend – als Gottlose gerechtfertigt sind, können wir entschlossen und entschieden das kreative, mutige, experimentelle didaktische Spiel riskieren. Die Rechtfertigung der Gottlosen, unsere Rechtfertigung, ermöglicht uns, Verantwortung für unsere (undurchschaubaren) Symptome zu übernehmen.

Einer bloß sehr gebildeten Rechtfertigung muß also eine gerechtfertigte Bildung entsprechen. Religionspädagogik im Stile einer gerechtfertigten Bildung ist erlöst vom Streß einer „Pädagogik als Religion" (aufklärerische Wurzeln der Religionspädagogik). Der Denkarbeit und der Begriffsapparatur gebildeter Rechtfertigung entspricht gerechtfertigte Bildung als Unterrichtsstil. „Stil" ist (mode)bewußte Ganzheits-Haltung (das gilt auch für Fragen der political correctnes). Deren gewagte Stilsicherheit (In-sich-geschlossene-Stimmigkeit) unterliegt entschlossenen Wandlungen, deren (de)konstruktive Rahmenbedingungen nicht mit Will-Kür, sondern mit der X-Beliebigkeit von agape zu beschreiben sind:

„Gibt es eine Lösung, die der Alternative von Absolutismus und Relativismus entgeht: einem Absolutismus, der bei jedem radikalen Wandel in der Geschichte zusammenbricht, und einem Relativismus, der den Wandel selbst zum letzten Prinzip erhebt? Ich glaube, es gibt eine Lösung, und ich denke, sie ist in den Grundlagen der christlichen Ethik enthalten, nämlich im Prinzip der Liebe im Sinne des griechischen Wortes agape. Ich sage dies nicht aus apologetischem Interesse für das Christentum, sondern unter dem Druck des aktuellen Problems in der heutigen Weltsituation."[471]

Guter Stil enthält stets ein leicht irritierendes Element. Unterrichtsstilsicherheit kann man *nicht* kaufen oder woanders schneidern lassen. In diesem Sinne bedeutet experimentelle Didaktik eine Krise für alle Klischees, für preußischen Drill- und Frontalunterricht wie für WorkShop und Spaßschulverheißungen gleichermaßen. Je geschlossener sich eine Didaktik darstellt un inszeniert, je weniger sie ihre eigene Begrenztheit und Durchlässigkeit (be)achtet, je manipulativer wird der Unterricht. Im Blickfeld der Kritik sind also nicht etwa bestimmte lehrerzentrierte Unterrichtsverfahren, sondern mangelnde Achtsamkeit für und Achtung dessen, was sich nichtb steuern und

---

[471] Paul Tillich. G.W., Band 3, a.a.O., 75.

kontrollieren läßt. Schule als „kleines Versuchsinstitut"[472] bietet mit den Arrangements ihrer Lernumwelt gerechtfertigter Bildung den nötigen Laufsteg, um für Gelassenheit auf dem Weg durch die Exodus- und Schöpfungsdimensionen des (gestörten) Lebens zu werben.

Die Verabschiedung vom Modell der (selbst)verfügungsrationalistischen Vernunft erfolgt zugunsten des in jeder Feststellung Verstellten, Verdeckten, Fremden, Anderen, Unvorhersehbaren und Unentscheidbaren. Was paßt nicht in mein Bild? Welche Nebensächlichkeiten sind unberücksichtigt geblieben. Was war mir weniger wichtig, anderen vielleicht wichtig? Wo habe ich mich versprochen, was habe ich vergessen? Was wird verneint? Verdrängung läßt sich nur „wiederkehrend" beobachten. Der österreichische Künstler Arnulf Rainer übermalt viele Bilder (eigene und fremde). Da dies zu juristischen Problemen führte, begann er schon früh damit, sich auf der Rückseite seiner Bilder per Stempelaufdruck weitere Überarbeitungen vorzubehalten. Inzwischen hat sich auch Rainers Übermaltechnik selbst gewandelt: hat er in früher Bilder oft z.B. schwarz überstrichen (oft mit den bloßen Fingern oder mit der Hand „draufgehauen"), so legt er nun (er ist inzwischen über 70 Jahre alt) verschiedene Lasurschichten (z.B. über Bilder verstorbener Kinder) auf (Schleiertechnik) ...

Dies mutet zu, im Sinne des biblischen Bilderfestschreibungs- oder Bilderfeststellungsverbotes Distanz zu gewinnen zu meinen vertrauten Bildern, Erfahrungen, Interessen, Assoziationen. Die Spontanität der Assoziationen bei der beliebten und verbreiteten Unterrichtsmethode des „Brainstorming" folgt ja gerade nicht den Gesetzen von Will-Kür, sondern „Beliebigkeitszwängen", die stets gewisse „Zu-Fälle" wiederholen. Brainstorming: nicht ich lasse wehen wie ich will, sondern ich werde bestürmt (wovon an der Symptomatik meines Wollens und Vollbringens etwas lesbar wird).

Wissenschaft heißt dann nicht nur feststellen, was los ist, sondern auch lösen und lockern, was fest verstellt ist. Soll unser Erkennen sich nicht in den Spielarten bloßen Wiedererkennens erschöpfen, soll unsere(n) Assoziationen auch Neues, Fremdes, Anderes passieren, müssen Symptome wahrgenommen werden. Der Stil einer solchen religionspädagogischen „Symptomdidaktik" ist dann eine Weise der Achtung des Fremden, nämlich eines adäquaten Verhaltens gegenüber dem Störenden, dem Unvorhersehbaren, Unentscheidbaren und Nichtwissbaren. Der Unterricht ist nicht nur auf Finalität (abschließbare Bildungsinhalte) angelegt, sondern auf (erzieherische) Evokati-

---

[472] ebd. Band 9, 245.

on. Der evokatorische Charakter ist zwar als Phänomen zu denken, das sich von woanders her einstellt (Zu - Fall), aber mitnichten rein zufällig. Es ist zwischen „*reinem* Zufall" (Will-Kür) und x-Be*lieb*igkeit (kontaminierter Zu-Fall/agape) zu unterscheiden.

Unterscheiden sich heilsame und unheilvolle Religion dadurch, wie sie mit Mangel und Fülle wertend umgehen, so liegt die didaktische Qualität des Werkstattunterrichtes nicht in dem Maße eleganter Nahtlosigkeit in der Entsprechung von Text, Bild und beabsichtigter Aussage, sondern gerade in den feinen Irritationen und Brüchen des angebotenen Materials. Es geht nicht darum, sich Fragen bzw. in Frage zu stellen, sondern darum, daß die Schüler die Fragen, in die wir gestellt *sind*, als *ihre* Fragen mittels nichtdeterminierter (bzw. über- oder unterdeterminierter) Elemente als inneres Lernen selber repräsentieren. Das wiederum läuft aber mitnichten darauf hinaus, die Schüler und Schülerinnen im Trüben fischen zu lassen, sondern auf das *Spiel*, möglichst gezielt und heuristisch geschickt zu fragen. Dann ist Laborunterricht kein Laborunterricht. Im Gegensatz zu Mechanismen der Wissenssicherung in reinem Wissensbildungshorizont wird es im Blick auf den Erziehungsaspekt auch notwendig sein, gesichertes Wissen vergessen zu können.

Es empfehlen sich impulsive Interventionsverfahren. Wie gesagt: „Lehre" muß als „Leere" immer auch *zu wünschen übrig lassen*. Dabei zeichnen sich alle Unterrichtsanregungen durch eine Vermeidung wertender Tendenzen aus. Es geht ja nicht darum, moralische Muster zur Identifizierung und Reproduktion *vorzugeben*, sondern Werten zu lernen. Die Qualität des angebotenen assoziativen Materials beruht entsprechend auf geeigneten „Lücken", metonymisierenden „Löchern" und metaphorisierenden „Knotenstellen", die sich oft erst in schräger Perspektive vielversprechend zeigen. Schnitte und Rahmen sind genauso wichtig wie die Bilder. Als weitere Elemente von Lockerungübungen, die diese Perspektive einer Hermeneutik des Symptoms unterstützen und fördern, können die bewußte und gemeinschaftliche Spiegelung, die Übertreibung, die vielfach wiederholende Übersetzung (vielfach einen Text lesen, vielfach eine Szene spielen), sowie Methoden- und Tempowechsel genannt werden. Diese Verfahren erhöhen die Chance, Fremdem, Befremdlichem auf die Spur zu kommen. Verdrängung läßt sich nur „wiederkehrend" beobachten. Bei aller „Sinnenhaftigkeit" geht es nicht um eine größere Unmittelbarkeit des sinnlichen Umgangs an sich im Sinne von basaler Stimulation, sondern darum, an die Stelle von imaginärer „Einfühlung" verschiedener Art „Übersetzungsübungen" anzubieten. „Ästhetik, verstanden als Schein des Schönen in der Kunst, aber nicht nur da, ist Anästhesie des Anderen."[473] Körpersprache sagt immer mehr bzw. anderes als Verständigungssprache. Der Körper verspricht oft, was der Code beherrscht. Werkstattunterricht als didaktische Kunst einer ideologiekritischen Religionspädagogik ist ästhetisch-expressiv, aber nicht ästhetizistisch, experimentell-offen, aber nicht empiristisch regulierbar, elementar-sinnlich, aber nicht unreflektiert andächtig.

Es geht insgesamt eingedenk postmoderner Koordinaten religionspädagogisch darum, das Favorisieren selbst religionspädagogisch zu thematisieren. Gerade die Förderung und Entwicklung künstlerischer Arbeitsansätze sowie die ästhetische Dekonstruktion des Sinns schaffen pädagogisch die Voraussetzung dafür, verbindliche Lebensbeziehungen zu gestalten. Nur in Lebenssituationen, in denen die Ästhetik der Sinne die Ethik des Sinns immer wieder unterlaufen darf, gewinnen Werte konkrete, nicht-rigide Verbindlichkeit. Der Mut, den es angesichts der Zweideutigkeiten des Lebens bedarf, kann in entsprechenden Lernformen freiwerden, kreative Unterrichtsverfahren, die das Argumentieren an das Leben und seine Dynamik anbinden und die alles Erleben und alle Erfahrungen mit Handeln, Spielen und Diskutieren ins Wahrnehmen, Beobachten, Denken und Argumentieren einbringen. Ein solches Konzept ethischen Lernens muß alle vermeintlichen Sicherheiten enttäuschen und motiviert die Schüler, in den unvermeidlichen Orientierungskonflikten *schwankend* und *entschieden* sich Werten zu verpflichten, zugleich die Uneindeutigkeit des Lebens nicht aus den Augen zu verlieren. Allerdings bedarf es dazu unterrichtlicher Situationen, in denen sich Schüler gerade in den Konflikten akzeptiert und sozial eingebettet fühlen.

Bei alledem geht es um mehr als um ein reformpädagogisches Image. Eine sozial und kreativ verfahrende Religionspädagogik unterscheidet sich wesentlich von populären Ansätzen, die die Selbsttätigkeit oft nur zur reproduzierenden Nachahmung bestehender Vorgaben und zu einer möglichst harmonischen Einführung in diese Nutzen wollen. Theologie und ihrer Didaktik gilt aber nicht nur das Experiment als kreatives Moment im Unterricht, sondern Unterricht als experimenteller Prozeß schlechthin. Experimente bedürfen gründlicher Überlegung im Blick auf Verfahrensweisen und Materialien.

---

[473] M. Wimmer, Die Epiphanie des Anderen, in: D. Kamper, Chr. Wulf (Hg.), Der Schein des Schönen, Göttingen 1989, 505-520, 517.

Die Diskussion in Schaglichtern:

Nachgefragt wurde zur Frage nach dem Verhältnis von Lehraufgaben und Erziehungsaufgaben, mit welcher Unterscheidung von Aspekten die Vorlesung angehoben hatte. Es folgte die Einschätzung, daß der Unterrichtsanteil stoffvermittlter Wissensvermehrung zunehmend durch vorzügliche Multimedia-Materialien gewährleistet wird, wodurch den Lehrenden - was diesen Aspekt angeht - mehr und mehr nur die Funktion eines „Medienwartes" bleibt. Aber selbst dies sollte mehr und mehr bzw. so viel wie möglich durch Selbstverwaltung der Schüler gewährleistet werden. Jedoch entsteht kein Vakuum: Denn die Aufgaben und Anprüche im Blick auf den Erziehungsaspekt werden (analog zum wachsenden Wissensstoff) zunehmen.
Griffige Parolen wie „Aufrichten statt Unterrichten" unterschlagen, daß Mut machen und ermutigen immer auch Zumutung (von Verantwortung) bedeutet.

26. Vorlesung

Kleinkunst.
Zum Verhältnis von Probieren und Studieren in religionspädagogischer Didaktik

I   Ein Schritt zurück / auf Distanz gehen, Abstand nehmen, Horizont abstecken (theologischer Akzent)

Erstsemestler eröffnen einem unverblümt ihre Überzeugung, mit dem ganzen Theorie-Ballast kaum etwas für ihre künftige Berufspraxis anfangen zu können.
Ältere, „gestandene" Kollegen verraten einem nach zwei Glas Rotwein hinter vorgehaltener Hand, der ganze Praxiskram (=Fachdidaktik?) sei doch eine Frage der Routine und der Persönlichkeit und ergebe sich von alleine oder gar nicht.
Als kleinster gemeinsamer Nenner herrscht so das Klischee, daß Theorie und Praxis Gegensätze sind oder zumindest nicht viel miteinander zu tun haben.
THESE: Die Wahrheit ist:
(Theol.) Theorie ist stets (praktiziertes) „gewagtes Wissen" (Hypothese)[474].
Und eine entspr. Praxis ist stets (praktiziertes) „bewußtes Wagnis" (Experiment).
„Das Praxis-Theorie-Verhältnis ist immer zirkulär und darum dialektisch und nicht linearhierarchisch zu bestimmen."[475]
Es wird deutlich, daß die Gegensatzklischeebildung bzw. der Versuch reinlicher Sortierung von Theorie/Praxis ein instinktiver, hochintelligenter Schutzmechanismus[476] ist vor anstehenden Wagnissen.

---

[474] Namen Gottes/Bilderverbot; Materialismus, Idealismus, Relativismus, Agnostizismus, - alles Binnenperspektiven, kein Außenstandort!
[475] Jürgen Moltmann, Erfahrungen theologischen Denkens, Gütersloh 1999, 261.
[476] Weitere, verwandte Schutzmechanismen sind
- ein eng gehaltener, für Selbstbestätigungszwecke funktionalisierter Religionsbegriff
- die Ausblendung des Erziehungsauftrages der Bildung gegenüber einem überbewerteten Lehrauftrag
- die Verkennung des fremden Eigenen gegenüber einem vereinnahmten (eigenen) Fremden.

Wie mit Gott und dem Leben, dem Unüberschaubaren, Komplexen, Unwissbaren umzugehen ist, das ist die Frage, an der sich die Geister (christologisch/ideologisch) scheiden:

| Ideologie ≥ **X** ≥ Christologische Religion |

Verbreitet ist eine Blasiertheit als Folge davon, daß wir nicht genug Komplexität haben, um auf die Komplexität der Lebenswelt angemessen zu reagieren. Blasiertheit soll die Selbsterhaltung durch Weltentwertung sichern. Davon gibt es auch eine christliche Version, die von christologischer zu unterscheiden ist. „Der Traditionalist, der Dogmatist, der Fanatiker sind verschiedene Arten von Ideologie-Strukturen" (P. Tillich).	Nichts gegen Tradition, Dogmatik und Begeisterung! Doch confessio ist stets als Bekenntnis auch Geständnis: „Ich glaube; hilf' meinem Unglauben! (Mk 9,24)". Ich glaube (an) Gott. Bekenntnis steht nicht auf der Offenbarungsseite, sondern bewegt sich auf der Glaubensseite der christlichen Wahrheit. Nie „securitas", hoffentlich „certitudo". **X**: Entschluß und entscheidungsfähige X-Be*lieb*igkeit von agape im Gegensatz zur „Kür des freie Willens" (Willkür).

II Näher betrachten (psychologischer Akzent)

(Im Blick auf das Schema der (Un)Gleichung von I geht es nun um deren anteilige Gleichheitszeichen.)
Religion: sein Leben in Ordnung bringen?
Orientierungs- und Geborgenheitsbedürfnisse sind legitim und wichtig als Element oder Grunddimension des prallen Lebens live:
- vgl. biblische Motive: Brot und Fisch, Wasser, Schatten, Zelte, Ruhe, Schlaf
- vgl. Glaubenskultur: Liturgie, Ritual, Gebet, Tradition, Dogma
- vgl. Unterrichtskultur: Klassenordnung, Lehrpläne, U-Ziele, Lösungen und Ergebnisse, Wissens- und Methodenfülle
Ordnung muß sein. Ordnung ist das *halbe* Leben. Das läuft theologisch unter dem Stichwort „Schöpfungstradition".
Die andere Hälfte besteht aus Umordnen, verbunden mit vorübergehender Unordnung, weshalb Paulus der Unordnung nicht Ordnung, sondern den „Frieden" gegenüberstellt: „Denn Gott ist kein Gott der Unordnung, sondern des Friedens" (1 Kor 14,33). Das läuft theologisch unter dem Stichwort „Exodustradition": die *intrinsische* „Unruhe des Herzens", die innere Migration, das Getriebensein, der unstillbare Hunger und Durst, der Aufbruch, der von innen kommt, das Schillernde, Uneindeutige, Unbekannte, Fremde, Andere, Zweifelhafte, Fehlerhafte, Lückenhafte, Frag-Würdige, Beiläufige, Einfal-

lende, Schwache, Übersehbare, Zufallende, was in die „Kreuz-und-Quere" kommt. Nötig ist also beides: Aufräumen und Raum geben.

X: gerade im Blick auf sogenannte letzte Fragen möchte man gerne „auf Nr. Sicher gehen"; (feste) mit Gott rechnen, feststellen, was theologisch Sache ist. Aber wie läßt sich theonom mit Gott rechnen? Eine Gleichung mit vielen Unbekannten! Vgl. Jonas Lektion: Gott schwankt. Vgl. Moses und Elias Lektion: Gott ist gegenwärtig durch Entzug (statt Opium!; 2.Mose 33, 20-23, 1.Kön 19). Vgl. die Lektion des Petrus (Mt 16,13-23). So kommt Petrus, der Fels durch einen Anstoß von woanders buchstäblich als erster Rock'n Roller schöpferisch ins Rollen (versus Sysiphus!).Vgl. Emmaus, diese Liveübertragung des gemeindlichen Christusbildungsprozesses („Geht mit Gott, aber *geht*"), dieses Urbild religionspädagogischer Lernwege, die auf Gemeinschaft angewiesen sind, diese Kunstprozession. H.K. Berg empfiehlt in Religionsdingen Pioniergeist: „Orientierung am Anfängergeist".

III   Impulse für den RU (didaktologischer Akzent)

Ich erinnere: für Sicherheit und Ordnung sorgen ist wichtig und gut, macht 50% aus (und gelegentlicher Nervenkitzel und Abwechslung gehören zu Sicherheit und Ordnung). Für die restlichen 50% geht es nun nicht darum unter dem Stichwort „Umordnen/Unordnung" Chaos zu veranstalten, die Schüler zu verwirren und in die Wüste zu jagen oder wie auch immer *extrinsisch* in Bewegung zu bringen. Sondern es geht um Gelegenheiten und um Spiel- und Aufwachräume für die (oft schlummernde, halbwach dämmernde, aber stets sehr ausgeschlafene) existentielle *intrinsische* Motivation der Menschen. Es geht um die Frage, ob und wie im RU den Komplexitätsphänomenen der Lebenswelt angemesser Zeitraum und angemessene Gestaltungsgelegenheiten gewährt werden können, wenn diese sich denn leise anklopfend und aufgeweckt melden. Dies betrifft die Erziehungsdimension aller Lehrstofffülle. Wenn die stillbaren Hunger- und Durstbedürfnisse vorläufig befriedigt sind empfiehlt es sich jedenfalls nicht zu überfüttern und das Faß zum überlaufen zu bringen. Sondern es muß dann darum gehen, neben den vorübergehenden Sättigungen Sensibilität für unsere humane Unersättlichkeit zu trainieren. Es gilt also, auch didaktisch wie in der Magnum-Reklame Prioritäten zu setzen: bleibe ich im Gefängnis und lutsche mein Magnum(Ego) oder wage ich mich raus in die Freiheit? Immer wieder beteuern Lehrer, ihre Schüler wollten lieber nur im Kerker hocken und ständig Eis nuckeln. Aber das währt nur „einen Sommer": irgendwann kommt auch das leckerste Eis aus den Ohren raus

und das Licht und die Geräusche von draußen locken. Die entscheidende, provokante Analogie zur Didaktik liegt aber in dem Punkt, daß unsere schöne Gefangene offensichtlich gar nicht mehr auf die Idee kommen wollen kann, mitsamt Eis in die Freiheit zu schlüpfen: sie ist ideologisch betäubt.
Nichts kann die menschliche Entwicklung so wirkungsvoll hemmen wie die mühelose, prompte Sättigung und Übersättigung der Bedürfnisse. Entwicklung beruht auf Anstrengung, Interesse und aktiver Teilnahme - nicht zuletzt auf der stimulierenden Wirkung von Widerständen, Konflikten und Verzögerungen. Durststrecken sind wichtig. Dies bedeutet eine Zumutung an die Lehrenden, Lernenden und ans Lehrmaterial. Der Angst des Lehrers vor der gähnenden Leere entspricht die Klage des Schülers über die erschlagenden Fülle, die ihn einschlafen lässt. Im Blick auf die Lehrerrolle ist gegenüber dem Idol fragwürdige Autorität zu bevorzugen. Und im Blick auf die Schülerrolle (Fehl)Entscheidungsfreude und Emanzipationsmut gegenüber bequemem Dummstellen und altklugem Bingo-Spielen.
Soll unser Erkennen sich nicht in Spielarten bloßen Wiedererkennens erschöpfen, soll unseren Assoziationen auch Neues, Fremdes, Anderes passieren, müssen Symptome an- und wahrgenommen werden. „Gerechtfertigte Bildung" kann gelassen Verantwortung für Symptome übernehmen, die sich zeigen und deren Herr wir nicht sind. Solche religionspädagogische „Symptomdidaktik" ist nicht nur auf Finalität (abschließbare Bildungsinhalte) angelegt, sondern auch auf unabschließbare Prozesse (erzieherischer) Evokation.
Gute Lehrstellen haben Leerstellen. Das gilt auch für die Unterrichtsmaterialien. Wo keine Leere ist, sind Impulse nur Manipulation. Unterscheiden sich heilsame und unheilvolle Religion dadurch, wie sie mit Mangel und Fülle wertend umgehen, so liegt die didaktische Qualität experimenteller Didaktik profaner Religionspädagogik nicht in dem Maße eleganter Nahtlosigkeit in der Entsprechung von Texten, Bildern, Objekten, Szenen und beabsichtigter Aussprache, sondern gerade in den feinen Irritationen, Brüchen und Leerstellen des angebotenen Materials. Es geht nicht darum, sich Fragen bzw. in Frage zu stellen, sondern darum, daß die Lernenden die Fragen, in die wir gestellt *sind*, als *ihre* Fragen mittels nichtdeterminierter (bzw. über- oder unterdeterminierter) Elemente als inneres Lernen selber repräsentieren. Das wiederum läuft aber mitnichten darauf hinaus, die Lernenden im Trüben fischen zu lassen, sondern auf das *Spiel*, anlässlich von geeignetem Material möglichst gezielt und heuristisch geschickt zu fragen. Dann ist Laborunterricht kein Laborunterricht.

In diesem Sinne bedeutet die Kleinkunst experimenteller Didaktik eine Krise für alle Klischees, für preußischen Drill- und Frontalunterricht wie für WorkShop und Spaßschulverheißungen gleichermaßen. Schule als „kleines Versuchsinstitut"[477] bietet mit den Arrangements ihrer Lernumwelt gerechtfertigter Bildung den nötigen Laufsteg, um für Gelassenheit auf dem Weg durch die Exodus- und Schöpfungsdimensionen des (gestörten) Lebens zu werben.

Experimentelle Didaktik als kleine Kunst einer ideologiekritischen, profanen Religionspädagogik ist ästhetisch-expressiv, aber nicht ästhetizistisch, experimentell-offen, aber nicht empiristisch regulierbar, elementar-sinnlich, aber nicht unreflektiert andächtig.

---

[477] P. Tillich, G.W., Band 9, a.a.O., 245.

Die Diskussion in Schlaglichtern:

Es wurde nachgefragt und diskutiert zur Unterscheidung intrinsischer Motivation und extrinsisch veranstalteter Irritationen: soll es darum gehen, Schüler verrückt zu machen?
Mitnichten. Aber es muß darum gehen, zu ca. 8% mit dem RU öffentlichen (Schul)Raum für die Phänomene zu bieten, wenn das Leben verrückt spielt. Um dies aber überhaupt bemerken zu können, bedarf es guter Ordnung und hinreichender Aufgeräumtheit. Im Dauerchaos lässt sich nichts unterscheiden.

27. Vorlesung

Was ist, kann ja noch werden.
Die Zukunft, die Medien und der Religionsunterricht hinter der Schwelle zum neuen Millenium

> „Ewig währt am längsten."
> (Kurt Schwitters)

Früher war die Zukunft schöner! Heute herrscht der Stress der „Zukunftsfähigkeit". Was soll das sein?
Reaktionen auf Zukunftsfragen machen besonders deutlich, wie mit dem Ungewußten und Nichtwissbaren im allgemeinen umgegangen wird. Die populäre und flotte Forderung nach Zukunftsfähigkeit überspielt die Frage nach dem Nichtwißbaren, die in ihr schlummert. Diese wiederum ist aber im Grunde die Frage nach dem Tod.
Die Zukunftsversion der allgemeinen Frage nach dem Umgang mit dem Unwissbaren zeichnet sich dadurch aus, daß sie sich an der Idee eines linearen Zeitstrahls orientiert. An dessen jeweils letztem Segment wird dann die Frage nach seiner möglichen Fortsetzung angesiedelt. Durch die damit verbundene Portionierung

> Der Schnee von gestern ist die Lawine von morgen.

des Lebenskomplexes in „Vergangenheit", „Gegenwart" und „Zukunft" wird beiläufig das Gefühl erschlichen, vielleicht schon mit dem Abschnitt „Gegenwart", sicher aber mit „Vergangenheit" Bewältigtes, Verstandenes, Erkanntes hinter sich lassen zu können. Der Gameboy-Klassiker TETRIS funktioniert so: gelingt es, das unwerwartet Zufallende geschickt dem Bestehenden zu- und beizuordnen, so wird der sich ansammelnde Ballast als Plus aufs Konto gebucht und verschwindet. Es wird vorwärts gelebt und rückwärts verstanden. Dann wird versucht, in völliger Verkennung des Imaginären das „Rückwärts" auch aufs „Vorwärts" anzuwenden: hat sich die Vorstellung eines Zeitstrahles (in abendländischer Kultur mit kirchlicher und schulischer Unterstützung) einmal fixiert, dauert es nicht lange, bis man auf den Versuch verfällt, das so gewonnene Bemächtigungsgefühl auch in die Zukunft hinein zu verlängern.
Es gibt nicht nur Flucht in die Vergangenheit (Nostalgie, Regression, Konservieren: „Das war immer schon so, so geht es heute, und so soll es auch bleiben"), sondern auch Flucht in die Gegenwart und Flucht in die Zukunft.

Flucht in die Gegenwart mit dem Effekt einer Implosion des Zeitgefühls ist Basis der meisten Computerspiele, wo es gilt, das Zufallende, das Auf-einen-Zukommende, das Fremde schlichtweg abzuballern. „Auf alles schießen, was sich bewegt" hat tiefere und weitere Bedeutung. Ist z.B. Wissenschaft nicht häufig eher verhaften, feststellen, was los ist anstatt lockern und lösen, was fest verstellt ist? Dieser aggressiven Haltung entspricht die brave Geschäftigkeit von Ethitainment: „Nichts Gutes außer man tut es". Die Wochenshow covert entsprechend bewährte Ehrenamtspraxis: „Ist Ihnen auch manchmal langweilig? Jetzt gibt es 'Aufgaben'! Auch im praktischen 6er-Pack!"
Die Flucht in die Zukunft zeigt sich meist als Euphorie, die sich auf EDV-basierte Hochtechnologien kapriziert. Ob Supermarkt oder Küchengerät, – seit ich denken kann begleiten mich „super 2000"-Logos. Näher betrachtet gehen die meisten Science-Fictions allerdings „Zurück in die Zukunft" und träumen in allem Tohuwabou von Zeit-Räumen, wo innen und außen, oben und unten, männlich, weiblich, sachlich, gut und böse, Subjekt und Objekt, Naturwissenschaft und Glaube, Kopie und Original (noch und wieder) klar getrennt erscheinen oder wenigstens unterscheidbar sind. Zugleich nährt die Flucht nach vorne die Unsicherheit, von der sie zehrt. Begriffe wie „Relativitätstheorie", „Quantenmechanik", „Unschärferelation", „Chaosforschung" oder „Fraktale Geometrie" kursieren inzwischen in Hörsälen, Feuilletons und Alltagsgesprächen gleichermaßen. Akademische Welt und Popularkultur vermischen sich. Es breitet sich das sichere Gefühl aus, daß die Naturwissenschaften als universelles, vereinheitlichendes, objektives Unternehmen ihr Ende erreicht haben. Man ist unsicher geworden: was ist „Science", was „Fiktion", was „Scientology"? Man weiß nicht mehr, was man davon (be)halten soll. Bildung bedeutet an der Jahrtausendschwelle die Ahnung, wie wenig wir in allem Wissen eigentlich wissen. „Die Mythe log" (G. Benn) vielleicht doch nicht. Und „Multimedia", die bunte, in jeglicher Hinsicht grenzenlos erscheinende Schöpfung der Medien vielerlei Art, lockt als Netz und Nest zugleich. Die Multimedia-Welt der EDV-Technologien ist wie unsere postmoderne und multikulturelle Lebenswelt ebenfalls eine komplexe, für Laien zunächst auch verwirrende Welt, aber sie wird (oft gegen besseres Wissen) halluziniert und ausgegeben als eine Welt, in der klare, eindeutige und allgemeingültige, für jeden verbindliche, jederzeit abrufbare Gesetze herrschen. Wenn etwas nicht funktioniert, dann hat das einen behebbaren Grund. Und davon träumen alle. Der Traum, endlich einmal ganz im Bilde zu sein, scheint buchstäblich greifbar. Man ist mit ganzem Herzen bei der Sache. Der Sinn der Sache ist es, sich seiner Sache ganz sicher zu sein, – sicher

eine traumwandlerische Sicherheit. Der evangelische Theologe Paul Tillich stellte bereist 1964 fest: „Obgleich die technischen Gegenstände kein Zentrum an sich haben, können sie doch ein Zentrum erhalten, daß ihnen der Mensch gibt (z.B. der Computor)."
Zenons kluge Beobachtung des Paradoxes vom fliegenden Pfeil, der ruht (er ist nämlich immer nur da und da und da, niemals bekommt man die Bewegung live zu fassen), inspirierte Augustin dazu, die Idee eines linearen Zeitstrahles auf den existentiellen Brennpunkt unverfügbarer und stets verpasster Gegenwart schrumpfen zu lassen und so die Strategie der großen Fluchten als Trug zu entlarven: „Denn es sind diese Zeiten als eine Art Dreiheit in der Seele und anderswo sehe ich sie nicht: und zwar ist da Gegenwart von Vergangenheit, nämlich Erinnerung; Gegenwart von Gegenwart, nämlich Augenschein; Gegenwart von Künftigem, nämlich Erwartung" (Augustinus, Bekenntnisse, zweisprachige Ausgabe, Frankfurt 1987, 643). Das aber bedeutet nichts anderes, als daß sich der Bereich des Unwissbaren auch in die Vergangenheit und Gegenwart erstreckt. Wir wissen (onto- wie phylogenetisch) nicht, was eigentlich passiert ist, und wir wissen ebensowenig, was eigentlich passiert. Statt „Fakten, Fakten, Fakten" Erinnerung, Augenschein und Erwartung. Im Symbol vom Reich Gottes hatte Jesus Gelassenheit angesichts des Unwiss-

| Offene Tür |
| Offener Unterricht |
| Offenes Grab |
| Offene Arme |
| Offene Gegenwart |
| Offene Vergangenheit |
| Offenes Haar |
| Offene Fragen |
| Offene Antworten |
| Offenheit |
| Ofen aus |
| offensichtlich |
| Offenbarung 20 |
| Offene Hose |
| Cabrio |
| Offenherzig |
| offener Schuh |
| geschlossene Gesellschaft |

baren in eschatologischen Gleichnissen zur Sprache gebracht. Das Reich Gottes ist gleichzeitig-strukturell und dabei voll geschichtsfähig (Luk 17,20). Daß die Frage der Zukunft als Frage, was (auf) uns zukommt, nicht eine unter anderen ist, macht auch ein Blick ins Lexikon deutlich. So umfasst der Artikel „Eschatologie" in der Theologischen Realenzyklopädie gut 100 großformatige, kleinbedruckte Seiten. In der Verwobenheit jüdisch-christlicher Schöpfungs- und Exodustraditionen zeigt sich die Frage nach Gott als eine Version der Zukunftsfrage, in der Zukunft offen *bleibt*. Daß der Gedanke an eine offene Zukunft nicht so angenehm sein muß, wie er immer beschworen wird, verriet schon Georg Lukacz mit seiner Wendung von der „transzendentalen Obdachlosigkeit". Daß Gott nicht zum Kleingedruckten unserer Subsistenzgarantien, zum Mittel unserer Zukunftssorge und zum Analgetikum unserer Lebensangst (Karl Rahner) taugt, scheint nach wie vor für viele Zeitgenossen unerhört, die meinen, Glaube sei eine Art Beruhigungsabonnement. Aber den jüdisch-christlichen Traditionen geht es eben nicht darum, „ein paar Unglückliche in ihrer schwachen Stunde zu überfallen und sie sozusagen religiös zu vergewaltigen", um einmal etwas anderes von Dietrich Bonhoeffer zu zitieren als das meist kontextlos strapazierte „Gott ist mit uns am Abend und am Morgen". Lassen die, die wie in kirchlichen Kreisen üblich von „Zukunft als Geschenk" sprechen, nicht unterschwellig auch mit einfließen, daß man einem geschenkten Gaul gefälligst nicht ins Maul zu schauen hat? Kierkegaard protestierte dagegen: „Wo bin ich? Was will das besagen: die Welt? Was bedeutet dies Wort? Wer hat mich in das Ganze hineingenarrt und läßt mich nun da stehen? Wer bin ich? Wie bin ich in die Welt hineingekommen; warum bin ich nicht gefragt worden, warum nicht mir Bräuchen und Regeln bekannt gemacht worden, sondern ins Glied gesteckt, als sei ich von einem Seelenverkooper gekauft? Wie bin ich Interessent in jener großen Enterprise geworden, die man die Wirklichkeit nennt? Warum soll ich Interessent sein? Ist das nicht freigestellt? Und soll ich es notwendig sein, wo ist denn der Verhandlungsleiter, ich habe eine Bemerkung zu machen?"

Daß Reisebürosonderangebote („last minute roulette") polyglotten Yuppies einen Thrill versprechen, bedeutet nicht, daß solche Angebote auch als Rezept für die Lebensreise taugen. Hier will man die (Prä)Destination schon wissen, will wissen, was einem zukommt und was auf einen zukommt, was einen/einem passiert, was einem zufällt. Weltuntergangsausrechnungen und Massenselbstmorde zeigen, daß es oftmals erträglicher scheint, der Sache ein Ende zu machen als einen Schrecken ohne absehbares Ende mit ungewissem Ausgang. Don Delillo läßt in seinem Roman „Die Unterwelt" die Bemerkung fallen, es sei „eine besondere Fähigkeit Heranwachsender, sich das Ende der Welt als Anhängsel der eigenen Unzufriedenheit vorzustellen." Im Umfeld von Kichentagen kann man sehen, daß dies auch auf viele Erwachsene zutrifft: „Ich suchte mein Heil in den Utopien und fand ein bißchen Trost in der Apokalypse" (Cioran).

„Wissenschaft": ihr Name könnte ihr zum Verhängnis werden. Über das Nichtwissbare gibt es keine Beruhigung durch Viel- und Mehrwissen, auch nicht durch Mutmaßungen, verzweifelte Für-wahr-halte-Leistungen oder Wahrscheinlichkeitshochrechnungen. Krampfhafte Gewaltanstrengungen sind keine heuristisch vielversprechende Forschungshaltungen. Gelassenheit eingedenk des Nichtwissbaren entscheidet sich daran, ob mein Lebensstil Strukturen enthält, die dem Nichtwissbaren entsprechen. „Unser gelebtes Leben (ist) eine radikale Problematisierung des Todes" sagt der Theologe Eberhard Jüngel. „Der Schatten, den der Tod wirft, (ist) nur die unheimliche Vergrößerung des ursprünglichen Schattens, der von unserem Leben her auf unser Ende fällt." An anderer Stelle spricht Jüngel von „Konfirmation als *Ent*sicherung des Glaubens". Eine solche Konfirmation unterbricht die Eigendynamik von Allmachtsphantasien, die menschliche Sterblichkeit verdrängen. Die christliche Tradition drückt Lebenshoffnung und Zukunftserwartung in Form der Erinnerung aus, die von der Erfahrung der Sterblichkeit wie von der Erinnerung an kleine Schritte des Heils getragen ist (Leben als Wiederholung). Sie läßt dem Leben vor dem Tod Sinn und nimmt gelassen den Tod wahr – wohl wissend, daß er unerträglich ist. Jedenfalls läßt diese glaubende, eschatologische, gewagte Lebenseinstellung die Frage, was nach dem Tod kommt, immer öfter auf sich beruhen in der Hoffnung, daß das Unerträgliche zu ertragen sein wird. Das Leben ist dann nicht im Bann des Todes und nicht im Bann von Ewigkeitssehnsüchten. Konstruktionen/Optionen sind um des Lebens willen notwendig. Dekonstruktion/Ent-Täuschung ist um der Sterblichkeit willen unumgänglich.

Zukunftssorgen sind verschlüsselte Sterbensangst. Die Grundangst des Lebens, nämlich dessen Sterbenseinsamkeit, ist dann Lebensimpuls, wenn sie nicht durch Allmachts- und Totalitätsphantasien bewältigt werden soll, durch Idealisierungen und Wunschprojektionen. Diese Angst muß ins Spiel (des Lebens) kommen können (z.B. im Religionsunterricht). Nur wenn diese schicksalhafte Lebensangst angenommen wird, erscheint es möglich, die krankhaften Ängste und ihre sozialen Bedingungen zu verändern, zu wandeln, zu verwandeln.

Unumgänglich ist das Bestreben, „alles einigermaßen ordentlich auf die Reihe zu kriegen", wie es umgangssprachlich heißt. Andere (ebenfalls unumgängliche) Faktoren menschlicher Biografie wie Schuld bedrohen den Eigenanteil der erstrebten Kontinuität und Ordnung. Die tradierte Geschichte Israels und seines Gottes dokumentiert Weltgeschichte, deren Antrieb, Unterhaltung und Ziel diesseits allen meschlichen Strebens, Irrens und Wanderns von woanders gewährt ist.

Traditionsbezüge sind keine Schonbezüge. Religiöses Lernen zielt jedenfalls darauf, Kinder und Jugendliche zu befähigen, angesichts unaufhebbarer Fraglichkeit menschlichen Lebens und unausweichlicher Mehrdeutigkeit Position zu beziehen, ohne sie zu verewigen. Positionen müssen revidiert werden können. Christologische Religion ist nicht Ansammlung von festen Inhalten, sondern Kompetenz, vertrauensvoll sich dem labilen und fragmentarischen Leben auszusetzen. Christologischer Religionsunterricht fragt nicht nur „Wie und in welcher Form vermittle ich bestimmte, vorgegebene Inhalte Kindern und Jugendlichen?" Hinter einem solchen Konzept steht nicht nur ein fragwürdiges Verständnis von Lernprozessen (als Transportverfahren für Güter), sondern auch ein Mißverständnis des Umgangs mit Tradition (als ursprungsmythisch gesicherter Bestand, als Traditionsgut). Ein solcher religionspädagogischer Güterverkehr wird der Tatsache nicht gerecht, daß die Kraft einer Tradition sich daran zu bewähren hat, welche Spielräume sie für Begegnung und Auseinandersetzung, für Transformationen, für zeit- und ortsgemäße Weiterentwicklungen, für Wegkorrekturen, für Renovation, Umbau und Neubau läßt. Dabei wird die Spannung zwischen Altem und Neuem auszuhalten sein: Tradition wird getragen von einem Geist, der nicht oder nur vorübergehend dogmatisch zu fixieren ist. Es wird immer neue (glaub- und fragwürdige) Entscheidung sein, die gemeinsam zu verantworten ist, welcher Umgang mit Tradition ihrem Geist entspricht und welcher nicht. Es gilt auch, im Umgang mit Tradition Grenzen zu ziehen. Aber die Grenzziehung ist Akt kommunikativer zeit- und ortsgebundener Entscheidung, nicht jedoch Ausdruck fundamentalistischer Vergegenständlichung feststehender Traditionsinhalte.

Die Orientierung an jüdisch-christlicher Tradition hat für das Subjekt die Bedeutung von Lebensentscheidungen. Die religiöse Orientierung ist eine Orientierung, die den Charakter einer unbedingten Entscheidung hat, so sehr sie auch bedingt sein mag. Das Subjekt nimmt für sich eine Wahrheit in Anspruch, die es nicht relativieren will. Es ist nicht bereit, Wahrheit sozusagen in den Plural zu setzen. Wahrheit ist sein persönliches Wagnis, das nicht in gleicher Weise relativiert werden kann. Als persönliches Wagnis kann sie jedoch nicht außerpersönlich gesichert werden. Der Bezug auf eine übergeordnete Instanz sichert Wahrheit autoritär, statt daß die Wahrheit selbst Autorität werden kann. Jede Art von objektivistischer Wahrheitssetzung versteht Wahrheit ideologisch und macht die Orientierung an ihr zu einer Unterwerfungshaltung.

„Kirche" heißt dann nicht nur, „Wir geben ihrer Zukunft ein Zuhause", sondern immer auch „Wir geben ihrem Zuhause Zukunft". Robert Musil beschrieb eine Kombination von Wirklichkeitssinn und Möglichkeitssinn:

„Wenn man gut durch geöffnete Türen kommen will, muß man die Tatsache achten, daß sie einen festen Rahmen haben: dieser Grundsatz, nach dem der alte Professor immer gelebt hatte, ist einfach eine Forderung des Wirklichkeitssinns. Wenn es aber Wirklichkeitssinn gibt, und niemand wird bezweifeln, daß er seine Daseinsberechtigung hat, dann muß es auch etwas geben, das man Möglichkeitssinn nennen kann.

Wer ihn besitzt, sagt beispielsweise nicht: Hier ist dies oder das geschehen, wird geschehen, muß geschehen; sondern er erfindet: Hier könnte, sollte oder müßte geschehen; und wenn man ihm von irgend etwas erklärt, daß es so sei, wie es sei, dann denkt er: Nun, es könnte wahrscheinlich auch anders sein. So ließe sich der Möglichkeitssinn geradezu als die Fähigkeit definieren, alles, was ebensogut sein könnte, zu denken und das, was ist, nicht wichtiger zu nehmen als das, was nicht ist. Man sieht, daß die Folgen solcher schöpferischen Anlage bemerkenswert sein können, und bedauerlicherweise lassen sie nicht selten das, was die Menschen bewundern, falsch erscheinen und das, was sie verbieten, als erlaubt oder wohl auch beides als gleichgültig. Solche Möglichkeitsmenschen leben, wie man sagt, in einem feineren Gespinst, in einem Gespinst von Dunst, Einbildung, Treäumerei und Konjunktiven; Kindern, die diesen Hang haben, treibt man ihn nachdrücklich aus und nennt solche Menschen vor ihnen Phantasten, Träumer, Schwächlinge und Besserwisser oder Krittler.

Wenn man sie loben will, nennt man diese Narren auch Idealisten, aber offenbar ist mit alledem nur ihre schwache Spielart erfaßt, welche die Wirklichkeit nicht begreifen kann oder ihr wehleidig ausweicht, wo also das Fehlen des Wirklichkeitssinns wirklich einen Mangel bedeutet. Das Mögliche umfaßt jedoch nicht nur die Träume nervenschwacher Personen, sondern auch die noch nicht erwachten Absichten Gottes."[478]

„Jesus Christus: gestern, heute und derselbe auch in Ewigkeit." Herbert Grönemeyer sagt es profan und kürzer: „Bleibt alles anders".

---

[478] R. Musil, Der Mann ohne Eigenschaften, Hamburg 1981, 16.

Die Diskussion in Schlaglichtern:

Es wurde nachgefragt und diskutiert zum Verhältnis von griechischem und hebräischem Denken (zyklisches / lineares / präsentisches Denken) sowie dazu, welcher Denkansatz im phylogenetischen und ontogenetischen Sinne mehr (politische) Verantwortung freisetzt.

Zur Kenntnisnahme:
„Sehr geehrter Herr. Dr. Beuscher!
Die Herausgeber der ZThK haben nun Ihren Text, der mit den Worten schließt, es bleibe alles anders, gelesen. Sie kamen dabei zu dem Schluß, daß auch in Ihrem Text alles anders bleibt, so daß es nicht sehr sinnvoll ist, ihn durch Druck 'festzustellen'. Die ZThK ist dafür auf alle Fälle nicht das richtige Organ.
Mit freundlichen Grüßen

Ihre ..."

Anhang:
Rezepturen statt Patentrezepte.
Vom Umgang mit Texten, Bildern und Dingen

Sich einen Begriff machen.
Zum Umgang mit Texten

Es herrscht eine Tendenz von der Bibel als Fibel zu Fibeln als Bibeln. Doch Texte sollen nicht zu Lösungen (ver)führen („Auflösungen"), sondern den Schülern und Schülerinnen Lernwege und Lernverfahren erschließen, die sie befähigen, selbst zu praktikablen und verantwortlich zu wagenden (Zwischen)Ergebnissen zu kommen.

Das Dilemma von Texten/Schulbüchern liegt darin, daß man (gegen alle emanzipationserzieherischen Beteuerungen) stets den Erfahrungen Anderer mehr trauen muß als dem eigenen Vermögen. Dieses Dilemma kann entschärft werden, wenn „Lehrtexte" als „Leertexte" und „Lehrbücher" als „Leerbücher" immer auch (gezielt) zu wünschen übrig lassen.

Texte, also Schul-/Lehr-/Handbücher zu überschätzen steht dem entgegen, was (Religions)Bücher in jüdisch-christlicher Tradition an Lernprozessen intendieren. Immerhin beginnt die Geschichte der Tora damit, daß die gemeißelten Steintafeln erst einmal zerbrechen (um fortan kreuz und quer durch die Wüste transportiert zu werden).

Bücher und Texte, die als Informationsquellen dienen, sind eine wichtige Arbeitsressource für jeden Lernprozess und auch für den Religionsunterricht in ausreichendem Umfang greifbar. Didaktisch beeinträchtigt wird ihr Wert durch das oft mit ihnen verwobene oder ihnen beigesellte betuliche Gängeln im Sinne von Nachbauanleitungen. Ein guter Text bzw. ein gutes Schulbuch für den Religionsunterricht gleicht dagegen einem Spinnrad, mit dem man aus dem Gewölle von Lehrplan, Tradition und existentieller Situation seine (roten) Fäden ins Lebensmuster weben kann. Auch für Texte gilt „Orientierung am Anfängergeist" (H. K. Berg). Texte für den Religionsunterricht müssen Lehrende wie Lernende unterstützen, hinreichend Komplexität zu repräsentieren und nicht unnötig zu simplifizieren und zu didaktisieren. Sie müssen ihren Lesern und Leserinnen vielfältige, kommunikative Situationen zur Problemfindung und -lösung zumuten und sie unter anderem dazu anleiten, weitere brauchbare Informationen zu finden und Diskussionen über Sachverhalte und Streitgespräche über Dilemmata geregelt zu führen. Es gilt, bei der Betonung Rückhaltung zu üben: erst einmal ohne Betonung (vor allem Bibeltexte; Betonung ist immer sofort „Benotung"). Nicht sofort „Sinn machen" (*„Macht* das Sinn?") Erst einmal sein lassen. Grundbescheide („Mitte des Textes") und „Erklärungsschnelldienste" (H. Rumpf) rufen schnell den Effekt altkluger Vertrautheit hervor, der in Überdruß umschlägt.

Bei vermittlungsorientierten Lehrbüchern und damit verbundenen Zuordnungs- und Wiedererkennungsritualen überwiegt das Rezipieren des Lernstoffes und das Nachvollziehen von Vorgedachtem. Informationstexte lassen sich als Reservoire von Fertigbegriffen mißbrauchen. Das sollte im Unterricht nicht honoriert werden. Sogar Infotexte unterliegen ja einem Wandel und bedürfen ständiger und weiterer Ergänzung. Friedrich Schleiermacher (1768-1834) beklagte die „Wut des Verstehens" und Friedrich A. Diesterweg (1790-1866) kritisierte die „Systemsucht- und wut". Gute Texte sperren sich dem Zugriff hermeneutisch-linguistischen Decodierens. Die dabei entstehende Empörung und Verunsicherung sollte nicht zu schnell übergangen, vermieden, verdrängt werden, sondern zu Sprache und Bewußtsein kommen. Darin liegen dann vielfältige Anknüpfungsmöglichkeiten für kreative Impulse.
Für den Umgang mit Texten gilt analog all das, was für es für das Genre der Gleichnisse zu wissen gilt. Verstehen bedeutet auch, die Bedrohung des eigenen Codes in Kauf zu nehmen. Gleichnisse sind schon vom Stil her antifaschistisch. Sicher haben christliche Denominationen andere erklärte Ziele und Inhalte als Nazis; aber ihnen eignet oft die gleiche unbewegliche und spannungsunfähige Struktur.
„Die Gleichnisform dient nicht der bildlichen Einkleidung auch in 'eigentlicher Rede' aussagbarer Sachverhalte; sie macht vielmehr deutlich, daß die von Jesus angesagte Gestalt der Gottesherrschaft anders als in metaphorischer Rede offenbar gar nicht zur Sprache gebracht werden kann" (TRE Band 15, 201). Auf diese Weise ist „das zur Sprache Kommen der Basileia ein ausgezeichneter Modus ihres Kommens" (E. Jüngel, Paulus und Jesus. Eine Untersuchung zur Präzisierung der Frage nach dem Ursprung der Christologie, Tübingen 1979). „Jesu Gleichnisse können nicht wie direkte Informationssprache mechanisch angeeignet werden. Sie wecken Erinnerungen ... und setzen damit einen Gedanken- oder besser Erfahrungsstrom in Bewegung ... [und überspringen] die Distanz, in der der Hörer einer Information sich seine Entscheidung noch überlegen kann ... Es läßt sich ... nie abschließend formulieren, was das Gleichnis besagt ... Fast in jedem Gleichnis gibt es sehr auffällige, wenn auch nicht unmögliche Züge ... Jesu Gleichnisse vermitteln also gerade nicht die jedermann einsichtige, allezeit gültige Wahrheit ... Wie die Erzählung betont auch die Gleichnissprache die Unverfügbarkeit Gottes" (TRE Band 16, 715f.). „Alle nichtmetaphorische Rede von Gott wäre nicht einmal uneigentliche Rede von Gott" (P. Ricoeur/E.

Jüngel, Metapher, München 1974), sondern Aussage über ein Wesen, das der Mensch mit seinen Definitionen feststellen könnte, also über einen Götzen.
Texte dürfen also um Gottes Willen keine „Festschreibungen" oder „Fest-Schriften" sein. Ein Tisch ist kein Tisch (vgl. Peter Bichsel). Gute Texte haben Fehlstellen, Lücken, Leerstellen, Randständiges, Nebensächliches, Spuren ... die Gelegenheit geben, meinen Hunger kennenzulernen und Benennungen für den Hunger zu probieren. So ist die Sicherheit, die Verbalinspiration gewähren will, zu groß im Verhältnis zu ihrer Botschaft.

Sonderfall Aufgabenstellungen

Aufgabenstellungen sind meist geschlossen mit einem hohen Anteil reproduzierender Verständnis- und Beurteilungsfragen. Ganz anders bei aneignungsorientierter Arrangementdidaktik. Deren Arbeitsaufträge beinhalten letztlich unabschließbare Aufgaben zum Recherchieren, Vergleichen, Werten, Interpretieren, Einschätzen, Konstruieren, Revidieren, Überarbeiten. Sie erheischen keine Antwort- oder Lösungslisten und folgen nicht Multiple-Choice-Frage-Antwort-Systemen, sondern unterstützen Frag-Würde als Schwester von „Glaub-Würde". Im Gegensatz zu reinen Mechanismen der Wissenssicherung wird es auch notwendig sein, gesichertes Wissen vergessen zu können. Denn was schon wir im Kopf (besser: im „Herzen") haben, ist von entscheidender Bedeutung für das, was wir aufnehmen können. Wissen ist nicht auf Information zu reduzieren und Reflexionen und Deutungen sind nicht der Alleinherrschaft naiver Strategien wie Zeichendefinitionen, Tatsachenaussagen und Normdurchschnittsberechnungen zu unterwerfen. Beispielantworten als Möglichkeit zur Selbstkontrolle legen doch das vom Lehrenden Erkannte als wichtig und richtig fest und lassen keinen Spielraum für andere wichtige Antworten und Aspekte, für Weiterentwicklungen und dafür, in Schwierigkeiten zu geraten, in Komplexität einzuführen und die Differenziertheit der Fragehorizonte zu schärfen.
Es empfiehlt sich nicht, Aufgaben stets als ein reine Anregungen in der Möglichkeitsform anzubieten (Hier könnt ihr ..., vielleicht suchst du dir ein Bild zu ...). Gerade bei Aufgaben, die der Lebenskomplexität nicht mit Blasiertheit begegnen, müssen Lernende klare Anweisungen vorfinden. So haben sie die Chance, sich damit auseinanderzusetzen und Aufgabenstellungen zu übernehmen, zu modifizieren und zu korrigieren. Vor allen Dingen ist zu vermeiden, daß in Aufgabenstellungen stark wertende Tendenzen erkennbar sind. Lernende sollen selbst werten lernen. Aufgabenstellungen sollten keine

Wertungen lancieren. Gerade die Aufgabenstellung zum ersten Text muß unbedingt zurückhaltend sein und jede moralische Beeinflussung der Lernenden vermeiden. Es geht nicht an, daß jemand anders (das Schulbuch, der Lehrer) sich für die Lernenden empört und ihnen Gelegenheit für eigene Empörung nimmt. Gleichwohl bedarf es der Hilfe des Lehrenden, aus der Empörung der Lernenden Fragen zu gewinnen, die Gegenstand weiterer Arbeit sind. Die Aufgabenstellungen können auch selbst Thema sein. Es geht nicht um eine peinlich genaue Befolgung von Patentrezepten, sondern um das Ausprobieren eigener Rezepturen.

Sich ein Bild machen.
Zum Umgang mit Bildern/Fotos

Bilder sollten im Idealfall nicht illustrierend doppeln, sondern als unspektakuläre Augenblicke ein irritierendes Moment enthalten, das eine Spur der Komplexität der Lebensphänomene wahrt und Spannung ermöglicht. Gute Bilder verweisen auf das, was sie nicht zeigen, was fehlt. Was fehlt, ist nicht festzustellen, sondern je und je zu entwerfen. Es ist sinnstiftend, nicht zu schnell Bedeutungszuschreibungen festzuhalten, sondern sich formaler Entzifferungsbemühungen zu unterziehen: was ist (nicht) zu sehen? Farben, Formen, Details, Klänge, Geräusche, Risse. Was paßt nicht in mein Bild? Welche Nebensächlichkeiten sind unberücksichtigt geblieben. Was war mir weniger wichtig, anderen vielleicht wichtig?
Für den Fall, daß anstrengende Diskussionen über die „Richtigkeit" einer Interpretation ausbrechen sollte und so der Horizont von Frag-Würde gegenüber Bescheidwissen verloren zu gehen droht, empfiehlt es sich, eine möglichst genaue Beschreibung dessen, was zu sehen ist, einzufordern.
Derartiger Umgang mit Bildern mutet zu, im Sinne des biblischen Bilderfestschreibungs- oder Bilderfeststellungsverbotes Distanz zu gewinnen zu meinen vertrauten Bildern, Erfahrungen, Interessen, Assoziationen. Die Spontanität der Assoziationen bei der beliebten und verbreiteten Unterrichtsmethode des „Brainstorming" folgt ja gerade nicht den Gesetzen freier Will-Kür, sondern „Beliebigkeitszwängen", die stets gewisse „Zu-Fälle" wiederholen. „Brainstorming": nicht ich lasse wehen wie ich will, sondern ich werde bestürmt (wovon an der Symptomatik meines Wollens und Vollbringens etwas lesbar wird).
Gute Bilder/Fotos haben Fehlstellen, Lücken, Leerstellen, Randständiges, Nebensächliches, Spuren ... die Gelegenheit geben, meinen Hunger kennenzulernen und Benennungen für den Hunger zu probieren. Bilder dürfen um Gottes Willen nicht nur illustrierend sein.
Bilder- bzw. Kunstausstellungen bieten gute Gelegenheit um zu merken, dass wir nicht sehen. Bilder um nicht zu sehen. Gute Bilder: zeigen was wir nicht sehen Und ich sehe was, das du nicht siehst. Lass mal sehen, mit anderen Worten. „Was haben wir eigentlich gesehen und gehört?" Schnell hat man sich verguckt.
„Religion lebt in Symbolen; und wenn diese Symbole wörtlich genommen und auf die Oberflächen-Ebene des Alltäglichen herabgezogen werden, ist das Ende der religiösen Kunst gekommen. Wenn Jesus, der der Christus, der

Bringer des Neuen Seins ist, zum Dorfschullehrer, zum kommunistischen Agitator oder zum sentimentalen Dulder gemacht wird, kann kein religiöses Bild entstehen. Es fehlt die Transparenz, das Drohend-Verheißende des göttlichen-dämonischen Grundes der Dinge ... Das expressive Element, durch das die Tiefe der Dinge an die Oberfläche kommen soll, kann mißbraucht werden zur Darstellung der belanglosen Subjektivität des Künstlers ... Es ist die verhängnisvolle Ehe von idealistisch bestimmtem und naturalistisch bestimmtem Stil, aus der die Mißgeburt hervorgegangen ist, die als religiöse Kunst mehr als ein Jahrhundert Kirchenblätter wie Kirchengebäude verunziert hat ... Schlammfluten des religiösen Kitsches."[479]

---

[479] G.W. IX, Stuttgart 1967, 350.

Witz an der Sache.
Zum Umgang mit Dingen

"form follows function follows sense follows sensory"

Gadgets, bei kleinen und großen Kindern beliebte elektronische Spielereien, kleine elektronische Wunschmaschinen zwischen kühlen Zwecken und heißen Wünschen, wurden durch Miniaturisierung elektronischer Bauteile möglich und durch Massenfertigung erschwinglich. Schlagzeilen machte das „Tamagotchi". Klassiker ist der „Game Boy", der unzählige Billigvarianten im Schlüsselanhänger-Format nach sich zog. Zum „zehnten Geburtstag" des Game-Boy kam ein Zusatztool auf den Markt, das aus dem Game Boy eine digitale Kamera, einen Stickerautomaten und ein „Flirt-Center" macht und das eigene Gesicht in Computerspielen erscheinen läßt. Unzählige Möglichkeiten digitaler Bildmanipulation, die bisher teuren Spezialausrüstungen professioneller Anwender vorbehalten waren, kommen nun in Kinderhände bzw. -hosentaschen. Desweiteren wären (für Kinder verbotene, aber weiterhin heißbegehrte) Laser-Pointer zu nennen sowie verschiedene Armbanduhren mit Zusatzfunktionen (z.B. „Baby-G" von Casio) und Geräte, mit denen Kurznachrichten gesendet und empfangen werden können („Quix", „TeLMI", „Scall", „Skyper"). Und neuerdings können auch wir endlich in unser Handgelenk sprechen wie vorher nur Bond und andere Zukunfts-Helden: die „Swatch" und die „SPH-WP10" von Samsung mit integrierter Handyfunktion machen es möglich. Handys für Kinder ab vier Jahren („Baby-Telefoninos"), mit denen vorgegebene Nummern angewählt werden können, werden angeboten. Game Boy camera soll in Zukunft eine Modem-Funktion erhalten und Handys eine Bildfunktion, so daß Tele-

> *„Ich hatte so ein Ding, das ich an das Gürtelband meiner Laufhosen klemmte, ein Gerät, das nur hundert Gramm wog und auf einem Display die zurückgelegte Entfernung, die verbrauchten Kalorien und die Schrittlänge anzeigte. Meine Wohnungsschlüssel trug ich in einem Fußtäschchen mit Klettverschluß. Ich lief nicht gerne mit klingenden Schlüsseln in der Hosentasche. Das Fußtäschchen erfüllte einen Bedarf. Es richtete sich direkt an ein persönliches Anliegen. Es gab mir das Gefühl, als existierten in der Welt der Produktentwicklung und Vermarktung und Geschenkkatalogisierung Men-schen, die das Wesen meiner kleinen, bohrenden Bedürfnisse verstanden."*
>
> Don Delillo, Unterwelt

fon-Video-Konferenzen stattfinden können. Auch der Fern-sehempfang per Game Boy, Handy, Organizer oder Handheld ist absehbar, nachdem es gelungen ist, einen TV-Tuner auf einem Chip zu integrieren. Ein Prototyp wurde auf der Cebit 99 gezeigt.

Lovegetys (Werbetext: „The Last Way To Make Friend") zu einem Stückpreis von 40 DM wurden zu hunderttausenden verkauft. Dabei handelt es sich um kleine Liebessender, die vom Besitzer eingegebene Informationen abstrahlen. Geraten sich nun zwei Sender mit gleicher Einstellung in die Nähe, „funkt" es: sie piepsen und geben grünes Licht für einen Flirt (in Deutschland unter der Bezeichnung „SmartHeart"). Walkman und Minidisk sind ebenso längst selbstverständliche Begleiter wie Fernbedienungen und Fernsteuerungen aller Art, Hand-Helds und Multifunktions-Organizer oder Schuhe (und andere Kleidungsstücke) mit integrierten Blink-LED's. Fortschrittliche Eltern legen ihrem Nachwuchs ein elektronisches „Babyei" ins Bettchen, straußeneigroße Geräte mit vier einschläfernden Geräuschkulissen: Meeresrauschen, Herzschlag, Bachplätschern oder Vogelzwitschern. Über lange Zeit ausverkauft waren in Amerika sogenannte Furbys (=Fellchen). Dabei handelt es sich um eine Art Kuschelmonster, deren Sensoren Tag und Nacht unterscheiden können und deren Chips interaktive Bewegungsabläufe und Spiele sowie das Aufzeichnen und Nachplappern von Sätzen ermöglichen, die der Spielpartner gerade von sich gegeben hat. In den USA wurden sie deswegen von Sicherheitsagenturen aus Dienstgebäuden verbannt.

Moralisierende Töne klingen in der Einschätzung dieser Phänomene oft an, die der Faszination ebenso wenig gerecht werden wie krampfhaft um Sachlichkeit bemühte rationale Begründungen. Moralischer Zeigefinger sowie rationalisierende Zweckmäßigkeitsbegründungen gegen Zwecklosigkeitsvorwürfe verfehlen den Punkt, auf den es im Blick auf Gadgets ankommt: Sachlichkeit, die fasziniert, – „*Faszination* Sachlichkeit". Inzwischen haben „Hot-Gadget"-Seiten in Life-Style-Magazinen einen festen Platz. Gadgets erfüllen nicht nur kühle Zwecke, sondern immer auch heiße Wünsche. Zwei Momente kann man in der Hauptsache benennen, die diese Faszination bewirken: erstens eine hohe Funktionslust, der starke Sog eines buchstäblich greifbaren, beliebig wiederholbar überprüfbaren Versprechens, daß „es" (und somit „ich") funktioniert. Und zweitens eine oftmals beträchtlichen Imagegewinn für den Besitzer (wobei wie auch in anderen Bereichen Markennamen eine wichtige Rolle spielen). Auch in Zukunft werden technologische Fähigkeiten das menschliche Phantasiefeld nicht nur in den Kinderzimmern prägen. Der Clou der Gadgets ist gerade nicht der Frageansatz, der in jeder

Tamagotchi-Reportage einfältig-suggestiv wiederkehrte, nämlich ob das betreffende Kind denn eigentlich lieber ein „echtes" Haustier haben würde, worauf meist Verlegenheit folgte. Der so altklug reflektierende Erwachsenenverstand hinkt weit hinter den Gefühlen her. Es ist nämlich umgekehrt, aber man begreift nur schwer, *daß heute eher Haustiere Ersatz für Tamagotchis oder Furbys sind.* Der jüngst erschienene japanische Roboterhund „Aibo" (=Freund, Begleiter) von Sony wird diese Ahnung vielleicht dämmern lassen.

Plüschfiguren, Schmusedecken, Kuscheltiere: das moralische Kopfschütteln nach dem Motto „zu viel Liebe für ein elektronisches Küken" ignoriert das menschliche Phänomen narzißtischer Aufladung, wie es von klassischen Übergangsphänomenen bekannt (und anerkannt) ist. Hier herrscht doppelte Moral: Plüschobjekte, Schmusedecken und Kuscheltiere dürfen Kinder lieben, Elektronik, Technik, Autos nicht. Warum eigentlich? Sicher: Tiere sind vortreffliche narzißtische Investitionsobjekte. Kleintiere sind zudem billig. Der Nachteil gegenüber technologischen Fetischen ist, daß sie (oftmals allzuschnell) sterben. Damit begründeten tausende von Zuschriften im Internet ihre Liebe zu Tamagotchis. Diese haben einen Reset-Knopf. Allerdings klangen in einigen Äußerungen auch schon die ersten Anzeichen von Langeweile an. Narzißtische Investitionen scheinen also nur als Spiel auf Zeit zu funktionieren. Insofern war die erste Generation von Tamagotchis, die nur mit einer einmaligen Wiederbelebungsfunktion ausgestattet war, letztlich reizvoller. Nicht durch längst mögliche Verkabelungen zwecks Datenaustausch miteinander (z.B. Koitus oder Kampf), sondern durch die Begrenzung der „Lebensdauer" (maximal eine Battariekapazität) kämen Gadgets biologischer Qualität näher. Allerdings sind jedoch Hamster und Meerschweinchen unvergleichlich billiger. Noch einmal in aller Deutlichkeit die These: Kleintiere werden heute als Spielzeug verbraucht wie Einmal-Geräte, und nicht umgekehrt: Geräte seien Ersatz für Tiere. Kann es sein, daß wir deshalb die Liebe zu Technik und Elektronik beargwöhnen, weil sie etwas über unseren menschlichen Umgang verraten könnte? Bei älteren Kindern gestatten wir Interesse am Elektronik-, am Chemie- oder Metallbaukasten, indem wir uns einreden, es ginge um Wissensbildung. Aber geht es in Wirklichkeit nicht um Affären? *Der* Baukasten muß es sein. Schrauben, Drähte, Reagenzgläser sind Zubehör, welches die Aura ganzer Forschungswelten vermittelt. Was ist die Erwartung, auf die Gadgets die Antwort sind? Die neue Lego-Generation „Mindstorm Lego Technic CyberMaster", mit der man Roboter konstruieren und programmieren kann, wird Eltern und Kinder angesichts des hohen Preises, der mit diesen Objekten der Begierde verknüpft ist, vor neue Herausforderungen im Blick auf Kaufentscheidungen stellen.

Klischees halten nicht: Elektronik kann Plüsch sein, und ein Roboter, eine Tastatur, ein Gadget kann ein Teddy sein. Der Unterschied zwischen einem Kuscheltier, einer Schmusepuppe und einem Tamagotchi liegt *nicht* im Evokationsfaktor, also darin, daß und welche Imaginationen das jeweilige Spielzeug hervorruft. Der Unterschied liegt im zugrundeliegenden Paradigma: Kuscheltiere verdanken ihre imaginären Aufladungen einer idealisierten *Natur- und Tierwelt*, Schmusepuppen funktionieren auf der Folie *idealtypischer Humanformen*. Und elektronische Spielzeuge (und seien es androide oder virtuelle Simulationsformen) wirken auf der Basis des *technologischen Paradigmas*, dessen Merkmale Machbarkeit, Käuflichkeit, Berechenbarkeit, Manipulierbarkeit, Verfügbarkeit, Zuverlässigkeit, Ersetzbarkeit und Ausdauer sind. Gadget-Faszination als Strohfeuer und Modeerscheinung zu bewerten, wäre eine fatale Verkennung der Qualität dieser elektronischen Spielereien. Spielzeug ist nie „banal" oder „harmlos", wie schnell verbreitete, aber nicht näher beschriebene tiefenpsychologische Studien anläßlich des Tamagotchi-Booms beteuerten. Spielzeug zeichnet sich doch gerade durch die Eigenschaft aus, mit Sinn und Bedeutung aufgeladen und überfrachtet werden zu können. Nur wer das übersieht, kann im Blick auf Gadgets zum Nicht-ernst-nehmen und zum Einfach-Übersehen raten. Eltern, Erzieherinnen und Erzieher sollten vielmehr all die Dinge und all das Spielzeug *kennen*, das angeboten wird. Technophobie ist keine erzieherische Tugend, sondern menschen- und weltfeindliche Unart. Eltern, Erzieherinnen und Erzieher mit Berührungsängsten im Blick auf Technik werden verhängnisvoll wirken. Sie werden in Zukunft vermehrt Reflexionsarbeit leisten und sich Wissensvorsprünge erarbeiten müssen, um zum Beispiel eine kompetente Anwort geben zu können auf die Frage, was der Unterschied zwischen einem Kuscheltier, einer Schmusepuppe und einem Roboterhund ist. Jedes hat seinen eigenen Reiz, mit allen kann man

> *„Aber die Welt hält stand, in gewisser Weise heilt sie. Man spürt die Berührungspunkte ringsum, die Umarmung verknüpfter Netzwerke, die einem ein Gefühl für Ordnung und Kontrolle vermitteln. Das steckt in den trillernden Telefonanlagen, den Faxmaschinen und Fotokopierern und all der ozeanischen Logik, die in unseren Computern untergebracht ist. Da mag man über die Technologie stöhnen, so viel man will. Sie steigert unsere Selbstachtung und verbindet uns in unseren wohlgebügelten Anzügen mit den Dingen, die ansonsten unbemerkt durch die Welt schlüpfen würden."*
>
> Don Delillo, *Unterwelt*

spielen, kein Grund (und keine wirkliche Chance), eines zu verbieten und schlecht zu machen. Aber es käme darauf an, daß alle mit ihren Möglichkeiten und Grenzen in der menschlichen Spielwelt (die ja Arbeits- und Lernwelt ist) zum Zuge kommen können. So ist die Tatsache, daß mit Game Boy *camera* die Möglichkeiten digitaler Bildmanipulation nun in Kinderhände bzw. -hosentaschen kommen und mit dem Robotrics Invention System von Lego virtuelles Konstruieren und Programmieren in die Kinderzimmer, zu begrüßen. Nur so kann die Medienkompetenz erworben werden, die heute Bedingung für mündige und komplexe Individualität ist. Wer Begeisterung teilt und sich auskennt, hat auch Autorität zu hinterfragen.

Harald Schroeter
Hast du Töne?
Zum Umgang mit Musik

> Nichts geschieht lautlos!
> (I Kor 14,10)
> Nichts ist ohne Sound!
> (Martin Luther)[480]

1. Von der Message zur Massage

Praktische Theologie war von Anfang an ein mißverständlicher Begriff, wie ihr wissenschaftlicher Begründer Friedrich Schleiermacher zu Beginn seiner Praktischen Theologie bemerkt:
„Der Ausdrukk *praktisch* ist allerdings genau nicht ganz richtig, denn praktische Theologie ist nicht die Praxis, sondern die Theorie der Praxis."[481]
Aus dieser Einsicht entwickelte sich ein Verständnis von Praktischer Theologie und insbesondere von ihrer Wissenschaftlichkeit, in dem der Unterschied von Theorie und Praxis betont wurde - mitunter jedoch so stark, daß Theorie und Praxis nicht mehr unterschieden, sondern getrennt wurden. Die Verbindungen von Theorie und Praxis waren kaum noch erkennbar, geschweige denn erfahrbar. Gegenüber solchen Tendenzen sage ich mit Schleiermacher gegen Schleiermacher:
Der Ausdruck praktisch ist allerdings genau nicht ganz falsch, denn Praktische Theologie ist nicht die Theorie an und für sich, sondern die Theorie der Praxis, welche sich auch als Praxis der Theorie zu bewähren hat.
Ich plädiere damit für ein Verständnis von Praktischer Theologie als Wissenschaft, welches in der Darstellung ihrer Lehre durch vielfältige Perspektivwechsel und Gedankensprünge das Oszillieren, das Hin-und-Her zwischen

---

[480] Zit. nach Günter Bader: Psalterium affectuum palaestra. Prolegomena zu einer Theologie des Psalters. HUTh 33, Tübingen 1996, 197.
[481] Friedrich Schleiermacher: Die praktische Theologie nach den Grundsäzen der evangelischen Kirche im Zusammenhange dargestellt, hg. von Jacob Frerichs, Berlin 1850, Reprint Berlin/New York 1983, 12. Hatte Schleiermacher praktische Theologie noch klein geschrieben, so wurde sie später groß geschrieben als Praktische Theologie. Darin zeigt sich der Wandel von einer naiv praktisch-orientierten zu einer komplexen Praxis-Theorie.

Theorie und Praxis wagt. Um es theologisch wie musikalisch gleichermaßen zu sagen: Praktische Theologie bedarf des Cross-Over.
Indem Praktische Theologie Prozesse in ihrem Hin und Her cross-over beschreibt, traktiert sie Probleme so lange, bis sich dort etwas von selber löst. Gelungene Ergebnisse Praktischer Theologie sind vergleichbar mit denen einer guten Massage. Praktische Theologie als Vermittlungs-, als Mediumswissenschaft zwischen Theorie und Praxis verstehe ich daher in Anlehnung an den berühmten Satz von Marshall McLuhan:
„The medium is the massage." - „Das Medium ist Massage."[482]
Ein solches Verständnis von Praktischer Theologie als Massage versuche ich nun anhand der Frage nach der musikalischen Seelsorge exemplarisch zu verifizieren.
Der Weg von der Message zur Massage bedeutet bei meinem Thema zunächst, daß mein Untersuchungsgegenstand das Phänomen Musik als Klang ist, nicht das Phänomen Gesang und schon gar nicht das Phänomen Text. Gesänge und Texte interessieren mich nur insoweit, als sie Musik sind. Die bisherige theologische Beschäftigung mit Musik hat sich immer wieder besonders auf die beiden Phänomene Text und Lied bezogen. Man meinte nämlich, dort im Gegensatz zur reinen Instrumentalmusik Inhalte greifen zu können. Inhalte könne es bei Klängen deshalb nicht geben, weil sie angeblich keine klar erkennbaren Botschaften haben. So war es auch lange Zeit usus, daß, wenn z.B. Lieder theologisch in den Blick genommen wurden, seien es Gesangbuchlieder von Paul Gerhardt oder Songs von Paul Simon, sich deren theologische Reflexion zumeist auf die Texte beschränkte. Wenn hingegen Musik theologisch reflektiert wird, wird ihr gegenüber dem Gesang oft eine geringere theologische Dignität zugesprochen, weil sie keine Inhalte zu transportieren vermag. So heißt es z.B. in dem jüngst erschienenen lesenswerten Buch „Trost für Hiob. Musikalische Seelsorge" von Michael Heymel:
„Der Gesang kann Träger christlicher Verkündigung sein. Der Instrumentalmusik dagegen fehlt diese Möglichkeit. Sie ist wortlose Tonkunst, auch dort, wo sie an den cantus firmus bekannter Kirchenlieder gebunden ist."[483]
So billigt Heymel der Musik zwar eine Funktion als Trostmittel der Seelsorge zu, sie vermag aber - im Gegensatz zum Gesang - nicht selber zu trösten, weil sie keine Inhalte, sondern Atmosphären erzeuge. Musik erreiche ihre theolo-

---

[482] Marshall McLuhan / Quentin Fiore / Jerome Agel: Das Medium ist Massage (1967), Frankfurt u.a. 21984.
[483] Michael Heymel: Trost für Hiob. Musikalische Seelsorge, München 1999, 11.

gisch höchste Dignität erst dann, wenn sie rede, also mit dem verständlichen Wort Gottes verbunden sei:
„Zu trösten vermag darum eine Musik, die das göttliche Wort [¼] in sich aufnimmt und reden lernt."[484]
Heymel beurteilt das Medium Musik messageorientiert.
Demgegenüber interessiert mich die Seelenmassage der Musik als theologischer Inhalt. Denn nirgendwo sonst wie bei Musik wird so deutlich, daß das Medium Massage ist. Musik umhüllt uns. Sie liegt in der Luft und erfüllt sie ganz, nicht etwa nur diesen oder jenen Sektor. Das Ohr ist das einzige Organ, welches Signale aus allen Himmelsrichtungen empfangen kann. Phylogenetisch war es daher das wichtigste Warnsystem des Menschen.[485] Während wir nie ganz den Überblick gewinnen können, weil wir hinten keine Augen haben, nehmen unsere Ohren alles, was sich in einem gewissen Umkreis akustisch ereignet, gleichzeitig wahr. Die Augen können wir schließen, die Ohren nicht. Kurt Tucholsky gab daher zum Besten:
„Wir haben Augenlider, aber leider keine Ohrenlider!"[486]
In seinem Versuch einer Phänomenologie der Gesten hat Vilém Flusser eindrücklich die Geste des Musikhörens beschrieben. Auch wenn man sich bis heute nicht einig ist, was beim Musikhören eigentlich entziffert wird, so läßt sich doch behaupten: Beim Musikhören geht es nicht um das „Entziffern einer kodifizierten Bedeutung"[487], sondern um „akustische Massage"[488]:
„Musik bringt nicht nur den Hörnerv, sondern den ganzen Körper zum Schwingen."[489]
„Sie mag Musik nur, wenn sie laut ist. [¼] Der Mann ihrer Träume muß ein Baßmann sein."[490]

---

[484] Heymel, Trost 1999, 20.

[485] Vgl. dazu Reinhard Flender: Vom Dreifachen Ursprung der Musik. Einige Gedanken zur musikalischen Anthrolopologie; in: Peter Bubmann (Hg.): Menschenfreundliche Musik. Politische, therapeutische und religiöse Aspekte des Musikerlebens, Gütersloh 1993, 9-20.

[486] Zit. nach Wolfgang Suppan: Der musizierende Mensch. Eine Anthropologie der Musik, Mainz 1984, 113.

[487] Vilém Flusser: Gesten. Versuch einer Phänomenologie, Frankfurt 1997, 152.

[488] Ebd., 156.

[489] Ebd., 154. Unter diesem Aspekt gewinnt Techno als Körpermusik theologische Dignität.

[490] Herbert Grönemeyer: Musik nur, wenn sie laut ist (1983); in: Ders.: So gut (1992).

So besingt Herbert Grönemeyer ein taubes Mädchen. Anders als beim Lippen-, Stimmen- oder Texte-Lesen, wo der Leser dem Lesestoff Bedeutung verleiht, geht es nach Flusser beim Musikhören darum, daß „die Botschaft selbst dem Hörer ihre Form aufprägt"[491]. Flusser beschreibt dieses Sich-dem-Körper-Aufprägen der Botschaft, diese Massage der Message als buchstäblich körperliches Ergriffen-Sein:
„Beim Musikhören wird der Körper Musik und die Musik wird Körper. [¼] Beim Hören von Musik wird der Mensch in ganz physischem (nicht in übertragenem) Sinn von der Botschaft »ergriffen«."[492]
Musik geht unter die Haut, welche das wichtigste Organ dieser akustischen Massage ist. Denn die akustischen Schwingungen durchdringen die Körperhaut nicht nur, sondern bringen sie auch zum Mitschwingen:
„Die Haut, jenes Niemandsland zwischen Mensch und Welt, wird dadurch aus Grenze zu Verbindung. Beim Musikhören fällt die Trennung zwischen Mensch und Welt, der Mensch überwindet seine Haut oder, umgekehrt, die Haut überwindet ihren Menschen. Die mathematische Schwingung der Haut beim Musikhören, die sich dann auf die Eingeweide, aufs »Innere« überträgt, ist »Ekstase«, ist das »mystische Erlebnis«. Es ist die Überwindung der Hegelschen Dialektik."[493]
Musikhören läßt die Haut zur Membrane werden. So werden Menschen zu Personen, durch die etwas hindurchklingt: Per-Sonare.

2. Vom Hören und Fühlen

„Von Herzen - Möge es wieder - zu Herzen gehen!"

Diesen Wunsch hat der taube Beethoven auf das Autograph seiner wohl seelsorglichsten Komposition geschrieben: auf das Kyrie seiner Missa Solemnis.[494] Wie aber funktioniert das, daß etwas mit Musik von Herz zu Herz geht? Wir wissen es nicht! Die Musiktherapie, die seit einigen Jahrzehnten auch wissenschaftlich erforscht wird, hat zu dieser Frage noch keine übereinstimmenden

---

[491] Vilém Flusser, Gesten 1997, 154.
[492] Vilém Flusser, Gesten 1997, 155.
[493] Ebd., 158.
[494] Vgl. dazu Rudolf Langer: Missa Solemnis. Über das theologische Problem in Beethovens Musik. CH 49, Stuttgart 1962; sowie Gunther Britz: Jedesmal erkannt. Beethovens Glaube; in: ZdZ/LM 1 (1998), 34-36.

Ergebnisse liefern können.⁴⁹⁵ Was wir wissen ist, daß Musik wirkt. Bestimmte musiktherapeutische Methoden sind in ihrer gesundheitsfördernden Wirkung unter ebenso scharfen Bedingungen getestet worden wie Medikamente. Dabei hat man festgestellt: Musik hat medizinisch gesicherte Wirkungen als anxioalgolytisches, d.h. als angst- und schmerzlösendes Therapeutikum.⁴⁹⁶ Man weiß aber nicht, warum und wie das funktioniert.

Worin sich aber alle einig sind, ist, daß es einen Zusammenhang gibt zwischen Hören und Fühlen. Diesen Zusammenhang versuche ich mit der These: „Wer hören will, muß fühlen" poimenisch zu beschreiben, indem ich mich von zwei anderen Konstellationen dieses Satzes abgrenze:

2.1. Wer nicht hören will, muß fühlen

So heißt meine erste Abgrenzung. Sie wendet sich gegen eine Verhältnisbestimmung von Hören und Fühlen als Züchtigung, welche beide Vorgänge, Hören wie Fühlen unter Strafe stellt. Es gibt in der Geschichte des Protestantismus eine lange und verbreitete Tradition, nach der Seelsorge vor allem als Kirchenzucht⁴⁹⁷ begriffen wurde. Es scheint mir auch kein Zufall zu sein, daß gerade in der reformierten Tradition, in der der Kirchenzuchtgedanke besonders stark im

---

⁴⁹⁵ Bestseller in diesem Bereich waren Peter Michael Hamel: Durch Musik zum Selbst. Wie man Musik neu erleben und erfahren kann, Bern u.a. 1976; Joachim-Ernst Berendt: Nada Brahma. Die Welt ist Klang, Frankfurt 1983; Ders.: Ich höre - also bin ich. Hör-Übungen, Hör-Gedanken, Freiburg 1989. Vgl. aber auch Hermann Rauhe / Reinhard Flender: Schlüssel zur Musik, Düsseldorf/Wien 31993, 9-29; Hermann Rauhe: Wie Musik helfend und heilend wirken kann. Musik und Therapie, in: Peter Bubmann (Hg.): Menschenfreundliche Musik. Politische, therapeutische und religiöse Aspekte des Musikerlebens, Gütersloh 1993, 128-144; Wolfgang Strobel / Gernot Huppmann: Musiktherapie. Grundlagen, Formen, Möglichkeiten, Göttingen u.a. 31997, 27-67 + 160-174; Herbert Bruhn / Rolf Oerter / Helmut Rösing (Hg.): Musikpsychologie. Ein Handbuch, Reinbek 31997; sowie Robert Jourdain: Das wohltemperierte Gehirn. Wie Musik im Kopf entsteht und wirkt, Heidelberg/Berlin 1998.
⁴⁹⁶ Vgl. dazu Ralph Spintge: Musik in der klinischen Medizin; in: Herbert Bruhn / Rolf Oerter / Helmut Rösing (Hg.): Musikpsychologie. Ein Handbuch, Reinbek 31997, 397-405; sowie Helmwart Hierdeis: Musik zwischen Therapie und Ekstase; in: Max Liedtke (Hg.): Ton, Gesang, Musik - Natur- und kulturgeschichtliche Aspekte, Graz 1999, 268-278.
⁴⁹⁷ Vgl. dazu John H. Leith / Hans-Jürgen Goertz; Art. Kirchenzucht; in: TRE 19 (1990), 173-191.

Seelsorgeverständnis verankert war,[498] ein Musikverständnis[499] vorherrschte, welches die Musik im kirchlichen Kontext nur unter funktionalen Gesichtspunkten zuließ.[500] Musik - um es mit einer neudeutschen Wortschöpfung zu sagen - Musik diente in dieser Tradition dem Gefühls-Controlling.[501]
Demgegenüber wird gegenwärtig verstärkt an die Musikauffassung Martin Luthers angeknüpft. Für Luther ist Musik nicht in erster Linie Kunst oder Wissenschaft, sondern Geschöpf, Kreatur. Die evangelische Weite seiner Musikauffassung wird deutlich an seiner staunenden Bemerkung über den französischen Komponisten Josquin Desprez (1440-1521), dessen Musik das damalige Höchstmaß an künstlerischer Souveränität darstellte:[502]
„Was lex ist, gett nicht von stad, was evangelium ist, das gett von stad. Sic Deus praedicavit evangeliam etiam per musicam, ut videtur in Josquin, des alles composition frölich, willig, milde heraus fleust, ist nitt gezwungen und gnedigt per regulas sicut des fincken Gesang."[503]

---

[498] Zu Calvin vgl. Werner Schütz: Seelsorge. Ein Grundriß, Gütersloh 1977, 22-25; Hans Scholl: Johannes Calvin; in: Christian Möller (Hg.): Geschichte der Seelsorge in Einzelportraits Band 2, Göttingen 1995, 103-125; sowie Klaus Winkler: Seelsorge, Berlin/New York 1997, 118-120. Eduard Thurneysen hat in "Die Lehre von der Seelsorge", Zollikon-Zürich 21957, den ganzen § 2 unter die Überschrift "Seelsorge als Kirchenzucht" gestellt (26-44); vgl. dazu Winkler, a.a.O., 32f.
[499] Zum Musikverständnis der Reformatoren vgl. Gustav A. Krieg: Art. Musik und Religion IV. Von der Renaissance bis zur Gegenwart; in: TRE 23 (1994), 461-464.
[500] Aus diesem Grund kann Siegfried Meier seinen interessanten Vergleich zwischen Kirchenmusik und Filmmusik anstellen: "Damit das Lob Gottes nicht verstumme auf Erden..." Kirchenmusik und geistliche Musik. Wechsel-Wirkungen 32, Waltrop 1999.
[501] Zu Calvins gottesdienstlicher Musikauffassung, nach der nur der einstimmige Gesang erlaubt war, vgl. Oskar Söhngen: Theologie der Musik, Kassel 1967, 60-79. Vgl. auch Michael Heymel, Trost 1999, 44: "Nicht die Verbindung mit dem Wort macht die Musik aus reformierter Sicht potentiell gefährlich, sondern die Vieldeutigkeit, die gerade der wortlosen Instrumentalmusik eigen ist. Die Gefahr, die daraus erwächst, benennt Brunner: es sei »der Hang und die Verführung zu gestaltlosem, schweifendem Seelenleben«." Heymel bezieht sich auf den Zürcher Komponisten Adolf Brunner: Musik im Gottesdienst, Zürich u.a. 21968, 99. Die Angst vor den überall lauernden Gefahren der Musik ist der Grund für den Versuch, sie beherrschen und damit in die richtigen Bahnen lenken zu wollen, d.h. zu funktionalisieren.
[502] Vgl. dazu Christoph Krummacher, Musik als praxis pietatis. Zum Selbstverständnis evangelischer Kirchenmusik. VLHK 27, Göttingen 1994, 23-26.
[503] WA Tischreden Bd. 1, Nr. 1258; zit. nach Christoph Krummacher, Musik 1994, 23, welcher bemerkt, daß "gnedigt" genötigt, "milde" freigebig heißt und sich des fincken Gesang auf den Komponisten Heinrich Fink (um 1444-1527) bezieht.

Als Kreatur kommt Musik gleich nach der Theologie, weil sie ebenso wie diese den Teufel vertreibt.[504] Gott predigt Evangelium auch durch Musik. Da kommt Stimmung auf, denn: Die Atmosphäre verändert sich. Dieser Sachverhalt ist der christlich-jüdischen Tradition schon seit Davids Harfenspiel bei König Saul bekannt. So konnte - wenn auch vereinzelt - auch der reinen Instrumentalmusik theologische und seelsorglich-therapeutische Qualität zugeschrieben werden.

Vor 300 Jahren erschien folgende Komposition von Johann Kuhnau (1660-1722):

„Musicalische Vorstellung einiger Biblischer Historien / in 6 Sonaten / Auff dem Claviere zu spielen / Allen Liebhabern zum Vergnügen versuchet von Johann Kuhnauen / Leipzig / 1700."

Kuhnau hat jeder seiner 6 biblischen Sonaten[505] eine ausführliche Einleitung vorangestellt. So beschreibt er in seiner Biblischen Sonate Nr. 2 mit dem Titel „Der von David vermittelst der Music curirte Saul", daß Musik bei seelischen Krankheiten helfe, deren Schmerzen im übrigen weitaus schlimmer seien als „Leibes-Schmertzen"[506].

Davon wußte auch Kuhnaus Nachfolger als Thomaskantor, Johann Sebastian Bach, ein Lied zu singen,[507] als er 1742 seine berühmten Goldberg-Variationen schrieb „zur »Recreation des Gemüths«"[508] für den kurländischen Baron Her-

---

[504] Vgl. dazu WA 30 II, 696. Zu Luthers Musikauffassung vgl. Oskar Söhngen, Theologie der Musik, Kassel 1967, 80-112; sowie Krummacher, Musik 1994, 11-52. Schon vor Luther hatte Johannes Tinctoris (um 1435-1511) dies in seinem Traktat "Complexus effetuum musices" (1473/1474) behauptet; vgl. dazu Michael Fischer (Hg.): Da berühren sich Himmel und Erde. Musik und Spiritualität, Zürich/Düsseldorf 1998, 60.
[505] Die Sonaten heißen im einzelnen: 1. Der Streit zwischen David und Goliath; 2. Der von David vermittelst der Music curirte Saul; 3. Jacobs Heyrath; 4. Der todtkranke und wieder gesunde Hiskias; 5. Der Heyland Israelis, Gideon; 6. Jacobs Tod und Begräbniß; zit. nach Peter Hollenfelder: Internationales chronologisches Lexikon Klaviermusik. Geschichte, Komponisten, Werke, Literatur, Wilhelmshaven 21999, 26.
[506] Vgl. Urtext-Ausgabe Edition Peter, Frankfurt u.a. 1967, 2: "Alleine wo die Kranckheit hauptsaechlich das Gemuethe angreiffet / da will die Gedult immer unten liegen; da kommen die Leibes-Schmertzen dagegen in keine Vergleichung."
[507] Zur poimenischen Qualität der Bachschen Musik vgl. Renate Steiger (Hg.): Die seelsorgliche Bedeutung Johann Sebastian Bachs. Kantaten zum Thema Tod und Sterben. Internationale Arbeitsgemeinschaft für theologische Bachforschung Bulletin 4, Heidelberg 1993.
[508] Zit. nach Rolf Schweizer: Zwischen Ritual und Aufbruch. Zur therapeutischen Dimension der Kirchenmusik; in: Peter Bubmann (Hg.): Menschenfreundliche Musik

mann Karl von Keyserlingk, der unter Schlaflosigkeit litt und sich durch seinen Pianisten Johann Gottlieb Goldberg damit die Nächte vertreiben ließ.

Glenn Gould gelang 1955 in seiner ersten Schallplatteneinspielung der Durchbruch mit seiner respektlos virtuosen Interpretation der Goldberg-Variationen, die eine bis dato unbekannte Power erhielten.

„Die Platte [¼] schlug [¼] sämtliche Kassenrekorde und verwies sogar eine neue Louis-Armstrong-Aufnahme auf den zweiten Rang."[509]

Der „New Yorker" nannte den 22-Jährigen „The Marlon Brando of the Piano". Glenn Gould war ein Idol geworden, der erste klassische Pop-Star. Goulds letzte Platteneinspielung 1981 zeigt ihn auf dem Cover hingegen als vom Krebs gezeichneten 49-Jährigen. Wiederum waren es die Goldberg-Variationen, die er nun sehr viel leiser interpretierte, mit veränderter Power, verklärte Ruhe ausstrahlend. Beide Einspielungen beschreiben für mich das weite Spektrum musikalischer Seelsorge.

2.2. Wer fühlen will, muß hören!

So heißt meine zweite Abgrenzung. Mit diesem Slogan wirbt z.Zt. der WDR. Sollte der WDR hiermit zum Ausdruck bringen wollen, Gefühle seien unmittelbar, einfach aus dem Bauch heraus - quasi kopflos, so würde ich genau dieser weitverbreiteten Meinung entgegenhalten: Gefühle sind sprachlich vermittelte Erinnerungen des Körpers und seiner Geschichten, die sich bei der akustischen Massage des Hörens einstellen. Gerade dies aber hat die Popmusik reflektiert, wenn sie z.B. wie Marc Cohn im Refrain von „Walking in Memphis" wiederholt fragt:

„But do I really feel the way I feel?"[510]

Daher drehe ich diesen Slogan für die Seelsorge um:

2.3. Wer hören will, muß fühlen!

1993, 148. Im Titelblatt der Erstausgabe von 1742 heißt es: "Denen Liebhabern zur Gemüths-Ergetzung verfertiget"; zit. nach Hans-Klaus Jungheinrich: Rückseite des Plattencovers der Einspielung von Glenn Gould (1955), CBS 1977.

[509] Michael Stegemann: "Der Marlon Brando des Klaviers"; in: Beiheft zur CD "The Glenn Gould Edition - J.S. Bach: Goldberg Variations BWV 988, The Historic 1955 Debut Recording" (Sony Classical), 13.

[510] Zit. nach Bernd Schwarze (Anm. 8), 11. Schwarze hat gerade diesen Song mit seiner reichhaltigen Erinnerungsarbeit zur Ouvertüre seiner Dissertation gemacht, indem er damit den komplexen Facettenreichtum seiner Fragestellung anreißt (11-14).

Daß Gefühle Erinnerungen sind, ist insbesondere für die seelsorgerliche Praxis von Bedeutung. Als Seelsorgerin oder Seelsorger fühlt man nicht einfach, wenn man hört, sondern man muß fühlen, Gefühle müssen erinnert werden. Sie dürfen gar nicht echt sein, wenn man diesen Beruf durchhalten will. Damit hat auch das seelsorgerliche Handeln, nicht nur das liturgische, seine Parallelen zum Theater. Nach dem Erneuerer der Schauspielkunst Konstantin Stanislawski gilt nämlich für den Schaupieler:
„Die Gefühle des Schauspielers auf der Bühne dürfen niemals echt sein. Es sollen immer nur *erinnerte* Gefühle sein."[511]
Wie sollen Seelsorgerinnen und Seelsorger aber dann annehmende Präsenz zeigen, wenn ihre Gefühle nicht echt, sondern erinnert sind? Auch hier ist wieder vom Theater zu lernen. Der Regisseur Peter Brook beschreibt die schauspielerische Präsenz als die Fähigkeit, „zur selben Zeit in zwei Welten zu sein - ein Ohr nach innen gekehrt und eines nach außen"[512]. Genauso, nämlich als Aufgabe des doppelten Hörens, aber hatte auch Eduard Thurneysen seinerzeit die Aufgabe des Seelsorgers beschrieben:
„Hören bestimmt geradezu die ganze Gestalt des seelsorgerlichen Gespräches. Es ist darunter zunächst zu verstehen das *Zuhören* im gewöhnlichen Sinne des Wortes, ein dem Menschen Zuhören, der sich Rat und Hilfe suchend an uns wendet. Aber wie wollte dieses Zuhören sich vollziehen können, ohne zuerst und gleichzeitig zum Hören auf das Wort Gottes zu werden, das uns den Menschen und das Menschliche überhaupt erst verstehen lehrt. Man kann hier eines vom andern nicht trennen. In der Doppelung solchen Hörens besteht geradezu das Charakteristische *des* Hörens, um das es im seelsorgerlichen Gespräche geht."[513]
Auch Dietrich Zilleßen hat dafür plädiert, nie ganz Ohr zu sein, sondern mit halbem Ohr zu hören, um so dem Anderen, dem Fremden, dem Rauschen eine

---

[511] L. Strasberg: Schauspielen und das Training des Schauspielers. Beiträge zur "Methode", hg. von W. Wermelskirch, Berlin 1988, 98; zit. nach Michael Meyer-Blanck: Inszenierung und Präsenz. Zwei Kategorien des Studiums Praktischer Theologie; in: WzM 49 (1997), 14.

[512] Peter Brook: Das offene Geheimnis. Gedanken über Schauspielerei und Theater, Frankfurt 1994, 49; zit. nach Karl-Heinrich Bieritz: Spielraum Gottesdienst. Von der "Inszenierung des Evangeliums" auf der liturgischen Bühne; in: Arno Schilson / Joachim Hake (Hg.): Drama "Gottesdienst". Zwischen Inszenierung und Kult, Stuttgart u.a. 1998, 78.

[513] Eduard Thurneysen: Die Lehre von der Seelsorge, Zollikon-Zürich 21957, 111.

Chance zu geben, unsere Wahrnehmung überhaupt zu erreichen und uns damit zu irritieren:[514]

„Ganz Ohr für den idealen Ton, für die Fülle, die Präsenz, die Stimme? Diese Weise des Ganz-Ohr-seins ist von Allmachtsphantasie bestimmt: der Mensch als Herr des Hörens. Aber mit halbem Ohr zu hören könnte dem Anderen mehr gerecht werden. Idealität ist bloßes Pathos. Im idealen Klang sind wir mit unseren Projektionen selbst präsent, unseren Imaginationen nah, unseren Ohren fern. Das unerhört Andere ist längst unbemerkt in unsere Ohren und unseren Körper gekommen. *Unerhört.*"[515]

Wer hören will, muß fühlen. Das gelingt nur, wenn gewohnte Ordnungen verlassen werden, was mitnichten zur Unordnung, sondern zur Umordnung führt. Das Gewohnte umordnen zu können ist eine wesentliche Voraussetzung nicht nur für gelingende musikalische Seelsorge, sondern für gelingende theologische Praxis überhaupt. Ich verdeutliche dies in Auseinandersetzung mit dem Kunstregelverständnis Schleiermachers, der ja bekanntlich Praktische Theologie als „eine Kunst für alle"[516] bezeichnet hat.

3. Praktische Theologie als Kunst der Umordnung

Schleiermachers Praktische Theologie zielt mit der Angabe von Regeln auf die Herstellung von Ordnung. Die Frage ist nur: Welche Regeln gelten für das Ermitteln von Ordnung in der Praktischen Theologie, wenn Schleiermacher doch auch zur individuellen kreativen Gestaltung von Praxis aufruft, die „im einzelnen nicht wieder auf Regeln gebracht werden kann"[517]? Gegenüber der mecha-

---

[514] Vgl. dazu auch Roland Barthes: Die Rauheit der Stimme; in: Karlheinz Barck u.a. (Hg.): Aisthesis. Wahrnehmung heute oder Perspektiven einer anderen Ästhetik, Leipzig 51993, 299-309; sowie Dietrich Zilleßen: Es läuft, weil es nicht läuft. Michel Serres' anthropologische Störgeräusche mit pädagogischen Konsequenzen; in: EvErz 46 (1994), 530-538.

[515] Dietrich Zilleßen: Hörproben; in: Gotthard Fermor / Hans-Martin Gutmann / Harald Schroeter (Hg.): Theophonie. Grenzgänge zwischen Musik und Theologie. Anke Martiny zum 60. Geburtstag. Hermeneutica 9, Rheinbach 2000, 25f.

[516] Friedrich Schleiermacher: Praktische Theologie (=PT), 50; vgl. dazu Henning Luther: Praktische Theologie als Kunst für alle. Individualität und Kirche in Schleiermachers Verständnis der Praktischen Theologie; in: ZThK 84 (1987), 371-393.

[517] Friedrich Schleiermacher: Kurze Darstellung des theologischen Studiums zum behuf einleitender Vorlesungen, hg. von Heinrich Scholz (31910), Darmstadt 1982 (=KD) § 132; vgl. auch KD, 102 Anm. 1: S. 74, § 12: "Alle praktisch theologischen Vorschriften

nischen Kunst, in deren „Regeln immer die Anwendung derselben zugleich schon gegeben ist"[518], handelt es sich bei der Praktischen Theologie um ein Phänomen der höheren Künste. Für diese aber gilt, daß „das richtige Handeln in Gemäßheit der Regeln immer noch ein besonderes Talent erfordert, wodurch das Rechte gefunden werden muß"[519]. Schleiermacher folgert daraus,
„daß *alle Regeln* welche in der praktischen Theologie aufgestellt werden können *durchaus nicht productiv sind*. [¼] Die Regel kann nicht die Erfindung hervorbringen."[520]
Schleiermacher spitzt dies auch noch weiter zu, wenn er einige Seiten später schreibt:
„Nicht nur die Regeln sezen nicht in den Stand zu erfinden: sondern wenn auch schon erfunden ist, so ist doch mit den Regeln selbst die Anwendung der Erfindung nicht gegeben; die bleibt noch die Sache eines besonderen Talents."[521]
Dieses besondere Talent bezeichnet den Umschlagplatz zwischen Theorie und Praxis und zwischen Praxis und Theorie. Hier wird theologisch die pneumatologische Lücke markiert, jener Vorgang, in dem Gott als Heiliger Geist wirkt, und welcher anthropologisch als Geistesblitz des Genies[522] beschrieben wird.[523]
Daß es sich hierbei allerdings nicht um eine elitäre Kunstangelegenheit für ein

---

können nur relativ und unbestimmt ausgedrückt werden, indem sie erst durch das Individuelle jedes gegebenen Falles und nur für ihn völlig bestimmt und positiv werden."
[518] PT, 36. Und als ob er die auch heute wieder grassierenden effizienz- und ergebnisorientierten Kirchenleitungsbemühungen im Blick hätte, die Praktische Theologie als mechanische Kunst gründlich mißverstehen, fährt er fort: "Bei allem rein mechanischen ist die Anwendung in der Regel selbst gegeben und gehört nur dazu die Genauigkeit und Sicherheit in der Ausführung. Alles mechanische geht auf das Rechnen zurükk; da sind Regeln und Anwendung zugleich gegeben." (PT, 37)
[519] KD § 265.
[520] PT, 31.
[521] PT, 36f.
[522] Zum Geniebegriff vgl. Jochen Schmidt: Die Geschichte des Genie-Gedankens in der deutschen Literatur, Philosophie und Politik 1750-1945. 2 Bände, Darmstadt 1985; vgl. aber auch Peter Sloterdijk: Wo 1993, 319: "Einen Genius haben heißt nach antiker Auffassung, mit dem eigenen Inneren Gefäß oder Sprachrohr eines anderen Geistes zu sein. Der Geniale ist Gastgeber ‚einer durchtönenden Kraft und kann Außerordentliches von sich geben, sofern die Einwohnung eines hohen Geistes in einer profanen Individualität Epiphanien ermöglicht."
[523] Vgl. PT, 31: "Dem göttlichen Geist gehört also der Impuls und was die Sache des Genies ist an, der Technik gehört die Ausführung an, die in jedem Moment in dem Dienst jenes Impulses und jener inneren Bestimmtheit ist."

paar Auserwählte handelt, wo sich die andern bequem aus der Affäre ziehen können, zeigt die Einsicht Schleiermachers:
„Alle Menschen sind Künstler."[524]
In ihrer Berner Dissertation „Kreativ-emanzipierende Seelsorge" von 1998 nimmt Gina Schibler die Tatsache zum Ausgangspunkt, daß fast alle Seelsorgelehren auf dieses von Schleiermacher beschriebene besondere Talent rekurrieren und ein hohes Maß an Kreativität in einer gelingenden Seelsorgepraxis voraussetzen, daß aber keine Seelsorgelehre dies eigenständig thematisiert. Dies tut Schibler nun mit dem Kreativitäts- und Kunstbegriff der intermedialen Kunsttherapien, die sich der Einsicht von Joseph Beuys verpflichtet wissen:
„Jeder Mensch ist ein Künstler."[525]
Demnach gelten solche Prozesse als kreativ, „die zu neuen Fragestellungen führen, die die eigene Wahrnehmung schärfen [¼], und die zu veränderten Standpunkten, zu einem Fokuswechsel und zu Sinndeutungsprozessen [¼] Anlass geben"[526]. Kreativ-emanzipierende Seelsorge geschieht im Heiligen Geist der Umordnung,[527] welche nicht nur das hierarchische Gefälle zwischen

---

[524] Friedrich Schleiermacher: Brouillon zur Ethik (1805/1806), hg. von Hans-Joachim Birkner, Hamburg 1981, 3; vgl. dazu Hermann Patsch: Alle Menschen sind Künstler. Friedrich Schleiermachers poetische Versuche; in: Schleiermacher Archiv Band 2, Berlin 1986. Schleiermacher hat zu Recht davor gewarnt, die Vorstellung "zur Norm" zu erheben, "daß alles Handeln der Kirche müsse improvisirt sein" (PT, 30). Gegenüber dem mittlerweile aber üblichen Testatswahn von normierten Ausbildungsgängen (vgl. dazu Bernd Beuscher: Praxisaufwertung; in: ZPT 51 (1999), 343-346) wäre es für unsere Kirche ebenso wie für unsere Gesellschaft angesagt, verstärkt in die Kunst des Improvisierens einzuüben, welche in der Fähigkeit besteht, divergierende Phänomene differenziert wahrzunehmen und gleichzeitig den Glauben zu wagen, in der Performance keine Fehler machen zu können. Man kann nicht falsch, sondern höchstens schlecht interpretieren. Daher hat meine Praktische Theologie nicht die Leitkategorien richtig oder falsch, sondern gut oder schlecht. In einer solchen Praktischen Theologie, die dem Improvisieren als Kunst der Umordnung einen wichtigen Platz einräumt, kommt es insbesondere auf das Einüben und Fördern von Kreativität an.
[525] Vgl. dazu Heiner Stachelhaus: Joseph Beuys. Jeder Mensch ist ein Künstler, München 21991.
[526] Gina Schibler: Kreativ-emanzipierende Seelsorge. Konzepte der intermedialen Kunsttherapien und der feministischen Hermeneutik als Herausforderung an die kirchliche Praxis. PTHe 43, Stuttgart u.a. 1999, 33.
[527] Vgl. dazu auch Karl-Josef Pazzini: Thesen zur Podiumsdiskussion: Kreativitätstherapien und die musischen Bildungsfächer; in: Walther Zifreund (Hg.): Therapien im Zusammenspiel der Künste, Tübingen 1996, 103-108, bes. 105: "Gegen die Hoffnung auf

Seelsorgerin und Klientin auflöst, sondern auch die festgefahrenen Hierarchien menschlichen Leids durch Methoden wie: paradoxe Intervention, unsinnige Aufträge oder heilsame Verwirrungsstiftung ins Wanken bringt. Kriterium einer solchen Seelsorge im Geiste der Umordnung ist, daß in ihr nicht mit den Leuten, sondern für die Leute gespielt wird. Oder um es anders, musikalisch, zu sagen: Hier geht's ums Feeling. Damit aber bin ich bei Phänomenen musikalischer Seelsorge, in der Musik mit feeling für die Leute gespielt wird.

4. Musikalische Seelsorge als Alltagsseelsorge

Karneval 1854 - nicht in Köln, sondern in Düsseldorf. Ein Mann mit Schlafanzug fällt unter den Kostümierten nicht weiter auf. Er geht auf die Rheinbrücke und stürzt sich in den kalten Fluß. Einige Fischer beobachten dies und retten den Mann. Es ist Robert Schumann während seiner letzten Düsseldorfer Tage. Seit kurzem hat er schmerzhafte Gehöraffektionen. Er ist sowohl Halluzinationen als auch seinem inneren Gehör schutzlos ausgeliefert, wo er symphonische Musik hört, „die er zuerst als *wunderbar* empfand [¼], die sich bald jedoch in Höllenlärm verwandelte, so daß »er schrie vor Schmerzen«"[528]. Vor einigen Tagen hatte er von den verstorbenen Schubert und Mendelssohn ein Thema diktiert bekommen, zu dem er gerade Variationen komponiert, die sog. Geistervariationen. Nachdem er die 4. Variation notiert hat, kommt es zum Hörsturz in den Rhein. Nach seiner Rettung schreibt er noch eine Variation, eines seiner letzten erhaltenen Werke, welches Brahms und Clara aber nicht mehr in die Gesamtausgabe aufnehmen, weil sie glauben, es wäre schlecht komponiert.

---

eine größere Unmittelbarkeit des sinnlichen Umgangs, gegen die Hoffnung der Kompensation von Sprachlosigkeit geht es um die Übung von Übersetzung. Es geht nicht um Einfühlung (Nur wer nicht hören will, muß fühlen) oder darum, sich in den anderen hineinzuversetzen (Wer sich in den anderen hineinversetzt, nimmt ihm Platz weg), es geht um die Einfügung von bisher fremdartigen Elementen in erstarrtes »Sprechen«." Die Nähe zu eine postmodern verstandenen Konzept eines Bruchs im Seelsorgegeschehen liegt auf der Hand; zur Rezeption der Thurneysenschen Metapher vom Bruch im seelsorgerlichen Gespräch vgl. Wolfram Kurz: Der Bruch im seelsorgerlichen Gespräch. Zum Sinn einer verfemten poimenischen Kategorie; in: WzM 74 (1985), 436-451; Albrecht Grözinger: Seelsorge als Rekonstruktion von Lebensgeschichten; in: WzM 38 (1986), 178-188; sowie Ders.: Differenz-Erfahrung. Seelsorge in der multikulturellen Gesellschaft. Ein Essay. Wechsel-Wirkungen 11, Waltrop 1995.
[528] Barbara Meier: Robert Schumann, Reinbek 21998, 131. Meier zitiert Berthold Litzmann: Clara Schumann. Ein Künstlerleben nach Tagebüchern und Briefen. 3 Bände, Leipzig 1902-1908. Reprint Hildesheim u.a. 1971, Band 2, 297.

Mit ihrer brutal durchgezogenen Bitonalität - das Thema in Es-dur wird in bitterer Konsequenz gleichzeitig in D-dur unterspült - ist dies eine Musik zum Zerreißen. Erst im 20. Jahrhundert werden derartige Kompositionstechniken wieder angewandt. Schumann wird kurz darauf in die Nervenheilanstalt in Endenich eingewiesen, wo er 2 Jahre später an den Folgen seiner Krankheit stirbt.[529] Auch das kann musikalische Seelsorge sein: Das Scheitern[530] bezeugen, gerade dann, wenn es keinen Weg der Heilung mehr gibt. Sicherlich - eine Ausnahmesituation.

Johannes Brahms macht daraus 1861 Alltagsseelsorge. Er komponiert zu eben diesem Geisterthema Schumanns 10 Variationen für Klavier zu 4 Händen op. 23. Er widmet sie der 16-jährigen Tochter Schumanns, Julie, die er liebt, zum Andenken an ihren Vater, wenn sie sie zusammen mit Clara spielt. Wie so oft kommen hier Tod und Liebe, Schmerz und Sehnsucht in ihrer Ambivalenz zusammen.[531] Diese Variationen lassen sich als Trauer- und Erinnerungsarbeit interpretieren.[532] Sie sind für den Alltag der Hausmusik geschrieben. So wie unser Alltag vom Radiohören unterhalten wird,[533] so unterhielten sich viele

---

[529] Schumanns Krankheit gibt Anlaß zu vielfältigen Spekulationen über den Zusammenhang von Wahnsinn und Kreativität, die sich als "ein Kompendium der Psychiatriegeschichte" lesen lassen; so Reinhard Steinberg: Psychische Krankheit und Musik; in: Herbert Bruhn / Rolf Oerter / Helmut Rösing (Hg.): Musikpsychologie. Ein Handbuch, Reinbek 31997, 389; vgl. dazu auch Joscelyn Godwin: Music, Mysticism and Magic, New York/London 1987, 233-236.

[530] Vgl. dazu Karl-Friedrich Wiggermann: Mit Scheitern leben. Zu einer Praktischen Theologie der Lebensbewahrheitung *sub contrario*; in: ZThK 96 (1999), 424-438.

[531] Vgl. dazu Henning Luther: Schmerz und Sehnsucht. Praktische Theologie in der Mehrdeutigkeit des Alltags; in: ThPr 22 (1987), 295-317; sowie Ders.: Tod und Praxis. Die Toten als Herausforderung kirchlichen Handelns. Eine Rede; in: ZThK 88 (1991), 407-426.

[532] Günter Kennel hat ähnliches für Liszts Variationen über Weinen, Klagen, Sorgen, Zagen beschrieben: Günter Kennel: "Weinen, Klagen, Sorgen, Zagen". Franz Liszts Variationen - ein musikalischer Trauerprozeß; in: MuK 69 (1999), 316-325. Als unbeweglicher schwarzer Block kann Trauer tödlich werden, als Variation, d.h. als Veränderungen, kommt sie ins Fließen.

[533] Vgl. dazu Helmut Rösing: Musik als Lebenshilfe? Funktionen und Alltagskontexte; in: Hermann-Josef Schmitz / Hella Tompert (Hg.): Unter dem Musikteppich. Die Musiken der Alltagskulturen. Hohenheimer Medientage 1990, Stuttgart 1992, 17-39. Rösing räumt mit dem Vorurteil auf, als ob die Menschen durch die neuen Technologien und die sog. Musikberieselung heute schlechter dran wären. Wohl aber zeigt er, daß es durch die technischen Veränderungen "in unserem Jahrhundert eine Verlagerung von den ge-

Menschen im 19. Jahrhundert mit Hausmusik,[534] insbesondere mit 4-händiger Klaviermusik.[535]

Solche Musik kann deshalb tröstlich sein, weil sie uns in Stimmungen, in Atmosphären versetzt, die es uns erlauben, jenseits kontrollierender inhaltlicher Fixierungen unsere Geschichten als erinnerte Gefühle zu projizieren, darzustellen. Ich verdeutliche dies, indem ich Ihnen den 1. Satz einer 45-minütigen Komposition von John Cage aus dem Jahre 1949 vorspiele. Sie trägt den Titel „Vortrag über nichts":

---

sellschaftlich-kommunikativen hin zu den individuell-psychischen Funktionen sich abzeichnet" (37).

[534] Zum Begriff der Unterhaltung vgl. meine Habilitationsschrift (Bonn 1999): Unterhaltung. Praktisch-theologische Exkursionen zum homiletischen und kulturellen Bibelgebrauch im 19. und 20. Jahrhundert anhand der Figur Elia, Frankfurt u.a. 2000.

[535] Vgl. dazu die bissigen Bemerkungen von Theodor W. Adorno: Vierhändig, noch einmal; in: Ders.: Musikalische Schriften IV. Moments musicaux - Impromptus. Gesammelte Schriften 17, Frankfurt 1982, 303-306.

„Ich bin hier   ,   und es gibt nichts zu sagen   .
                                                                Wenn unter Ihnen
die sind, die irgendwo hingelangen möchten ,   sollen sie gehen,
jederzeit   .   Was wir brauchen   ist
Stille   ;   aber was die Stille will
           ist,   daß ich weiterrede   .
                                                   Gib einem Gedanken
                  einen Stoß   :   er fällt leicht um
; aber der Stoßende   und der Gestoßene   er-zeugen   die Unterhaltung   die man Dis-kussion nennt   .
                                   Wollen wir nachher eine   abhalten   ?"⁵³⁶

Da redet einer nichts - deshalb ist dies Musik. Beim Vortrag dieser Musik und ihrer Pausen, in denen das Andere hörbar wird, haben Sie Ihre Gefühle projizieren können: vielleicht Freude, vielleicht Beklemmung, vielleicht Belustigung, vielleicht Angst, wahrscheinlich aber ein Gemisch aus all diesem und noch anderem. Solche Projektionen stellen das Erhebliche der Seelsorgearbeit dar.⁵³⁷ Sie erheben die Menschen in Räume, wo Atem stocken, aber auch neuer Atem geschöpft werden kann, so daß sie Schmerzen loslassen, d.h. fühlen können. Diese Räume sind Frei-Räume, in denen Sie niemand kontrollieren kann, in denen Sie sich gehen lassen können.

Diese Freiheit hat sich durch die technischen Möglichkeiten, Musik zu reproduzieren, vergrößert.⁵³⁸ So wie die Erfindung des Buchdrucks dazu führte, daß die Menschen zunehmend leise lasen und sich damit der interpretatorischen Bevormundungen durch ihre Vorleser entzogen,⁵³⁹ so führten die technischen Reproduktionsmöglichkeiten in unserem Jahrhundert dazu, daß wir Musik un-

---

⁵³⁶ John Cage: Vortrag über nichts; in: Ders: Silence. Aus dem Amerikanischen von Ernst Jandl, Frankfurt 1995, 6-35, hier: 6f. In ähnlicher Weise hat sich Stephan Froleyks dem Hören kompositorisch gewidmet: Hörenmachen. Eine Lese- und Arbeitsbuch zum Hören, Köln 1996; zum ganzen vgl. auch Martin Weimer: Bion hört Cage: "Erinnerung und Wunsch in Kontexten"; in: WzM 49 (1997), 459-473.
⁵³⁷ Vgl. dazu Hans-Georg Nicklaus: Das Erhabene in der Musik oder Von der Unbegrenztheit des Klangs; in: Christine Pries (Hg.): Das Erhabene. Zwischen Grenzerfahrung und Größenwahn, Weinheim 1989, 217-232.
⁵³⁸ Vgl. dazu z.B. Dietrich Zilleßen: Walkman; in: EvErz 39 (1987), 124-127; sowie Shuhei Hosokawa: Der Walkman-Effekt; in: Karlheinz Barck u.a. (Hg.): Aisthesis. Wahrnehmung heute oder Perspektiven einer andere Ästhetik, Leipzig 51993, 229-251.
⁵³⁹ Vgl. dazu Alberto Manguel: Eine Geschichte des Lesens, Berlin 21998, 55-69.

abhängig von einzelnen Musikanbietern hören können. Wir haben die ungeure Freiheit, uns die Musik aufzulegen, welche uns dazu hilft, noch bei Trost zu sein, ohne daß wir darin von irgendwelchen inhaltsnormierenden Institutionen kontrolliert werden könnten. Ich vermute, daß Musik wegen dieser unkontrollierbaren Eigenschaften in den Seelsorgelehren und -konzepten seit der dialektischen Theologie so gut wie keine Rolle spielte.

Als Projektionsfläche unserer erinnerten Gefühle dient musikalische Seelsorge der Lebensdeutung, ohne auf Veränderung aus zu sein. Veränderung des Klienten durch Sündenvergebung im Beichtstuhl oder durch Therapie auf der Couch waren die geheimen Zielvorstellungen der kerygmatischen wie der therapeutischen Seelsorgekonzepte in der 2. Hälfte des 20. Jahrhunderts. Demgegenüber hat sich in den 90er Jahren das Konzept von Alltagsseelsorge etabliert, welches davon ausgeht, daß das Spezifische christlicher Seelsorge im Angebot zur Lebensdeutung liegt.[540] Gerade hier aber bietet sich aus poimenischer Perspektive Musik als „Übergangsobjekt"[541] an.[542]

Musik bietet einerseits ein Höchstmaß an individueller Lebensdeutung. Andererseits kommt es durch ihre öffentliche Aufführung und Verbreitung dazu, daß Klage und Lob veröffentlicht werden. Musikalische Seelsorge ist eine Form öffentlichen Trostes. Klage und Lob sind menschliche Äußerungsformen, die in unserer öffentlichen Kultur ansonsten nur noch sehr rudimentär begegnen, weil sie privatisiert werden. Unter diesem Aspekt gewinnt musikalische Seelsorge sogar kulturpolitische Bedeutung.[543]

---

[540] Zum Begriff und Programm von Alltagsseelsorge vgl. Eberhard Hauschildt: Alltagsseelsorge. Eine sozio-linguistische Analyse des pastoralen Geburtstagsbesuches. APTh 29, Göttingen 1996; sowie als sehr instruktiven Überblick über die neuere Seelsorgediskussion in den 90er Jahren Uta Pohl-Patalong / Frank Muchlinsky (Hg.): Seelsorge im Plural. Perspektiven für ein neues Jahrhundert, Hamburg 1999.

[541] Hans-Günter Heimbrock: Gottesdienst: Spielraum des Lebens. Sozial- und kulturwissenschaftliche Analysen zum Ritual in praktisch-theologischem Interesse. Theologie & Empirie 15, Kampen / Weinheim 1993, 71.

[542] Zu Recht hat deshalb Bernd Schwarze: Die Religion der Rock- und Popmusik. Analysen und Interpretationen. PTHe 28, Stuttgart u.a. 1997, 257, nach seiner Analyse der Pop- und Rockmusik aufgrund seiner Erfahrungen in der Telefonseelsorge gefordert: "Wünschenswert wäre eine pastoralpsychologische Studie zur Bedeutung der (populären) Musik in der Seelsorge unter Berücksichtung musiktherapeutischer Erkenntnisse."

[543] Dies hat insbesondere Michael Heymel, Trost 1999, 125-139, anhand der Figur Hiob herausgestellt. Vgl. auch Yehudi Menuhin: Kunst als Hoffnung für die Menschheit. Reden und Schriften, Mainz 21997.

Musikalische Seelsorge bringt poimenische Paradigmen in Umordnung. Wer nach musikalischer Seelsorge fragt, bringt die Unterscheidung von allgemeiner und spezieller Seelsorge ins Wanken.[544] Die Grenzen zwischen beiden kommen ins Schwingen. Dies hat Auswirkungen für die nahezu ausschließliche Gesprächszentriertheit von Seelsorge, Seelsorgekonzepten und von Seelsorgeausbildung, welche alle drei zugunsten eines intermedialen Ansatzes korrigiert werden müssen. Wenn wir uns abschließend einigen exemplarischen Gestalten von musikalischer Seelsorge zuwenden, wird deutlich, daß auch die übliche Trennung von rezeptiven und aktiven Formen der Musiktherapie in Umordnung gerät.[545] Wer die Durchkreuzungskraft des christlichen Glaubens ahnt,[546] den wird dies nicht überraschen, denn im Hin und Her, im Cross-Over der Schwingungen wird Theologie musikalisch.[547]

5. Zu einigen Praxisgestalten musikalischer Seelsorge

1. Die für die Menschen lebensrelevanten Wünsche und Erwartungen an die christliche Religion werden insbesondere bei den **Kasualien** deutlich. In bezug auf die hierbei auftretenden Musikwünsche haben sich in den letzten Jahrzehnten starke Veränderungen ergeben, die immer noch auf verbreiteten theologischen Widerstand stoßen, welcher auf die unreflektierte Verabsolutierung der kulturellen Grenzen des Milieus der Pfarrerschaft zurückzuführen ist.[548] Ich erinnere mich an eine heiße Diskussion in unserer praktisch-theologischen Sozietät vor ca. 5 Jahren, als ein Pfarrer vom Niederrhein von einem Brautpaar erzählte, welches als Musik zum Auszug den Diebels-Alt-Song von Borussia Mönchengladbach hören wollte: „Ein schöner Tag" und zudem am Ausgang

---

[544] Vgl. dazu auch Wolfgang Steck: Praktische Theologie. Horizonte der Religion - Konturen des neuzeitlichen Christentums - Strukturen der religiösen Lebenswelt Band I, ThW 15/1, Stuttgart u.a. 2000, 603-619.
[545] Vgl. dazu Wolfgang C. Schroeder: Musik. Spiegel der Seele. Eine Einführung in die Musiktherapie, Paderborn 21999, bes. 32-44 + 325-326.
[546] Vgl. dazu Henning Luther: Die Lügen der Tröster. Das Beunruhigende des Glaubens als Herausforderung für die Seelsorge; in: PrTh 33 (1998), 163-176.
[547] Vgl. dazu Henning Schröer: Wie musikalisch kann Theologie werden? Ein Plädoyer für die Wahrnehmung von Theophonie; in: Gotthard Fermor / Hans-Martin Gutmann / Harald Schroeter (Hg.), Theophonie 2000, 299-312.
[548] Vgl. Eberhard Hauschildt: Unterhaltungsmusik in der Kirche. Der Streit um die Musik bei Kasualien; in: Gotthard Fermor u.a. (Hg.), Theophonie 2000, 285-298.

ein kühles Fäßchen anstechen wollte. Unsere Sozietät war damals gespalten.[549] Weil in Kasualien die „Rechtfertigung von Lebensgeschichten"[550] zur Darstellung kommt, wie dies Wilhelm Gräb beschrieben hat, braucht es dafür auch Projektionsflächen. Für die liturgisch-homiletische Gestaltung der Berücksichtigung solcher Wünsche, die aus seelsorgerlicher Sicht angemessen ist, hat Eberhard Hauschildt die praktisch-theologische Formel „Interpretation statt Konfrontation"[551] ins Gespräch gebracht.[552]

2. In der **Konfirmanden- und Jugendarbeit** ebenso wie in der **Erwachsenenbildung** läßt sich mit musikalischer Seelsorge arbeiten, wenn z.B. nach den Lieblingsmusiken der Personen oder danach gefragt wird, welche Musik den einzelnen zu bestimmten Themen einfällt. Wird solche Musik auf CD vorgespielt, so handelt es sich dabei nämlich nicht um fremde, sondern um eigene Musik, wodurch das zur Darstellung kommt, was diese Menschen bewegt.

3. Zur musikalisch-seelsorglichen **Bibelarbeit** in der Gemeindepädagogik können sowohl die Psalmen als auch die Hymnen des Neuen Testaments als Grundlage dienen.[553] Auch die Beschäftigung mit Vertonungen biblischer Su-

---

[549] Vgl. auch Michael Heymel: "You Gotta Love Someone". Über Musik bei Kasualien; in: PTh 88 (1999), 34-41.

[550] Wilhelm Gräb: Rechtfertigung von Lebensgeschichten. Erwägungen zu einer theologischen Theorie der kirchlichen Amtshandlungen; in: PTh 76 (1987), 21-38. Von diesem Ansatz her hat Gräb eine ganze Praktische Theologie entwickelt: Lebensgeschichten, Lebensentwürfe, Sinndeutungen. Eine praktische Theologie gelebter Religion, Gütersloh 1998; vgl. dazu auch Katharina Wiefel-Jenner: An den Rändern des Todes. Beobachtungen und Überlegungen zur liturgischen Gestaltung von Trauerfeiern; in: PTh 86 (1997), 414-428.

[551] Eberhard Hauschildt: Der Streit am Sarg um die Musik. Zur Ursache und Bewältigung von Konflikten zwischen den Beteiligten; in: MuK 69 (1999), 311f.

[552] Zur kompetenten Wahrnehmung einer solchen Formel gehört aber eine weitaus stärkere kulturelle Ausbildung von Theologinnen und Theologen, so daß sie v.a. die Popkultur als Alltagskultur in ihren verschiedenen Facetten wahrnehmen lernen. Dabei teile ich die Überzeugung von Eberhard Hauschildt: Unterhaltungsmusik in der Kirche. Der Streit um die Musik bei Kasualien; in: Gotthard Fermor u.a. (Hg.), Theophonie 2000, 297: "Ich kann mir fast keinen musikalischen Inhalt vorstellen, der nicht auch mit Gewinn interpretiert werden könnte." Die Berührungsängste mit bestimmten Musikkulturen und -milieus sind daher in erster Linie als Ängste der Theologinnen und Theologen zu bearbeiten und nicht als theologische oder spirituelle Defizite der nach Seelsorge fragenden Menschen.

[553] Vgl. dazu Ingo Baldermann: Ich werde nicht sterben, sondern leben. Psalmen als Gebrauchstexte, Neukirchen-Vluyn 21994; Wulf-Volker Lindner / Thomas Stahlberg: "Du

jets, die z.T. reine Instrumentalmusik sind, ist musikalisch-seelsorgliche Bibelarbeit.⁵⁵⁴

4. In der *liturgischen Feier* ist das Inszenieren von Klängen eine heilsame Angelegenheit.⁵⁵⁵ Die ergreifendste Reaktion, die ich als Kirchenmusiker in Pützchen erlebte, war das wohlige Stöhnen und Juchzen der mehrfach Behinderten, mit dem sie das Klavierstück La Cathédrale engloutie von Claude Debussy⁵⁵⁶ begleiteten - ein Klangereignis opulenten Ausmaßes.

5. Musikalische Seelsorge geschieht häufig als *Selbstseelsorge*. In bestimmten Situationen hören wir bestimmte Musiken. So notiert einer der fähigsten Pianisten unter den Theologen des 20. Jahrhunderts, Dietrich Bonhoeffer, in einem Brief aus der Haft am 27.3.44 das Motiv des letzten Satzes von Beethovens letzter Klaviersonate op. 111.

Ich rezitiere: (GESANG DER ERSTEN 4 TAKTE)⁵⁵⁷

---

bist unsere Zuflucht für und für ..." - Anmerkungen zu Psalm 90 in Auslegung und Seelsorge; in: WzM 46 (1994), 330-343; Themenheft "Psalmen": EvErz 47 (1995) Heft 1; Hans-Joachim Petsch: Am Leben wie an einer Krankheit leiden. Psalmen als Sprachschule in depressiver Daseinsangst; in: WzM 47 (1995), 230-244; Günter Bader: Psalterium affectuum palaestra. Prolegomena zu einer Theologie des Psalters. HUTh 33, Tübingen 1996; sowie Henning Schröer: Poesie und Theologie zwischen Theorie und Praxis; in: Ders. / Gotthard Fermor / Harald Schroeter (Hg.): Theopoesie. Theologie und Poesie in hermeneutischer Sicht. Hermeneutica 7, Rheinbach 1998, 129-149.

⁵⁵⁴ Vgl. dazu Sönke Remmert: Bibeltexte in der Musik. Ein Verzeichnis ihrer Vertonungen. DaW 27, Göttingen 1996, was aber insbesondere im Bereich Instrumentalmusik nicht sehr vollständig ist. So fehlt z.B. Olivier Messiaens 1940/1941 im Kriegsgefangenenlager in Görlitz komponiertes und uraufgeführtes "Quattuor pour le fin du temps", welchem Apc 10 zugrundeliegt. Aber auch der von Gotthard Fermor und mir gemachte Versuch einer Partitur für einen Disko-Abend mit Popmusik zu Elia gehört zu solcher Bibelarbeit: Sounds of Silence. Popmusikalische Kontrapunkte zu Elia; in: Klaus Grünwaldt / Harald Schroeter (Hg.): Was suchst du hier, Elia? Ein hermeneutisches Arbeitsbuch. Hermeneutica 4, Rheinbach 1995, 308-319.

⁵⁵⁵ Vgl. dazu auch Bodo Leinberger (Hg.): Getanztes Leben. Heilende Liturgie, Hammersbach 1993.

⁵⁵⁶ Préludes 1er Livre (1910), No. 10.

⁵⁵⁷ Dietrich Bonhoeffer: Widerstand und Ergebung. Briefe und Aufzeichnungen aus der Haft, hg. von Eberhard Bethge. GTB 1, Gütersloh 121983, 125. Vgl. dazu Andreas Pangritz: Polyphonie des Lebens. Zu Dietrich Bonhoeffers "Theologie der Musik", Berlin 1994, bes. 54-70, wo er insbesondere den österlichen Zusammenhang dieser Bemerkung bei Bonhoeffer in der Parallele zu Adornos Analyse des späten Beethovens und der Doktor Faustus-Interpretation von op. 111 durch Thomas Mann erhellen kann, die gleichzeitig zu Bonhoeffer passieren.

Der Pianist Claudio Arrau hat von einer „überirdischen, metaphysischen Sprache" dieses Variationensatzes gesprochen. Arrau interpretiert diesen wie folgt: „»Die Reihe von Verwandlungen stellt den Charakter der Variation immer mehr in Frage. Es ist ein großer Auflösungsprozeß, in den wir hineingezogen werden, ein Vorgang der Entmaterialisierung, welcher alle Grenzen löst. Das Feste geht ein in das Fließende, das Seiende in das Nicht-mehr-Seiende.«"[558]
Diesen Beobachtungen Arraus, die auf klassische Weise das ausdrücken, was Victor Turner und andere im ritualtheoretischen Kontext die „flow-experience"[559] genannt haben, schließe ich mich an, wenn ich op. 111 als Jazz interpretiere und damit diese Musik für solche Menschen zugänglich mache, die mit klassischer Musik wenig anzufangen wissen. Sie sehen daran, wie wichtig es ist, sich in verschiedenen Geschmacksmustern individueller Beseelsorgung auszukennen.

6. Das war nicht perfekt, was ich da gerade gesungen habe. Das muß es auch nicht, wenn Sie bei dem **Besuch** einer alten Dame von dieser gebeten werden, mit ihr doch einmal dieses oder jene Lied zu singen. Egal wie Sie stimmlich drauf sind, es wird Musik in ihren Ohren sein.

7. Zu den regelmäßigen Ritualen in meiner Zeit als Baßposaunist im Posaunenchor gehörte das Choralblasen in der Adventszeit in Krankenhäusern.[560] Hierbei handelt es sich um eine beachtenswerte Form von ***diakonischer Krankenhausseelsorge***, die von Laien getragen wird. Sie kann auf eine durchaus lange Tradition zurückblicken. So wird z.B. 1518 aus Basel und Straßburg berichtet, daß diese Städte Musiker bezahlten, die mit ihrer Musik die Not der armen Bürger lindern sollten. Musik galt dort als Bestandteil städtischer Sozialfürsorge.[561]

---

[558] Claudio Arrau: Gedanken über Beethoven und seine Klaviersonaten; in: Beiheft zur Plattensammlung "Claudio Arrau - Beethoven. Die 32 Sonaten (Philips 1964-1966), 1982, 6. Arrau zitiert hier Hans Mersmann.

[559] Victor W. Turner: Das Liminale und das Liminoide in Spiel, "Fluß" und Ritual. Ein Essay zur vergleichenden Symbologie; in: Ders.: Vom Ritual zum Theater. Der Ernst des menschlichen Spiels, Frankfurt/New York 1989, 28-94, bes. 88-94. Turner bezieht sich dabei auf Mihalyi Csikszentmihalyi: Flow. Studies of Enjoyment, Chicago 1974.

[560] Vgl. dazu Wolfgang Schnabel: Die evangelische Posaunenchorarbeit. Herkunft und Auftrag. VLHK 26, Göttingen 1993, bes. 188-190.

[561] Walter Salmen: Musikleben im 16. Jahrhundert. Musikgeschichte in Bildern III/9, Leipzig 1976, 32. Für eine diakonisch-seelsorgliche Kirchenmusik fordert Rolf Schweizer daher: Zwischen Ritual und Aufbruch. Zur therapeutischen Dimension der Kirchenmusik; in: Peter Bubmann (Hg.): Menschenfreundliche Musik. Politische, therapeutische und religiöse Aspekte des Musikerlebens, Gütersloh 1993, 151: "Trauen wir der Kirchenmusik eine Wirkung als Lebenshilfe zu, so gehört sie ebenso in den Alltag von

Dies erfordert eine diakonisch-seelsorgliche Kirchenmusik. Das Evangelische Krankenhaus Mülheim an der Ruhr, das in seiner musischen Werkstatt eigens eine Kirchenmusikerin angestellt hat, geht hier mit gutem Beispiel voran.

8. Eine letzte Praxisgestalt musikalischer Seelsorge eröffnet sich durch die Möglichkeiten des **Internet**. So wurde vor kurzem beim Film-, Funk- und Fernsehzentrum der Evangelischen Kirche im Rheinland ein Projekt angedacht, wo Trauermusiken unterschiedlichster kultureller Prägungen angeboten werden sollen, die die Besucherinnen und Besucher dieser Internetseiten dann per Mouse-Klick abrufen können. Dabei ließe sich für die Anbieter der Internetseiten, also die Kirche, festhalten, welche Musik am meisten gefragt ist, was auch die Frage danach etwas mehr klären könnte, wie sich unsere musikalische Trauerkultur heute denn tatsächlich anhört. Zum anderen besteht für die Besucherinnen und Besucher die verschlüsselte Möglichkeit, seelsorgliche Beratung zu erbitten, welche durch das Musikhören angestoßen wurde.

Schleiermacher hatte seinerzeit die Praktische Theologie zu den höheren Künsten gezählt, nicht zu den mechanischen Künsten, die auf das Rechnen zurückzuführen seien. Ich folge ihm darin, wenn ich sage: Musikalischer Seelsorge geht es nicht um Effektivität, sondern um Affektivität. Ich verdeutliche dies abschließend mit einer Bemerkung, die Maurice Ravel 1905 aufschrieb, als er während seiner Rheinreise über meine Heimatstadt Duisburg staunte:

„Wie soll ich Ihnen den Eindruck dieser Schlösser aus flüssigem Metall, der furchtbaren Hammerschläge schildern, der einen rings umgibt? Wie musikalisch dies alles ist!"[562]

---

diakonischen und caritativen Einrichtungen, wie auch an die unterschiedlichsten Orte, an denen sich junge und alte oder kranke und gesunde Menschen begegnen."

[562] Aus dem Videotext des WDR-Fernsehens bezüglich einer Sendung über Duisburg am 16.1.2000.

Sünke Rieken
Aufräumen und Raum geben.
Umordnen als religionspädagogische Übung
zwischen Ordnung und Unordnung

"An seiner Räumlichkeit ist alles Lebendige,
ist auch das Menschliche erkennbar."

P. Tillich

"Das du in diesem Chaos leben kannst...", "Räumst du jetzt endlich dein Zimmer auf!", "Wie sieht`s denn hier aus?", bevor ich mich an den Schreibtisch setze, räume ich die Wohnung auf, zumindestens die Küche. Aufräumen kann Meditation (wer hat schon mal den Wald gefegt?) sein, Putzteufel sind eher verpönt. Wir haben alle unterschiedliche Vorstellungen von Ordnung und Unordnung. "Pingelich" (schreibt man das so?) ist schon fast eine Beleidigung, "konfus" gehört zum gewählten Lebensstil. "Anarchie"?, wo kommen wir denn da hin?
"Liederlichkeit" ist altmodisch, "Reinheit" faschistisch und "Hexenkessel" als Synonym für Unordnung, wer hätte das gedacht?

Ordentlich wie ich bin, schrieb ich (im Rahmen meiner Referendariatszeit) in den sechs Wochen Sommerferien meine zweite Hausarbeit. Zum Glück hat es diesen Sommer soviel geregnet, sonst wäre sie immer noch nicht fertig. Hat Nachlässigkeit mit Unordnung zu tun? Oder eher Undisziplin? Meine Arbeit *"Räume schaffen"*, stellt den Entwurf zur Gestaltung eines Religionsraums dar, der zu wünschen übrig läßt...

Vor-Ort

"Entschuldigen Sie, wo geht's denn hier zum Sekretariat?", frage ich. "Treppe rauf, rechter Gang, dritte Tür links, Raum A 003". Schon stehe ich im Sekretariat der Ernst- Simons- Realschule (diese befindet sich mit der Rheinländischen Körperbehinderten Schule in einem Schulkomplex). Die Sekretärin lächelt mich freundlich an, "Wo wollen Sie denn hin?".
Das Pausenklingeln ertönt, mehrere Türen gehen auf, SchülerInnen drängen sich durch die Gänge auf den Schulhof und verschwinden in anderen Räumen, die mir noch unbekannt sind. Ich verbringe die ersten Tage an dieser Schule, mich in diesem Labyrinth von Gängen, Fluren, Räumen und Höfen

zu orientieren. Ich studiere Wege vom Lehrerzimmer übers Raucherlehrerzimmer zum Kopierraum, zur Turnhalle. So suche ich die Toilette, lerne Konferenzraum, Schlichterraum, Klassenraum, Kunstraum, Chemieraum, Hausmeisterraum, Geräteraum und Computerraum kennen. Aller Anfang ist schwer...

Ein halbes Jahr später schreite ich selbstbewußt und zielgenau Richtung Raum B 113, Klasse 10a, erste Stunde bedarfsdeckender Unterricht. Vor dem Klassenraum lehnen einige SchülerInnen lässig an der Wand, andere sitzen auf dem Boden und die Letzten kommen hastig mit Nikotinfahne die Treppe hochgekeucht. Routiniert ziehe ich den passenden Schlüssel für Raum B 113, öffne die Tür und steuere entschlossen auf das Pult zu. Die SchülerInnen tummeln sich vor, neben, hinter oder auf den Tischen, die frontal in Reihen zum Pult gerichtet sind. Erst als ich mich mit einem lauten "Sooooooo" bemerkbar mache, setzen sich die ersten. Fünf Minuten meines Unterrichts sind vergangen. Vor mir sitzt die Religionsklasse der 10a, 16 SchülerInnen, RealschülerInnen, ReligionsschülerInnen. Ich hatte unterschiedliche Materialien mitgebracht, die in Kleingruppen zu der Fragestellung „Was interessiert mich am Religionsunterricht?" bearbeitet werden sollten. Meine erste Arbeitsaufforderung: „Bildet drei Gruppen und stellt dann drei Tische zu einem Gruppentisch zusammen!", wurde sofort mit einem geschäftigem Durcheinanderrufen und über Tische und Stühle steigen beantwortet. Ich beobachtete in geschützter Position hinter dem Pult die Situation. Als nach fünf Minuten wildem Durcheinander, die SchülerInnen den Klassenraum auseinander nahmen (so muss es sich zumindest im Nebenraum angehört haben), befürchtete ich, dass dies wohl meine letzte Stunde an dieser Schule war. Nach zehn Minuten saßen die SchülerInnen jedoch friedlich an ihrem Platz und sahen mich zufrieden an. Ich teilte nervös die Materialien aus, da ich damit rechnen musste, dass die Herstellung des Klassenraums am Ende der Stunde, wieder zehn Minuten des Unterrichts in Anspruch nehmen würde. Die SchülerInnen erarbeiteten Collagen, malten Bilder, verfassten einen Text. Ich wollte sie in ihrem Arbeitseifer nicht unterbrechen und die Stunde wurde durch das Pausenklingeln beendet. Wie alarmiert ließen alle noch so fleißigen SchülerInnen Stift, Kleber und Papier aus der Hand fallen, standen auf und verließen selbstverständlich den Klassenraum. In der anschließenden großen Pause räumte ich den Klassenraum auf. Ich war mir sicher, dass das nicht mein Job war. Ich hatte scheinbar noch viel mehr zu lernen, als ich erwartet hatte.

Die nächsten Wochen experimentierte ich im „Schonraum" des bedarfsdekkenden Unterrichts mit Zeiteinteilungen, Redezeiten, Schweigeminuten, Zwischenrufen, Lautstärken, Unruhen, Stillen, Sitz(un)ordnungen, Umräumaktionen und Aufräumarbeiten. Ich lernte SchülerInnen, LehrerInnen, Hausmeister und sonst wichtige Personen des alltäglichen Schullebens kennen. Meine fiktiven Vorstellungen von gelungenem Unterricht, wurden mit der erlebten Unterrichtsrealität konfrontiert. Ich erlebte aufgeräumte aber langweilige Religionsstunden und chaotische aber spannende Sportstunden. Auf dem Weg von der Sporthalle zum Klassenraum, stellte ich mir immer öfter die Frage, warum der Sportunterricht so chaotisch und der Religionsunterricht ...irgendwie so... ordentlich ist. Die SchülerInnen saßen schön gereiht, frontal zur Tafel (dabei benutzte ich die bisher kaum). Gelangweilte Gesichter stützten sich auf untätigen Händen ab und in friedvoller Atmosphäre sanken sie fast zu embryonaler Haltung zusammen. Ich beschloß meinen Religionsunterricht, so oft es ging, in die Gymnastikhalle oder Sporthalle zu verlegen.

Die beiden Volksweisheiten „Ordnung muß sein" und „Ordnung ist nur das halbe Leben" verraten den Spannungsraum, dass das Leben eben nicht nach vorgegeben Ordnungsmustern verläuft, sondern geprägt ist durch ein (un)ermüdliches Umordnen der Lebenswahrheiten und Lebensbedeutungen. Dabei entsteht Unordnung, manchmal Chaos und Räumung, d.h. bestehende Sinnzusammenhänge werden verlassen und andere bezogen. Aber nach der Unordnung muss immer wieder friedliche Ruhe folgen. Das hält sonst kein Mensch aus. Aber schauen wir uns die Räume, in denen wir, die Kinder und Jugendlichen leben, etwas genauer an.

Großraum Gesellschaft

Die Speisekarten in den meisten Restaurants bieten über Penne all`arrabbiata, Chinakohlgratin, Rippchen mit Sauerkraut, Puttenmedaillons in Feigensoße oder Pekinsuppe eine ganze Bandbreite kulinarischer Genüße an. Doch nicht nur unser Geschmack ist kulturübergreifend. Die Multikulturalität unserer Gesellschaft hat längst Einzug in alle Lebensräume gehalten. Von der Tomate bis zum Ziegenkäse füllen sich unsere Kühlschränke, protzen italienische Designerteller den gedeckten Küchentisch, geben Terracottafliesen der Küche einen Hauch von mediteranem Ambiente, profitieren unsere Einrichtungskünste mit Pippi Langstrumpf vom schwedisches „Gewußt-Wie". Der verstaubte Eichenschrank der Großmutter steht (wenn überhaupt) nur (noch) neben dem grellen aufblasbarem Teletabiesessel aus Plastik. Tapeten werden in mühseliger Arbeit von den Wänden gerupft, man verputzt in türkis Flure, Küchen und Bäder. Nach dem Motto „Laß die Sonne rein" werden in großzügiger Wischtechnik (die verzeiht Fehler) gelb-orange Töne an ganzen Wohnungswänden im Kontrast zu himmelblauen Tönen kombiniert. Nur draußen regnet es!

Importierte Feng Suhi Weisheiten betiteln Küchen nunmehr als Kommunikationsräume. Das Badezimmer als Oase der Entspannung mit Mediationsmusik badet in karibischem Badeschaum. Kinderzimmer werden zu wahren Erlebnisräumen umfunktioniert: über eine Kletterwand überwindet der Sechsjährige schon Räume vom Gipfelkreuz bis zum Piratenschiff mit Blick ins Cyberspace Universum. Mit dem Werbeslogan „Wo immer du bist - sei woanders" (von Sony) entführt die High-Tech-Anlage in ganz andere Spähren. Haben wir endlich aufgeräumt mit der muffigen, staubigen und deutschen Eichenidylle?

Ein Blick aus dem Fenster zeigt das ganze architektonische Wirrwarr einer von Baustellen gesäumten Innenstadt und gibt keinen Einblick mehr von dem was alt oder neu, out oder in, vorne oder hinten, deutsch oder multikulti, oben oder unten ist. Die verglaste Häuserfassade des Köln- Turms täuscht dem Betrachter einen blauen Himmel mit vorbeiziehenden weißen Wolken vor. Ein Phänomen der Postmoderne? Weit gefehlt. Schon zu Zeiten des barocken Kirchenbaustils zielte alles auf Sinnestäuschung.

„Es scheint, als sollte sich der Mensch schon auf Erden und zu Lebzeiten in himmlische Sphären entrückt fühlen."
(M. L. Goecke-Seischab, J. Ohlemacher 1998, 60)

Wer hat da noch den Durchblick? Also, wo geht's denn nun lang?

In einer medialen Welt erfahren viele Kinder ihre Erlebnisse vor dem Computer oder Fernseher „secondhand". In einer technischen Welt sind Ursache und Wirkung für viele Menschen undurchschaubar geworden. In einer paradoxen Gesellschaft blüht einerseits das große Geschäft mit dem Körper in den Boutiquen, in den Kosmetiksalons, in den Fitneßstudios, auf der Sonnenbank, andererseits häufen sich Gesundheitsschäden und Wahrnehmungsstörungen, weil der Raum für (un-)kontrollierte Bewegungen und Laute immer enger wird. Eine differenzierte Hör- und Sehfähigkeit ertrinkt in einer Flut von Tönen und Bildern. Man riecht förmlich den Braten...

Der (virtuelle) Religionsraum

Die unterschiedlichen Lehrräume (Kunstraum, Chemieraum, Physikraum, Biologieraum, Informatikraum) sind entsprechend mit Geräten, Materialien und Medien ihres Faches eingerichtet. Religion wird meist in Klassenräumen unterrichtet. "Die sterilen, gleichförmigen Klassenzimmer sind kein guter Ort für den Religionsunterricht, in dem sich Kinder wohlfühlen und entfalten können", heißt es in einem Artikel einer Grundschulzeitung, in der die Entstehung eines Religionsraumes beschrieben wird. Klassenräume sind nach Meinung der Autorin geradezu prädestiniert für monotonen Frontalunterricht. Dies bewegte eine katholische Grundschullehrerin dazu, einen Religionsraum einzurichten. Sie hängte Kinderzeichnungen an die Wände, brachte Pflanzen und andere Gegenstände mit, um den Klassenraum behaglicher einzurichten. Ein „Raum für die Stille" entstand durch Kuschelecke, Sitzkissen und Pflanzen.

Ein Skelett steht im Biologieraum, ein Computer im Informatikraum, Reagenzgläser im Physikraum. Wird ein Raum zum Religionsraum durch eine Kuschelecke, in der die Kinder auf bequemen Sitzkissen die Stille erfahren? Oder hat der Religionsunterricht nicht schon etwas von dieser "wohnlichen" Behaglichkeit von der die Autorin des Artikels spricht?
Ich konnte oft beobachten, wie sich SchülerInnen während des Religionsunterrichts gemütlich einzurichten wußten: Hausaufgaben wurden ungestört erledig und unter (scheinheilgen) Religionsmappen lasen sich Zeitschriften besonders gut. Ein reger Kommunikationsaustausch fand (wenn überhaupt) in Form von wildem Papierschnipselgewerfe durch den Klassenraum statt. In der Zeit zu Weihnachten oder vor den Zeugniskonferenzen tauchten so dann und wann seltsam verklärte SchülerInnen aus ihrer Reserve auf und erstaunten ReligionslehrInnen durch Gerechtigkeitssinn, Nächstenliebe und bibelfeste Antworten auf die Sinnfragen des Lebens.

Der virtuelle Religionsraum richtet sich dann in Gedanken an den „Frieden" gemütlich ein, zündet zu Ostern eine Kerze an und meditiert stilvoll in Mandalas. Der krönende Abschluß eines Schuljahres nach getaner Arbeit, wird durch die Wohnzimmeridylle im Filmraum belohnt, wenn vor den Ferien, Videos zu richtliniengemäßen Themen gezeigt werden. Es fehlt lediglich das

Sofa zum Hinlegen. Also warum braucht der Religionsunterricht überhaupt noch einen Raum für Religion?

Geradezu paradox dürfte auf jeden, der die Atmosphäre in unseren Schulräumen kennt, die Aufforderung der Bildungskommission wirken, ein Haus des Lernens zu schaffen, in denen die Räume „einladen zum Verweilen". Der Schulraum ist wohl eher auf die zweckrationale Bewältigung vorgegebener Lerninhalte konstruiert. Schulräume lassen sich besser mit Disziplinarräumen vergleichen, in denen Disziplinarkörper mit unbeweglichem Geist, störungsfrei und verfügungsrational, funktionieren müssen. Die Mauern und Zäune rund ums und im Schulgelände, haben etwas von den Deichen, die das Meer des Lebens und seine unkalkulierenden und störenden Ströme, fernhalten. In diesem „Schutzraum" Schule gibt es kaum Raum für (Unterrichts-)Störungen, Fragen (ohne Antworten), Fehler (ohne Korrekturen), Irritationen (ohne Aufklärungen), Löcher (werden sofort mit Wissen oder Nachhilfeunterricht gestopft). Von der ersten bis zur letzten Stunde werden Lernziele verfolgt, Lernschritte begangen, Lösungen festgehalten. Ein guter Unterricht folgt dem erarbeiteten Stundenverlaufsplan und kann am Ende seine Lernziele überprüfen (-: Ergebnissicherung, Sicherung, Sicherheit, Versicherung, Sicherheitsregelungen. Wir brauchen Regeln, das ist klar! Aber in unserer komplexen Lebenswelt reicht es nicht mehr aus, auf gestellte Fragen, vorausgesetzte Antworten zu geben. Wir kommen nicht weit mit nachgeplapperten „Was will der Lehrer hören Antworten". Und wir gehen unter in ständigen Einornndungswünschen von „richtig - sehr gut" und „falsch - setzen - sechs". Ich wollte den SchülerInnen einen Raum geben (und bekam die Gelegenheit) für Fragen, die auch mal im Raum stehen bleiben können, für Fragen, auf die es vorläufig zumindestens keine Antworten gibt. Ich wollte einen Raum einrichten, der Platz hat für Unordnung, Chaos, Ungeplantes, Zufälliges, Störendes. Ich wollte einen Religionsraum gestalten, der Fehler ermöglicht, Zwischenfälle sein lassen kann, Nebensächliches entdeckt, Einstellungen verändert, verdrehte Perspektiven sucht, kurz: die Gestaltung des Religionsraums mit der Klasse 10a beschreibt den Versuch eines prozeßhaften Religionsunterrichts, der Mut machen möchte für ein Umräumen, auch für ein Umkrämpeln, der Zeit geben möchte für die dabei entstehende Unordnung und der immer wieder Raum geben möchte für ein Aufräumen danach.

Räume schaffen

In der ersten Fachkonferenz für Religion stellte ich das Unterrichtskonzept „religion elementar" den ReligionslehrerInnen unserer Schule vor. In der anschließenden Diskussion wurden die Schwierigkeiten und Defizite eines bedürftigen Religionsunterrichts deutlich. Einige LehrerInnen äußerten ihre Bedenken, ob der Religionsunterricht die SchülerInnen heute noch erreicht. Die LehrerInnen beklagten sich über zunehmende Unterrichtsstörungen in den Klassen 6, 7 und 8. Meine Vorstellung des Unterrichtskonzepts, regte zum Nachdenken an. Mit einigen ReligionslehrerInnen gibt es seit dem einen regen Austausch über die Möglichkeiten der methodisch-didaktischen Umsetzung. Durch den offenen Austausch über bestehende Schwierigkeiten, konnten Sorgen und Nöte geteilt werden. Der Eine oder Andere fand sich bestättigt und nicht mehr allein gelassen. Es konnte nach konstruktiven Ansätzen gesucht werden. Die Fachkonferenzen beginnen seit dem mit einem Erfahrungsaustausch, der einen Einblick über aktuelle Schwierigkeiten gibt und diese bespricht. Für diese wichtige Auseinandersetzung gibt es seit dem mehr Zeit und einen Ort.

Gestaltung Religionsraum

Der Spannungsbogen menschlicher Ambivalenz wird auch an seiner Räumlichkeit, an seinem Einzug, Umzug, Auszug in oder aus bestimmte Lebensbereiche deutlich. Wer stand nicht schon einmal in einer frisch renovierten Wohnung. Der Geruch von Farbe hängt noch in der Luft, unter den Füßen spürt man den warmen Teppich, der einlädt, sich auf den Boden zu legen. Der leere Raum läßt den Gedanken freien Lauf . Die Leere des Zimmers folgt dem Bedürfnis der Träumerei. Und der Mensch hat sofort das Bedürfnis, diesen Raum so zu belassen: nichts hineinstellen zu wollen, außer ein Sofa, eine Pflanze, eine Kerze. Doch dann richten wir uns ein mit dem stilvollen Geschmack für unsere eigene Gemütlichkeit und Vertrautheit. Von Zeit zu Zeit räumen wir um, schmeißen wir altes wieder heraus und neues findet Platz. Wir renovieren Bäder, Böden, Wände und verändern Farben, Stil oder ganze Grundrisse. Haben wir dann unseren Frieden? Ich zog mit meinen Religionsklassen in den Religionsraum. Wir stellten Tische und Stühle um, schoben sie zu großen Gruppentischen zusammen oder ließen sie im Nebenraum verschwinden oder stellten sie an den Rand. Wir schafften uns Platz, arbeiteten im Stehen, im Sitzen, im Gehen, im Liegen. Wir hängten alte Bilder ab, putzten die Fenster, schraubten an altem Schulmobiliar. Ich hatte keine konkrete Vorstellung, wie ein Religionsraum auszusehen hatte. Ich begab mich mit den SchülerInnen auf Entdeckungsreise: wir träumten die Wände knallrot, legten flauschigen Teppich aus, wir erdachten uns ein selbstgestaltetes Sitz- Liege- und Stehmobilar, wir sponnen uns den Raum voller Sonnenblumen oder ließen ihn nüchtern in Neonlicht erstrahlen. In dieser Vielfalt mischten wir Farben, Klänge, Töne, Bilder, Einrichtungsgegenstände. Einiges hielten wir fest, anderes ließen wir wieder fallen. Zwischen unserem Bedürfnis nach Gemütlichkeit (Zuhause), Vertrautheit (Mutterleib) und Räumung (Fremdheit), Renovierung (Unruhe), wanderten wir durch ambivalente Gefühlsräume, Sinn-Räume, Bedeutungsräume. Wir stellten fest, stellten um, stellten wieder her, räumten schon mal komplett um, richteten uns wieder ein.

Tradition im Kreuz(verhör)

Der Unterricht während der Renovierungsarbeiten gab Anstoß über „Heilige Räume" nachzudenken. In jeder Religion gelten bestimmte Orte als heilig. Ihre Heiligkeit erhalten sie durch bestimmte Ereignisse, die dort stattgefunden haben oder durch bestimmte Erlebnisse, die Menschen an diesem Ort erfahren haben. Synagogen, Moscheen, Tempel und Kirchen haben ihre Merkmale. Sie werden durch Rituale und sakrale Handlungen zu „heiligen" Orten geweiht. Heilige Räume zeichnen sich oft durch Kostbarkeiten wie Gold, Silber, Edelsteinen aller Art aus. Mit irdischen Mitteln wurde dort immer wieder versucht, himmlische Pracht und paradiesische Stimmung zu erzeugen. Gotteshäuser konnten durch nahezu unmenschliche Anstrengung und Entbehrung auf der ganzen Welt errichtet werden. Fasziniert stehen wir heute noch vor diesen impulsanten Schauplätzen menschlicher Glaubenskraft. Außerhalb religiöser Vorstellungen, gibt es aber auch Orte oder Räume, die uns in besonderer Weise

"heilig" sind. Die Beispiele der SchülerInnen führte mich in ihren Erzählungen, von der alten Eiche aus Kindheitserrinnerungen zur Steinmauer am Aldiparkplatz, vom letzten Urlaubsort bis zum „heiligen" stillen Örtchen (WC). Das eigene Zimmer wird zum Ort der Heiligkeit, wenn man die Tür hinter sich abschliessen kann. Aber nicht nur Orte, sondern auch bestimmte Gegenstände sind uns heilig. So wird das eigene Zimmer erst heilig durch das Aufbewahren von uns bedeutsamen Gegenständen, wie Photos, Briefe, Kuscheltiere, Ketten, Steine, etc.. Über Fragen „Was macht deinen Ort zu einem heiligen Ort?" oder „Warum ist er für dich heilig?", näherten wir uns der Vorstellung, wie unser Religionsraum aussehen könnte. Ich sammelte Vorschläge und stellte überrascht fest, dass meine so wenig religiössozialisierten SchülerInnen, sich ein Kreuz für den Religionsraum wünschten. In profanen Sinngebungen und sinnbildchen Ausdrücken, wie „Du kannst mich mal kreuzweise", „Ein jeder hat sein Kreuz zu tragen", „Ich hab`s im Kreuz", entdeckten wir religiöse Überlieferungen. Auf diese Weise näherten wir uns ganz nebenbei christlicher Tradition.

Unterschiedliche Kreuzbetrachtungen (von oben, von hinten, SchülerInnen stellten sich als Kreuze in den Raum, legten sich kreuz und quer) regten in den folgenden Stunden eine Auseinandersetzung und den Dialog mit christlicher und biblischer Tradition an. Die ambivalente Bedeutung der Kreuzsymbolik konnte bewußt werden. Die SchülerInnen kamen ins Gespräch über Tod, Auferstehung, Leid und Schmerz, Hoffnung und Zweifel. Sie versuchten subjektive Empfindungen und Einstellungen zum Kreuz als Symbol des Christentums zu verbalisieren. In dieser Auseinandersetzung ging es mir nicht darum, christliche Kerngehalte als feststehende Lerninhalte zu vermitteln. Die SchülerInnen sollten die Möglichkeit haben, eigene Erfahrungen in Form, Wort und Bild, auszudrücken.

So brachte ich 20 Kilogramm roten und braunen Ton mit. Die SchülerInnen gestalteten ein eigenes Kreuz und im Unterricht enstanden 15 individuelle Kreuze. In einer anschließenden Fremd- und Eigenwahrnehmung konnten die SchülerInnen eigene „verformten" Botschaften entdecken. Diese wurden als Kommentar formuliert und neben die Kreuze gehängt. Die SchülerInnen stellten, sozusagen im Kreuzverhör mit christlicher Tradition, elementare menschliche Fragen, „An was glaube ich?", „Woran zweifle ich?", „Was bringt mich aus dem Gleichgewicht?", „Was bricht mein Kreuz?", „Mein

Kreuz ist schwer!", „Welche Last beugt mich?", „Was richtet mich auf?", „Was belastet mich?".

Bewegter Unterricht mit Ausblick

Der erste Streichnachmittag mit 12 SchülerInnen in Malerkleidung, wurde zu einer Begegnung der besonderen Art. Nach anfänglichen Abklebearbeiten und Auslegearbeiten, tauchten die SchülerInnen ihre Pinsel in die Eimer (einige hatten das erste Mal überhaupt einen Pinsel in der Hand). Die Farbe landete größtenteils an der Wand, wobei die SchülerInnen großen Spaß daran hatten, sich gegenseitig anzumalen. T-Shirts, Hosen, Hände und Gesichter zeigten hinterher Spuren einer sinnlich-freudigen Streichpartie. Ich war allerdings froh, dass uns niemand gesehen hatte.
Die folgenden Stunden verbrachten wir in einem gestrichenen, aber leergeräumten Raum und bewegten uns langsam auf die weitere Gestaltung zu. Über Umwege gelangten wir zu den Fensterbildern:
Wir betrachteten in spielerischer Weise („Ich sehe was, was du nicht siehst") verschiedene Diabilder. Spielen bedeutet hier, auch mit Bedeutungen spielen, Sinnzusammenhänge aufbauen, umwerfen und neue Bedeutungen finden. Einige SchülerInnen konnten sich einlassen. Sie stellten Bilder mit eigenen Körpern nach, kamen in den Dialog mit Figuren, spielten Schattenspiele mit den Diabildern an der Wand. Es entwickelten sich komische Situationen, die waren einfach zum Lachen, es ergaben sich ernsthafte stille Momente, die Raum einnahmen. Es wurde überlegt, in welcher Umgebung die Bilder „sprechen" können und welche Bilder unserem Religionsraum entsprechen. Andere SchülerInnen hielten sich zurück und beobachteten das Unterrichtsgeschehen (auch diesem Ver-halten versuchte ich Raum zu geben, dass ist mir nicht immer gelungen). Wir haben alle bestimmte (Frei)Räume oder besser „Unfreiräume" für Stille, für Lautstärken, für Pausen, Leerstellen, chaotischen Situationen. Diese sind nicht immer festgelegt, aber meist unterliegen wir ihnen. Ich muss wissen, was ich (er)tragen kann. In diesem lebendigen Unterrichtsprozeß wurde ich von einer Schülerin gefragt, was dieses „Bilderrätseln" denn mit Religion zu tun hätte? Offensichtlich hatten sich mehrere SchülerInnen wohl diese Frage gestellt. Der Religionskurs schaute mich zumindestens erwartungsvoll an und wartete auf eine Expertenantwort.

In den kommenden Stunden begleitete uns die Frage „Wo ist die Religion im Unterricht?". An der Tafel sammelte wir Begriffe, die nach Meinung der SchülerInnen, zum Religionsunterricht gehörten. Es entstand ein Sammelsurium (Thesaurus schlägt Sammelsurium als anderen Begriff für Unordnung vor) menschlicher Gefühle von den Tränen über den Schmerz bis hin zum Verliebtsein. Die SchülerInnen vermuteten, dass es im Religionsunterricht scheinbar um das Leben, Lieben, Leiden und Sterben und die damit verbundenen Fragen, Hoffnungen, Enttäuschungen geht.
In Partnerarbeit gaben die SchülerInnen diesem Tafelbild eine Struktur, stellten diese vor und verglichen sie mit anderen. Das Ergebnis zeigte die ganze Bandbreite menschlicher Bedürfnisse mit unterschiedlichen Schwerpunkten. Für die einen stand die Sexualität im Mittelpunkt, bei anderen war es der Spannungspfeil zwischen Glück und Unglück. Die anschließende Auseindersetzung mit den unterschiedlichen Strukturen, verriet gewisse Lebenshaltungen, Lebenseinstellungen und Lebensgeschichten. Der Religionsraum stand immer noch leer und wir arbeiteten mit den Körpern weiter. Die SchülerInnen hatten die Aufgabe, verschiedene Gefühlsregungen mit Körpersprache, Mimik auszudrücken. Schließlich sollten sie sich für ein Gefühl entscheiden, welches ihrer momentanen Lebenssituation entspricht. Diesen Begriff stellten sie in einer Körperhaltung dar, die dann in Lebensgröße auf Paketpapier nachgezeichnet wurde.

Unsere Wahrnehmungen passieren unseren Körper, sie haben einen Ort und eine Zeit. Das, was im und am Körper wahrgenommen wird, ist komplex und meist uneindeutig. Die Körperpositionen unterliegen Bedeutungszuschreibungen, die sozio-kulturell determiniert sind. Liegen ist nicht nur eine Körperhaltung, sondern auch eine Ansammlung von Bedeutungszuschreibungen. So kann „am Boden liegen" für Hilflosigkeit, Ohnmacht, Krankheit stehen, aber auch für Entspannung, Ruhe, Gelassenheit. Im unterrichtlichen Lernen sind diese Bedeutungsgeschichten und Symbolzuordnungen zu entdecken, zu hinterfragen und neu zu bewerten. Religionsunterricht sollte ein Ort für diese „leibhaftigen" Auseinandersetzung mit religiöser Tradition sein.

Angeregt durch einige Bilder des Malers Keith Haring, die mir in einem Vortrag zu den „Zehn Geboten" begegneten, entschloß ich mich, den SchülerInnen diesen Künstler vorzustellen. Ich referierte über das Leben und Sterben des New Yorkers und die SchülerInnen erstellten eine Wandzeitung entsprechend seiner Biographie. Durch das Nachzeichnen seiner Figuren, wurden die wesentlichen Merkmale seiner Zeichnungen erarbeitet. Die SchülerInnen entdeckten sofort Ähnlickeiten mit ihren zuvor angefertigten Zeichnungen, die jeweils ihre Gefühle in einer Körperhaltung ausdrücken sollte. Mein Vorschlag, diese Zeichnungen mit Window Colours (abziehbare Transparentfarbe für Glas wird auf Folie aufgetragen, muss 24 Std. trocknen und kann dann aufgeklebt werden), als Fensterbilder zu gestalten, wurde sofort begeistert aufgenommen.

Nach einigen Stunden konnten alle Fensterbilder in Absprache mit anderen „Wo ist mein Platz?" aufgeklebt werden. Die SchülerInnen lernten subjektive Empfindungen zu Bildern zu verbalisieren ohne diese in Interpretationen „richtig" oder „falsch" einordnen zu wollen. Ihnen wurde bewußt, dass ihre Wahrnehmung individuell und mit ihrer Erfahrung eng verknüpft ist. Eigene Erfahrungen konnten hinterfragt, bzw. andere akzeptiert werden. Während der Unterrichtsreihe setzten die SchülerInnen sich auf unterschiedlichste Weise immer wieder mit der Frage „Was hat das mit Religion zu tun?" auseinander. Die SchülerInnen wurden kontinuierlich herausgefordert, in Form eines Meinungsbarometer (die SchülerInnen stellen sich im Raum zu einer Frage), Stellung zu beziehen. Im Umgang mit der Fragwürdigkeit, Andersheit, Irritation der Bilder von K. Haring, A. Genin und den Fensterbildern, ergaben sich Spielräume für ein Experimentieren mit elementaren Grundpositionen, die in den elementaren Fragen „Wo stehe (sitze, liege) ich (im Bild, zur Religion, zur Mutter, zum Vater, etc.)?", „Wo ist mein Platz (in der Kirche, in der Welt, Schule, Zuhause, etc.)?", auftauchten.

Dieser Umgang mit Bildern (im Sinne des biblischen Bilderfeststellungsverbot) erlaubt den SchülerInnen, Distanz zu gewinnen zu den eigenen vertrauten Bildern, Erfahrungen, Wünschen, Hoffnungen, Enttäuschungen. Veränderte oder andere Bilder haben Raum, können sich bewegen (mit dem Körper), vielleicht sogar befreien, um sinnvolleren Bildern neuen Platz zu machen.

Ein Bild ohne Worte

Nach zwei Monaten hatte sich der Religionsraum verändert. Die Fensterbilder boten einen farbigen, bewegten Ausblick über die Dächer des Schulgebäudes und die Kreuze zierten die Eingangstür des Religionsraums. Ein Besuch bei IKEA bereicherte unseren Raum um ein Teppichstück, zwei Handtücher und einen Mülleimer. Ein anderer Religionskurs hatte zum Thema „Außenseiter in der Klasse" eine Klagemauer errichtet. Der Hausmeister stellte uns einen Overheadprojektor und einen Diaprojektor zur Verfügung. Ein Kartenständer wurde als Blumenhalter umfunktioniert. Vom restlichen Geld des Fördervereins kaufte ich einen CD-Player mit Cassettenrecorder.
Das braun, grüne Brückenbild vom alten Religionsraum gehörte längst der Vergangenheit an. Nun ging es an die Gestaltung der Steinmauer. Die Klasse entschied sich bewußt gegen die Bemalung der Steinwand mit dem Argument, dass folgende Religionsklassen vielleicht einen anderen Geschmack haben könnten. Ein Bild kann man jederzeit abhängen oder es sogar wieder übermalen. So zimmerte ich mit den SchülerInnen im Unterricht einen Holzrahmen (180 cm x 200 cm). Wir bespannten den Rahmen mit einem weißen Bettlaken. Das Betttuch wurde noch zwei mal mit weißer Farbe angestrichen und fertig war unsere Leinwand.

Das Motiv für das Bild kam den SchülerInnen wohl zufällig über den Weg. Hinterher konnte sich keiner mehr errinnern, warum sich alle auf „Engel" geeinigt hatten. In der Stunde war ich sicherlich nicht dabei. Ich hätte bestimmt versucht, es ihnen aus den Köpfen zu schlagen. Mit soviel „Heiligkeit" hatte ich nicht gerechnet. Ich schwankte zwischen Abscheu gegen flügelhafte Wesen und Faszination für den damit verbundenen (Weihnachts)Kitsch. Ich hatte mich vorher auf die Ideen der SchülerInnen eingelassen und tat es diesmal (schweren Herzens) auch wieder. Also kramte ich für den Unterrichtseinstieg zumindestens Engelgedichte von Luzifer, vom

Fliegendreck, von der Erotik aus und mischte sie unter andere Gedichte. Sie wurden schlichtweg ignoriert. Ich initiierte Unterrichtseinstiege (wie Gedichte mitbringen oder Farbe), begleitet Unterrichtsprozesse, griff Fragestellungen in folgenden Stunden auf, brachte meine eigenen Ideen in den Unterricht mit ein. Ich möchte nicht sagen, dass der Unterricht von alleine (ohne mein Zutun) lief, er stockte auch, blieb irgendwo stecken... Aber die SchülerInnen gerieten in eigenständige Lernprozesse, oder auch nicht. Sie übernahmen größtenteils die Verantwortung für eigene Gedanken, für ihre Meinungen, für Streitgespräche, Disskussionen, Träumereien. Ich gab Hilfestellung, wo ich nur konnte, Unterstützung, wo sie notwendig war, und manchmal wußte ich auch nicht weiter...

Zurück zu den Engeln: ich kaufte neben den Malfarben blau und weiß, extra schwarz, braun und rot. Das Bild ziert seitdem unseren Religionsraum tatsächlich in rosarot, himmelblau und zarten Mischfarben aus höchstens grünorange. Was sollte ich dazu sagen?
Meine ReligionsschülerInnen standen (mit leuchtenden Augen) vor ihrem Werk und waren begeistert, ja fast gerührt...Auf die gemeine Idee in meiner Examenslehrprobe (UPP) Scheren mitzubringen, bin ich noch gekommen, aber ich hatte die Befürchtung, dass mich die Prüfungskommission und die SchülerInnen gelüncht hätten. Engel bleibt Engel...???..ohne Worte!

Resümee

Ich saß vorgestern mit einer neuen Klasse 9 in dem Religionsraum, referierte über die Entwicklung der Gestaltung und fragte die SchülerInnen, wie sie diese Aufgabe gelöst hätten. Sie hätten natürlich alles anders gemacht...
Wir räumten die Tische und Stühle in den Nebenraum, dunkelten die Rollos ab, drehten das Engelbild um, hängten „alte" Bilder von der Pinwand ab, verstauten die längst vergessenen Engelbilder, putzten die Tafel (die ich mittlerweile benutze), räumten den Müll vom Boden auf und legten uns auf den Teppich, den wir mitten in den Raum legten. Wir mischten Farben (diesmal war einer dabei, der wollte den Raum schwarz streichen...), richteten eine Ecke mit Skulpturen ein, bauten einen Altar (Kreuze hatten wir ja schon!), pflanzten einen Kräutergarten auf der Fensterbank. Ich habe also wieder viel Arbeit vor mir. Die prozeßhafte Entwicklung der Gestaltung folgte keinem Rezept, sie ließ sich treiben durch mein Bemühen, den Schüler in seiner Welt wahrzunehmen, durch meine Neugierde zu lernen, durch

das was ich an Unordnung und Ordnung ertragen kann und dem Bewußtsein zwischendurch wieder aufzuräumen. Und vor allem meinem Herzbegehren, dass das Leben immer noch etwas zu wünschen übrig läßt.

noch offen:
Haltung annehmen.
Zum Umgang mit Inszenierungen

Körpersprache sagt immer mehr bzw. anderes als Verständigungssprache. Der Körper verspricht oft, was der Code beherrscht. Als ein Element von Lockerungübungen, die die Perspektive einer Hermeneutik des Symptoms unterstützen und fördern, kann die vielfache Wiederholung einer Szene (Tempowechsel?) dienen. Verdrängung läßt sich nur „wiederkehrend" beobachten. Bei aller „Sinnenhaftigkeit" geht es nicht um eine größere Unmittelbarkeit des sinnlichen Umgangs an sich im Sinne von basaler Stimulation, sondern darum, an die Stelle von imaginärer „Einfühlung" verschiedener Art kommunikativen „Übersetzungsübungen" sozialen Raum zu geben.
Gute Inszenierungen haben Fehlstellen, Lücken, Leerstellen, Randständiges, Nebensächliches, Spuren ... die Gelegenheit geben, meinen Hunger kennenzulernen und Benennungen für den Hunger zu probieren.
Gutes Bibliodrama ist gar nicht so sehr dramatisch. Ein Bibliodrama ist immer einen Versuch wert; es gibt Gelegenheit. Das Beste am Bibliodrama ist meist Nebensächliches, Beiläufiges, Zufälliges ...

vgl. dazu D. Zilleßen, Körper :-) Wahrnehmung. Eine Seminarübung, in: B. Beuscher, H. Schroeter, R. Sistermann, Prozesse postmoderner Wahrnehmung. Kunst - Religion - Pädagogik, Wien 1996, 19-49.

noch offen:
Farbe ins Spiel bringen.
Zum Umgang mit Farben
...

vgl. dazu P. Rech, spiele mit kunst, sehr empfehlenswert, aber meistens geklaut ...

noch offen:
Umformen, Eindruck machen, Spuren lesen.
Zum Umgang mit Figuren und Plastiken
...

Epilog

„Den Hang zum Fundamentalismus, den Drang, Religion zu benutzen, entwickeln doch offenbar besonders solche Menschen, die niemals eine religiöse Begleitung und Aufklärung in der Schule erfahren haben. Ich behaupte außerdem, daß gerade in diesem Punkt auch viele Intellektuelle und Linke in der Vergangenheit viel zu früh aufgehört haben zu denken. Die haben nicht gemerkt, daß Religion mit unkontrollierbaren Fragen zusammenhängt, die jeden Menschen angehen. Du kannst nicht garantieren, daß du heute abend nicht verrückt wirst. Du kannst nicht garantieren, daß du, was du dir vorgenommen hast, auch durchhältst. Du kannst überrannt werden von deinen Gefühlen, und wenn du nicht mehr kannst und weißt, wie es weitergeht, wirst du dennoch weiterleben. Das sind die Dinge, die in der Religion verhandelt werden. Wer das nicht wahrhaben und deshalb Religion im Dunkeln lassen will, der muß zusehen, wie Religionen im Privaten und Verborgen vor sich hin dämmern, um irgendwann mit schreckliche Kraft nach außen zu explodieren."

Dieter Stoodt

„In traditional Judaism people do not approach the mysticism of the Kabbalah until they are established in family and community, typically, not until the age of forty."

Roger S. Gottlieb

„Unsere Meinungen und Lehrsätze können wir Andern wohl mitteilen, dazu dürfen wir nur Worte, und sie nur der auffassenden nachbildenden Kraft des Geistes: aber wir wissen sehr wohl, daß das nur die Schatten unserer Anschauungen und unser Gefühle sind ... durchdringt das ihr Wesen, ist das Religion? Wenn Ihr den Sinn für das Universum mit dem für die Kunst vergleichen wollt, so müßt Ihr diese Inhaber einer passiven Religiosität – wenn man es noch so nennen will – nicht etwa denen gegenüberstellen, die ohne selbst Kunstwerke hervorzubringen, dennoch von jedem was zu ihrer Anschauung kommt, gerührt und ergriffen werden; denn Kunstwerke der Religion sind immer und überall ausgestellt; die ganze Welt ist eine Galerie religiöser Ansichten und ein jeder ist mitten unter sie gestellt: sondern denen müßt Ihr sie vergleichen die nicht eher zur Empfindung gebracht werden bis man ihnen Kommentare und Phantasien über Werke der Kunst als Arzneimittel auflegt, und auch dann in einer übel verstandenen Kunstsprache nur einige unpassende Worte herlallen wollen, die nicht ihr eigen sind."

F.D.E. Schleiermacher

„Denken heißt, aus dem Selbstverständlichen auswandern."

H.-G. Gadamer